TRAITÉ

SUR LE

RISQUE PROFESSIONNEL

OU

COMMENTAIRE DE LA LOI DU 9 AVRIL 1898

CONCERNANT

LES RESPONSABILITÉS DES ACCIDENTS

DONT LES OUVRIERS SONT VICTIMES DANS LEUR TRAVAIL

CONTENANT

LES RÈGLEMENTS D'ADMINISTRATION PUBLIQUE, LES ARRÊTÉS MINISTÉRIELS
LES TABLES DE CAPITALISATION DE LA CAISSE NATIONALE DES RETRAITES
LES TARIFS DE LA CAISSE NATIONALE D'ASSURANCES
LA LOI DU 29 JUIN 1899 RELATIVE A LA RÉSILIATION DES POLICES EN COURS
LA LOI DU 30 JUIN 1899 CONCERNANT L'AGRICULTURE
ET LA CIRCULAIRE DU MINISTRE DE LA JUSTICE

PAR

LOUBAT

PROCUREUR GÉNÉRAL PRÈS LA COUR D'APPEL DE NIMES
CHEVALIER DE LA LÉGION D'HONNEUR

PARIS

LIBRAIRIE MARESCQ AÎNÉ

A. CHEVALIER-MARESCQ & Cie, SUCCESSEURS
20, Rue Soufflot, 20

1899

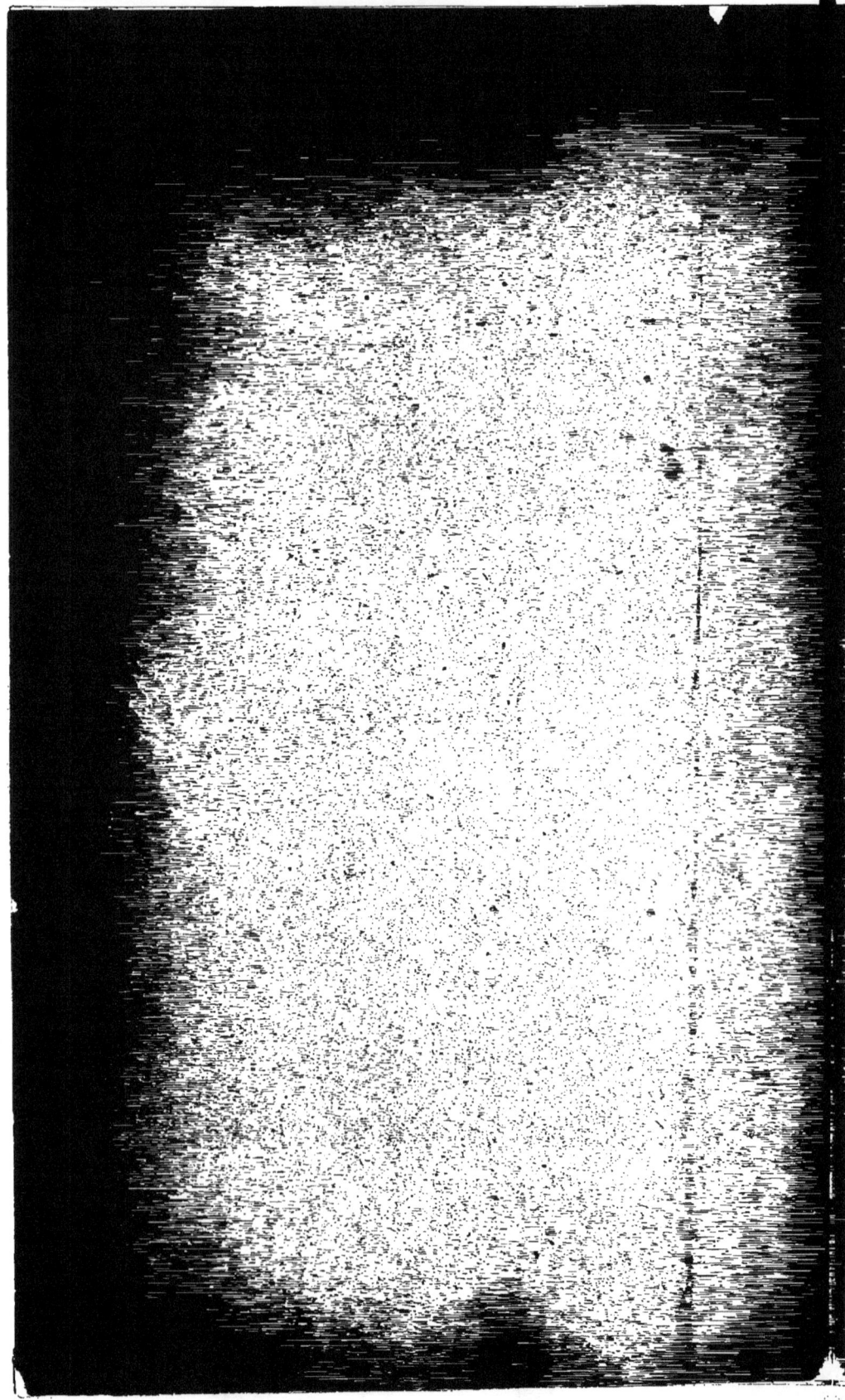

TRAITÉ

SUR LE

RISQUE PROFESSIONNEL

OUVRAGES DU MÊME AUTEUR

Code de la Législation contre les Anarchistes.
(Chevalier-Marescq et Cie, éditeurs), un vol. in-8° ... **5 fr.**

Des Formalités du Mariage simplifiées par la Loi du 20 Juin 1896. (Chevalier-Marescq et Cie, éditeurs), un vol. in-8°)........................... **5 fr.**

TRAITÉ

SUR LE

RISQUE PROFESSIONNEL

OU

COMMENTAIRE DE LA LOI DU 9 AVRIL 1898

CONCERNANT

LES RESPONSABILITÉS DES ACCIDENTS

DONT LES OUVRIERS SONT VICTIMES DANS LEUR TRAVAIL

CONTENANT

LES RÈGLEMENTS D'ADMINISTRATION PUBLIQUE, LES ARRÊTÉS MINISTÉRIELS
LES TABLES DE CAPITALISATION DE LA CAISSE NATIONALE DES RETRAITES
LES TARIFS DE LA CAISSE NATIONALE D'ASSURANCES
ET LA CIRCULAIRE DU MINISTRE DE LA JUSTICE

PAR

LOUBAT

PROCUREUR GÉNÉRAL PRÈS LA COUR D'APPEL DE NIMES
CHEVALIER DE LA LÉGION D'HONNEUR

PARIS

LIBRAIRIE MARESCQ AÎNÉ

A. CHEVALIER-MARESCQ & Cie, SUCCESSEURS

20, Rue Soufflot, 20

—

1899

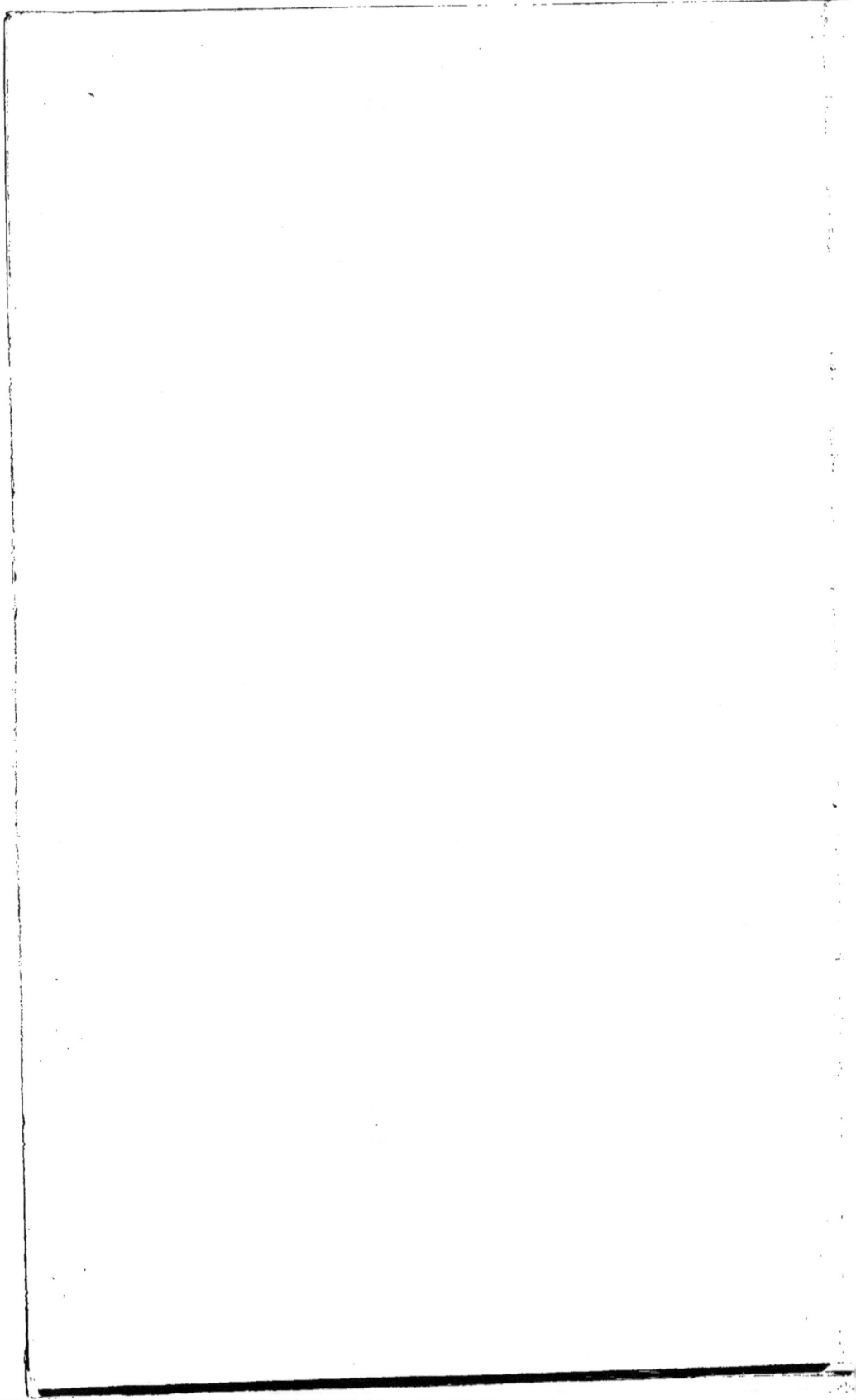

L O I

LES RESPONSABILITÉS DES ACCIDENTS DONT LES OUVRIERS SONT VICTIMES DANS LEUR TRAVAIL

Du 9 Avril 1898

(Promulguée au *Journal officiel* du 10 Avril 1898)

TITRE PREMIER

Indemnités en cas d'accidents.

Article premier. — Les accidents survenus par le fait du travail, ou à l'occasion du travail, aux ouvriers et employés occupés dans l'industrie du bâtiment, les usines, manufactures, chantiers, les entreprises de transports par terre et par eau, de chargement et de déchargement, les magasins publics, mines, minières, carrières, et, en outre, dans toute exploitation ou partie d'exploitation dans laquelle sont fabriquées ou mises en œuvre des matières explosives, ou dans laquelle il est fait usage d'une machine mue par une force autre que celle de l'homme ou des animaux, donnent droit, au profit de la victime ou de ses représentants, à une indemnité à la charge du chef d'entreprise, à la condition que l'interruption de travail ait duré plus de quatre jours.

Les ouvriers qui travaillent seuls d'ordinaire ne pourront être assujettis à la présente loi par le fait de la collaboration accidentelle d'un ou de plusieurs de leurs camarades.

ART. 2. — Les ouvriers et employés désignés à l'article précédent ne peuvent se prévaloir, à raison des accidents dont ils sont victimes dans leur travail, d'aucunes dispositions autres que celles de la présente loi.

Ceux dont le salaire annuel dépasse 2.400 francs ne bénéficient de ces dispositions que jusqu'à concurrence de cette somme. Pour le surplus, ils n'ont droit qu'au quart des rentes ou indemnités stipulées à l'article 3, à moins de conventions contraires quant au chiffre de la quotité.

ART. 3. — Dans les cas prévus à l'article 1er, l'ouvrier ou l'employé a droit :

Pour l'incapacité absolue et permanente, à une rente égale aux deux tiers de son salaire annuel ;

Pour l'incapacité partielle et permanente, à une rente égale à la moitié de la réduction que l'accident aura fait subir au salaire ;

Pour l'incapacité temporaire, à une indemnité journalière égale à la moitié du salaire touché au moment de l'accident, si l'incapacité de travail a duré plus de quatre jours et à partir du cinquième jour.

Lorsque l'accident est suivi de mort, une pension est

servie aux personnes ci-après désignées, à partir du décès, dans les conditions suivantes :

A. Une rente viagère égale à 20 p. 100 du salaire annuel de la victime pour le conjoint survivant non divorcé ou séparé de corps, à la condition que le mariage ait été contracté antérieurement à l'accident.

En cas de nouveau mariage, le conjoint cesse d'avoir droit à la rente mentionnée ci-dessus ; il lui sera alloué, dans ce cas, le triple de cette rente à titre d'indemnité totale.

B. Pour les enfants, légitimes ou naturels, reconnus avant l'accident, orphelins de père ou de mère, âgés de moins de seize ans, une rente calculée sur le salaire annuel de la victime à raison de 15 p. 100 de ce salaire s'il n'y a qu'un enfant, de 25 p. 100 s'il y en a deux, de 35 p. 100 s'il y en a trois, et 40 p. 100 s'il y en a quatre ou un plus grand nombre.

Pour les enfants orphelins de père et de mère, la rente est portée pour chacun d'eux à 20 p. 100 du salaire.

L'ensemble de ces rentes ne peut, dans le premier cas, dépasser 40 p. 100 du salaire, ni 60 p. 100 dans le second.

C. Si la victime n'a ni conjoint, ni enfant dans les termes des paragraphes A et B, chacun des ascendants et descendants qui étaient à sa charge recevra une rente, viagère pour les ascendants et payable jusqu'à 16 ans pour les descendants. Cette rente sera égale à 10 p. 100 du salaire annuel de la victime, sans que le montant total des rentes ainsi allouées puisse dépasser 30 p. 100.

Chacune des rentes prévues par le paragraphe C est, le cas échéant, réduite proportionnellement.

Les rentes constituées en vertu de la présente loi sont payables par trimestre ; elles sont incessibles et insaisissables.

Les ouvriers étrangers, victimes d'accidents, qui cesseront de résider sur le territoire français, recevront pour toute indemnité un capital égal à trois fois la rente qui leur avait été allouée.

Les représentants d'un ouvrier étranger ne recevront aucune indemnité si, au moment de l'accident, ils ne résidaient pas sur le territoire français.

Art. 4. — Le chef d'entreprise supporte en outre les frais médicaux et pharmaceutiques, et les frais funéraires. Ces derniers sont évalués à la somme de cent francs au maximum.

Quant aux frais médicaux et pharmaceutiques, si la victime a fait choix elle-même de son médecin, le chef d'entreprise ne peut être tenu que jusqu'à concurrence de la somme fixée par le juge de paix du canton, conformément aux tarifs adoptés dans chaque département pour l'assistance médicale gratuite.

Art. 5. — Les chefs d'entreprise peuvent se décharger pendant les trente, soixante ou quatre-vingt-dix premiers jours à partir de l'accident, de l'obligation de payer aux victimes les frais de maladie et l'indemnité temporaire, ou une partie seulement de cette indemnité, comme il est spécifié ci-après, s'ils justifient :

1° Qu'ils ont affilié leurs ouvriers à des Sociétés de

secours mutuels et pris à leur charge une quote-part de la cotisation qui aura été déterminée d'un commun accord, et en se conformant aux statuts-type approuvés par le ministre compétent, mais qui ne devra pas être inférieure au tiers de cette cotisation ;

2° Que ces Sociétés assurent à leurs membres, en cas de blessures, pendant trente, soixante ou quatre-vingt-dix jours, les soins médicaux et pharmaceutiques et une indemnité journalière.

Si l'indemnité journalière servie par la Société est inférieure à la moitié du salaire quotidien de la victime, le chef d'entreprise est tenu de lui verser la différence.

ART. 6. — Les exploitants de mines, minières et carrières, peuvent se décharger des frais et indemnités mentionnés à l'article précédent moyennant une subvention annuelle versée aux caisses ou sociétés de secours constituées dans ces entreprises en vertu de la loi du 29 juin 1894.

Le montant et les conditions de cette subvention devront être acceptés par la Société et approuvés par le Ministre des travaux publics.

Ces deux dispositions seront applicables à tous autres chefs d'industrie qui auront créé en faveur de leurs ouvriers des caisses particulières de secours en conformité du titre III de la loi du 29 juin 1894. L'approbation prévue ci-dessus sera, en ce qui les concerne, donnée par le Ministre du commerce et de l'industrie.

ART. 7. — Indépendamment de l'action résultant de la présente loi, la victime ou ses représentants conservent, contre les auteurs de l'accident, autres que le patron ou ses ouvriers et préposés, le droit de réclamer la réparation du préjudice causé, conformément aux règles du droit commun.

L'indemnité qui leur sera allouée exonérera à due concurrence le chef d'entreprise des obligations mises à sa charge.

Cette action contre les tiers responsables pourra même être exercée par le chef d'entreprise, à ses risques et périls, aux lieu et place de la victime ou de ses ayants droit, si ceux-ci négligent d'en faire usage.

Aрт. 8. — Le salaire qui servira de base à la fixation de l'indemnité allouée à l'ouvrier âgé de moins de seize ans ou à l'apprenti victime d'un accident, ne sera pas inférieur au salaire le plus bas des ouvriers valides de la même catégorie occupés dans l'entreprise.

Toutefois, dans le cas d'incapacité temporaire, l'indemnité de l'ouvrier âgé de moins de 16 ans ne pourra pas dépasser le montant de son salaire.

Aрт. 9. — Lors du règlement définitif de la rente viagère, après le délai de revision prévu à l'article 19, la victime peut demander que le quart au plus du capital nécessaire à l'établissement de cette rente, calculé d'après les tarifs dressés pour les victimes d'accidents, par la Caisse de retraites pour la vieillesse, lui soit attribué en espèces.

Elle peut aussi demander que ce capital, ou ce capital réduit du quart au plus, comme il vient d'être dit, serve à constituer sur sa tête une rente viagère réversible, pour moitié au plus, sur la tête de son conjoint. Dans ce cas, la rente viagère sera diminuée de façon qu'il ne résulte de la réversibilité aucune augmentation de charges pour le chef d'entreprise.

Le tribunal, en chambre du conseil, statuera sur ces demandes.

ART. 10. — Le salaire servant de base à la fixation des rentes s'entend pour l'ouvrier occupé dans l'entreprise pendant les douze mois écoulés avant l'accident, de la rémunération effective qui lui a été allouée pendant ce temps, soit en argent, soit en nature.

Pour les ouvriers occupés pendant moins de douze mois avant l'accident, il doit s'entendre de la rémunération effective qu'ils ont reçue depuis leur entrée dans l'entreprise, augmentée de la rémunération moyenne qu'ont reçue pendant la période nécessaire pour compléter les douze mois, les ouvriers de la même catégorie.

Si le travail n'est pas continu, le salaire annuel est calculé tant d'après la rémunération reçue pendant la période d'activité que d'après le gain de l'ouvrier pendant le reste de l'année.

TITRE II

Déclaration des accidents et enquête.

ART. 11. — Tout accident ayant occasionné une incapacité de travail doit être déclaré, dans les quarante-huit heures, par le chef d'entreprise ou ses préposés, au maire de la commune qui en dresse procès-verbal.

Cette déclaration doit contenir les noms et adresses des témoins de l'accident. Il y est joint un certificat de médecin indiquant l'état de la victime, les suites probables de l'accident et l'époque à laquelle il sera possibl d'en connaitre le résultat définitif.

La même déclaration pourra être faite par la victime ou ses représentants.

Récépissé de la déclaration et du certificat du médecin est remis par le maire au déclarant.

Avis de l'accident est donné immédiatement par le maire à l'inspecteur divisionnaire ou départemental du travail ou à l'ingénieur ordinaire des mines chargé de la surveillance de l'entreprise.

L'article 15 de la loi du 2 novembre 1892 et l'article 11 de la loi du 12 juin 1893 cessent d'être applicables dans les cas visés par la présente loi.

ART. 12. — Lorsque, d'après le certificat médical, la blessure parait d'avoir entrainer la mort ou une incapacité permanente absolue ou partielle de travail, le maire transmet immédiatement copie de la déclaration et le certificat médical au juge de paix du canton où l'accident s'est produit.

Dans les vingt-quatre heures de la réception de cet avis, le juge de paix procède à une enquête à l'effet de rechercher :

1° La cause, la nature et les circonstances de l'accident ;

2° Les personnes victimes et le lieu où elles se trouvent ;

3° La nature des lésions ;

4° Les ayants droit pouvant, le cas échéant, prétendre à une indemnité ;

5° Le salaire quotidien et le salaire annuel des victimes.

ART. 13. — L'enquête a lieu contradictoirement, dans les formes prescrites par les articles 35, 36, 37, 38 et 39 du Code de procédure civile, en présence des parties intéressées ou celles-ci convoquées d'urgence par lettre recommandée.

Le juge de paix doit se transporter auprès de la victime de l'accident qui se trouve dans l'impossibilité d'assister à l'enquête.

Lorsque le certificat médical ne lui paraîtra pas suffisant, le juge de paix pourra désigner un médecin pour examiner le blessé.

Il peut aussi commettre un expert pour l'assister dans l'enquête.

Il n'y a pas lieu, toutefois, à nomination d'expert dans les entreprises administrativement surveillées, ni dans celles de l'Etat, placées sous le contrôle d'un service distinct du service de gestion, ni dans les établissements nationaux où s'effectuent des travaux que la sécurité publique oblige à tenir secrets. Dans ces divers cas, les fonctionnaires chargés de la surveillance ou du contrôle de ces établissements ou entreprises et, en ce qui concerne les exploitations minières, les délégués à la sécurité des ouvriers mineurs transmettent au juge de paix, pour être joint au procès-verbal d'enquête, un exemplaire de leur rapport.

Sauf les cas d'impossibilité matérielle dûment constatés dans le procès-verbal, l'enquête doit être close dans le plus bref délai et, au plus tard, dans les dix jours à partir de l'accident. Le juge de paix avertit, par lettre recommandée, les parties de la clôture de l'enquête et du dépôt de la minute au greffe, où elles pourront pendant un délai de cinq jours, en prendre connaissance et s'en faire délivrer une expédition, affranchie du timbre et de l'enregistrement. A l'expiration de ce délai de cinq jours, le dossier de l'enquête est transmis au président du tribunal civil de l'arrondissement.

ART. 14. — Sont punis d'une amende de un à quinze francs (1 à 15 fr.), les chefs d'industrie ou leurs préposés qui ont contrevenu aux dispositions de l'article 11.

En cas de récidive dans l'année, l'amende peut être élevée de seize à trois cents francs (16 à 300 fr.).

L'article 463 du Code pénal est applicable aux contraventions prévues par le présent article.

TITRE III

Compétence. — Juridictions. — Procédure. Revision.

ART. 15. — Les contestations entre les victimes d'accidents et les chefs d'entreprises, relatives aux frais funéraires, aux frais de maladie ou aux indemnités temporaires, sont jugées en dernier ressort par le juge de paix du canton où l'accident s'est produit, à quelque chiffre que la demande puisse s'élever.

ART. 16. — En ce qui touche les autres indemnités prévues par la présente loi, le président du tribunal de l'arrondissement convoque, dans les cinq jours, à partir de la transmission du dossier, la victime ou ses ayants-droit et le chef d'entreprise qui peut se faire représenter.

S'il y a accord des parties intéressées, l'indemnité est définitivement fixée par l'ordonnance du président, qui donne acte de cet accord.

Si l'accord n'a pas lieu, l'affaire est renvoyée devant le tribunal qui statue comme en matière sommaire, conformément au titre XXIV du livre II du Code de procédure civile.

Si la cause n'est pas en état, le tribunal surseoit à statuer et l'indemnité temporaire continuera à être servie jusqu'à la décision définitive.

Le tribunal pourra condamner le chef d'entreprise à payer une provision ; sa décision sur ce point sera exécutoire nonobstant appel.

ART. 17. — Les jugements rendus en vertu de la présente loi sont susceptibles d'appel selon les règles du droit commun. Toutefois, l'appel devra être interjeté dans les quinze jours de la date du jugement s'il est contradictoire, et, s'il est par défaut, dans la quinzaine à partir du jour où l'opposition ne sera plus recevable.

L'opposition ne sera plus recevable en cas de jugement par défaut contre partie, lorsque le jugement aura été signifié à personne, passé le délai de quinze jours à partir de cette signification.

La cour statuera d'urgence dans le mois de l'acte d'appel. Les parties pourront se pourvoir en cassation.

ART. 18. — L'action en indemnité prévue par la présente loi se prescrit par un an à dater du jour de l'accident.

ART. 19. — La demande en revision de l'indemnité fondée sur une aggravation ou une atténuation de l'infirmité de la victime ou son décès par suite des conséquences de l'accident, est ouverte pendant trois ans à dater de l'accord intervenu entre les parties ou de la décision définitive.

Le titre de pension n'est remis à la victime qu'à l'expiration des trois ans.

ART. 20. — Aucune des indemnités déterminées par la présente loi ne peut être attribuée à la victime qui a intentionnellement provoqué l'accident.

Le tribunal a le droit, s'il est prouvé que l'accident est dû à une faute inexcusable de l'ouvrier, de diminuer la pension fixée au titre premier.

Lorsqu'il est prouvé que l'accident est dû à la faute inexcusable du patron ou de ceux qu'il s'est substitués dans la direction, l'indemnité pourra être majorée, mais sans que la rente ou le total des rentes allouées puisse dépasser, soit la réduction, soit le montant du salaire annuel.

ART. 21. — Les parties peuvent toujours, après détermination du chiffre de l'indemnité due à la victime de l'accident, décider que le service de la pension sera suspendu et remplacé, tant que l'accord subsistera, par tout autre mode de réparation.

Sauf dans le cas prévu à l'article 3, paragraphe A, la pension ne pourra être remplacée par le paiement d'un capital que si elle n'est pas supérieure à 100 francs.

ART. 22. — Le bénéfice de l'assistance judiciaire est accordé de plein droit, sur le visa du procureur de la République, à la victime de l'accident ou à ses ayants droit, devant le tribunal.

A cet effet, le président du tribunal adresse au procureur de la République, dans les trois jours de la comparution des parties prévue par l'article 16, un extrait de son procès-verbal de non-conciliation ; il y joint les pièces de l'affaire.

Le procureur de la République procède comme il est prescrit à l'article 13 (paragraphes 2 et suivants) de la loi du 22 janvier 1851.

Le bénéfice de l'assistance judiciaire s'étend de plein droit aux instances devant le juge de paix, à tous les actes d'exécution mobilière et immobilière, et à toute contestation incidente à l'exécution des décisions judiciaires.

TITRE IV

Garanties.

ART. 23. — La créance de la victime de l'accident ou de ses ayants droit relative aux frais médicaux, pharmaceutiques et funéraires, ainsi qu'aux indemnités allouées à la suite de l'incapacité temporaire de travail, est garantie par le privilège de l'article 2101 du Code civil et y sera inscrite sous le n° 6.

Le payement des indemnités pour incapacité permanente de travail ou accidents suivis de mort est garanti conformément aux dispositions des articles suivants.

Art. 24. — A défaut, soit par les chefs d'entreprise débiteurs, soit par les Sociétés d'assurances à primes fixes ou mutuelles, ou les syndicats de garantie liant solidairement tous leurs adhérents, de s'acquitter au moment de leur exigibilité, des indemnités mises à leur charge à la suite d'accidents ayant entraîné la mort ou une incapacité permanente de travail, le payement en sera assuré aux intéressés par les soins de la Caisse nationale des retraites pour la vieillesse, au moyen d'un fonds spécial de garantie constitué comme il va être dit et dont la gestion sera confiée à ladite Caisse.

Art. 25. — Pour la constitution du fonds spécial de garantie, il sera ajouté au principal de la contribution des patentes des industriels visés par l'article 1er, quatre centimes additionnels. Il sera perçu sur les mines une taxe de cinq centimes par hectare concédé.

Ces taxes pourront, suivant les besoins, être majorées ou réduites par la loi de finances.

Art. 26. — La Caisse nationale des retraites exercera un recours contre les chefs d'entreprise débiteurs, pour le compte desquels des sommes auront été payées par elle conformément aux dispositions qui précèdent.

En cas d'assurance du chef d'entreprise, elle jouira, pour le remboursement de ses avances, du privilège de l'article 2102 du Code civil sur l'indemnité due par l'assureur et n'aura plus de recours contre le chef d'entreprise.

Un règlement d'administration publique déterminera les conditions d'organisation et de fonctionnement du service conféré par les dispositions précédentes à la Caisse nationale des retraites et, notamment, les formes du recours à exercer contre les chefs d'entreprise débiteurs ou les Sociétés d'assurances et les syndicats de garantie, ainsi que les conditions dans lesquelles les victimes d'accidents ou leurs ayants droit seront admis à réclamer à la Caisse le payement de leurs indemnités.

Les décisions judiciaires n'emporteront hypothèque que si elles sont rendues au profit de la Caisse des retraites exerçant son recours contre les chefs d'entreprise ou les Compagnies d'assurances.

Art. 27. — Les Compagnies d'assurances mutuelles ou à primes fixes contre les accidents, françaises ou étrangères, sont soumises à la surveillance et au contrôle de l'Etat et astreintes à constituer des réserves ou cautionnements dans les conditions déterminées par un règlement d'administration publique.

Le montant des réserves ou cautionnements sera affecté par privilège au payement des pensions et indemnités.

Les syndicats de garantie seront soumis à la même surveillance et un règlement d'administration publique déterminera les conditions de leur création et de leur fonctionnement.

Les frais de toute nature résultant de la surveillance et du contrôle seront couverts au moyen de contributions proportionnelles au montant des réserves ou cautionnements et fixés annuellement, pour chaque Compagnie ou association, par arrêté du Ministre du commerce.

ART. 28. — Le versement du capital représentatif des pensions allouées en vertu de la présente loi ne peut être exigé des débiteurs.

Toutefois, les débiteurs qui désireront se libérer en une fois, pourront verser le capital représentatif de ces pensions à la Caisse nationale des retraites, qui établira, à cet effet, dans les six mois de la promulgation de la présente loi, un tarif tenant compte de la mortalité des victimes d'accidents et de leurs ayants droit.

Lorsqu'un chef d'entreprise cesse son industrie, soit volontairement, soit par décès, liquidation judiciaire, ou faillite, soit par cession d'établissement, le capital représentatif des pensions à sa charge devient exigible de plein droit et sera versé à la Caisse nationale des retraites. Ce capital sera déterminé au jour de son exigibilité d'après le tarif visé au paragraphe précédent.

Toutefois, le chef d'entreprise et ses ayants droit peuvent être exonérés du versement de ce capital, s'ils fournissent des garanties qui seront à déterminer par un règlement d'administration publique.

TITRE V

Dispositions générales.

ART. 29. — Les procès-verbaux, certificats, actes de notoriété, significations, jugements et autres actes faits ou rendus en vertu et pour l'exécution de la présente loi sont délivrés gratuitement, visés pour timbre et enregistrés gratis lorsqu'il y a lieu à la formalité de l'enregistrement.

Dans les six mois de la promulgation de la présente loi, un décret déterminera les émoluments des greffiers de justice de paix pour leur assistance et la rédaction des actes de notoriété, procès-verbaux, certificats, significations, jugements, envois de lettres recommandées, extraits, dépôts de la minute d'enquête au greffe, et pour tous les actes nécessités par l'application de la présente loi, ainsi que les frais de transport auprès des victimes et d'enquête sur place.

ART. 30. — Toute convention contraire à la présente loi est nulle de plein droit.

ART. 31. — Les chefs d'entreprise sont tenus, sous peine d'une amende de un à quinze francs (1 à 15 fr.), de faire afficher dans chaque atelier la présente loi et les règlements d'administration relatifs à son exécution.

En cas de récidive dans la même année, l'amende sera de seize à cent francs (16 à 100 fr.).

Les infractions aux articles 11 et 31 pourront être constatées par les inspecteurs du travail.

ART. 32. — Il n'est point dérogé aux lois, ordonnances et règlements concernant les pensions des ouvriers, apprentis et journaliers appartenant aux ateliers de la Marine et celle des ouvriers immatriculés des manufactures d'armes dépendant du ministère de la guerre.

ART. 33. — La présente loi ne sera applicable que trois mois après la publication officielle des décrets d'administration publique qui doivent en régler l'exécution.

ART. 34. — Un règlement d'administration publique déterminera les conditions dans lesquelles la présente loi pourra être appliquée à l'Algérie et aux colonies.

CHAPITRE I

Régime antérieur à la loi

— — —

1. — Jusqu'à la loi du 9 avril 1898, les accidents du travail ont été régis par les articles 1382 et suivants du Code civil, en vertu desquels tout fait dommageable de l'homme oblige celui par la faute de qui il est arrivé à réparer le préjudice causé. L'ouvrier était donc tenu de faire la preuve que l'accident dont il avait été victime était dû à la faute de son patron. Il devait établir que le chef d'industrie ou ses préposés n'avaient pas pris les précautions nécessaires ou avait manqué de prudence et occasionné l'accident ; l'idée de faute était le pivot de la législation : le délit ou le quasi-délit était l'unique source de la responsabilité.

Le fardeau de la preuve reposait exclusivement sur la tête de l'ouvrier blessé. Dès lors, on aperçoit les difficultés qu'il devait rencontrer pour obtenir justice. Non seulement il avait quelquefois beaucoup de peine à se rendre compte des circonstances de l'accident et à en démêler les véritables causes, mais encore il lui était souvent impossible d'engager et de soutenir un procès contre son patron, faute de preuves et de témoignages. Accablé par les souffrances, retenu sur un lit d'hôpital, comment pouvait-il faire valoir ses droits?

En cas de mort, la situation était bien plus triste encore. La femme, les enfants se trouvaient aux prises avec les plus grands embarras. Ignorants de leurs obligations comme de leurs droits, plongés dans la misère, rebutés de tous les côtés, il ne leur était pas facile de faire la preuve que la loi exigeait d'eux. Découragés, ils s'abandonnaient à leur inertie jusqu'à ce qu'une main charitable se tendît vers eux, à moins qu'ils ne devinssent la proie de quelqu'un de ces agents d'affaires vivant comme des parasites autour des prétoires.

Les ouvriers victimes d'accidents pouvaient obtenir, il est vrai, l'assistance judiciaire; mais au prix de combien de démarches! Et encore devaient-ils commencer par faire leur procès, en abrégé, devant le bureau et démontrer que leur demande paraissait fondée, faute de quoi ils étaient impitoyablement repoussés.

Lorsqu'ils étaient admis à l'assistance judiciaire, ils n'avaient pas atteint le bout de leur calvaire. De délai en délai, d'enquête en contre-enquête, de renvoi en renvoi, de longs mois s'écoulaient avant le jugement, et souvent il fallait aller ensuite devant la Cour d'appel, suprême espérance. Pendant ce temps l'angoisse régnait au foyer privé de toutes ressources et quelquefois hélas! de son chef lui-même.

Il résulte d'une statistique citée à la tribune du Sénat par M. Ricard, garde des sceaux, qu'au tribunal de Rouen, la durée minima des affaires d'accidents avait été, en première instance, de dix mois vingt-six jours, et la durée moyenne de dix-huit mois. Quant aux affaires portées en appel, la durée minima avait été d'un an sept mois six jours, la durée maxima, de deux ans quatre mois dix jours, et la durée moyenne, d'un an onze mois vingt-six jours (1).

Quoique avec de telles lenteurs, cruelle rançon de la justice, les ouvriers finissaient par obtenir la réparation du préjudice souffert, lorsqu'ils avaient pu prouver que l'accident était imputable à une faute du patron. Mais cet heureux résultat était rare comparativement au nombre des accidents. Les statistiques établissent, en effet, que, dans 50 p. 100 des cas, l'accident n'est imputable à personne, si ce n'est à l'industrie elle-même, à un cas fortuit ou de force majeure, et que 25 p. 100 des accidents sont dus à la faute, souvent légère, de l'ouvrier.

Ainsi, les trois quarts des accidents industriels ne comportaient aucune indemnité, et, pour le surplus, ce n'était qu'aux prix de grosses difficultés et après de longs retards, que l'heure de la réparation sonnait enfin (2).

2. — Une réaction ne pouvait pas manquer de se produire. Les tribunaux avaient maintenu, il est vrai, le principe de la responsabilité délictuelle ; mais, par la force des choses, ils avaient été amenés à en étendre singulièrement les conséquences. Dès 1854, la Cour de

---

(1) Ch. dép., s. 7 nov. 1895 ; *J. off.*, p. 890.

(2) La statistique citée par M. Tolain, dans son rapport au Sénat, est encore plus défavorable à l'ouvrier : cas fortuits et de force majeure, 68 p. %; accidents dus à la faute de l'ouvrier, 20 p. %; accidents dus à la faute du patron, 12 p. %. Dans 88 cas sur 100 aucune réparation n'était due.

Lyon décidait qu'il est du devoir des chefs d'établissements industriels de pourvoir complètement à la sûreté des ouvriers qu'ils emploient ; qu'ils sont responsables, à l'égard de ceux-ci, de tous les accidents et dommages qui peuvent provenir, soit des vices de construction ou du défaut d'entretien des machines et appareils, soit de la négligence ou de l'inhabilité des préposés, et ne peuvent décliner leur responsabilité qu'en cas de force majeure (1).

Dans un autre arrêt, la même Cour admettait la responsabilité de l'employeur, parce qu'il avait négligé d'installer des appareils ou engins de nature à diminuer les chances d'accidents (2).

La jurisprudence s'était ainsi fixée que le patron ne devait pas se borner à prendre de sérieuses précautions pour éviter les accidents, mais qu'il pouvait encore être déclaré responsable s'il n'avait pas pris toutes celles qui étaient compatibles avec les nécessités de son industrie (3). Il devait prévoir, non seulement les causes habituelles d'accidents, mais encore celles qui étaient simplement possibles et s'appliquer à les écarter (4). Il avait même été admis que le patron devait prendre, dans son usine, toutes les précautions nécessaires pour prémunir ses ouvriers contre les effets et leur propre imprudence (5).

Par ces décisions, les tribunaux ne tendaient à rien moins qu'à transformer la responsabilité délictuelle en

---

(1) Lyon, 13 décembre 1854 (Dalloz, 55. 2. 86).
(2) Lyon, 20 juin 1873 (Dalloz, 73. 2. 189).
(3) Paris, 21 décembre 1874 (Dalloz, 76. 2. 72).
(4) Dijon, 27 avril 1877 (Dalloz, 78. 1. 297).
(5) Caen, 17 mars 1880 (Dalloz, 81. 2. 79-80). Paris, 29 mars 1883 (Dalloz, 84. 2. 89-90).

responsabilité contractuelle, c'est-à-dire à placer la source de la responsabilité du patron, non plus dans un quasi-délit, mais dans le contrat de louage. Le patron devenait le débiteur de la sécurité de l'ouvrier, et, suivant les expressions de M. Sauzet, devait veiller sur lui, le conserver sain et sauf au cours de l'exécution du travail et pouvoir le restituer, le rendre à lui-même valide comme il l'avait reçu (1).

3. — Ce système aboutissait au renversement de la preuve, c'est-à-dire qu'il mettait à la charge du patron l'obligation de démontrer que l'accident n'était pas dû à son fait ou à celui de ses préposés.

La jurisprudence belge n'avait pas hésité à consacrer cette doctrine dont M. Sainctelette (2) s'était fait, en Belgique, le champion infatigable (3). Mais les tribunaux français reculèrent devant les conséquences de cette théorie. Seul, le Conseil d'Etat rendit un arrêt, à la date du 21 juin 1895, par lequel il proclama la responsabilité de l'Etat sans qu'aucune faute lui fut imputable. « Considérant, dit-il, que le sieur Canus, ouvrier de l'arsenal de Tarbes, a été blessé à la main gauche le 8 juillet 1892, par un éclat de métal projeté sous le choc d'un marteau-pilon ; que, par suite de cet accident, le sieur Canus se trouve d'une manière définitive dans l'impossibilité absolue de se servir de sa main gauche et de pourvoir à sa subsistance.

(1) Sauzet, *Revue critique*, 1883, p. 616.
(2) Sainctelette, *De la responsabilité et de la garantie*. Paris, Chevalier-Marescq, 1884.
(3) Cour de cassation belge, 8 janvier 1886 (Dalloz, 86. 2. 153 ; C. sup. de just. de Luxembourg, 27 nov. 1884 (Dalloz, 86. 2. 153, sous-note *a*).

« Considérant qu'il résulte de l'instruction et qu'il n'est pas contesté qu'aucune faute ne peut être reprochée au sieur Canus, et que l'accident n'est imputable ni à la négligence ni à l'imprudence de cet ouvrier ; que, dans les circonstances où l'accident s'est produit, le ministre de la guerre n'est pas fondé à soutenir que l'Etat n'a encouru aucune responsabilité et qu'il en sera fait une exacte appréciation en fixant l'indemnité due au sieur Canus à 600 fr. de rente viagère, dont les arrérages courront à partir du 12 décembre 1893, date à laquelle il a cessé de recevoir un salaire quotidien. » (1).

4. — La Cour de cassation n'était pas allée jusque-là. Pour elle, la faute était restée la base de la responsabilité patronale ; elle avait admis la faute la plus légère, la simple imprudence, mais elle était restée invariablement attachée à ce principe. Dans ces conditions, c'était à peine si 25 p. 100 des accidents industriels étaient suivis de réparation. Nous n'insisterons pas sur l'injustice de cet état de choses envers les victimes d'accidents. Mais si nous nous tournons maintenant du côté du patron, nous serons obligés de reconnaître que la législation antérieure offrait pour eux aussi de graves inconvénients. D'abord ils étaient exposés à de nombreux procès, toujours très longs ; mais surtout ils étaient tenus à la réparation intégrale du dommage causé par l'accident. Ils étaient ainsi exposés à payer des indemnités quelquefois très élevées, peu en rapport avec leurs ressources et toujours arbitraires. L'estimation du même dommage variait, suivant les tri-

---

(1) Ce procès, qui s'est terminé d'une manière si heureuse pour l'ouvrier blessé, a duré deux ans onze mois et treize jours.

bunaux, dans des proportions énormes, et les balances du même tribunal étaient souvent bien inégales. Ainsi, l'indemnité pour la mort d'un ouvrier a varié, dans des hypothèses sensiblement comparables, entre 2.000 et 24.000 francs (1).

Aussi, M. Tolain pouvait dire dans son rapport au Sénat : « Les juges souvent plus humains que la loi, s'inspirent de considérations étrangères au fait lui-même, telles que la fortune de l'employeur, la situation lamentable d'un ouvrier laborieux et rangé, chargé de famille, et se montrent parfois bien sévères pour des patrons en les rendant responsables d'accidents qui sont arrivés par l'imprudence de la victime au mépris des prescriptions les plus formelles. Les décisions changent avec les régimes, selon les personnes, et les mêmes faits donnent lieu à des indemnités variant du simple au décuple. A cette incertitude, à cet aléa touchant le chiffre des condamnations, ajoutez les frais de procédure, les pertes de temps inséparables de tout procès, et vous comprendrez cette réponse faite à votre Commission par un grand industriel : « Tout plutôt que le maintien de la situation présente. » (2).

5. — Aux divers Congrès des accidents du travail tenus à Paris, à Berne, les patrons furent unanimement, d'avis qu'il y avait lieu de modifier la législation actuelle, et le Congrès des industriels de France, tenu à Paris, de juin à décembre 1888, prit la même décision (3).

(1) Tarbouriech, *La responsabilité des accidents dont les ouvriers sont victimes dans leur travail.* Paris, Giard et Brière, 1896.

(2) Rapp. de M. Tolain, 24 janv. 1889. *J. off.*, Sén., doc. parl. n° 9, p. 3.

(3) Tarbouriech, *loc. cit.*

Enfin dans le cours des débats parlementaires qui précédèrent la loi du 9 avril 1898, on vit, tant au Sénat qu'à la Chambre, les représentants de la grande industrie, tels que MM. Poirrier, Boucher, Blavier, Balsan, Laroche-Joubert, apporter leur contribution à la réforme entreprise par le Parlement (1).

On peut donc affirmer que la responsabilité délictuelle basée par les articles 1382 et suivants du Code civil, largement interprétée par les tribunaux, condamnée par les jurisconsultes et repoussée par les intéressés eux-mêmes, ne rencontrait plus de défenseurs. Longtemps agitée dans les congrès, dans les conférences, dans la presse, la question était mûre : l'heure était venue de la trancher.

L'œuvre fut particulièrement laborieuse, car il ne fallut pas moins de dix-huit ans de travaux législatifs pour arriver à une solution. Nous ne nous plaindrons pas de cette longue attente, la loi nouvelle, malgré ces lacunes et ses imperfections qui seront facilement réparées, nous paraissant être aussi bonne qu'il était permis de l'espérer dans une matière complètement neuve. Les clameurs qu'elle soulève se calmeront, et le risque professionnel, accepté de tous, sera appliqué en France, comme en Allemagne, en Autriche et en Angleterre, où il rend peut-être quelques services, et où, dans tous les cas, il n'a causé aucune ruine.

---

(1) Discours de M. Blavier, au Sénat, séance du 4 juillet 1895 ; *J. off.*, p. 726. Discours de M. Balsan, à la Chambre des députés, séance du 26 octobre 1897 ; *J. off.*, p. 2211. Discours de M. Laroche-Joubert, à la Chambre des députés ; *J. off., loc. cit.*, 2218.

CHAPITRE II

Risque professionnel

---

6. — *Historique.* — Les premiers jurisconsultes qui se préoccupèrent de modifier le régime de la responsabilité des accidents du travail, pensèrent trouver la solution du problème dans le renversement de la preuve qui avait été adopté par la jurisprudence belge. Au Parlement, M. Martin Nadaud fut le premier à soulever la question par deux propositions de loi déposées à la Chambre des députés les 29 mai 1880 et 14 novembre 1881, dans lesquelles il proclamait la responsabilité de plein droit du patron, en cas d'accident, et admettait, comme sanction de cette responsabilité, l'obligation pour le chef d'entreprise de prouver la faute de l'ouvrier.

On ne tarda pas à se rendre compte de l'insuffisance d'un tel système qui déplaçait seulement la question au lieu de la résoudre. D'abord les accidents dus au cas fortuit, à la force majeure ou à la faute de l'ouvrier, étaient laissés à la charge de la victime. Ensuite, loin de diminuer le nombre des procès, la présomption de responsabilité du patron ne pouvait que l'augmenter et surexciter encore l'antagonisme entre le capital et le travail.

7. — Ce n'était pas au moyen d'une misérable formalité de procédure qu'on pouvait réglementer la responsabilité des accidents ; la question était plus haute : il fallait en chercher la solution dans une conception moderne des conditions du travail et des rapports entre patrons et ouvriers. C'est ce que M. Félix Faure avait admirablement compris dans son projet de loi de 1883, dont l'article 1er était ainsi conçu : « Le chef de toute entreprise industrielle, commerciale ou agricole, est responsable, dans les limites de la présente loi, des dommages causés à tout ouvrier ou employé tué ou blessé dans un travail, soit que l'accident qui a amené la mort ou la blessure provienne des bâtiments, de l'installation, de l'entreprise ou de l'outil employé, soit qu'il provienne du travail même. Il ne sera fait d'exception à cette règle que pour les faits criminels ou délictueux, dont les auteurs restent responsables suivant les principes du droit commun. » (1).

8. — On voit la distance parcourue depuis le projet de loi de M. Martin Nadaud. M. Félix Faure ne s'attarde pas à rechercher par la faute de qui, de l'ouvrier ou du patron, l'accident est arrivé ; il se dégage des anneaux de l'article 1382 du Code civil et s'élève hardiment jusqu'à cette

---

(1) Projet de loi de M. Félix Faure, 14 janvier 1882; *J. off.*, doc. parl., Ch., n° 399.

conception nouvelle qui consiste à imposer à l'industrie la responsabilité des accidents qu'elle occasionne, et à les mettre au compte de ses frais généraux. C'est le *risque professionnel*.

9. — Cette nouveauté eut une rapide fortune et passa dans le projet de loi voté en première lecture par la Chambre des députés le 23 octobre 1884 (art. 3). Ce projet consacrait, en principe, la présomption de responsabilité du patron, sauf la preuve d'une faute de l'ouvrier ; il instituait, en même temps, une responsabilité spéciale du chef d'industrie, à raison du risque professionnel, dans la limite des pensions et secours alloués par la Caisse nationale d'assurances contre les accidents.

10. — Le principe du risque professionnel, dans toute son étendue, comprenant tous les accidents quelle qu'en ait été la cause (hormis les accidents intentionnels), fut introduit dans le projet de loi voté par la Chambre des députés le 10 juillet 1888.

11. — Il ne trouva pas la même faveur auprès du Sénat. Le projet adopté le 20 mai 1890, visait seulement les industries reconnues dangereuses, maintenait le droit commun, en cas de faute lourde du patron ou de la victime, et mettait seulement à la charge de l'industrie les accidents dus à la faute légère, au cas fortuit, à la force majeure, ou à une cause inconnue.

12. — Le projet revint devant la Chambre qui rétablit le risque professionnel (1). Toutefois, outre l'accident intentionnel qui ne pouvait donner lieu à aucune répara-

_____

(1) Projet de loi adopté par la Chambre des députés le 10 juin 1893.

tion, l'indemnité pouvait être diminuée dans le cas de faute lourde de l'ouvrier, comme elle pouvait être majorée jusqu'au montant du salaire annuel s'il y avait eu faute lourde du chef d'entreprise.

13. — Le Sénat se rallia à cette décision dans le projet voté, en première lecture, le 5 décembre 1895 ; mais, en seconde lecture, un nouveau recul se produisit : la responsabilité du patron fut écartée en cas de faute inexcusable de la victime, et les dispositions de l'article 1382 furent maintenues pour les accidents dus à la faute inexcusable du patron (1).

14. — La Chambre des députés persista dans le système qu'elle avait adopté le 10 juin 1893 (2). Enfin, en 1898, le Sénat ratifia le vote de la Chambre, et le principe du risque professionnel se trouva définitivement admis dans la loi.

15. — *Justification du risque professionnel par les faits.* — L'immense développement de l'industrie pendant ce siècle et les conséquences qu'il a eues sur les conditions du travail justifient pleinement le nouveau principe de responsabilité institué par la loi du 9 avril 1898. Sans doute les ouvriers des siècles précédents couraient des dangers comme ceux d'aujourd'hui, et, suivant une spirituelle interruption à la Chambre, le risque professionnel existait déjà pour ceux qui construisaient les tours Notre-Dame. Mais on ne saurait sérieusement soutenir, comme M. Félix Martin l'a fait un peu paradoxalement au Sénat, que « le couvreur, le maçon, le mineur, le forgeron

---

(1) Projet adopté par le Sénat le 24 mars 1896.
(2) Projet adopté par la Chambre le 28 octobre 1897.

d'aujourd'hui sont moins exposés que le couvreur, le maçon, le mineur, le forgeron d'autrefois » (1), ce qui paraît singulièrement exagéré.

Nous pensons, au contraire, que les progrès de l'industrie et du machinisme ont multiplié les accidents dans des proportions considérables. On ne saurait le prouver mathématiquement, puisque nous ne possédons pas en France de statistique des accidents du travail, mais il paraît inévitable que cela soit, si on compare les usines et les manufactures d'aujourd'hui à ce qu'elles étaient jadis. L'accumulation des machines et des ouvriers, l'énormité des moteurs, le mouvement vertigineux de l'outillage, la vapeur, le gaz, l'électricité, les explosifs, la hardiesse parfois effrayante des travaux entrepris, auraient-ils pu se produire sans augmenter les dangers courus par l'ouvrier ? Certes, il y avait des ateliers, des chantiers, des usines, des mines, aux siècles passés, et les accidents étaient nécessairement nombreux, car les précautions n'étaient pas très grandes et l'outillage était rudimentaire. Mais le chiffre actuel des accidents du travail ne peut qu'être infiniment supérieur à ce qu'il était au siècle passé. D'abord le nombre des ouvriers qui est aujourd'hui de plus de quatre millions, était alors très inférieur, et le travail fait à la main offrait bien moins de risques que la vapeur, l'électricité ou les explosifs. Enfin, si l'industrie du bâtiment pouvait rivaliser par la magnificence de l'architecture avec celle d'aujourd'hui, du moins on ne précipitait pas sur le même chantier des armées d'ouvriers, les chemins de fer ne

(1) Sénat, séance du 17 mars 1896 ; *Journ. off.*, p. 260.

sillonnaient pas les provinces, l'électricité ne transportait pas à travers les distances la force et la lumière ; mais combien de sang et de victimes tous ces progrès n'ont-ils pas coûtés à l'humanité !

Si l'on ajoute à ce tableau que nous sommes devenus beaucoup plus sensibles ou impressionnables, et que la presse se complait à surexciter encore cet état morbide par les récits les plus saisissants, on s'explique que notre esprit ne puisse plus se contenter des anciennes solutions, et se récrie à la pensée que les trois quarts des victimes de l'industrie n'ont droit à aucune réparation, pas même au moindre secours.

Comment nier aussi que les idées de justice et d'humanité se sont développées, que nous avons une vision plus nette de notre solidarité avec le prochain, de notre responsabilité sociale envers les travailleurs et des devoirs résultant du contrat de travail ?

Nous n'en voudrions pour preuve que ces institutions mutuelles de secours et de retraites créées, dans les usines, sous la protection et avec les subventions parfois très importantes des patrons, comme au Creusot, aux charbonnages de Blanzy, d'Anzin, de la Loire, dans les grandes Compagnies de chemins de fer et cent autres encore.

16. — *Justification du risque professionnel par le droit*. — Le Code civil n'a pas prévu les obligations du patron envers ses ouvriers, en cas d'accident, probablement parce que les conditions du travail n'étaient pas alors ce qu'elles sont aujourd'hui et n'exposaient pas les travailleurs aux mêmes dangers.

Malgré ce silence, nous croyons que le risque professionnel peut se baser sur les principes mêmes du Code civil.

S'il est vrai que toute œuvre industrielle renferme inévitablement des causes d'accident, si le patron et l'ouvrier subissent une conséquence inéluctable de leur travail, l'industrie doit être responsable des accidents qui frappent l'ouvrier. Elle supporte les dégradations de ses bâtiments, de ses machines, de ses outils. Pourquoi n'en serait-il pas ainsi lorsque c'est l'ouvrier, « le matériel humain » qui subit un dommage ?

« De même, disait M. Félix Faure, qu'une exploitation supporte l'usure et la destruction de son matériel, l'amortissement de son outillage ; de même qu'elle supporte les risques d'incendie, de responsabilité civile et tant d'autres ; de même une exploitation doit supporter les conséquences des accidents qui se produisent à son profit. » (1).

_ Le chef d'industrie n'est pas seulement responsable des dommages qu'éprouve son matériel, mais encore de ceux que ce matériel occasionne. Une machine fait explosion, les éclats, brisant la toiture du hall, vont blesser au dehors des personnes étrangères à l'usine. Le patron est responsable en vertu de ce principe contenu dans l'article 1384, § Ier, qu'on répond des choses que l'on a sous sa garde, et que c'est à l'industriel, à prendre les mesures nécessaires pour que son outillage, même en cas d'accident fortuit, ne puisse pas nuire à autrui. Pourquoi le patron ne serait-il pas tenu à la même responsabilité envers les ouvriers de

(1) Ch. dép., 9 mars 1883; *J. off.*, p. 525.

son usine ? Comment justifier cette différence ? Nous dira-
t-on que le patron est présumé avoir commis une faute ?
La réponse ne serait pas satisfaisante, car, outre qu'il
faudrait justifier pourquoi la même présomption n'existe-
rait pas en faveur de l'ouvrier, on peut imaginer des hypothèses où cette responsabilité est mise en jeu sans qu'aucune faute, si légère soit-elle, puisse être imputée au
patron. « L'imperfection de la machine, dit M. Laurent,
peut venir de l'imperfection de la science, laquelle n'est
pas imputable au propriétaire ; mais alors il y a une considération d'équité : n'est-il pas juste que le propriétaire de
la machine supporte le dommage plutôt que celui qui en
est la victime. » (1).

Voici un industriel qui crée une usine dont les émanations, les fumées nauséabondes ou le bruit insupportable
portent la gêne ou l'insalubrité dans les alentours. Muni
d'une autorisation régulière, travaillant suivant les données
les plus exactes de la science, prenant toutes les précautions possibles, il ne commet aucune faute dans le sens de
l'article 1382. Il est cependant responsable du préjudice
qu'il cause à ses voisins (2).

Le Code civil ne contient-il pas d'autres exemples de
responsabilité légale en dehors de toute idée de faute ? Les
maîtres et les commettants ne sont-ils pas, dans tous les
cas, responsables du dommage causé par leurs serviteurs
et ouvriers dans le cours de leur service ?

La responsabilité légale des maîtres et des commettants

_____

(1) Laurent, t. XX, p. 694. — *Contrà*, Cass., 19 juillet 1870 (Dalloz,
1870, 1. 361. et Sirey, 71, 1. 9. et la note).

(2) Laurent, t. VI, p. 202.

est l'extension de la responsabilité des choses que l'on a sous sa garde. Le maître répond de ses préposés et ouvriers comme des choses dont il est propriétaire ; il répond de ses préposés, parce que c'est leur travail qui occasionne le dommage, il répond des choses parce que c'est leur action qui fait le mal ; il répondra donc de ses machines, de son outillage, de son travail, de son industrie en un mot, parce qu'elle est la cause première des accidents. C'est dans ce principe, indépendamment de toute question de faute, que doit être placée, suivant nous, la base juridique du risque professionnel.

Tel est aussi l'avis de M. Cheysson. « Quand le terrassier travaille avec sa bêche et sa pioche, le bûcheron avec sa hache, l'outil dans ses mains n'est que le prolongement de ses propres organes ; il en est le maître et l'on peut admettre à la rigueur qu'il en soit responsable. Mais combien autre est son rôle vis-à-vis d'un haut-fourneau, d'une chaudière, d'un laminoir, de ces métaux en fusion, de ces appareils formidables et de ces forces irrésistibles dont le moindre attouchement est mortel ! L'ouvrier n'a plus le choix de ses outils : il les subit. C'est au maître qui les lui impose, de subir, aux termes de l'article 1384 la responsabilité des choses qu'il a sous sa garde. La machine tue et blesse ; la machine est sienne, donc il en répond. » (1).

C'est également l'opinion que soutenait M. Duché dans son rapport à la Chambre des députés. « Pour porter à cet état de choses le remède nécessaire et urgent, votre Com-

(1) Cheysson, *Journal des Economistes,* 15 mars 1888.

mission n'a pas pensé qu'il y eût lieu d'avoir recours à des principes nouveaux. C'est en développant, au contraire, et en précisant les conséquences naturelles du droit commun français qu'elle a cherché et qu'elle espère avoir trouvé la solution désirée. Nous avons vu que l'insuffisance des règles actuelles tenait à un état de fait des hommes et des choses différent de l'état ordinaire prévu par le Code civil. C'est ce qu'on a appelé le risque professionnel ; mais ce risque n'est pas dû à un principe nouvellement reconnu du droit civil ; il était, suivant nous, implicitement et même explicitement contenu dans la responsabilité du droit commun du chef d'entreprise. Ce dernier n'est-il pas, en effet, responsable du fait des personnes à son service et des choses qu'il a sous sa garde ? Or, qu'est-ce que le risque professionnel, c'est-à-dire le cas fortuit ou de force majeure se produisant dans des entreprises où des forces élémentaires formidables sont enchaînées au service de l'homme, mais toujours prêtes à manifester leur aveugle puissance ; qu'est-ce que l'imprévu dans le fonctionnement des appareils destinés à utiliser ces forces redoutables ; qu'est-ce que la négligence même de l'ouvrier, amené par une habitude constante à ne plus tenir compte du danger spécial au travail dans un milieu particulier ; qu'est-ce que tout cela, si ce n'est le fait de choses que le chef d'entreprise a sous sa garde ? » (1).

17. — *Le risque professionnel n'est pas une idée nouvelle.* — Le principe du risque professionnel

---

(1) Rapport de M. Duché à la Chambre des députés ; *J. off.* du 23 novembre 1887. *Doc. parl.* n° 2150.

n'est pas entièrement nouveau dans notre droit. Nous le trouvons dans les articles 11 et 17 de l'ordonnance marine de 1681, qui disposaient que le matelot blessé au service du navire touchait une indemnité et recevait le prix de son rachat s'il était pris. N'est-ce pas là notre risque professionnel? Valin, le commentateur de l'ordonnance de 1681, se demandait même s'il ne serait pas juste que le matelot estropié de manière à ne pouvoir plus gagner sa vie, eût une pension assurée pour le reste de ses jours.

18. — Le Code de commerce a recueilli dans les articles 262 et suivants, les dispositions de l'ordonnance de la marine. Le marin blessé dans son service ou tombé malade en cours de voyage est soigné aux frais du navire. De plein droit, toutes les maladies qui l'atteignent, en cours de route, même si elles proviennent de sa négligence ou de sa faute, sont à la charge du bâtiment. Bien plus, il a droit à la totalité de ses salaires pendant toute la durée du voyage, alors même qu'il aurait été traité, non à bord du navire, mais à terre, dans un hospice (1).

19. — Nous trouvons un autre exemple du risque professionnel dans l'arrêté du 15 décembre 1848 rendu en matière de travaux publics et aux termes duquel la victime d'un accident a droit aux soins gratuits pendant sa maladie, ainsi qu'à la moitié du salaire. En cas d'incapacité absolue du travail de la profession, elle reçoit la moitié du salaire pendant une année à partir de l'accident. Enfin, lorsque l'ouvrier est marié, une indemnité est donnée à la veuve, en cas de mort des suites de la blessure ou de l'accident.

(1) Cass., 4 juin 1850. Dalloz, 1850, 1. 317.

Cet arrêté, qui peut être considéré comme un précurseur du risque professionnel, est encore en vigueur et s'applique tous les jours dans les chantiers de travaux publics.

20. — *Définition du risque professionnel.* — « Le risque professionnel, dit M. Cheysson, c'est le risque afférent à une profession déterminée, indépendamment de la faute des ouvriers ou des patrons. » (1). La définition donnée par M. de Mun à la Chambre des députés est plus complète. « Qu'est-ce donc que le risque professionnel ? C'est le risque inhérent au fait même de la profession industrielle. Et quelle est la conséquence de ce principe une fois posé ? C'est que dès lors qu'un tel risque existe, il crée, pour celui qui y est exposé, un droit à l'indemnité lorsqu'il en est victime. » Sans qu'aucune culpabilité puisse être invoquée, l'ouvrier est en présence d'un risque continuel inséparable du fait même de l'industrie et d'où dérive l'obligation de réparer le préjudice causé.

Le travail est responsable envers ceux qu'il emploie, de tous les accidents qu'il cause, et cette responsabilité a pour corollaire le droit de l'ouvrier à la réparation du dommage. L'obligation du patron, comme le droit de l'ouvrier, naissent de la loi sans qu'il soit besoin d'aucune convention. En entrant dans l'usine l'ouvrier sait qu'il est garanti contre tous les risques qu'il va courir. Toutes les causes possibles d'accident sont mises en commun et, par une fiction légale, ouvrier et patron renoncent à s'en prévaloir. Le chef d'entreprise n'invoquera plus la faute,

(1) Cheysson, *loc. cit.*

l'imprudence de l'ouvrier : il devra, dans tous les cas, une indemnité. En retour, l'employé ne recherchera plus si le patron a manqué de prévoyance ou de précautions ; il y aura compensation. Enfin, pour qu'aucun sujet de discorde ne vienne troubler les bonnes relations si désirables entre patrons et ouvriers, la loi prend soin de régler d'avance les indemnités par un tarif invariable. Une seule exception est faite pour l'accident occasionné par *la faute inexcusable* du patron ou de l'ouvrier, auquel cas l'indemnité peut être abaissée ou majorée par les tribunaux. Quant à l'accident produit intentionnellement, il ne donne droit, et c'est justice, à aucune réparation. Enfin, le législateur a poussé sa sollicitude envers les victimes d'accidents jusqu'à instituer une véritable garantie légale pour assurer le paiement des indemnités.

On peut donc dire que le risque professionnel consiste dans la responsabilité pour le chef d'entreprise des accidents produits par son industrie, donnant droit au profit de la victime à une indemnité fixée à forfait par la loi et garantie par l'État. L'obligation du patron se traduit par une action spéciale et unique contre lui, l'action du risque professionnel. Il est tenu, dans tous les cas, à une indemnité forfaitaire ; mais il est à l'abri du droit commun qui pouvait l'obliger à la réparation intégrale du dommage.

21. — *Conséquences du risque professionnel.* — L'indemnité de l'ouvrier sera assurément moindre que celle qu'il recevait (lorsqu'il en recevait une !), sous l'empire de l'article 1382. Il ne pourra plus aspirer à ces grosses indemnités qui, pour une incapacité permanente de travail, quelquefois très supportable, lui créaient une petite fortune. Par contre, il aura la certitude d'être indemnisé de tous les accidents dont il sera victime, et pourra jouir de cette tranquillité que donne la sécurité du lendemain. Le risque professionnel est donc une amélioration de notre état social, puisque, tandis que plus des trois quarts des victimes d'accidents tombaient à la charge de l'assistance publique, toutes recevront désormais une indemnité.

22. — En ce qui concerne le patron, le risque professionnel ne sera pas une charge beaucoup plus lourde que celle qui pesait sur lui avant la loi du 9 avril 1898. D'abord il y gagne une chose que tous les industriels désirent ardemment aujourd'hui, la connaissance exacte du risque par la détermination forfaitaire de l'indemnité. Enfin, il ne peut être tenu, en principe, qu'au service d'une rente et non au paiement d'un capital. Les conséquences du risque professionnel se traduiront pour le patron par la nécessité de l'assurance.

Or, si nous prenons pour exemple la tarification des caisses allemandes, nous voyons que, pour un ouvrier dont le salaire annuel est de 1.000 francs, la prime s'élève à 12 fr. 56. L'industriel serait donc grevé annuellement de cette somme, soit 1 fr. par mois pour chaque ouvrier gagnant 1.000 francs.

23. — Le prix de revient des objets fabriqués ne paraît pas davantage devoir être augmenté dans des proportions bien sensibles, ainsi que l'a démontré à la Chambre M. Ricard, garde des sceaux.

Par exemple, le prix de revient d'une locomotive est de 51.510 francs, dans lesquels il entre pour 10.220 francs de salaires. En se basant sur les tarifs en vigueur en Autriche, où les industriels sont tenus au paiement non seulement d'une annuité, mais encore du capital représentatif de l'indemnité, l'assurance serait de 2.21 pour cent, soit 225 francs 85, dont le prix de revient se trouverait augmenté (1).

24. — La concurrence internationale ne sera pas plus à craindre que le renchérissement des objets fabriqués, puisque le risque professionnel existe chez la plupart de nos voisins. En Allemagne, il fonctionne depuis 1884, et l'industrie de ce pays, dont on connaît l'extraordinaire essor, n'en a pas été entravée. En Autriche, en Suisse, en Angleterre, le risque professionnel existe aussi, en attendant qu'il s'impose partout.

25. — Ce que l'on peut craindre sans être trop pessimiste, c'est une augmentation du nombre des accidents. Sans doute, nous ne pensons pas que l'ouvrier se fera prendre volontairement les membres dans l'engrenage et risquera sa vie. L'instinct de la conservation et la crainte des souffrances suffiraient à l'en empêcher. Mais peut-on affirmer que cette sécurité dont il jouira par l'absence complète de responsabilité personnelle, n'aura pas pour effet un relâchement involontaire de l'attention ou de la prudence ? Si le mépris du danger est une des causes les plus fréquentes d'accident, l'insouciance ne sera-t-elle pas plus grande avec la certitude de l'indemnité ? De même, en matière d'incendie, qui oserait dire que la tranquillité que donne l'assurance soit étrangère au nombre des sinistres ?

(1) Sén., 30 janvier 1896 ; *J. off.*, p. 42.

C'est ainsi que doit s'expliquer l'augmentation considérable du chiffre des accidents constatée en Allemagne et en Autriche, où le nombre en a presque doublé depuis le fonctionnement du risque professionnel.

26. — Nous craignons aussi que le but visé par les auteurs de la loi, de diminuer le nombre des procès ne se réalise pas.

En Allemagne, le chiffre des litiges s'est élevé encore plus vite que celui des accidents : il y en a un par quatre accidents, et plus d'un appel pour quatre procès.

Il en sera vraisemblablement de même en France, avec cette aggravation que la majoration ou la diminution de l'indemnité dans le cas de faute inexcusable sera une nouvelle source de conflits. De même qu'avant l'organisation du risque professionnel, tout ouvrier victime d'accident prétendait prouver la faute du chef d'entreprise, beaucoup invoqueront désormais la faute inexcusable, pour obtenir une augmentation de pension.

Le risque professionnel triomphera certainement des obstacles qui se pressent toujours sous les pas des institutions nouvelles. Lorsqu'en se perfectionnant peu à peu, il sera parvenu à s'affranchir des inconvénients qu'il peut offrir à ses débuts, le droit français se sera enrichi d'une nouvelle conquête de l'humanité.

CHAPITRE III

Etendue du Risque professionnel

---

§ 1er. — Généralités.

27. — Les premiers promoteurs du risque profesionnel ne songeaient à l'appliquer qu'à la grande industrie; mais, peu à peu, dans le cours des travaux préparatoires, il fut étendu à toutes les entreprises, grandes ou petites, quelque fût le nombre d'ouvriers.

Le commerce, l'agriculture, en sont exclus, à moins qu'ils n'emploient des explosifs ou des machines mues par une force autre que celle de l'homme ou des animaux.

28. — D'autre part, les petits patrons travaillant ordinairement seuls ne sont pas soumis à la nouvelle législation à raison de la collaboration accidentelle d'un ou de plusieurs de leurs camarades (art. 1er, § 2).

29. — La loi ne distingue pas entre les industries dangereuses et celles qui ne le sont pas, non plus qu'entre le travail offrant un danger et celui qui n'en offre aucun.

Tous les travaux sans distinction, dans toutes les industries, sont couverts par le risque professionnel, c'est-à-dire par la responsabilité patronale.

Cette question a soulevé de longues controverses dans le cours des travaux préparatoires à la Chambre et au Sénat. MM. Bardoux et Bérenger notamment, avaient soutenu que le risque professionnel ne devait s'appliquer qu'aux industries dangereuses, et le Sénat avait adopté ce système dans son projet voté le 20 mai 1890, par lequel le Conseil d'État était chargé de déterminer les industries devant être considérées comme dangereuses. Mais on ne tarda pas à reconnaître que la mission donnée à cette assemblée était presque impossible à remplir, que, dans tous les cas, son œuvre serait forcément imparfaite parce qu'on ne saurait définir le travail dangereux par une formule pouvant s'appliquer à toutes les professions.

30. — Aussi la Chambre rejeta le projet du Sénat. Mais M. Bérenger ne se découragea pas. Reprenant son idée dans son contre-projet déposé en 1896, il proposa de restreindre le risque professionnel aux accidents survenus au cours d'un travail dangereux, et de l'appliquer non seulement aux ouvriers industriels et agricoles, mais encore aux gens de service, domestiques et employés, à tous ceux, en un mot, travaillant pour autrui. Le Sénat n'admit pas cette solution et maintint l'application du risque professionnel à la généralité de l'industrie. Qu'importe, en effet, que l'accident survienne dans un travail réputé non dangereux ? Du moment qu'il se produit, ne serait-il pas souverainement injuste de refuser à la victime l'indemnité qui lui serait accordée à l'occasion d'un accident de même nature arrivé dans un travail considéré comme dangereux ?

C'est donc avec raison que la distinction proposée entre le travail dangereux et celui qui ne l'est pas, fut définitivement repoussée.

§ 2. — Des accidents.

31. — On entend par accidents les événements malheureux et soudains dus au travail et ayant pour conséquence une lésion corporelle qui produit une incapacité de travail ou la mort : tels un choc, une chute, une brûlure, l'asphyxie, etc.

La loi du 9 avril 1898 embrasse tous les accidents arrivés dans les établissements visés par l'article premier, hormis ceux qui sont dus à un fait intentionnel de la victime et ceux qui n'ont entraîné qu'une incapacité de travail n'ayant pas dépassé quatre jours. Mais elle exige pour que le risque professionnel leur soit applicable qu'ils soient produits par le fait du travail ou à l'occasion du travail (art. 1er).

32. — Le texte voté par la Chambre des députés en 1884, déclarait le chef d'entreprise responsable de l'accident survenu à tout ouvrier ou employé, « dans l'exécution de son travail. » Le projet voté par la Chambre, le 10 juillet 1888, portait : « Tout accident survenu *dans leur travail,* aux ouvriers et employés.... donne droit au profit de la victime à une indemnité. Cette indemnité est à la charge du chef de l'entreprise *quelle qu'ait été la cause de l'accident.* »

4

33. — A cette époque M. Thellier de Poncheville avait demandé de restreindre le risque professionnel aux accidents survenus au cours d'un travail industriel. « Je veux, disait-il, que, par exemple, même dans une grande usine, le commissionnaire ou le magasinier qui est blessé pour avoir maladroitement arrimé ses matières dans le magasin, ne soit pas considéré comme blessé par suite d'un risque professionnel ; l'existence dans l'usine d'engins formidables et de moteurs mécaniques est, en effet, sans aucune influence sur la cause de sa blessure. L'employé de bureau qui se blesserait maladroitement avec son canif, par exemple, doit-il être indemnisé en vertu du risque professionnel par le patron, si son bureau dépend d'une usine ? C'est ce que je ne puis admettre et ce qui découle pourtant de la rédaction de la Commission. » (1). Cet amendement qui n'était autre chose qu'une distinction entre les accidents dangereux ou non, fut repoussé.

34. — M. Gastelier en présenta un autre par lequel il demandait la substitution des mots : « Pourvu que cet accident ait été causé par le fait du travail », à ceux-ci : « quelle qu'ait été la cause de l'accident. » Les risques d'accidents, disait-il, résultant de l'apoplexie, du tonnerre, les entorses, les chutes que l'ouvrier peut faire et donnant lieu à des blessures, une écorce d'orange jetée à terre sur laquelle l'ouvrier glissera et se cassera une jambe en tombant, etc..., considérez-vous les accidents qui se produisent dans ces conditions comme étant le fait du travail ? Cela n'est pas possible et vous ne pouvez pas

---

(1) Ch. dép., 26 juin 1888 ; *J. off*, p. 1905.

l'admettre. Ainsi un ouvrier, en sortant de chez lui, bute contre un obstacle sur la route et se blesse. Il n'est pas encore au travail, mais la chute peut se produire sur un chemin, près de l'atelier. Direz-vous que cet ouvrier peut être indemnisé ? (1). Cet amendement, combattu par M. Barbey, fut aussi rejeté.

35. — Le Sénat adopta, en 1890, la formule « par le fait du travail ou à l'occasion du travail ; » mais, en 1893, la Chambre lui substitua celle-ci : « dans leur travail et à l'occasion de leur travail. » Le Sénat la modifia de nouveau dans son projet du 5 décembre 1895, en remplaçant la conjonctive « *et* » visiblement défectueuse, par la disjonctive « *ou.* » Enfin dans le projet voté le 24 mars 1896, la haute Assemblée reprit le texte du projet de 1890, qui ne fut plus contesté désormais et passa dans la loi.

36. — *Par le fait du travail.* — Cette rédaction fut critiquée par M. Félix Martin en ces termes : « Vous vous « souvenez que les anciennes rédactions portaient dans le « travail et à l'occasion du travail. » Ces mots « dans le travail » ont été supprimés ; ils ont cependant une certaine importance. Qu'est-ce, en effet, qu'un accident ? C'est une lésion corporelle. Or, il y a deux espèces de lésions corporelles : celle qui se produit subitement, violemment, qui se manifeste d'une façon éclatante, au cours même du travail ; et secondement, celle qui ne se révèle que plus tard, en dehors du travail, souvent longtemps après le travail terminé : c'est l'intoxication, c'est la

---

(1) Ch. dép., 26 juin 1888 ; *J. off.*, p. 1905.

maladie, ce sont les infirmités qui dérivent du travail insalubre. Eh bien ! jusqu'à ce jour, il était entendu qu'on légiférait seulement pour les accidents de la première catégorie, sauf à statuer plus tard sur la seconde. Or, si vous supprimez les mots « dans le travail », vous faites par là même rentrer dans le cadre de la présente loi la seconde catégorie qui était réservée... De deux choses l'une, ou vous ouvrez la porte à des contestations sans nombre ou vous donnez une immense extension à la présente loi. Mais il me paraît évident que par la suppression des mots « dans le travail » vous faites rentrer dans le cadre de la loi les maladies et infirmités contractées dans les industries insalubres... Une autre question se pose à propos de la formule « par le fait du travail. Le fait du travail, » est-ce une expression bien claire et bien précise ? Est-il possible d'assimiler le travail, cette abstraction, ce mot à acceptions si variées, à un être agissant auquel on pourra imputer un acte, une responsabilité ? Pour ma part j'en doute fort. Que le langage poétique parle des faits et des méfaits du travail, cela se conçoit, mais que le langage juridique se serve de pareilles expressions, c'est beaucoup plus grave. Les avocats auront beau jeu ; ils vont tourner et retourner cette formule, la disséquer, l'examiner à la loupe, gloser et commenter, et c'est malheureusement le pauvre blessé qui supportera les conséquences de l'obscurité du texte. En effet, c'est dans la formule « par le fait du travail » que réside le fait générateur du droit à dommages et intérêts pour l'ouvrier, c'est la cause de sa créance. Par conséquent, il incombe à l'ouvrier blessé de faire la preuve que son accident est causé par le fait du travail. Songez dans quel embarras vous le mettez le plus souvent. » (1).

Ces critiques de l'honorable sénateur ne sont nullement fondées. Les mots « par le fait du travail » nous paraissent plus précis, plus juridiques que ceux « dans le travail » dont M. Félix Martin demandait le maintien. Il n'est pas exact, en effet, de dire que le risque professionnel s'étend à tous les accidents survenus dans le travail, puisqu'il peut se produire, pendant son exécution, des accidents n'ayant aucun rapport avec lui, comme l'explosion de la foudre ou un tremblement de terre, que le nouveau principe ne saurait couvrir.

En disant, au contraire, que le risque professionnel s'applique aux accidents survenus *par le fait du travail*, le législateur exclut formellement tous ceux dont la cause n'est pas dans le travail ou dans l'industrie. Quant aux maladies et infirmités dérivant du travail insalubre, elles ne rentrent pas dans les termes de la loi parce qu'on ne saurait les considérer comme de véritables accidents. (*Infrà*, n° 81).

« Si une chaudière éclate, disait M. Félix Martin, et si l'ouvrier est blessé par ses débris, on conçoit qu'on puisse dire que l'accident a été produit par le fait de la chaudière et, en conséquence, par le fait du travail. Mais si la chaudière fonctionne normalement et si l'ouvrier est brûlé par un jet de vapeur, en ouvrant par mégarde ou par imprudence une de ses soupapes, pourra-t-il toujours prétendre qu'il a été blessé par le fait de la chaudière, par

(1) Sén., 19 mars 1896 ; *J. off.*, p. 268.

le fait du travail ? Le patron ne pourra-t-il pas riposter : Non, votre accident n'est pas survenu par le fait de la chaudière, mais par votre fait à vous-même, et par suite la loi ne vous est pas applicable ? » (1).

Une pareille hypothèse rentrerait, dans tous les cas, parmi les accidents survenus *à l'occasion du travail;* mais nous pensons qu'elle peut être considérée comme étant *le fait du travail.* C'est par mégarde ou par imprudence que la soupape de la chaudière a été ouverte et que l'ouvrier a été atteint par un jet de vapeur. Dans ces conditions, si, comme nous le verrons plus loin, le risque professionnel garantit les accidents dus à de pareilles causes, et la blessure ayant été faite par le générateur que la victime était chargée de diriger, de surveiller ou d'alimenter, comment nier que l'accident soit le fait du travail lui-même ?

37. — *Ou à l'occasion du travail.* — Mais il eut été insuffisant de protéger les ouvriers seulement contre les accidents survenus par le fait du travail. Il en est d'autres qui, sans être l'action même du travail, se produisent à son occasion, et contre lesquels il est également juste de garantir l'ouvrier.

Lors de la première délibération qui eut lieu au Sénat au mois de juin 1895, M. Silhol demanda l'explication de ces termes « ou à l'occasion de leur travail. » Il prenait pour exemple le mineur qui est victime d'un accident, sur les chemins, loin de la mine, en se rendant à son travail, et

---

(1) *J. off., loc. cit.*

demandait si c'était là un accident à l'occasion de son travail (1).

N'ayant pas reçu de réponse satisfaisante, il reprit sa question à la séance du 4 juillet, en ces termes : « Si l'on maintient ces mots : « ou à l'occasion de leur travail, » je demande qu'on m'indique ce qu'ils signifient exactement. Les « accidents survenus dans le travail » cela a un sens que je comprends très bien ; mais il y a donc d'autres accidents que ceux-là ? De quels accidents entendez-vous parler ? je demande la suppression de ces mots : « ou à l'occasion de leur travail, » parce que je n'y vois absolument qu'une équivoque. » (2).

M. Poirrier, rapporteur, répondit avec raison que si l'on introduisait dans l'article 1er ces mots : « dans leur travail *et* à l'occasion de leur travail, » ainsi que le demandait M. Silhol, il faudrait que les deux conditions fussent réunies pour donner lieu à l'application de la loi, tandis que, dans l'esprit de la Commission, il suffisait de l'une d'elles pour que le risque professionnel fût applicable (3).

Nous ne trouvons pas, dans les travaux préparatoires, de définition des accidents survenus à l'occasion du travail. « Je ne m'arrêterai pas un instant, disait M. Mesureur, ministre du commerce, à la formule « par le fait ou à l'occasion du travail. » Je crois que ce sont là des mots très clairs, très français, sur le sens desquels on ne peut pas se tromper. Que le texte de la loi contienne les termes « dans le travail » ou « par le fait du travail » ou « à

(1) Sén., 11 juin 1895 ; *J. off.*, p. 596.
(2) Sén., 4 juil. 1895 ; *J. off.*, p. 731.
(3) *Ibid.*

l'occasion du travail, » je trouve que la formule proposée par la Commission aurait encore plus de précision et de netteté que les autres et donnera lieu à moins d'équivoques. » (1).

Dans son rapport au Sénat en date du 2 mars 1896, M. Thévenet s'exprimait ainsi : « En premier lieu il faut que l'accident ait été la conséquence directe du travail ; nous avons écrit, pour préciser notre pensée, ces deux expressions : par le fait ou à l'occasion du travail. » (2).

38. — Si nous partons de ce principe, il faut que l'accident arrivé à l'occasion du travail soit, comme celui qui est survenu par son fait, la conséquence directe de ce travail. Il pourra se produire hors du travail, peut-être même hors de l'usine ; il sera néanmoins arrivé à l'occasion du travail pourvu qu'il en soit la conséquence directe. Le mineur qu'on descend à une vitesse vertigineuse dans le puits, n'est pas à son travail ; néanmoins l'accident dont il est victime pendant la descente, se produit à l'occasion du travail parce que le mineur doit nécessairement descendre au fond des galeries pour travailler. L'ouvrier qui vient prendre son travail, celui qui, n'ayant pas le temps nécessaire pour aller au dehors, prend son repas ou un peu de repos dans l'usine, sont hors de leur travail ; mais leur présence sur le chantier est la conséquence du travail, de même que l'accident dont ils peuvent être victimes en ce moment. S'ils sont blessés, ce sera donc à l'occasion de leur travail.

---

(1) Sén., 19 mars 1896; *J. off.*, p 270.
(2) Rapport de M. Thévenet au Sénat.

39. — Tel est aussi le cas de l'employé aux écritures qui est atteint par une explosion ou par la chute d'un bâtiment. Son travail personnel est étranger à l'accident dont il est victime ; mais il existe un rapport incontestable entre son travail et l'accident. Il est évident, en effet, que si ses occupations ne l'avaient pas obligé à se trouver dans l'usine il n'aurait pas été blessé.

40. — On a cité, à maintes reprises, dans le cours des travaux préparatoires, l'exemple de l'accident causé par une tuile qui se détache du toit et blesse un ouvrier pendant le travail. On paraissait trouver absurde que le risque professionnel pût être mis en mouvement par une cause aussi futile : il ne saurait cependant en être autrement. Assurément cet accident n'est pas le fait du travail, mais il est arrivé à l'occasion du travail, attendu que l'ouvrier était à son poste au moment où il a été atteint.

Supposons qu'au lieu de la chute d'une tuile, il s'agisse de l'écroulement d'un mur, d'une cheminée ou d'un bâtiment, et qu'on nous dise s'il serait juste que l'ouvrier qui en est victime pendant qu'il est dans l'usine pour son travail ou à son travail, ne fût pas garanti par le nouveau droit.

Il en serait de même si l'accident arrivait pendant une interruption réglementaire du travail, par exemple, pendant le repos ou le sommeil de la victime, puisque ce serait toujours à l'occasion du travail que l'ouvrier aurait été atteint.

41. — Que décidera-t-on pour celui qui, arrivant à se disputer et à se battre avec un de ses camarades, dans le cours du travail, tombe sur un moteur et se blesse, ou bien pour celui qui, en jouant dans l'atelier, est victime d'un accident ? Ici, ce n'est pas le travail qui a occasionné l'accident, mais la rixe ou le jeu dont l'ouvrier aurait dû s'abstenir (1).

42. — Il en serait autrement de l'ouvrier qui, appelé par un de ses camarades pour lui donner un conseil ou un coup de main, glisserait et se casserait une jambe. Cet accident devrait être classé parmi ceux qui arrivent à l'occasion du travail.

43. — M. Bérenger croyait prouver les conséquences absurdes du risque professionnel lorsqu'il s'écriait : « Voilà une singulière théorie ! Un homme descend un escalier, il fait un faux pas et se casse une jambe ; allez-vous dire qu'il est dangereux de descendre un escalier ? » (2). Pourquoi, si c'est à l'occasion de son travail que la chute a eu lieu, cet accident ne serait-il pas couvert par le risque professionnel ? Cela n'est-il pas aussi juste que pour l'ouvrier qui se casse un membre en tombant d'une échelle ou d'un échafaudage ?

44. — Les accidents survenus à l'occasion du travail sont donc ceux qui se produisent en dehors du travail, mais ont une relation directe avec lui. Par exemple, le mineur dont parlait M. Silhol, qui est victime d'un accident en se rendant à la mine ne saurait entrer dans notre définition. La chute qu'il a faite, sur la route, en dehors de la mine, n'a aucun rapport avec son travail. Elle est peut-être uniquement de sa faute ; dans tous les cas, le

(1) Ch. dép., 22 mai 1888 ; *J. off.*, p. 1471 et 1472.
(2) Sén., 4 juil. 1895 ; *J. off.*, p. 728.

patron ne doit pas en répondre puisque son industrie n'y est pour rien. Mais, nous dira-t-on, c'est en se rendant à son travail que l'ouvrier s'est blessé ; s'il n'était pas allé au chantier il ne serait pas tombé ; il y a donc une relation entre l'accident et le travail. Non, c'est une simple coïncidence : le travail est absolument étranger à l'origine de l'accident ; le chef d'industrie n'en est pas responsable.

45. — Il faut en dire autant du fait que citait M. Blavier au Sénat. Un ouvrier, contrairement aux règlements, se fait descendre ivre dans une carrière. Le contremaître le fait remonter, l'accompagne jusqu'à la porte du chantier qui n'est jamais fermée, et le congédie en lui défendant de travailler parce qu'il est ivre. Peu après, l'ouvrier revient, passe par une descenderie non éclairée parce qu'elle n'est pas en service et se blesse gravement ? L'accident ne s'est pas produit à l'occasion du travail puisque, au contraire, on avait défendu à cet ouvrier de travailler.

46. — Mais serait-il exact de dire d'une manière absolue, que les mots « à l'occasion du travail » ne comprennent que les accidents survenus dans l'intérieur de l'usine, de la fabrique ou du chantier ? « Nous ne nous occupons pas des accidents qui se produisent en dehors de l'usine ou du chantier », disait M. Poirrier, rapporteur au Sénat, et, comme M. Silhol insistait et demandait que cela fût expliqué dans le texte, le rapporteur lui répondit que le sens paraissait si clair, si évident, qu'on ne croyait pas utile de le spécifier (2). Quelque soit notre désir de

(1) Sén., 4 juil. 1895 ; *J. off.*, p. 732.
(2) *Ibid.*, p. 731.

nous conformer, dans notre interprétation, à la pensée des auteurs de la loi, nous ne pouvons pas nous rallier à la déclaration faite par l'honorable M. Poirrier.

47. — Ainsi on peut imaginer des accidents arrivés hors de l'usine et cependant par le fait même ou à l'occasion du travail. Tel est le cas du gazier, du plombier, blessés pendant qu'ils font une installation ou une réparation d'eau ou de gaz. Comment pourrait-on leur refuser le bénéfice du risque professionnel pour ce motif qu'ils n'étaient pas dans l'usine au moment de l'accident? Ne sont-ils pas blessés par le fait de leur travail? La canalisation ne peut-elle pas être considérée comme le prolongement de l'usine? Ne font-ils pas partie de l'industrie du bâtiment et d'ailleurs ne travaillent-ils pas sur un véritable chantier.

48. — Il en serait de même de l'ouvrier qui, se rendant à son travail et se trouvant encore au dehors, serait atteint par l'explosion d'un générateur de l'usine. C'est assurément à l'occasion de son travail qu'il se trouvait là ; ce n'était pas fortuitement qu'il y passait comme l'eût fait un promeneur ou un curieux, mais parce que c'était l'heure de son entrée à la fabrique. D'autre part, ce n'est pas par une cause étrangère à son travail qu'il a été frappé ; il ne s'agit pas, comme dans l'exemple de MM. Silhol et Gastelier, d'une chute n'ayant aucun rapport avec l'industrie à laquelle il appartient; il a été blessé, sinon par son travail, du moins par son industrie. Ce n'est pas une simple coïncidence ; il existe, au contraire, un rapport incontestable de causalité entre le travail et l'accident.

49. — Même solution pour le mécanicien que citait M. Bérenger au Sénat, et qui aurait été victime d'un accident, non pas sur sa machine, mais en allant chercher de l'eau ou du charbon.

50. — Que faudra-t-il décider dans le cas où le patron fait transporter ses ouvriers sur le chantier, par un service organisé par lui et dans son intérêt? La Cour de Paris avait jugé que l'entrepreneur était responsable des accidents arrivés dans le train de ballast transportant les ouvriers, ce train devant être considéré comme le prolongement du chantier (1). Nous pensons qu'il faudrait se prononcer dans le même sens aujourd'hui. Ici, en effet, le patron prend la charge du transport de ses ouvriers, il assume donc la responsabilité de cette circulation. On peut l'assimiler à la descente des mineurs dans les puits. Dès le moment où l'exploitant s'empare des ouvriers pour les transporter au fond des galeries, le risque profesionnel commence (2).

51. — *Quid* de l'ouvrier qui quitte son poste et est victime d'un accident dans un endroit où il n'avait rien à faire? Dans ce cas, l'accident n'est pas dû au fait du travail, et on ne peut pas dire non plus qu'il soit arrivé à l'occasion du travail. C'est le contraire qui est vrai. Loin d'être appelé par son emploi sur le théâtre de l'accident, l'ouvrier aurait dû s'en tenir éloigné, et s'il était resté

---

(1) Paris, 6 juin 1885, Dalloz, 86, 2, 123. — Trib. de Die, 10 fév. 1887; *Gaz. Palais,* tables 87-92, v⁰ Assurances terrestres, n⁰ 440.

(2) *Contrà,* Chardiny, *Commentaire historique et analytique de la loi du 9 avril 1898.*

à son poste, il ne lui serait pas arrivé de mal. Le chef d'entreprise ne peut donc pas être responsable (1).

§ 3. — Division des accidents quant à leurs causes.

52. — On peut diviser les accidents, par rapport à leurs causes, en cinq catégories : 1° les accidents fortuits, de force majeure ou dont la cause est inconnue ; 2° ceux dus à la faute légère du patron ou de la victime ; 3° à la faute lourde ; 4° à la faute inexcusable ; 5° à l'intention.

53. — *Cas fortuits.* — D'après la statistique citée par M. Tolain, 68 % des accidents sont dus à des cas fortuits ou de force majeure. Avant l'institution du risque professionnel, l'ouvrier n'avait aucun recours pour tous ces accidents qui sont cependant les plus nombreux. Le but du législateur était précisément de remédier à un état de choses aussi injuste, et tous les projets votés, soit à la Chambre, soit au Sénat, admirent les cas fortuits et de force majeure dans le risque professionnel. Il ne pouvait pas en être autrement, car leur exclusion aurait eu pour résultat de rendre toute réforme stérile en laissant sous le régime du droit commun près des trois quarts des victimes d'accidents.

54. — M. Delsol s'éleva au Sénat contre une telle dispo-

---

(1) Trib. de la Seine, 30 juil. 1896 ; *Gaz. Palais,* 97, 1, supplément, p. 8. — Amiens, 13 août 1896 ; *Gaz. Palais,* table I, v° Responsabilité, n° 146.

sition qu'il considérait comme contraire à tous les principes du droit ; mais il ne fut pas écouté (1).

55. — Les accidents dus aux cas fortuits sont ceux qui se produisent par hasard, sans liaison de cause. C'est l'explosion d'un générateur ou de matières explosives lorsqu'aucune faute n'est imputable à personne ; c'est un bloc de rocher qui se détache du toit de la mine, une parcelle de métal en fusion qui atteint le forgeron, la chute d'un échafaudage malgré toutes les précautions prises ; c'est ce qu'on appelait, avant la loi du 9 avril 1898, l'accident professionnel, formule qui servit si souvent de fin de non-recevoir aux réclamations des victimes d'accidents.

56. — *Force majeure.* — La force majeure est celle à laquelle on ne peut résister. Elle est l'œuvre des forces invisibles de la nature. C'est ce que les Anglais appellent l'acte de Dieu, « *the act of God* ». Tels le grisou qui s'enflamme au contact d'une étincelle jaillie sous le pic du mineur et fauche tout sur son passage, la poche d'eau qui entr'ouvre la roche et envahit les galeries, l'incendie qui s'allume spontanément par le contact des matières combustibles.

57. — Mais, bien entendu, l'accident causé par un cas fortuit ou de force majeure n'est compris dans le risque professionnel qu'autant qu'il s'est produit par le fait du travail ou à l'occasion du travail, c'est-à-dire qu'il a un rapport direct avec lui. Ainsi l'industrie ne répond pas des accidents causés par la foudre, l'ouragan, le tremblement

(1) Sén., 21 mars 1889 ; *J. off.*, p. 308.

de terre, l'inondation ou l'incendie non plus que d'une émeute ou d'un attentat criminel. Elle n'est pas responsable davantage de ceux provenant de l'ivresse, de la surdité, de l'épilepsie, de l'aliénation mentale, de l'anévrisme ou de l'apoplexie, ni des suspensions de travail pour cause de maladies naturelles, épidémiques, chroniques ou invétérées. Ne serait-il pas profondément inique de rendre le patron responsable d'événements ou de phénomènes dans lesquels ni lui ni son industrie n'ont joué le moindre rôle ?

58. — Il s'agit là de ce que M. Léon Say appelait « le grand risque professionnel de l'humanité, » qui fait que tout être humain est mortel et exposé à souffrir par suite d'événements dans lesquels il n'a aucune part de responsabilité (1). Le travail n'a rien à voir avec ce risque dont nous n'avons pas à nous occuper.

59. — Mais il en serait autrement si l'anévrisme, l'apoplexie étaient la conséquence du travail, des conditions hygiéniques de l'atelier, de l'excès de chaleur, de la privation d'air ou des émanations délétères.

60. — Pour trancher ces questions d'appréciation il ne faut pas perdre de vue ce principe directeur qui consiste à appliquer le risque professionnel uniquement aux accidents ayant un caractère industriel. Hors de là il ne peut être question que du risque ordinaire de l'humanité. « Ainsi donc, dit M. Tarbouriech, il convient d'indemniser l'ouvrier des accidents dus à un cas fortuit ou de force majeure, pourvu qu'ils se rattachent au travail industriel

(1) Sén., 12 mars 1889 ; *J. off.*, p. 232.

par un lien de causalité et non par une simple coïncidence fortuite. » (1).

61. — Accidents dont la cause est inconnue. —

En dehors des cas fortuits ou de force majeure, il se produit de nombreux accidents dont la cause ne peut pas être établie. Les victimes sont décédées, il n'y avait pas de témoins, et il est impossible de déterminer d'une manière certaine les circonstances de l'événement; ou bien les phénomènes de telle industrie ne sont pas suffisamment connus pour qu'on puisse démêler les causes de la catastrophe. Est-ce le grisou qui a fait explosion? Est-ce un autre gaz? L'inflammation a-t-elle eu lieu spontanément par le contact d'une étincelle, ou bien parce qu'un mineur a ouvert sa lampe ou allumé sa pipe? Les ouvriers sont ensevelis au fond des galeries : nul ne le saura jamais.

Il est naturel que, dans tous ces cas, le travail soit responsable. Ici, en effet, il semble que l'industrie soit en faute en se trouvant dans l'ignorance des phénomènes auxquels elle donne lieu. La science n'a pas dit son dernier mot sur telle ou telle industrie, sur telle force naturelle ou chimique, par exemple sur l'électricité, les gaz, les explosifs. C'est au chef d'entreprise, à l'organisateur de l'outillage, de le lui arracher.

62. — Accidents dus à la faute légère du patron ou de l'ouvrier. —

Il n'est pas contestable que l'industrie doit supporter la responsabilité des fautes même

---

(1) Tarbouriech, *loc. cit.*, p. 127.

légères du chef de l'entreprise. C'est lui qui par imprudence, par défaut d'attention, de surveillance ou de
précautions, a occasionné l'accident. Il en est responsable
comme il l'était sous l'empire du droit commun.

Il en était autrement de la faute légère de l'ouvrier.
Suivant les principes du Code civil chacun répond de ses
fautes, si légères soient-elles, et si l'ouvrier était blessé par
un accident dû à son imprudence, on lui répondait, la loi
à la main, qu'il n'avait été victime que de sa propre faute.
Cependant cette inattention, cet oubli, étaient souvent
excusables, tantôt parce que l'ouvrier n'avait péché que
par un excès de zèle dans l'intérêt du patron, tantôt parce
qu'il était accablé de fatigue, ou bien encore à cause des difficultés qu'offrait le travail. Qu'importe ! c'était en vain que
la victime faisait appel à la justice. Peine perdue ! Elle
était fatalement éconduite.

Il n'en sera plus ainsi. Le risque professionnel embrasse
les accidents occasionnés par la faute légère de l'ouvrier,
et c'est absolument juste. M. de Mun nous en donne la
raison dans son magnifique langage : « L'imprudence, elle
est forcée, elle est inévitable, elle résulte du travail lui-
même : l'ouvrier, une fois qu'il est au travail, est exposé
au danger à tout instant : il n'y songe pas; il n'y peut
songer ; s'il y songeait, il ne l'affronterait pas... On a pris
toutes les précautions, on a averti les ouvriers, on a affiché
des règlements, et cependant, malgré tout, l'accident
arrive. Il arrive parce que l'ouvrier, qui vit dans le danger,
s'y habitue, se familiarise avec lui et oublie les recomman-
dations de la prudence. Il les oublie par la force des choses,
comme chacun de nous oublie, dans sa vie journalière,

mille précautions et tous les détails de la prudence qui pourraient le mettre à l'abri des accidents. » (1).

63. — *Accidents dus à la faute lourde du patron ou de l'ouvrier.* — La question de savoir si les accidents causés par la faute lourde seraient compris dans le risque professionnel a donné lieu dans le Parlement à de longues discussions. Un certain nombre de jurisconsultes à la tête desquels se trouvait l'honorable M. Bérenger, n'ont cessé de lutter pour faire exclure la faute lourde de la législation nouvelle ; mais leurs efforts n'ont pas été couronnés de succès.

64. — Le législateur s'est trouvé en présence de nombreuses théories qu'il a successivement adoptées puis abandonnées, pour s'arrêter enfin à un système mixte qui est une espèce de transaction entre tous ceux qui lui avaient été présentés.

65. — La première théorie qui se présentait naturellement, était celle des législations allemande et autrichienne, c'est-à-dire le risque professionnel intégral, comprenant même la faute la plus grave, la plus lourde, et n'excluant uniquement que la faute intentionnelle.

Cette proposition souleva de vives objections. On lui reprocha de n'être qu'une imitation de nos voisins d'outre-Rhin, de renverser les principes du droit civil en supprimant toute responsabilité personnelle, et d'abolir l'esprit de prévoyance chez le patron comme chez l'ouvrier. Pourquoi le chef d'industrie ferait-il des règlements,

(1) Ch. dép., 17 mai 1888 ; *J. off.*, p. 1425.

aurait-il un service de surveillance, apporterait-il à son matériel les perfectionnements nécessaires, puisque, dans tous les cas, il serait responsable des accidents? Pourquoi l'ouvrier serait-il prudent, attentif, du moment qu'il serait assuré de recevoir une indemnité, même en cas de faute de sa part?

Enfin quelle antinomie ne créerait-on pas entre le droit civil et le droit pénal? L'ouvrier victime d'un accident dû à son imprudence pourrait toujours être poursuivi devant le tribunal correctionnel. Si, d'un autre côté, il pouvait quand même demander la réparation de l'accident, il serait donc, suivant le mot de M. Bérenger, « condamné et pensionné! » (1).

« Le chauffeur, disait M. Ricard, dans son rapport, qui, n'écoutant pas l'appel strident du sifflet signalant la haute pression de la vapeur dans la chaudière, est brûlé par un jet de vapeur, a-t-il le droit de se plaindre? Un couvreur qui, sur le haut d'un toit, veut se poser en acrobate devant ses camarades, doit-il être déclaré recevable à demander une indemnité, lorsqu'il s'est brisé un membre? » (2).

Les partisans du système allemand répondaient qu'il fallait nécessairement admettre dans le risque professionnel, la faute lourde aussi bien que la faute légère parce que, dans la plupart des cas, il est impossible de les définir et de dire où l'une commence et l'autre finit. Exclure la première pour maintenir la seconde, serait une source inépuisable de procès, attendu que, le plus souvent,

(1) Sén., 14 mars 1889; *J. off.*, p. 252.
(2) Rapport de M. Ricard à la Chambre des députés.

l'ouvrier prétendrait que l'accident est dû à la faute lourde du chef d'entreprise, et que celui-ci soutiendrait, à son tour, que c'est à la faute lourde de l'ouvrier qu'il faut l'attribuer. « La recherche de la faute lourde, disait le président de l'Office impérial allemand des assurances, est une bombe jetée contre la paix sociale. »

Quant à l'antithèse saisissante de l'ouvrier « condamné et pensionné, » elle pourrait tout aussi bien se réaliser, si on se bornait à admettre la faute légère dans le risque professionnel, les articles 319 et 320 du Code pénal n'exigeant qu'une simple imprudence pour qu'il y ait lieu à condamnation.

Enfin, si l'on envisage l'intérêt de l'industrie, on voit qu'il est indispensable d'étendre le risque professionnel même à la faute grossière. L'exclure, en effet, serait placer le patron sous le régime du droit commun, en cas d'accident dû à sa faute lourde, c'est-à-dire le laisser exposé au paiement de ces indemnités formidables qui sont un danger pour les gros industriels et une cause de ruine pour les petits.

Cette thèse fut éloquemment soutenue au sein du Parlement par MM. Tolain, Bernard et Maxime Lecomte. Elle fut adoptée par la Chambre en 1888, mais elle n'eut pas, dans la suite, le même succès (1).

66. — Le second système consistait à faire exactement le contraire de la législation allemande, c'est-à-dire à rejeter purement et simplement la faute lourde du risque

---

(1) Tirard, Sén., 25 mars 1889, *J. off.*, p. 334; Tolain, Sén , 19 mars 1889, *J. off.*, p. 336; Bernard, Sén., 19 mars 1896, *J. off.*, p. 272; Maxime Lecomte, Sén., 20 mars 1896, *J. off.*, p. 281.

professionnel. Il fut préconisé par ceux qui tenaient absolument au maintien du principe du Code civil sur la responsabilité, et notamment par MM. Lacombe (1), Léon Say (2), Bérenger (3), Ricard (4), et Théodore Girard (5).

Le Sénat adopta ce système dans ses projets votés les 1er avril 1889 et 20 mai 1890. Mais la Chambre le repoussa et vota, le 18 juin 1893, un texte qui autorisait le tribunal arbitral à diminuer ou à élever l'indemnité en cas de faute lourde de l'ouvrier ou du patron.

67. — En présence de la difficulté de définir la faute lourde, quelques orateurs proposèrent d'exclure du risque professionnel les accidents qui seraient occasionnés par des faits délictueux ou coupables, par exemple, par suite de l'ivresse, comme le demandait M. de Mun dans son projet, ou de la désobéissance formelle aux règlements, prévue par les propositions de MM. Blavier et Jules Roche, ministre du commerce, ainsi que par l'amendement de M. Wickersheimer (6).

68. — Tel était aussi l'amendement de MM. Maxime Lecomte et Bernard, qui proposaient une réduction ou une augmentation de l'indemnité soit dans le cas d'ivresse manifeste, d'infraction à un règlement ou de désobéissance à un ordre formel de la part de la victime, soit par suite d'une infraction par le patron aux lois et

(1) Sén., 9 mars 1889; *J. off.*, p. 216.
(2) Sén., 12 mars 1889; *J. off.*, p. 231.
(3) Sén., 14 mars 1889; *J. off.*, p. 251.
(4) Rapport à la Chambre des députés.
(5) Sén., 18 mars 1898; *J. off.*, p. 330.
(6) Ch. dép., 2 juil. 1888; *J. off.*, p. 1955.

décrets sur les conditions du travail ou de la remise d'un instrument défectueux.

69. — Ces diverses propositions n'eurent aucun succès devant le Parlement. Ne serait-il pas souverainement injuste, en effet, que l'ouvrier qui se serait rendu coupable d'une légère infraction aux règlements, fût privé de toute indemnité en cas d'accident ? N'existe-t-il pas dans tous les ateliers un certain nombre de règlements qui sont, hélas ! presque constamment violés ? L'ouvrier qui les néglige n'agit-il pas ainsi le plus souvent, par un excès de zèle, dans l'intérêt du patron ? Celui qui nettoie sa machine en marche ou replace une courroie sans arrêter le moteur, ne le fait-il pas afin d'éviter un arrêt du travail ? Que dirait le patron, si ces règlements étaient exécutés à la lettre ? Il penserait, sans doute, comme le disait M. Tolain, que les ouvriers les plus soigneux, « les plus précautionneux, » ne sont pas les meilleurs. Il était donc excessif d'exclure ces hommes du droit à la réparation des conséquences de l'accident.

Un autre système, préconisé par MM. Félix Faure et de Mun, consistait à refuser le bénéfice du risque professionnel aux accidents dus à une faute ayant motivé une condamnation pénale. L'idée était excellente ; mais il était impossible de l'appliquer d'une manière générale et absolue, car il aurait pu arriver qu'un ouvrier victime d'un accident fût condamné à une peine insignifiante pour une imprudence ou une négligence très légères et se trouvât, par suite, privé de toute indemnité (1).

_____

(1) Un jugement du Tribunal de commerce de la Seine, en date

M. Thévenet se rendit compte de cet inconvénient et déposa un amendement qui excluait seulement les fautes ayant motivé une condamnation criminelle ou correctionnelle à plus d'un mois de prison. La Chambre abaissa à huit jours la peine exigée par la proposition de M. Thevenet; mais le Sénat rejeta ce système qui ne reparut plus dans le travail législatif.

Nous ne pouvons que le regretter, car c'était peut-être là le seul moyen d'éviter les procès que l'appréciation de la faute inexcusable va forcément occasionner. Dira-t-on que les tribunaux auraient pu, dans ce système, paralyser l'application de la loi en prononçant des peines sévères pour des fautes légères? Comment! Les juges commettraient l'infamie de condamner l'ouvrier à plus d'un mois d'emprisonnement pour éviter au patron le paiement d'une indemnité! Nous répondons que rien ne justifie une pareille imputation. Ne sait-on pas, au contraire, que les tribunaux se sont constamment appliqués à tempérer les rigueurs du Code civil en matière de responsabilité, et que la jurisprudence avait abouti à améliorer sensiblement la condition des ouvriers victimes d'accidents? S'il en est ainsi, pourquoi soupçonner les juges d'une partialité révoltante et coupable?

Mais du moins ne pourraient-ils pas punir des faits légers par des peines sévères, en se fondant sur la gravité de l'accident et l'importance du préjudice? L'expérience montre que les juges n'oublient pas que la peine doit être

du 30 novembre 1889, contre une Compagnie d'assurances, a décidé que, malgré la condamnation correctionnelle, il n'y avait pas eu faute lourde.

uniquement basée sur le degré de la faute. C'est ainsi que l'aiguilleur du chemin de fer qui causa la catastrophe de Clonas fut condamné à six mois d'emprisonnement. Quelle peine le tribunal n'aurait-il pas prononcée, s'il se fut laissé impressionner par l'étendue du désastre et non uniquement par l'analyse de la faute ?

70. — Le législateur ne s'est arrêté à aucun de ces systèmes. Il a pensé que la faute lourde telle qu'elle était envisagée sous l'empire du Code civil était trop élastique, trop vague pour être exclue du risque professionnel. Elle comprenait des actes qui, bien que d'une certaine gravité, ne sont pas cependant suffisamment coupables pour faire priver la victime de toute indemnité. Voici, par exemple, un ouvrier qui a négligé tel règlement formel de l'usine et occasionné un accident dont il a été victime. S'il est poursuivi correctionnellement et condamné à une peine même légère, son imprudence peut être caractérisée de faute lourde par la juridiction civile, et entraîner la déchéance du droit à l'indemnité. Dans ces conditions la faute lourde restreint singulièrement le risque professionnel et le rend, dans bien des cas, inutile.

Pour parer à cet inconvénient, le législateur a imaginé un nouveau degré de faute, et a dit : la faute lourde n'influera pas sur le risque professionnel ; il faudra une faute plus grave, plus grossière encore et sans aucune excuse. La faute lourde impose au risque professionnel des limites trop étroites ; nous voulons les élargir et les reculer jusqu'à la faute qui est absolument inexcusable.

Cette formule empruntée à un amendement de M. Félix Martin fut adoptée par M. Thévenet dans son rapport au

Sénat et introduite dans le projet de loi voté par cette Assemblée (1). La Chambre ne parut pas goûter beaucoup l'innovation du Sénat. « C'est l'éternelle question de la faute lourde, disait M. Maruéjouls dans son rapport, que nous consentons volontiers à appeler désormais la faute inexcusable par égard pour les scrupules de linguistes de nos éminents collègues du Sénat. » (2). Le principe de la faute inexcusable fut néanmoins définitivement adopté.

71. — *Faute lourde.* — Il faut donc distinguer désormais en matière d'accidents la faute lourde de la faute inexcusable. La faute lourde n'est plus le dernier degré de la faute : au-dessus d'elle, il y a la faute inexcusable. La première est intégralement comprise dans le risque professionnel ; la seconde n'y entre qu'avec tempérament et donne lieu soit à une aggravation, soit à une diminution d'indemnité, suivant qu'elle est imputable au patron ou à la victime.

72. — Le mécanicien de chemin de fer qui franchit les signaux d'arrêt, commet une faute lourde, mais qui n'est pas cependant sans excuse. Accablé de fatigue ou préoccupé par un autre travail, il a eu un instant de distraction et a causé une catastrophe. Sa faute est très grave ; mais on ne peut pas dire qu'elle soit impardonnable.

73. — Le mécanicien qui a mal compris les signaux que lui font les mineurs du fond du puits et occasionné un

(1) Rapport de M. Thévenet au Sénat, 2 mars 1896. — Projet de loi adopté par le Sénat le 24 mars 1896.

(2) Rapport de M. Maruéjouls à la Chambre des députés, 7 juillet 1897.

accident, s'est rendu également coupable d'une faute lourde. Il est cependant excusable parce qu'il a suffi d'un instant, d'une seconde d'oubli ou d'inattention, s'expliquant par les conditions du travail, la fatigue, le bruit des machines ou une défaillance morale.

74. — Il en est de même de l'ouvrier qui remet une courroie en place sans faire arrêter le moteur. Imprudence grave, puisque cette pratique est rigoureusement interdite, mais que les tribunaux ne pourront pas considérer comme sans excuse parce qu'elle est le résultat d'un excès de zèle ou de l'habitude du danger.

75. — Tel est aussi l'exemple cité par M. Maruéjouls, à la séance de la Chambre du 8 juin 1893. Deux ouvriers travaillent des deux côtés d'une machine mue par une courroie. L'un deux s'aperçoit que celui qui est en face a une distraction et va être pris dans un engrenage. Il fait un mouvement, pousse son camarade et le sauve ; mais il a lui-même l'épaule prise et un membre brisé. Le tribunal a déclaré que le patron n'était pas responsable parce qu'il y avait eu une faute lourde de l'ouvrier pour avoir dépassé la distance qu'il ne devait pas franchir. Eh bien ! cette faute lourde ne suffirait plus, aujourd'hui, pour faire déchoir la victime de son droit à la réparation, parce qu'elle est excusable au plus haut degré (1).

76. — L'exemple que citait M. Groussier à la Chambre, nous paraît rentrer dans le même cas. Un ouvrier se fait couper deux doigts en manœuvrant une cisaille. Le patron arrive, demande comment l'accident s'est produit, et le

(1) Maruéjouls, *ibid.*, p. 1649.

contremaître qui est cependant un homme expérimenté, lui répond : « Le voici : il a mis ses doigts là... » et, au même instant, ses deux doigts sont coupés.

77. — Du côté du patron, la faute lourde consistera dans tous faits d'omission ou de commission graves mais non dénués d'excuse : il n'a pas pris toutes les précautions nécessaires, mais c'est parce que, jusqu'au jour de l'accident, il n'en avait pas aperçu la nécessité, ou bien parce que son attention n'avait pas été appelée sur ce point.

78. — *Accidents dus à la faute inexcusable de l'ouvrier ou du patron.* — C'est ici que s'exercera le pouvoir d'appréciation des tribunaux, puisqu'ils pourront à leur gré modérer ou aggraver les conséquences du risque professionnel. « Les balances de dame Thémis, disait M. Maruéjouls, le spirituel rapporteur à la Chambre des députés en 1893, ne sont pas assez sensibles pour peser exactement le poids d'une faute. » (1). Aussi, dans aucun cas de faute, même la plus grossière, la plus inexcusable, les tribunaux ne pourront refuser complètement l'indemnité ou ramener le patron au droit commun. Ils pourront seulement, s'il y a eu faute inexcusable de l'ouvrier, abaisser la pension même jusqu'à 1 franc, et l'augmenter en cas de faute inexcusable du patron, sans qu'elle puisse dépasser le montant du salaire de la victime.

Afin de préciser autant que possible les caractères de la faute inexcusable, nous renvoyons l'étude de cette question au chapitre VII qui lui est spécialement consacré.

(1) Ch. dép., 8 juin 1893 ; *J. off.*, p. 1648.

79. — *Accidents intentionnels.* — Les seuls accidents qui restent complètement en dehors du risque professionel, sont ceux qui ont été provoqués intentionnellement. Véritables faits criminels ou délictueux, ils ne pouvaient pas être couverts par la nouvelle loi. S'ils sont imputables au patron, sa responsabilité intégrale est engagée selon le droit commun ; si c'est à la victime, elle n'a droit à aucune réparation. (Voir chapitre VII).

§ 4. — Accidents légers, maladies, non compris dans le risque professionnel.

80. — *Accidents légers.* — Le législateur a voulu laisser ces accidents à la charge de l'esprit de prévoyance et d'économie des ouvriers, et il a décidé que le risque professionnel ne fonctionnerait qu'autant que l'interruption de travail aurait dépassé quatre jours.

M. Balsan critiqua cette disposition, à laquelle il reprochait de donner à l'ouvrier la tentation de prolonger pendant cinq jours une incapacité de travail qui n'en aurait duré que quatre. Cette critique ne nous paraît pas fondée, attendu que l'indemnité temporaire n'étant que de la moitié du salaire, on ne voit pas l'intérêt que la victime peut avoir à prolonger d'un jour son incapacité de travail, au lieu de rentrer à l'usine, alors surtout que, dans aucun cas, les quatre premiers jours ne seront indemnisés.

Nous pensons, au contraire, que cette restriction est excellente et aura pour effet d'empêcher la simulation à la suite des mille petits accidents, qui atteignent l'ouvrier et n'ont pas une gravité suffisante pour l'arrêter dans son travail.

Si toute interruption avait été indemnisée, il est aisé de prévoir que les ouvriers auraient pu prétexter le moindre accident, pour s'octroyer deux ou trois jours de repos avec moitié de leur salaire, tandis que la disposition dont nous nous occupons déjouera ces calculs.

En Allemagne, les corporations ne garantissent que les accidents ayant occasionné une incapacité de travail de plus de treize semaines : ceux de moindre durée sont à la charge des caisses de maladies. La loi anglaise du 6 août 1897 décide que l'incapacité temporaire ne donne droit à une indemnité que si elle a duré au moins deux semaines.

81. — *Maladies.* -- Le risque professionnel ne s'applique pas aux maladies, alors même qu'elles ont leur cause dans le travail. L'industrie ne répond pas des altérations qu'elle occasionne dans la santé des ouvriers. La nécrose des allumettiers, l'intoxication saturnine ou coliques de plomb, la phtisie des mineurs ou des aiguiseurs de meules, en un mot toutes les affections à solutions non immédiates, déterminées par l'exercice de telle ou telle profession, n'engagent pas la responsabilité patronale.

On en a donné pour raison que cette question dépend plutôt de l'hygiène que du risque professionnel, et qu'il serait impossible de savoir si la maladie avait été contractée dans le travail ou si l'ouvrier n'y était pas naturellement prédisposé. « Ainsi, disait M. le docteur

Desprès à la Chambre, les allumettiers ne contracteraient pas la nécrose s'ils avaient une bonne dentition et des gencives saines ; de même une foule de personnes sont atteintes de phtisie, qui n'ont jamais aiguisé de meules ni criblé du charbon. A quelles difficultés ne se serait-on pas heurté si on eut admis les maladies professionnelles dans le risque professionnel ? » (1).

Nous avouons que ces raisons ne nous ont pas convaincu et nous aurions trouvé plus équitable et plus humain de protéger ces malheureux ouvriers dont la profession ruine rapidement la santé. Si la raison d'être du risque professionnel est de garantir l'ouvrier contre les conséquences des infirmités occasionnées par l'industrie, pourquoi distinguer entre l'accident soudain, violent, traumatique, et la maladie causée par la profession ? L'employé de chemin de fer exposé à être écrasé par les trains, ne court pas plus de dangers que l'allumettier menacé par la nécrose. Y aurait-il une bonne raison d'accorder une indemnité à l'un pour la refuser à l'autre ?

Il se présenterait, nous dit-on, des difficultés pour reconnaître si la cause du mal est dans l'industrie ou dans une prédisposition naturelle. Nous répondons que si cette difficulté peut surgir pour certaines maladies telles que la phtisie, il en est d'autres comme la nécrose des allumettiers ou l'intoxication saturnine, sur l'origine desquelles il est difficile d'équivoquer. Du reste, les tribunaux auraient apprécié et tranché cette question, comme bien d'autres non moins délicates, que soulèvera

_____

(1) Ch. dép., 3 juin 1893 ; *J. off.*, p. 1587 et s.

notre nouvelle loi. Il y a là une acte de justice et d'humanité à accomplir : nous sommes persuadé que cette
lacune ne tardera pas à être réparée.

Quoi qu'il en soit, les maladies professionnelles sont
exclues du risque professionnel. M. Léon Bourgeois,
président de la commission de la Chambre en 1897, l'a
déclaré formellement (1) ainsi que la Chambre l'avait
d'ailleurs décidé en 1893, par le rejet d'un amendement
de M. Fairé (2).

82. — Mais suivant l'expression de M. Bourgeois, il
s'agit seulement des maladies « état continu et durable,
nées d'une cause également continue et durable. » Si au
contraire le travail des matières toxiques ou dangereuses
pour la santé, produisait immédiatement une incapacité
de travail, l'industrie en supporterait la responsabilité.
Ainsi M. Julien Goujon citait certaines industries où l'on
occupe des enfants et des femmes à peindre des articles
de ménage en porcelaine ou en faïence, et où l'on emploie
des substances très dangereuses. Les patrons recomman-
dent aux enfants de prendre des précautions et notamment
de se munir de masques et de ne pas les quitter dans le
cours du travail ; mais ces enfants oublient les recomman-
dations et s'exposent à d'horribles accidents qui, au bout
de quelques jours de souffrances atroces, les enlèvent
avant l'âge. Trois petites filles âgées de moins de seize ans
seraient ainsi mortes en deux jours (3).

---

(1) Ch. dép., 29 oct. 1897 ; *J. off.*, p. 2216.
(2) Ch. dép., 3 juin 1893 ; *J. off.*, p. 1587 et s.
(3) Ch. dép., 28 oct. 1897 ; *J. off.*, p. 2216.

Nous ne connaissons pas toutes les circonstances dans lesquelles ces événements malheureux se sont produits ; mais, d'après les renseignements fournis à la Chambre par M. Julien Goujon, ils nous paraissent être le résultat de véritables accidents dus à une intoxication presque foudroyante. M. Boucher, ministre du commerce, émit une opinion contraire pour le motif que les cas cités paraissaient être le fait d'un empoisonnement constitutionnel correspondant à la définition de la maladie et non de l'accident. Cet avis donné à l'improviste, dans le feu de la discussion, n'est peut-être pas sans appel. Il ne suffit pas, en effet, qu'il y ait eu empoisonnement constitutionnel pour qu'il y ait maladie et non accident. La morsure de la vipère produit une intoxication de l'organisme, et cependant qui contesterait qu'elle soit le résultat d'un véritable accident ? Le chimiste qui, dans son laboratoire, avale, par mégarde, un toxique qui le tue en quelques instants, subit également un empoisonnement constitutionnel, cependant il est hors de doute qu'il y a bien là non pas une maladie, mais un fait soudain et violent rentrant parmi les accidents.

Il faut conclure que, toutes les fois qu'on est en présence d'une lésion corporelle subite se manifestant d'une façon éclatante au cours du travail, par le fait, soit d'un toxique, soit de gaz délétères, soit de matières putrescibles comme les engrais, par exemple, le caractère accidentel apparaît nettement et fait jouer le risque professionnel.

S'il s'agit, au contraire, d'une lésion qui, loin d'être consécutive à un événement brusque et violent, est la diathèse de la pratique normale de la profession, c'est l'empoisonnement lent, c'est la maladie, ce sont les infirmités dérivant du travail insalubre. Le risque professionnel ne leur est pas applicable.

83. — *Lombagos, tours de reins, hernies, ruptures de varices, etc.* — « Les Sociétés privées, dit M. Marestaing dans son rapport au Congrès de Paris, ont été amenées à reconnaître l'existence d'une série d'affections qui semblent, en même temps, confiner aux caractères distinctifs de l'accident et de la maladie proprement dite. Citons les lombagos, tours de reins, ruptures musculaires, coups de fouet, les hernies, durillons forcés, ampoules, ruptures de varices. Presque toujours il y a doute dans ces cas particuliers. Aussi pour éviter les fâcheuses difficultés auxquelles ils donnent lieu, conviendrait-il d'en faire l'énumération et de faire décider par la loi que telle ou telle de ces affections sera considérée comme accident ou maladie. Une solution moins absolue pourrait peut-être intervenir à l'occasion de quelques-unes d'entre elles. Le lombago, par exemple, serait considéré comme accident lorsqu'il est le produit subit, unique et prouvé d'un violent effort survenu dans le travail. De même pour la hernie si elle est prouvée. » (1).

Le législateur a eu raison de ne pas entrer dans une pareille voie, car il nous aurait paru bien imprudent de décider *a priori* que telle ou telle de ces affections rentrerait parmi les accidents ou les maladies. Nous pensons, au contraire, que cette question devait être

(1) Tarbouriech, *op. cit.*, p. 173 et 174.

laissée à l'appréciation des tribunaux. La hernie survenue dans le cours du travail, sera le plus souvent admise comme un accident ; il en sera de même de la rupture de varices. Quant aux lombagos, tours de reins, coups de fouet, durillons forcés et ampoules, la solution sera plus délicate. Dans tous les cas, le patron ne pourra être rendu responsable qu'autant qu'il sera établi que le travail est la cause directe du mal.

84. — *Affections constitutionnelles, lésions ou infirmités préexistantes aggravant les suites de l'accident.* — Il peut arriver qu'un ouvrier atteint d'une affection constitutionnelle, diabète, alcoolisme ou autre, soit victime d'un accident qui, en raison de l'altération de sa constitution, détermine sa mort, tandis qu'il n'aurait entraîné qu'une courte incapacité de travail pour toute autre personne parfaitement saine.

De même un ouvrier est privé d'un œil, de l'œil droit, par exemple ; à la suite d'un nouvel accident, il perd l'œil gauche et devient aveugle. Faut-il considérer le dernier accident comme ayant seul déterminé l'incapacité absolue du travail ou décider que, n'ayant perdu qu'un œil, il n'a perdu que la moitié de sa capacité de travail ?

M. Dron présenta un amendement à ce sujet pour faire décider que les indemnités ne sont dues que pour les conséquences directes et immédiates des accidents et non pour celles d'une opération chirurgicale qui n'aurait pas été motivée et provoquée par l'accident lui-même, pas plus que pour les aggravations résultant de lésions ou d'infirmités préexistantes. Cet amendement fut retiré sur l'affirmation du rapporteur, M. Maruéjouls, « que les indemnités ne sont dues que pour les conséquences directes et immédiates des accidents. » (1). Il ne saurait, en effet, en être autrement. L'industrie ne peut et ne doit être rendue responsable que du préjudice qu'elle cause. Comment, par exemple, faire supporter à l'entreprise l'incapacité absolue de travail résultant de la perte de l'œil par un ouvrier borgne, puisque, avant l'accident, il était déjà privé de la moitié de la vue ?

---

(1) Ch. dép., 5 juin 1893; *J. off.*, p. 1613.

CHAPITRE IV

Des Industries comprises dans le Risque professionnel

---

85. — Pendant longtemps on s'est demandé s'il convenait d'assujettir au risque professionnel toutes les entreprises ou exploitations industrielles en général, ou de faire l'énumération de celles qui devaient y être soumises. Après de longs tâtonnements, ce fut le système de l'énumération qui l'emporta, et l'article premier de la loi fut rédigé comme il suit :

« Les accidents survenus par le fait du travail, ou à l'occasion du travail, aux ouvriers et employés occupés dans l'industrie du bâtiment, les usines, manufactures, chantiers, les entreprises de transport par terre et par eau, de chargement et de déchargement, les magasins publics, mines, minières, carrières et, en outre, dans toute exploitation ou partie d'exploitation dans laquelle sont fabriquées ou mises en œuvre des matières explosives, ou dans laquelle il est fait usage d'une machine mue par une force autre que celle de l'homme ou des animaux, donnent droit au profit de la victime ou de ses représentants, à une indemnité à la charge du chef d'entreprise, à la condition que l'interruption de travail ait duré plus de quatre jours. »

Ce texte est, comme on le voit, extrêmement général : il ne distingue ni les industries dangereuses de celles qui ne le sont pas, ni la grande de la petite industrie. Il embrasse même les exploitations rurales qui emploient des machines. Il s'applique, en un mot, à tout travail ayant un caractère industriel.

86. — *Industrie du bâtiment*. — Cette industrie ne fut admise au bénéfice du risque professionnel ni par le projet voté à la Chambre le 23 octobre 1884, ni par celui du 10 juillet 1888, ni par celui qu'adopta le Sénat le 20 mai 1890. Elle figura seulement dans le projet de loi voté par la Chambre, le 10 juin 1893, et fut maintenue, malgré quelques protestations, dans les projets ultérieurs.

M. Bérenger critiqua très vivement cette disposition. Où commence l'industrie du bâtiment, disait-il, où finit-elle ? « Elle commence à l'ouvrier qui fait les fouilles pour poser les fondations; elle se continue par le maçon qui peut, lui, courir des risques. Mais le peintre, mais le menuisier, mais celui qui fera les décorations ou les distributions à l'intérieur d'une maison, ceux-là appartiennent aussi à l'industrie du bâtiment; il en est de même des couvreurs. Or, je n'admets pas pour eux le risque professionnel. » Et comme M. Floquet faisait observer à son collègue que, dans les statistiques d'accidents, les couvreurs figurent au premier rang, M. Bérenger lui répondit qu'il avait beaucoup de respect pour les statistiques, mais qu'il ne croyait pas qu'elles dussent faire les lois (1).

« Nous avons supprimé l'industrie du bâtiment lorsqu'elle n'emploie pas les machines, disait M. Thévenet dans son rapport ; il nous a semblé en effet que cette industrie, comprenant une foule de petits patrons, ne pouvait être soumise à la loi du risque professionnel que si son organisation, au lieu d'être rudimentaire, comprenait vraiment un matériel industriel et un chantier. »

87. — Malgré l'avis du rapporteur, l'industrie du bâtiment fut maintenue dans la loi sans aucune restriction. Le risque professionnel embrasse donc toutes les industries qui ressortissent au bâtiment : les maçons, tuiliers, terrasiers, démolisseurs, tailleurs de pierre, charretiers, charpentiers, cimenteurs, mosaïstes, couvreurs, plombiers, zingueurs, ferblantiers, menuisiers, parqueteurs, plâtriers, peintres, vitriers, marbriers, serruriers, fabricants d'abatjour, fumistes, enfin tous les corps de métiers qui travaillent à l'édification du bâtiment, sauf toutefois ce que nous dirons (*infrà*, nº 137) pour l'ouvrier qui travaille ordinairement seul.

88. — Les installations de l'électricité, de l'acétylène, du gaz et de l'eau comme les réparations qu'elles nécessitent, rentrent aussi dans l'industrie du bâtiment.

89. — Toutefois les professions ci-dessus ne seront soumises au risque professionnel qu'autant qu'elles travailleront, sinon exclusivement, du moins habituellement.

_____

(1) Sén., 13 juin 1895 ; *J. off.*, p. 609.

pour le bâtiment. Ainsi le menuisier qui ne fait que des meubles, le peintre qui ne peint que des voitures, le ferblantier qui fabrique uniquement la batterie de cuisine, n'ont rien de commun avec l'industrie du bâtiment et restent en dehors de la loi.

90. — Le sculpteur sur bois qui ne travaillerait que pour le bâtiment rentrerait dans le risque professionnel. De même pour le sculpteur sur pierre travaillant sur place ou dans son atelier.

91. — Mais l'artiste qui sculpte merveilleusement les pierres d'une cathédrale, d'un palais, d'un mausolée, sera-t-il assujetti au risque professionnel si un accident arrive à ses aides ? Oui, parce que son travail ressortit à l'industrie du bâtiment.

92. — Que faudra-t-il décider pour le peintre sur vitraux ? Ici, il y a une véritable industrie, très artistique si l'on veut, mais ayant un caractère commercial incontestable. Au point de vue du risque professionnel, il convient de la classer aussi dans le bâtiment.

93. — Nous en dirons autant des peintres décorateurs dont le travail affecte plutôt la forme d'une entreprise que d'une œuvre d'art.

94. — Que dire des puisatiers ? Ils creusent la terre comme ceux qui percent les tunnels, et bâtissent comme les maçons. D'ailleurs, ainsi que le disait M. Lacombe au Sénat, le puits est un chantier (1). A ces deux points de vue, les puisatiers nous paraissent soumis au risque professionnel (2).

(1) Sén., 19 mars 1889 ; *J. off.*, p. 254.
(2) *Contrà*, Chardiny, *op. cit.*, p. 61.

95. — L'ameublement fait-il partie du bâtiment ? Nous répondons négativement. Cette industrie sert à garnir les maisons, à orner leur intérieur non à les édifier. Si nous la comprenions dans le bâtiment, il faudrait y faire rentrer jusqu'au miroitier qui vend les glaces et l'horloger qui fournit les pendules. Nous excluons, au contraire, de l'industrie du bâtiment tout ce qui a un caractère mobilier.

96. — Une foule de petits métiers vont donc se trouver exposés aux conséquences du risque professionnel : le vitrier, le serrurier, le plâtrier, le menuisier. Jusqu'à ce jour, la plupart de ces petits patrons n'étaient pas assurés parce que les accidents étaient rares chez eux. Désormais un accident peut causer leur ruine s'ils ne recourent pas à l'assurance. On ne saurait donc trop les encourager à le faire afin de s'épargner les pénibles surprises que ne manquerait pas de leur causer la mise en pratique de la nouvelle loi.

97. — *Usines, manufactures.* — Le projet de loi élaboré par la commission du Sénat, en 1889, contenait un tableau des industries auxquelles le risque professionnel était applicable, et M. Tolain, rapporteur, pouvait dire que les mots « usines, manufactures » avaient été insérés dans l'article premier pour déterminer d'une manière générale quel est l'ensemble des ouvriers industriels qui pourront tomber sous le coup de la loi, mais qu'en réalité, ceux-là seuls inscrits au tableau annexé à la loi y seraient soumis (1). Ce tableau disparut des

(1) Sén., 15 mars 1889; *J. off.*, p. 288.

projets votés ultérieurement et ne peut plus nous servir de guide pour savoir quelles sont les usines et manufactures dont il s'agit. Il faut donc attribuer à ces expressions un sens général et décider que toutes les usines, toutes les manufactures quelles qu'elles soient sont visées par l'article premier.

98. — Il serait aisé d'établir la différence qui existait autrefois entre les usines et les manufactures. L'usine était plus spécialement la fabrique où les machines étaient mues par l'eau ou par le vent, tandis que la manufacture était celle où la fabrication se faisait à la main. Mais aujourd'hui cette distinction est moins exacte et les deux mots, dans leur acception usuelle, sont devenus synonymes. Tous les deux signifient des établissements où l'on fabrique en grand certains produits. L'atelier où un patron travaille avec quelques ouvriers pour la vente au détail n'est pas une manufacture. Seul peut être qualifié ainsi le lieu où l'on fabrique par grandes quantités et avec un grand nombre d'ouvriers.

99. — ***Ateliers.*** — Les ateliers sont-ils compris dans les mots « usines et manufactures » ? Oui, répondait M. Thévenet, rapporteur au Sénat (1). Eh quoi ! s'écriait M. Buffet, les ateliers de couturières et de marchandes de modes seront soumis au risque professionnel. — Pas le moins du monde. La nouvelle législation n'atteindra que les ateliers pouvant être considérés comme usines ou manufactures, c'est-à-dire ceux ayant un caractère indus-

(1) Sén., 20 mars 1896; *J. off.*, p. 281.

triel, où l'on travaille d'avance pour la vente en gros. Le tailleur, la couturière, la modiste, le cordonnier, le tonnelier, le charron, le coutelier, le boulanger, le boucher restent soumis au droit commun, alors même qu'ils occuperaient plusieurs ouvriers, s'ils ne travaillent que sur commande ou pour la vente au détail.

Mais il en sera autrement des grands ateliers de confection, des fabriques de fleurs artificielles, de chapeaux, de gants, de cravates, de corsets ou de chaussures. Ces ateliers où l'on fabrique d'avance par de grandes quantités des marchandises livrées généralement à des marchands et non aux consommateurs, sont de véritables manufactures ou usines. Toutes ces industries figurent dans le tableau des dix classes de risques de la statistique allemande (1). La confection de vêtements est comprise dans le classement des industries par groupes, publié par le Ministère du Commerce pour servir à l'établissement de la statistique des accidents (Groupe XVI), avec les fabriques de boutons en os et d'éventails.

100. — *Chantiers*. — Ce mot est employé, par l'article premier, dans le sens qu'on lui donne ordinairement dans le langage courant. C'est le lieu où l'on dispose certains objets pour les travailler ; mais, tandis que l'atelier est un endroit clos et couvert, le chantier est le plus souvent en plein air. C'est le lieu où travaillent le charpentier, le maçon, le tailleur de pierres, le fendeur d'ardoises, le terrassier, l'équarrisseur.

(1) *Tableau des dix classes des risques de la statistique allemande*, annexé au rapport de M. Duché.

L'article premier ne comprend sous le nom de « chantier » que l'endroit où l'on travaille et non pas le simple entrepôt.

Le nombre d'ouvriers est indifférent pour que le chantier rentre dans les dispositions de la loi. Un seul ouvrier travaillant dans un chantier est protégé par la nouvelle législation.

101. — *Entreprises de transports par terre et par eau.* — Le risque professionnel n'est pas applicable aux simples transports de marchandises ou de produits quelconques, mais seulement aux entreprises commerciales de transport. Le propriétaire qui fait transporter ses récoltes, le négociant qui fait transporter ses marchandises ne sont pas compris dans la loi ; les voituriers qu'ils emploient restent donc soumis au droit commun. Le législateur a voulu atteindre uniquement ceux qui font métier de transporter des objets, soit par terre, soit par eau.

102. — *Transports par terre.* — Au premier rang de cette industrie, il faut placer les chemins de fer, les tramways, les omnibus, les diligences, les fiacres, ensuite le factage, le camionnage, le roulage et même les automobiles.

103. — Tous les loueurs de voitures, depuis celui qui loue des voitures de grande remise jusqu'au petit maître d'hôtel qui fait transporter les voyageurs dans les environs de sa résidence, sont soumis au risque professionnel.

104. — L'industrie des pompes funèbres étant une entreprise de transport tombe sous l'application de la loi.

105. — *Transports par eau.* — Que faut-il entendre par transports par eau ? S'agit-il de tous les transports qui se font sur mer, fleuves, lacs, canaux et rivières, par bateaux à vapeur, à voiles, ou autrement ?

Les transports par eau visés par la loi du 9 avril 1898, ne doivent s'entendre que des entreprises de navigation sur les fleuves, lacs, canaux et rivières. Il s'agit ici seulement des mariniers, la situation des marins et des pêcheurs ayant été réglée par une loi spéciale dont nous parlerons plus bas. (*Infrà*, n° 108).

106. — Que décidera-t-on pour les pêcheurs de fleuves ou de rivières ? Ce ne sont pas des entrepreneurs de transports. Ils transportent, à la vérité, leur marchandise, mais, à ce point de vue, ils ne peuvent pas plus être assujettis au risque professionnel que le marchand de vin qui transporte ses tonneaux. Le pêcheur ne fait pas métier de transporter le poisson mais de le pêcher. Nous ne le classons pas dans le risque professionnel.

107. — Il en est autrement du passeur qui transporte les voyageurs dans un bac. Il y a là une véritable industrie de transport.

108. — *Marins et pêcheurs.* — On avait reconnu l'impossibilité d'appliquer à ces ouvriers les mêmes règles qu'aux travailleurs de l'industrie, et la loi du 23 avril 1898 a institué pour eux une législation spéciale que nous nous bornerons à résumer.

Il est créé au profit des marins français une Caisse nationale de prévoyance contre les risques et accidents de leur profession, dont font obligatoirement partie tous les inscrits maritimes à partir de l'âge de dix ans. Cette caisse est alimentée : 1º par les cotisations, 2º par les apports des propriétaires et armateurs, 3º par les dons, legs et subventions, 4º par les avances de l'Etat.

Les inscrits maritimes, blessés ou malades par suite d'un accident ou d'un risque de leur profession survenus pendant leur dernier embarquement sur un navire français, et les mettant dans l'impossibilité absolue et définitive de continuer la navigation, reçoivent une pension viagère dite « demi-solde d'infirmité ». Si l'incapacité n'est pas définitive, ils reçoivent une indemnité temporaire et renouvelable.

Les veuves et, à leur défaut, les orphelins ont droit à une pension. Les victimes ou les veuves reçoivent un supplément annuel de secours pour chacun de leurs enfants âgés de moins de dix ans. A défaut de veuves et d'orphelins, un secours annuel et viager est accordé aux ascendants âgés d'au moins soixante ans et qui auraient eu droit à une pension alimentaire.

La victime, ses ayants cause ou la Caisse nationale peuvent toujours demander directement la réparation du préjudice aux auteurs responsables de l'accident, conformément aux règles du droit commun, mais seulement dans le cas de faute lourde ou d'accident intentionnel. Les indemnités obtenues de ce chef viennent en déduction des sommes dues par la Caisse de prévoyance.

Le paiement des pensions et secours est garanti au moyen de la constitution annuelle du capital présumé nécessaire pour servir, jusqu'à leur extinction, les allocations accordées pendant l'année écoulée. Ce capital est réalisé dans la Caisse de prévoyance au moyen : 1º des recettes, à l'exclusion des dons, legs et subventions ayant une affectation spéciale, 2º du fonds de réserve, 3º en cas d'insuffisance de ces ressources, par des avances de l'Etat.

La Caisse des invalides de la marine est chargée de la gestion de la Caisse de prévoyance, sous le contrôle financier de la commission supérieure de l'établissement des invalides.

L'inscrit doit, sous peine de déchéance, demander les allocations auxquelles il a droit, dans le délai de deux mois depuis son débarquement ou son retour en France.

Les veuves, orphelins, ascendants ou tuteurs doivent faire leur demande dans le délai d'un an, à partir du jour de la mort de l'inscrit, ou de deux ans à partir de ses dernières nouvelles. (Loi du 23 avril 1898, annexe nº 1).

109. — *Entreprises de chargement et de déchargement.* — Par ces mots l'article premier vise l'industrie du chargement et du déchargement des navires dans les ports. « Ceux qui penseront comme nous, disait en 1888 M. Ricard, rapporteur à la Chambre des députés, que les conditions dans lesquelles le chargement et le déchargement des navires se font aujourd'hui, sont absolument différentes des conditions dans lesquelles on les faisait autrefois, voteront avec nous. Ceux qui penseront qu'il n'y a rien de changé depuis l'époque où l'on accordait aux réclamateurs dix, quinze, vingt jours de planche, qui ne voudront pas voir ce qui se passe aujourd'hui que les jours de planche ne se comptent plus par jours, mais par heures et même par heures de nuit, que l'on n'accorde plus que trente, trente-six et quarante heures pour le déchargement d'un grand steamer à vapeur, ceux-là feront disparaître de l'article les entreprises de chargement et de déchargement. Quant à nous, il nous semble que le chargement et le déchargement faits avec cette rapidité vertigineuse, pour ne pas payer de surestaries, exposent les ouvriers à des risques qu'ils ne couraient pas autrefois. » (1). En 1896, M. Trarieux déclara au nom de la commission qu'on n'entendait viser que les entreprises de chargement et de déchargement des navires (2). Nous ne voyons pas à quelles autres entreprises le texte pourrait s'appliquer.

110. — *Magasins publics.* — Ces établissements ont été introduits dans la loi sur la demande de MM. Basly et Camélinat. Il s'agit des ouvriers engagés dans les docks et les magasins généraux, où la manipulation de grandes quantités de marchandises est la source de nombreux accidents (3). On peut y ajouter les monts-de-piété et les entrepôts de douane ainsi que les salles de vente publique (4).

111. — *Mines, minières, carrières.* — Les mines, industrie dangereuse par excellence, ne pouvaient pas échapper au risque professionnel. Les mines proprement dites sont notamment les gisements d'or, d'argent, de plomb, de fer, de cuivre, d'étain, de zinc, de charbon.

---

(1) Ch. dép., 26 juin 1888 ; *J. off.*, p. 1898.
(2) Sén., 20 mars 1896 ; *J. off.*, p. 280.
(3) Ch. dép., 26 juin 1888 ; *J. off.*, p. 1898.
(4) *Conf.* Chardiny, *op. cit.*, p. 67.

Les minières comprennent les minerais de fer dits d'alluvion, les terres pyriteuses propres à être converties en sulfate de fer, les terres alumineuses et les tourbes.

Les carrières renferment les ardoises, grès, pierres à bâtir et autres, les marbres, granits, marnes, craies, sables, argiles, kaolin, etc., etc.

112. — Nous ne voyons pas de difficultés d'interprétation en ce qui concerne les mines. Les *ouvriers du fond* comme *ceux du jour*, les employés comme les mécaniciens, bénéficient du risque professionnel. Il en est de même des ouvriers occupés dans les opérations accessoires, telles que le lavage des combustibles, la préparation mécanique des minerais, ou dans les industries annexes comme la fabrication du coke ou celle des agglomérés.

113. — Cependant une distinction est nécessaire en ce qui concerne les employés. Il ne faut comprendre dans le risque professionnel que ceux dont les écritures, les bureaux ou les occupations les rattachent directement et sur place à l'exploitation de la mine ou aux industries annexes. Quant aux employés occupés dans les bureaux éloignés de la mine, à l'administration financière ou commerciale, ou bien dans une simple agence de vente, la loi ne saurait leur être applicable. Ce sont des comptables, des caissiers, des commis, comme ceux d'un simple commerçant. (*Infrà*, n°s 142 et s.).

C'est dans ce sens que se prononçait le Ministre des Travaux publics dans sa circulaire du 30 juin 1894 relative à l'application de la loi du 29 juin de la même année relative aux Caisses de secours des ouvriers mineurs (1).

(1) Dalloz 94, 4, 66.

En conséquence *les ouvriers du fond, ceux du jour* et les employés de bureau travaillant dans des lieux, ateliers ou chantiers qui forment des dépendances légales de la mine en droit minier, doivent tous être admis au bénéfice du risque professionnel.

114. — Relativement aux carrières, M. Blavier a posé au Sénat quelques questions, qu'il nous paraît intéressant de reproduire. Il demandait si, dans les carrières de matériaux destinés à l'empierrement des chemins, le tâcheron qui, avec un ou deux ouvriers, fournit à l'administration des ponts et chaussées les pierres dont elle a besoin, tomberait sous le coup de la nouvelle loi (1). Nous ne voyons pas comment il pourrait en être autrement puisque ce tâcheron travaille, avec ses ouvriers, dans une carrière. (*Infrà*, nos 149 et s.).

115. — En 1896, le même sénateur se préoccupait des ouvriers travaillant dans les carrières d'ardoises. Il expliquait que, dans ces carrières, le personnel comprend deux catégories bien distinctes : les véritables ouvriers de carrière employés à l'extraction du schiste ardoisier et les fendeurs d'ardoises. Ceux-ci travaillent sur des chantiers absolument séparés de la carrière, ne sont soumis à aucune surveillance de la part du patron et n'ont de relations avec lui qu'à la fin du mois, pour le paiement de leur salaire qui est proportionnel à la quantité d'ardoises fabriquées. Ces ouvriers, disait M. Blavier, ne font pas partie de la carrière ; ils travaillent dans son voisinage pour que les transports ne soient pas trop longs, mais ils pourraient

(1) Sén., 8 mars 1889; *J. off.*, p. 108.

aussi bien travailler à n'importe quelle distance. Le risque professionnel ne doit pas leur être applicable. M. Bérenger, président de la Commission et M. Félix Martin prétendaient le contraire, tandis que M. Thévenet, rapporteur, hésitant à se prononcer, se bornait à déclarer que les tribunaux apprécieraient.

Nous estimons que les fendeurs d'ardoises doivent jouir du bénéfice de la loi. Ils ne sauraient raisonnablement être comparés aux canuts lyonnais, ainsi que le faisait M. Blavier. Ceux-ci ont leurs métiers dans leur domicile ; leur atelier est donc complètement séparé et distinct de la grande fabrique pour laquelle ils travaillent et dont ils ne partagent pas les risques. Les fendeurs d'ardoises, au contraire, font partie de l'exploitation de la carrière. Leur abri ou « tue-vent » est leur propriété, il est vrai, comme les outils dont ils se servent : boucs, ciseaux, maillets, machines à arrondir, et, lorsqu'ils n'en sont pas propriétaires, ils en sont locataires. Mais ils sont installés sur le terrain de la carrière et il ne leur est pas possible d'aller ailleurs à cause de la difficulté de déplacer des blocs de 1.500 à 2.000 kilog. Leurs chantiers font donc partie de l'exploitation de la carrière de même que les ouvriers employés au lavage ou au criblage du charbon font partie de la mine, et de la fabrique de coke ceux qui travaillent à le casser.

Les fendeurs d'ardoises travaillent, à la vérité, à leurs heures et à leur convenance ; mais n'en n'est-il pas ainsi de tous les ouvriers à la tâche qui sont complètement libres? Ils ne reçoivent, dit-on, aucune observation du chef d'entreprise et ne sont soumis à aucune surveillance. Cela n'est peut-être pas absolument exact. Ainsi lorsqu'ils restent plus de deux jours sans venir à la carrière on les en punit en ne leur amenant pas la pierre à leur tour. De même lorsqu'ils laissent périr la pierre qui perd ses propriétés fissiles au bout d'un certain temps surtout en été ou en hiver. Enfin s'ils travaillent mal l'ardoise ils reçoivent des observations. D'autre part, du moment qu'ils sont installés sur la carrière, il faut bien admettre qu'ils ne sont pas tout à fait les maîtres et que l'exploitant conserve sur eux un certain droit de police.

Les sociétés ardoisières paraissent avoir considéré les fendeurs comme des ouvriers puisqu'elles les ont admis à participer aux caisses de secours et les ont compris dans les assurances qu'elles contractaient contre les accidents.

Enfin et à un autre point de vue qui tranche la question, les fendeurs d'ardoises travaillent sur un chantier appartenant aux exploitants et nous savons que tous les ouvriers des chantiers bénéficient du risque professionnel.

M. Blavier paraissait triompher de la réponse que lui faisait M. Thévenet, rapporteur, en ces termes : « Il est bien certain que si un ouvrier n'est pas qualifié ouvrier de carrière, attaché directement à la carrière, le tribunal pourra apprécier si la loi lui est ou ne lui est pas applicable. » Certainement les tribunaux apprécieront comme ils le feront dans tous les cas analogues ; mais la réponse du rapporteur ne préjuge pas la question et la laisse entière : si les fendeurs paraissent aux juges être absolument étrangers à la carrière, ils ne seront pas admis à bénéficier du risque professionnel ; ils en profiteront dans le cas contraire. Nos préférences sont nettement pour cette dernière hypothèse.

116. — *Exploitation ou partie d'exploitation dans laquelle sont fabriquées ou mises en œuvre des matières explosives, ou dans laquelle il est fait usage d'une machine mue par une force autre que celle de l'homme ou des animaux.* — Par ces mots « exploitation ou partie d'exploitation », l'article premier ne vise pas les usines proprement dites qui sont déjà soumises à la loi comme usines ou fabriques, mais toutes autres exploitations commerciales ou agricoles qui n'étant pas assujetties à la loi par elles-mêmes, fabriquent ou mettent en œuvre des explosifs, ou font usage d'un moteur.

117. — *Fabrication de matières explosives.* — Voici, par exemple, un grand magasin de nouveautés ou un théâtre. Ils ne sont pas compris dans le risque professionnel ; mais si on y fabrique le gaz ou l'acétylène servant à l'éclairage, ils deviennent des exploitations fabriquant des matières explosives, et tombent sous le coup de la loi.

118. · *Mise en œuvre.* — Le projet adopté par la Chambre en 1897, exigeait *l'emploi* des matières explosives ; mais le Sénat lui substitua la *mise en œuvre.* La première expression avait un sens trop large et permettait d'englober une foule d'exploitations n'ayant rien d'industriel, par exemple, les commerçants éclairant leurs magasins par le gaz ou l'acétylène, tandis que la pensée du législateur était d'atteindre uniquement les exploitations où l'on emploie les explosifs pour utiliser leurs vertus explosives.

« Le gaz, l'acétylène, disait M. Thévenet au Sénat, peuvent être considérés comme des matières explosibles. On les *emploie* pour l'éclairage d'ateliers, d'ouvroirs, de salles de réunions quelconques. Le seul emploi de ces substances ne doit évidemment pas donner lieu à l'application de la loi. Il faudra *mettre en œuvre* ces matières. En d'autres termes, l'article premier vise la fabrication, la manipulation industrielle de ces substances et seulement les accidents qui peuvent survenir dans l'usine où elles sont préparées pour la consommation et à l'occasion de cette préparation. »

119. — Si on suivait à la lettre les expressions de l'honorable rapporteur, le texte que nous analysons s'appliquerait seulement aux accidents arrivés dans l'usine où se *préparent* les explosifs, par exemple chez un artificier qui manipule ces substances pour utiliser leurs vertus explosives.

Nous pensons qu'il faut aller plus loin. L'article 1er vise, en effet, les exploitations où sont mises en œuvre des matières explosives. Or, voici un agriculteur qui mine son terrain à la dynamite : il met incontestablement en œuvre un explosif. Le risque professionnel doit lui être applicable pour cette partie d'exploitation.

120. — Que faudrait-il décider pour les dépôts d'explosifs ? La loi ne les atteint pas. Ils ne rentrent à aucun point de vue dans les termes de l'article 1er. On y manipule, il est vrai des explosifs, mais ils n'y sont ni fabriqués ni mis en œuvre.

121. — *Usage d'une machine mue par une*

force autre que celle de l'homme ou des ani-maux. — Par cette formule le législateur a voulu étendre le risque professionnel à toutes les exploitations ou parties d'exploitations employant une machine mise en mouvement par une force élémentaire ou mécanique, c'est-à-dire par la vapeur, le gaz, l'électricité, le vent, l'eau, l'air chaud, etc. Ainsi tout travail, toutes professions ou métiers dans lesquels existe un moteur mis en mouvement par des forces naturelles ou artificielles quelconques, sont soumis au nouveau droit. Tels les magasins, les théâtres et les établissements de tout genre qui se servent de machines.

Les moulins à vent ou à eau et les pompes à vent sont également du domaine de la nouvelle législation.

122. — *Quid* du riche propriétaire qui arrose son parc au moyen d'une pompe à vent ou éclaire son château avec l'électricité qu'il produit dans une usine spéciale ? La loi ne lui est évidemment pas applicable parce qu'il ne s'agit pas d'une exploitation, c'est-à-dire d'une propriété qu'on fait valoir et dont on retire le produit. Mais, nous dira-t-on, ce propriétaire ne tire-t-il pas profit de sa prairie, ne l'exploite-t-il pas ? Il y aura là une question d'appréciation. Si la pompe à vent sert uniquement à l'irrigation de vastes prairies dont l'herbe est livrée à la vente, il pourra y avoir lieu d'appliquer le risque professionnel ; mais si les gazons sont soigneusement tondus en vert, il n'y aura pas d'exploitation et par suite pas de risque professionnel possible.

123. — Que faudrait-il décider pour le commerçant qui emploie une voiture automobile pour la distribution des marchandises à domicile ? Son commerce est une exploi-

tation dans une partie de laquelle est employé un moteur :
les accidents causés aux employés de la maison par le
véhicule automobile seront donc couverts par le nouveau
droit.

124. — Demandons-nous enfin si les ouvriers qui
posent ou réparent des fils transportant la force ou
la lumière électrique sont protégés par le risque professionnel, comme ils le sont en Suisse? Nous répondrons
affirmativement, attendu que ces ouvriers appartiennent
à des exploitations faisant usage de machines mues par
des forces élémentaires ou mécaniques.

125. — Il faut remarquer toutefois que les accidents
survenus dans les exploitations ou partie d'exploitations
dans lesquelles on emploie des moteurs, ne peuvent bénéficier du risque professionnel qu'autant qu'ils ont été
produits par les explosifs ou par la machine. Il ne suffirait
pas qu'un employé ou un ouvrier de ces exploitations
fussent victimes d'un accident quelconque pour que la loi
fût applicable. Il est nécessaire, suivant les expressions de
M. Bérenger, président de la commission du Sénat, que
cet « accident soit le fait du travail qui donne lieu à l'application du risque professionnel. » (1). Voici, par exemple, un
théâtre qui fabrique son électricité : le risque professionnel
s'applique uniquement aux accidents occasionnés par cette
fabrication et non à l'artiste ou au machiniste qui se
casseraient un membre sur la scène. Cette distinction se
justifie par ce fait qu'en employant les mots « partie d'exploitation », le législateur a entendu assujettir au risque

(1) Sén., 28 mars 1896 ; *J. off.*, p. 281.

professionnel, dans les exploitations qui n'y sont pas soumises par elles-mêmes, uniquement le travail fait par les
moteurs ou les explosifs.

**126. — *L'énumération des industries contenues
dans l'article premier est énonciative et non
limitative.*** — Le législateur a cru devoir faire une
énumération aussi complète que possible des industries
visées par la loi ; mais il a proclamé à plusieurs reprises,
dans le cours des travaux préparatoires, qu'il entendait
atteindre l'industrie toute entière, et que, s'il commettait
des omissions ou s'il se créait de nouvelles industries,
elles seraient également soumises à la responsabilité
professionnelle.

M. Poirrier, rapporteur, s'exprimait à ce sujet de la
manière suivante devant le Sénat : « Nous vous le décla-
rons très sincèrement, le texte adopté par la Chambre,
comme nous l'avons dit dans le rapport, n'est pas un
texte limitatif... Il nous a semblé que si la Chambre s'était
livrée à une énumération, c'était afin de mieux préciser
et de ne pas laisser en dehors de la loi certaines branches
de l'activité qui auraient pu être considérées comme
ne rentrant point dans les expressions « entreprises
et exploitations industrielles » qui étaient celles de notre
texte primitif ». Et l'honorable sénateur insistait en disant :
« Je vous ai déjà dit, qu'à notre avis, l'énumération de notre
article 1er par sa généralité comprend l'industrie toute
entière. » (2).

(1) Sén., 4 juillet 1895 ; *J. off.*, p. 724.
(2) *Ibid.*, p. 725.

Dans la séance du 25 novembre 1895, M. Poirrier reve-
nait sur cette question et disait de l'article 1er : « Pouvez-
vous avoir un texte plus complet, plus vaste et plus général
que celui-là ? Il est vrai qu'on s'est livré à l'énumération
de certaines industries, mais il est aisé de comprendre le
but unique et l'intérêt de cette énumération ; elle a été
faite parce que l'on a craint que ces industries ne puissent
être considérées comme s'exerçant dans des manufactures,
des usines, des chantiers ; tel aurait pu être le cas des
entreprises de transports, de chargement et de déchargement, des magasins publics, des mines, minières et
carrières. Le texte de l'article 1er est donc aussi large
que possible, et si la commission a trop souvent modifié
sa rédaction, il faut reconnaitre qu'elle est toujours restée
fidèle à cette pensée d'appeler à profiter des dispositions
de la loi, de comprendre dans l'article 1er, *tous les
ouvriers employés dans les usines, manufactures et chantiers.* » (1).

Le 20 mars 1896 eut lieu, devant le Sénat, sur ce même
sujet, une nouvelle discussion très instructive. M. Buffet
soutenait que l'énumération de l'article 1er était limitative
et qu'en votant ce texte on mettrait par cela même certaines
industries en dehors de son application. M. Tracieux,
membre de la commission, lui répondit : « Pouvez-vous
nous citer une industrie qui ne tomberait pas sous l'application de la loi avec les mots : « usines, manufactures,
chantiers, mines, etc. ? » (2). Dans la même séance,

(1) Sén., 25 nov. 1895 ; *J. off.*, p. 951.
(2) Sén., 20 mars 1896 ; *J. off.*, p. 281.

M. Thévenet, rapporteur, disait : « Cette énumération renferme des termes très généraux, des termes qui embrassent, à mon avis, presque toutes les professions. Nous n'avons excepté formellement que l'agriculture. » (1).

Enfin M. Charpentier précisa, devant la Chambre, le caractère de l'article 1er, dans les termes suivants : « L'article 1er a plutôt un caractère énonciatif qu'un caractère limitatif. C'est à titre d'exemple que l'on a indiqué la plupart des cas connus où les accidents devaient se produire, en se préoccupant autant que possible de les embrasser tous. On n'y a prévu qu'une exception : elle se trouve formellement inscrite dans l'article 1er pour les exploitations où il est fait usage d'une machine mue par l'homme ou des animaux. Il n'y a que cette exception ; hors de là, tous les accidents provenant de l'exercice du travail sont prévus dans le cadre de la loi et régis par ses dispositions. » — « J'ai satisfaction par la déclaration qui vient d'être faite », répondit M. Julien Goujon. « Il n'y a alors qu'une énonciation non limitative, et le droit d'appréciation des tribunaux reste entier. » (2).

« Les tribunaux, disait aussi M. Boucher, ministre du commerce, appliqueront la loi dans son acception la plus large... Faites confiance à l'interprétation des intentions du législateur qui, dans l'esprit des juges et dans l'esprit des parties, sera large comme le texte même de la loi. » (3).

En présence de ces déclarations, il nous paraît mani-

(1) *Ibid*.
(2) Ch. dép., 28 oct. 1897 ; *J. off.*, p. 2217.
(3) Ch. dép., 28 oct. 1897 ; *J. off.*, p. 2216.

feste que l'article premier contient une énumération simplement énonciative et que les tribunaux auront le droit
d'apprécier s'il y a lieu de comprendre dans le risque
professionnel telle ou telle autre profession.

127. — *Industries publiques, ouvriers d'Etat.* —
Tous les projets votés avant 1896 contenaient une disposition
étendant le risque professionnel aux ouvriers et employés
des entreprises et exploitations de l'Etat, des départements,
des communes et des établissements publics. « Les entreprises et exploitations des particuliers, disait M. Ricard,
dans son rapport à la Chambre, ne tombent pas seules
sous le coup de la loi nouvelle ; elle vise aussi les entreprises et exploitations similaires de l'Etat, des départements,
des communes, des établissements publics ou de leurs
concessionnaires... Une des conséquences de cette définition sera de faire disparaître la compétence des tribunaux
administratifs, compétence fort peu justifiée d'ailleurs, en
matière d'accidents survenus aux ouvriers qui travaillent
dans les manufactures de l'Etat et à ceux qui sont employés
à l'exécution des travaux publics. Il nous faut cependant
signaler immédiatement une exception au principe posé
par le deuxième paragraphe de l'article 1er. Aux termes de
l'art. 84, en effet « il n'est rien dérogé aux lois, ordonnances et règlements concernant les pensions des ouvriers,
apprentis et journaliers appartenant aux arsenaux ou
usines de la marine et celles des ouvriers immatriculés
des manufactures d'armes dépendant du ministère de la
guerre. » Les accidents survenus dans ces établissements
donnent droit à des pensions régies par des lois spéciales,

généralement très favorables aux intéressés et qu'il ne paraît pas utile d'abroger. » (Lois des 11 et 18 avril 1831, 28 juin 1862, 22 juin 1878, 23 juillet 1881 et 18 avril 1883).

Dans son rapport au Sénat, M. Poirrier disait à ce sujet : « Les entreprises et exploitations de l'Etat, des départements, des communes et des établissements publics ayant ce caractère (industriel) sont soumises aux dispositions de la loi comme les entreprises privées... »

Mais le rapport fait par M. Thévenet au nom de la seconde commission du Sénat, resta muet sur ce point. « Nous avons résolu, disait-il seulement, d'admettre en principe l'article 1ᵉʳ du projet présenté par l'ancienne commission le 20 janvier 1896, mais nous en avons modifié la rédaction. » Des entreprises publiques, pas un mot.

Dans le cours de la discussion, M. Blavier releva cette lacune et déposa un amendement qui n'était que la reproduction de la rédaction adoptée par le Sénat en première délibération ; mais il le retira sur l'observation que lui fit M. Bardoux, président de la commission, que le premier paragraphe contenait toutes les industries, publiques ou privées (1).

Seul l'ancien article 84 (paragraphe Iᵉʳ), dont parlait M. Ricard dans son rapport, fut maintenu, sous le nº 32, avec le texte suivant : « Art. 32. — Il n'est point dérogé aux lois, ordonnances et règlements concernant les pensions des ouvriers, apprentis et journaliers appartenant aux ateliers de la marine et celles des ouvriers immatriculés des manufactures d'armes dépendant du ministère de la guerre. »

_____

(1) Sén., 20 mars 1896 ; *J. off.*, p. 286.

Dans cet état, il faut rechercher si les entreprises de
l'Etat, des départements et des communes, sont comprises
dans la loi du 9 avril 1898. Cela ne nous paraît pas douteux.
Certes, il eût été désirable que les dispositions insérées
dans les projets antérieurs eussent été maintenues ; mais,
même dans le silence de la loi, nous croyons pouvoir
décider que l'Etat est soumis au principe nouveau, pour
les ouvriers qui n'en sont pas exceptés par l'article 32. Il
va de soi, en effet, que du moment que cet article stipule
qu'il n'est pas dérogé aux lois en vigueur, en ce qui concerne les pensions des ouvriers dépendant des ateliers de
la marine et celles des ouvriers immatriculés des manufactures d'armes, c'est que le législateur a voulu étendre
le risque professionnel à tous les autres ouvriers de l'Etat.

Enfin l'article 13 dissipe tous les doutes en classant
les entreprises d'Etat parmi celles où, en cas d'accident,
le juge de paix ne peut pas envoyer des experts.

En conséquence, sauf les ouvriers des arsenaux de la
marine et les ouvriers immatriculés des manufactures
d'armes, tous les ouvriers et employés des établissements
industriels de l'Etat, des départements, des communes ou
de leurs concessionnaires, sont protégés par le risque professionnel.

128. — A notre connaissance, les principales entreprises
de l'Etat se trouvant dans ce cas sont les suivantes :

1° Les chemins de fer de l'Etat ;

2° Les poudreries de l'artillerie de Ruelle et de Bourges ;

3° Les ateliers d'Indret et les forges de la Chaussade ;

4° Les ateliers de construction de l'artillerie de Tarbes,
Vernon, Avignon, Angers, Puteaux ;

5° Les manufactures d'armes de Saint-Etienne, Tulle, Chatellerault, pour les ouvriers non immatriculés seulement ;

6° Les raffineries, poudreries, dynamiteries de l'administration des poudres et salpêtres ;

7° Les ateliers de préparation et manutention des subsistances militaires ;

8° Les manufactures de tabacs et les fabriques d'allumettes ;

9° Les travaux exécutés par le service des ponts et chaussées : routes, ponts, canaux, digues, etc., et tous les travaux publics.

129. — Les principales entreprises des départements et des communes sont : 1° la construction, l'entretien des ponts et chemins départementaux et communaux ; 2° la construction ou la démolition des édifices appartenant aux départements ou aux communes, en un mot, tous les travaux exécutés en régie et rentrant dans les termes de l'article premier de la loi du 9 avril 1898.

130. — Les cantonniers des communes ou de l'Etat seront-ils protégés par le risque professionnel ? Certainement puisqu'ils travaillent dans un véritable chantier. A plus juste raison en sera-t-il ainsi lorsqu'une machine à vapeur sera employée au cylindrage des routes ou chemins.

131. — Il en sera de même du pauvre casseur de pierres de la route. Peut-être trouvera-t-on cela excessif. Pour notre part nous n'y voyons rien que de très logique. Le cantonnier qui surveille ou dirige des travailleurs est blessé par une voiture ou par une chute, le casseur de pierres perd un œil dans son travail : tous les deux travaillent sur un chantier; pourquoi le risque professionnel ne les couvrirait-il pas au même titre que l'ouvrier maçon, charpentier ou forgeron ? La seule conséquence sera l'obligation pour l'Etat, les départements et les communes d'assurer les ouvriers occupés aux travaux qu'ils font exécuter, à moins qu'ils ne préfèrent rester leurs propres assureurs.

132. — *Compétence.* — Du moment que les accidents survenus dans des entreprises publiques sont régis par la loi du 9 avril 1898, ils sont de la compétence des tribunaux civils et échappent aux juridictions administratives.

133. — *Agriculture.* — L'agriculture n'est pas soumise au risque professionnel. Seules les exploitations ou parties d'exploitations où il est fait usage de moteurs ou d'explosifs tombent sous le coup de la loi.

Ce ne fut pas sans peine qu'on finit par s'entendre sur ce point, les uns prétendant étendre le risque professionnel à tous les travaux agricoles, les autres voulant les y soustraire entièrement.

Le premier et le troisième projet de loi de M. Félix Faure appliquaient formellement le risque professionnel à l'agriculture : « Le chef de toute entreprise industrielle, commerciale ou *agricole* encourt une responsabilité spéciale... » (1), y était-il dit. M. Maurice Faure déposa aussi un amendement tendant à intercaler les mots « exploitations agricoles » après celui de « chantiers. » (2).

---

(1) Annexé au rapport de M. Ricard à la Chambre des députés.
(2) Ch. dép., 22 mai 1888; *J. off.*, p. 1460.

MM. Roret (1) et Girault (2) estimaient également que les travailleurs de l'agriculture avaient droit à la même protection que ceux de l'industrie.

MM. Léon Say (3), Georges Graux (4) et Volland (5) s'opposèrent à l'extension du risque professionnel à l'agriculture pour laquelle il serait devenu une charge ruineuse.

Entre ces deux partis, un troisième s'était formé pour soumettre au risque professionnel les travaux agricoles lorsqu'ils auraient un caractère industriel et dangereux par l'emploi des machines mues par une force élémentaire ou par des animaux. « Les accidents survenus dans ces travaux sont très fréquents, disait M. Ricard dans son rapport ; ils sont dus à des causes diverses : les machines employées ont rarement leurs organes dangereux protégés ; elles sont peu ou mal surveillées ; elles sont servies par des gens inexpérimentés et qui s'offrent au danger avec une inconscience étonnante. Aussi n'est-on pas surpris en consultant la statistique, notamment celle qui vient d'être publiée en Autriche, de voir que, dans une période donnée, la proportion des accidents agricoles signalés est notablement plus forte que celle des accidents industriels. Il ne faut cependant pas donner une extension déraisonnable à cette disposition de l'article 1er. Elle ne s'applique pas aux outils et aux ustensiles ordinaires non plus qu'à la charrue ou à la charrette traînées par des chevaux ; le texte vise

---

(1) Ch. dép., 25 juin 1888 ; *J. off.*, p. 1889.
(2) Sén., 4 juillet 1895 ; *J. off.*, p. 733.
(3) Ch. dép., 18 mai 1893 ; *J. off.*, p. 1452.
(4) Ch. dép., 11 mars 1883 ; *J. off.*, p. 545.
(5) Sén., 13 juin 1895 ; *J. off.*, p. 603.

seulement les machines qui reçoivent de la part d'un moteur, sur une de leurs poulies, une certaine quantité de force, et la transmettent à un ou plusieurs opérateurs, par l'intermédiaire d'organes de transmission. Sont, en conséquence, nécessairement comprises dans ce texte les machines à vapeur, les moulins à vent et à eau, les machines à battre, les turbines, etc. ».

Le texte de la commission fut voté par la Chambre le 10 juin 1893, et le risque professionnel se trouva ainsi embrasser les exploitations agricoles qui emploient des machines mues par des forces élémentaires ou par des animaux. Mais on ne tarda pas à reconnaître que la majeure partie des accidents agricoles se trouvait ainsi atteinte, et les projets ultérieurs éliminèrent les machines à moteurs animés.

134. — Tel est le système qui a prévalu et a été inscrit dans la loi. Sont donc seules régies par le risque professionnel les exploitations ou les parties d'exploitations agricoles dans lesquelles il est fait usage, soit de matières explosives, soit de machines mues « par une force autre que celle de l'homme ou des animaux ». Ainsi l'agriculteur qui emploie une machine à vapeur pour défoncer, moissonner, battre, faucher, celui qui fait distiller ses récoltes sur sa propriété, sont assujettis à la loi.

135. — Mais il est bien entendu que le nouveau droit ne s'applique qu'aux ouvriers victimes des accidents causés par les machines ou par les explosifs. Tous les autres restent dans le droit commun. M. le comte de Blois avait déposé à ce sujet un amendement ainsi conçu : « Cette disposition (de l'article 1er) n'est pas applicable aux exploitations agricoles, hors le cas où celles-ci emploient une machine à moteur inanimé et seulement à l'occasion des accidents qui pourraient être causés par le moteur et cette machine. » (1). Cet amendement fut retiré en présence de la rédaction nouvelle de l'article 1er et des déclarations formelles apportées à la tribune par M. Thévenet, rapporteur, qui mettent l'agriculture hors de cause, excepté dans les cas ci-dessus déterminés (2).

136. — *Exploitation forestière.* — Tout ce que nous avons dit des exploitations agricoles s'applique aux exploitations forestières. Elles sont également exclues du risque professionnel à moins qu'elles ne fassent usage de machines ou d'explosifs.

137. — *Les patrons travaillant seuls habituellement sont exclus du risque professionnel.* — La situation faite à la petite industrie par la nouvelle loi attira l'attention de quelques membres du Parlement. Pouvait-on sans danger appliquer le risque professionnel à cette foule de petits artisans qui emploient quelques ouvriers à leurs travaux ? Ne serait-ce pas les exposer à des charges excessives ? Le risque professionnel existe-t-il réellement dans les pauvres ateliers de ces modestes ouvriers d'état, menuisiers, charpentiers, charrons, travaillant pour leur compte, mais obligés de s'adjoindre quelques aides ? Partant de cette idée, M. Baudens proposa de ne soumettre à la responsa-

(1) Sén., 20 mars 1896 ; *J. off.*, p. 286.
(2) *Ibid.*, p. 281.

bilité professionnelle que les patrons employant au moins
dix ouvriers. Plus tard, il réduisit ce chiffre à cinq et sa
proposition fut adoptée par le Sénat (1), en première délibération. Mais cette disposition ayant disparu du projet
élaboré par la seconde commission, M. Baudens la reprit
sous une autre forme, en 1896, et demanda que les ouvriers
travaillant ordinairement seuls ne fussent pas assujettis au
risque professionnel. « Je viens vous demander, disait-il,
de maintenir ce que vous avez fait l'an passé, de ne pas
transformer l'ouvrier qui travaille seul habituellement, qui
n'a pas un chantier, un atelier plutôt, qui n'a pas pourrait-
on dire, un capital d'exploitation, qui n'est, en un mot,
qu'un simple ouvrier et qui, par le fait du hasard, d'une
circonstance, d'un travail imprévu, sera obligé de se faire
aider par un camarade, par un compagnon que lui-même
ira aider le lendemain pour un travail semblable, je viens
vous demander, dis-je, de ne pas transformer ce malheureux ouvrier en patron. » (2). L'amendement de M. Baudens
qui n'est autre que le paragraphe 2 de l'article 1er, fut
adopté par le Sénat et maintenu dans la suite, sans opposition. Il est ainsi conçu :

« Les ouvriers qui travaillent seuls d'ordinaire ne pourront être assujettis à la présente loi par le fait de la
collaboration accidentelle d'un ou de plusieurs de leurs
camarades. »

En conséquence l'ouvrier, l'artisan, qui travaillent généralement sans aucun aide, ne sont pas sujets au risque

(1) Sén., 4 juillet 1895 ; *J. off.*, p. 733 et 734.
(2) Sén., 20 mars 1896 ; *J. off.*, p. 285.

professionnel s'il survient un accident à un ou plusieurs ouvriers qu'ils se seront adjoints exceptionnellement. Au contraire, les petits patrons, tels que le maçon, le menuisier, le charpentier, qui emploient habituellement même un seul ouvrier sont atteints par la législation nouvelle.

Il en serait ainsi quand même cet unique auxiliaire serait un apprenti. (*Infrà*, n° 145).

138. — On a soutenu que le paragraphe 2 de l'article 1ᵉʳ s'applique non pas au patron qui se fait assister exceptionnellement d'un ou de plusieurs ouvriers, mais à l'ouvrier qui travaille habituellement seul chez un patron ; c'est-à-dire que, dans ce système, le patron n'employant généralement qu'un seul ouvrier échapperait au risque professionnel.

Cette interprétation est en contradiction manifeste avec le texte et l'esprit de la loi.

Il est vrai que le législateur emploie le mot « ouvriers » ; mais c'est uniquement parce que celui qui l'a rédigé n'a pas voulu qualifier de patrons ceux qui n'emploient pas habituellement d'auxiliaires et que son amendement avait précisément pour but de ne pas transformer en patrons. Ce qui le prouve, c'est que le texte dit que ces ouvriers « ne pourront pas être *assujettis* à la présente loi. » Or, si le législateur avait entendu viser les salariés du patron il aurait dit qu'ils ne pouvaient pas *bénéficier* de la loi.

Enfin les travaux préparatoires que nous avons analysés démontrent clairement que l'auteur du paragraphe 2 a renoncé à la limitation du nombre des ouvriers, pour exclure uniquement du risque professionnel·le petit patron, l'artisan, qui, travaillant seuls le plus souvent, auraient recours, par exception, à un ou plusieurs camarades.

139. — *La loi ne s'applique qu'aux chefs d'entreprise.* — L'article 1ᵉʳ met les indemnités « à la charge du chef d'entreprise », c'est-à-dire du patron qui fait exécuter, à ses risques et périls, les travaux de sa profession. Il faut qu'il y ait une entreprise, une industrie, pour que le risque professionnel soit mis en mouvement.

M. de Courcy était donc dans l'erreur lorsqu'il écrivait : « Comment, j'ai chargé un bûcheron d'abattre un arbre de mon parc et je serai responsable s'il se laisse écraser par la chute dudit arbre, moi qui, pendant ce temps, suis dans mon cabinet à cent lieues de là ! » (1). Il en était de même de MM. Delsol et Buffet lorsqu'ils paraissaient croire que le propriétaire qui appellerait un ouvrier pour faire réparer sa toiture devrait préalablement le conduire à la ville pour le faire assurer.

M. Bérenger tombait dans la même équivoque lorsqu'il disait au Sénat : « Ainsi lorsque l'un de vous fera déplacer une cuve dans son cellier, vider une fosse dans sa maison, il sera chef d'entreprise ! » « Pas du tout ! » lui répondait M. Tolain, rapporteur. « Il y a ou il n'y a pas un chef d'entreprise. Mais, dans tous les cas, quand un propriétaire quelconque charge tel ou tel spécialiste, couvreur ou maçon, de travailler pour son compte, si ce spécialiste occupe un grand nombre d'ouvriers, il est chef

(1) De Courcy. *Le droit et les ouvriers.*

d'entreprise, et s'il est seul à travailler, il devient son propre chef d'entreprise. Il serait, en effet, parfaitement déraisonnable d'infliger la responsabilité des infirmités qui peuvent atteindre l'ouvrier au propriétaire qui l'occupe et qui ne connaît évidemment ni les nécessités, ni les dangers de la profession. Une pareille conception serait absolument déraisonnable et nous n'avons jamais entendu l'imaginer. Là où il y a plusieurs ouvriers, il y a un chef d'entreprise ou un patron, son propre chef d'entreprise ; il est responsable des accidents qui peuvent l'atteindre ; nous lui laissons, dans ce cas, la faculté de s'assurer pour son propre compte, mais jamais la responsabilité ne peut incomber au propriétaire. » (1).

Mais il en serait autrement si le propriétaire employait un ouvrier à des travaux ayant un caractère industriel, par exemple, à la conduite d'un moulin à vent ou d'un appareil de distillation. Dans ce cas, le propriétaire serait un véritable chef d'entreprise et tomberait sous le coup du risque professionnel. (*Suprà,* nos 121 et 134).

---

(1) Sén., 15 mars 1889 ; *J. off.,* p. 288.

CHAPITRE V

Des Personnes pouvant invoquer le Risque professionnel

---

140. — Le risque professionnel a été institué au profit des ouvriers et employés qui sont victimes d'accidents. Mais, s'il est aisé de comprendre ce que la loi entend par « ouvriers », le mot « employés » est plus large et plus vague. Voyons donc quelles sont les personnes qui rentrent sous ces deux dénominations et peuvent invoquer le bénéfice du droit nouveau.

141. — *Ouvriers.* — Les ouvriers sont ceux qui se livrent à un travail manuel. Ils sont les plus exposés dans les travaux industriels puisqu'ils y prennent la part la plus effective ; à ce titre ils sont les premiers appelés à profiter de la responsabilité patronale.

142. — *Employés.* — Quoique ne participant pas manuellement au travail industriel, les employés sont eux aussi menacés par les accidents de l'industrie. Vivant et travaillant dans un milieu dangereux, ils sont exposés, dans une certaine mesure, aux événements funestes dont les exploitations industrielles sont le théâtre. Il était donc équitable de les traiter comme les ouvriers eux-mêmes.

Par employés, la loi entend tous ceux qui, à quelque degré que ce soit, occupent un emploi non actif dans l'entreprise, depuis le directeur suprême jusqu'au simple concierge. M. Poirrier avait combattu cette disposition et demandé, conformément à ce qui avait été décidé à plusieurs reprises par le Sénat, que l'ouvrier et l'employé gagnant une somme supérieure à un maximum déterminé, ne fussent pas compris dans la loi, parce qu'ils reçoivent, dans leur salaire, non seulement la rémunération de leur travail, mais encore la prime du risque qu'ils courent. Enfin il trouvait injuste d'assimiler les contremaîtres et ingénieurs aux simples ouvriers. Les employés supérieurs donnent des ordres aux lieu et place du patron, ils ont une certaine initiative dans l'exécution du travail, tandis que l'ouvrier n'a qu'à obéir : On lui remet un outil, il faut qu'il s'en serve; on lui indique une place, il doit s'y rendre. Le risque professionnel, disait-il, est incontestable pour le premier; il n'existe pas pour le second (1).

M. Thévenet, rapporteur, lui répondit en ces termes : « On nous a dit : Mais vous étendez le bénéfice du projet de loi à tous les employés, aux ingénieurs notamment; l'industrie ne pourra pas supporter cette charge. Là encore je suis obligé de prononcer le mot d'exagération. Oui, nous avons pensé que la définition du risque profes-

(1) Sén., 17 mars 1896 ; *J. off.*, p. 254.

sionnel entraînerait forcément son application à tous ceux qui y sont exposés. Mais lorsqu'une explosion se produit dans une usine, choisit-elle l'ouvrier qui gagne 3 francs ou celui qui en gagne 15, ou bien l'ingénieur qui surveille ce travail et qui gagne 10 ou 15.000 francs par an ?... Nous avons donc décidé que, comme dans une usine à outillage mécanique tout le monde était exposé, soumis au risque professionnel, tout le monde devait en bénéficier. » (1).

En conséquence, les directeurs, ingénieurs, inspecteurs, contremaîtres, surveillants, comptables, commis aux écritures, concierges, en un mot, tous les employés sont appelés à profiter des avantages de la nouvelle loi.

143. — Mais une question se pose relativement aux employés. Seront-ils protégés par le risque professionnel quelque soit la nature de leur occupation, qu'ils soient attachés à l'exploitation technique ou à l'exploitation financière de l'entreprise, que leurs bureaux soient sur le lieu de l'exploitation ou au dehors ?

Nous pensons qu'il faut distinguer suivant que les bureaux sont sur le lieu même de l'entreprise ou à l'extérieur. La nature du travail nous paraît indifférente puisqu'il est reconnu qu'il n'y a pas de distinction à faire entre le travail dangereux et celui qui ne l'est pas. Ce n'est pas, en effet, tel ou tel travail spécial qui engendre le risque professionnel, mais tout travail exécuté par les « ouvriers ou employés, dit l'article 1er, occupés *dans* les usines, manufactures... » etc., etc.

(1) *Ibid.*

En 1888, M. Thellier de Poncheville déposa un amendement restreignant le risque professionnel aux accidents
survenus dans le cours d'un travail industriel. Cette proposition fut repoussée précisément parce que les auteurs
de la loi n'ont jamais voulu faire de distinction entre les
divers genres de travail des ouvriers ou employés. (*Suprà*,
n° 33).

Mais il est inadmissible cependant que les employés
occupés à la gestion financière ou commerciale d'une entreprise, travaillant hors de l'usine ou des chantiers, quelquefois même fort loin du lieu de l'exploitation, soient
compris dans la nouvelle législation. Voici, par exemple,
une grande fabrique lyonnaise qui possède, à Paris, soit
des bureaux d'administration, soit des magasins de vente.
Les employés de ces bureaux ou magasins ne peuvent évidemment pas bénéficier du risque professionnel. Ce sont
des comptables, des caissiers, des commis, comme ceux
d'un simple commerçant. Cela est parfaitement juste puisque ces employés ne courent aucun danger spécial du fait
de l'industrie à laquelle ils sont attachés.

Au contraire, les employés des bureaux placés sur le lieu
même de l'exploitation, dans la fabrique, dans l'enceinte de
la mine ou de l'établissement industriel, sont exposés à des
risques particuliers provenant du voisinage de l'industrie.
Aussi sont-ils protégés par la loi, quelque soit le travail de
bureau auquel ils sont occupés, que ce soit à l'administration financière ou à l'exploitation technique.

Par exemple, certaines compagnies de chemins de fer
ont leurs bureaux administratifs ou d'inspection dans l'enceinte des gares. Nous n'hésitons pas à soumettre ces

bureaux au risque professionnel à moins qu'ils n'aient aucune communication avec la gare elle-même.

Les employés sont donc régis par la loi du 9 avril 1898 dès qu'il travaillent dans des bureaux directement attachés aux établissements de l'article 1er.

Ce principe une fois admis, il n'y a aucune distinction à faire entre les diverses causes d'accident. Les employés sont protégés contre tous les accidents survenus par le fait de leur travail ou à l'occasion de ce travail, qu'il soit industriel ou non. Ainsi l'employé dont parlait M. Thellier de Poncheville (*suprà* n° 33), qui se blesserait avec son canif pourrait invoquer la loi nouvelle (1).

144. — *Membres du conseil d'administration.* — Les membres d'un conseil d'administration peuvent-ils bénéficier du risque professionnel? Nous ne le pensons pas. Ils ne sont ni ouvriers ni employés. Elus par les actionnaires, ils sont leurs mandataires et représentent le chef d'entreprise ou patron. Il ne saurait donc être question de les faire garantir par le risque professionnel dont ils doivent répondre et non profiter.

145. — *Apprentis.* — Les apprentis sont incontestablement des ouvriers. Comme eux, ils se livrent à un travail manuel, sont tenus d'obéir et courent par conséquent les mêmes dangers. C'est ainsi que le législateur l'a compris, puisque, sans les avoir désignés expressément dans l'article premier, il les a assimilés, dans l'article 8, à l'ouvrier âgé de moins de seize ans, pour la fixation

(1) *Conf.* Chardiny, *loc. cit.*, p. 64.

de l'indemnité qui leur est due, en cas d'accident. (*Suprà*, nº 137. — *Infrà*, nº 205).

146. — *Délégués mineurs.* — La loi du 8 juillet 1890 a institué des délégués à la sécurité des ouvriers mineurs pour visiter les travaux souterrains des mines, minières et carrières, dans le but de veiller à la sécurité du personnel qui y est occupé, et de rechercher, en cas d'accident, les conditions dans lesquelles cet accident s'est produit. A côté de chaque délégué est un délégué suppléant chargé de remplacer le titulaire empêché. L'un et l'autre sont élus par les ouvriers mineurs.

Les visites réglementaires prescrites aux délégués mineurs, et les visites supplémentaires, sont payées par le Trésor comme journées de travail, sur un mandat mensuel délivré par le préfet. Puis, les sommes avancées par l'Etat sont recouvrées sur les exploitants comme en matière de contributions directes.

La question de savoir si ces délégués sont protégés par la loi du 9 avril 1898 a donné lieu à des déclarations contradictoires au sein du Parlement. Dans la séance de la Chambre du 23 octobre 1897, M. Basly ayant demandé si les délégués mineurs seraient considérés comme des ouvriers ou des employés, M. Maruéjouls, rapporteur, lui répondit : « La commission ne voit aucun inconvénient à déclarer que les délégués mineurs sont compris dans l'article premier. » (1).

Lorsque le projet de loi vint devant le Sénat, M. de

(1) Ch. dép., 23 oct. 1897 ; *J. off.*, p. 2215.

Marcère déclara que les délégués mineurs ne devaient pas bénéficier du risque professionnel. M. Félix Martin prétendit le contraire et rappela ce qui s'était passé à la Chambre, l'année précédente. Il plaida chaleureusement la cause des délégués, et demanda leur admission au bénéfice de la loi par une proposition ainsi conçue : « Les délégués à la sécurité des ouvriers mineurs sont, en ce qui concerne les accidents dont ils sont victimes dans leurs tournées, assimilés aux ouvriers mineurs. » M. Bérenger, président de la commission, demanda que la question fut réservée pour la seconde délibération et le ministre du commerce promit d'apporter alors une résolution ferme de concert avec le ministre des travaux publics que cela concernait plus spécialement (1).

Au moment de la seconde délibération, nouvelle question de M. Félix Martin auquel M. Thévenet, rapporteur, fit la réponse suivante : « Avant de prendre une décision, la commission s'est adressée au Gouvernement, qui lui a promis de prévoir le cas des délégués mineurs dans la loi sur les caisses de secours qui est actuellement pendante devant la Chambre des députés ; on a même soumis à notre appréciation le texte d'une disposition qui serait proposée à la Chambre dans la nouvelle loi sur les caisses de secours. C'est pour cela que l'article 1er ne s'appliquera pas aux délégués mineurs. Bien entendu si les délégués sont ouvriers dans la mine, la loi actuelle leur sera applicable ; nous ne parlons ici que des délégués qui seront d'anciens ouvriers de la mine. » (2).

(1) Sén., 3 mars 1898 ; *J. off.*, p. 237 et 238.
(2) Sén., 15 mars 1898 ; *J. off.*, p. 298.

En présence de ces déclarations opposées, la question reste entière et nous devons nous demander quel sera le sort des délégués mineurs.

En tant qu'ouvriers mineurs, lorsqu'ils sont victimes d'un accident dans le cours de leur travail de mineurs, il n'y a pas de difficulté : le risque professionnel leur est applicable comme à tous les autres ouvriers.

Mais si, dans leurs tournées, en qualité de délégués mineurs, dans l'exercice de leurs fonctions, ils sont victimes d'accidents, doivent-ils être considérés comme des employés protégés par le nouveau droit ? Nous répondons négativement.

Ils ne sont ni ouvriers ni employés occupés dans la mine, dans le sens de l'article 1er. Ils sont payés, il est vrai, par les compagnies, mais ils ne sont pas à leur service. D'abord ce ne sont pas les exploitants qui les nomment : ils sont élus par les ouvriers. Comment donc les compagnies pourraient-elles être rendues responsables d'accidents arrivés à des délégués mineurs qui peuvent être des hommes incapables ou imprudents ?

Enfin les patrons répondent des accidents dont leurs ouvriers sont victimes, parce que les ouvriers doivent obéir, faire ce qui leur est commandé ou se rendre au poste qui leur est assigné. Les délégués mineurs ne sont pas dans ce cas. Ils n'ont ni ordres ni instructions à recevoir des exploitants. Ils accomplissent leurs fonctions à leurs risques et périls, exempts de toute surveillance et de tout contrôle de la part des compagnies. S'ils s'exposent témérairement à des dangers, les exploitants n'ont pas le droit de les empêcher. Les compagnies ne sauraient être responsables d'accidents arrivés dans ces conditions.

147. — *Fonctionnaires des entreprises publiques.* — Nous avons vu (*suprà*, nos 127 et s.) que les manufactures et entreprises de l'Etat, des départements et des communes sont assujetties au risque professionnel. Il va donc de soi que les ouvriers de ces établissements sont admis au bénéfice du risque professionnel.

Mais en est-il de même de ceux qui font partie d'un cadre permanent et reçoivent un traitement annuel soumis à une retenue pour la constitution d'une pension de retraite ?

Ces fonctionnaires avaient été expressément exclus du risque professionnel par l'article 84, § 3, du projet de loi voté par la Chambre en 1893 : « Les dispositions de la présente loi ne sont pas applicables aux fonctionnaires, agents et employés soumis au régime de la loi du 9 juin 1853 sur les pensions civiles ou tributaires d'une caisse de retraite de l'Etat, d'un département, d'une commune ou d'un établissement public admettant le droit à pension, en cas d'accident. »

Mais cette disposition fut supprimée par la première commission du Sénat, dont le rapporteur, M. Poirrier, s'exprimait ainsi : « Nous avons fait disparaître la disposition restrictive, objet du dernier paragraphe de l'article 84 du projet de la Chambre, qui mettait en dehors de la loi les fonctionnaires, agents ou employés de l'Etat, des départements, des communes ou des établissements publics ; nous entendons, en effet, les traiter comme s'ils appartenaient à l'industrie privée. » (1).

Aucune opposition n'ayant été formulée contre les propositions de la commission sur ce point, il faut en conclure que les fonctionnaires des entreprises publiques ayant droit à une pension en cas d'accident, sont assimilés aux employés des industries privées. (*Supra*, n° 130).

Mais leur pension de retraite se cumulera-t-elle avec l'indemnité due en vertu du risque professionnel ? — Assurément non. La loi du 9 avril 1898 ayant un caractère obligatoire et d'ordre public, les fonctionnaires des entreprises publiques qui seront victimes d'accidents dans leur travail ne pourront se prévaloir d'aucunes autres dispositions légales. (Art. 2).

148. — *Personnes étrangères à l'industrie.* — Le risque professionnel ne s'appliquant qu'aux ouvriers et employés de l'industrie, les personnes qui lui sont étrangères ne peuvent invoquer le droit nouveau si elles sont victimes d'accidents pendant qu'elles se trouvent fortuitement sur le lieu de l'exploitation, alors même qu'elles y auraient été appelées par leurs fonctions. Tels seraient les fonctionnaires de l'Etat : ingénieurs, contrôleurs, inspecteurs du travail, magistrats, etc. MM. de Marcère et Félix Martin se sont nettement expliqués, devant le Sénat, sur cette question qui ne nous paraît pas pouvoir être sérieusement discutée (2).

---

(1) Rapport au Sénat de M. Poirrier, du 3 avril 1895.
(2) Sén., 3 mars 1898; *J. off.*, p. 237.

149. — *Ouvriers des sous-entrepreneurs et des tâcherons.* — Les sous-entrepreneurs sont ceux qui se substituent à l'entrepreneur principal pour un travail déterminé. Le plâtrier, le serrurier, le charpentier qui se chargent des travaux de leur profession dans un bâtiment construit par un entrepreneur général, sont des sous-entrepreneurs. Le tâcheron est celui qui prend de seconde ou troisième main un travail à faire et le répartit à quelques ouvriers. Le sous-entrepreneur est lui-même un véritable entrepreneur qui prend les lieu et place de l'entrepreneur primitif. Le tâcheron est un simple ouvrier qui fera en personne le travail dont il s'est chargé ou se fera aider par un petit nombre de camarades. Le premier entreprend des travaux importants; le second ne recherche que d'humbles besognes. Ainsi je charge un maçon de me construire un mur; le terrassier qui traite avec lui pour faire les fouilles à forfait est un tâcheron. Plutôt ouvrier qu'entrepreneur, ce qui le caractérise, dit M. Tarbouriech dans son savant ouvrage sur la nouvelle législation, « c'est qu'il travaille avec des matériaux et un matériel fournis par l'entrepreneur et reste sous sa direction et sa surveillance avec les ouvriers qu'il emploie, qui ne sont pour lui que des camarades. » (1).

L'entrepreneur principal doit donc rester responsable des accidents arrivés au tâcheron et à ses aides, tous devant être considérés comme les ouvriers du chef d'entreprise (2).

---

(1) Tarbouriech, *op. cit.*, p. 261.
(2) *Conf.* Chardiny, *op. cit.*, p. 59.

150. — Mais il en sera autrement du sous-entrepreneur qui emploie des outils et un matériel lui appartenant, choisit ses ouvriers et achète directement ses matériaux sous sa responsabilité. Le sous-entrepreneur n'est pas, comme le tâcheron, sous la surveillance de l'entrepreneur principal ; il travaille à ses risques et périls et commande seul ses ouvriers : il est donc seul responsable des accidents qui leur arrivent.

Il sera quelquefois difficile de distinguer le sous-entrepreneur du tâcheron. Ainsi dans les mines, on confie souvent des travaux assez importants tels que l'ouverture de galeries dans les roches, à des sous-traitants qu'on appelle tâcherons et qui peuvent paraître de véritables sous-entrepreneurs. Les tribunaux auront à apprécier. S'ils sont en présence d'un ouvrier ne payant pas de patente, employant des outils et des machines appartenant à l'entrepreneur principal qui a conservé la surveillance et la direction du travail, ils le considéreront comme un tâcheron.

S'il s'agit au contraire d'un sous-traitant patenté, ayant son matériel, achetant personnellement ses matériaux, travaillant sans contrôle de l'entrepreneur principal, les tribunaux le considéreront comme un véritable entrepreneur directement responsable envers ses ouvriers des accidents dont ils sont victimes.

151. — *Ouvriers étrangers*. — Le projet présenté à la Chambre en 1888 assimilait les ouvriers étrangers aux ouvriers français pour les accidents entraînant une incapacité temporaire ou une incapacité permanente partielle ou absolue ; mais elle décidait qu'en cas de mort, les ayants droit de l'ouvrier étranger n'auraient droit à aucune indemnité s'ils ne demeuraient pas sur le territoire français au moment de l'accident. Cette dernière disposition fut supprimée sur la demande de M. Bernard, comme injuste et inhumaine d'abord, et ensuite comme favorisant les ouvriers étrangers au détriment des ouvriers français. Par suite de cette suppression les ouvriers étrangers se trouvaient sur le même pied que les nationaux.

Le Parlement ne persista pas longtemps dans cette voie. La Chambre adopta, en 1893, une disposition aux termes de laquelle les ayants droit de l'ouvrier étranger, qui, au moment de l'accident, n'avaient pas leur résidence sur le territoire français, n'étaient admis à réclamer le bénéfice du risque professionnel qu'autant qu'ils pouvaient justifier que, dans leur pays d'origine, les Français jouissaient du même avantage. Le Sénat adopta ce système dans son projet de 1895 ; mais la théorie de l'assimilation l'emporta de nouveau, en 1896, au Sénat, et à la Chambre en 1897.

En 1898, la haute Assemblée revint, en partie, au projet de la commission de 1888 et décida, ce qui ne fut plus contesté, que, dans les cas d'incapacité permanente, les ouvriers étrangers seraient assimilés aux nationaux s'ils restaient sur le territoire français après l'accident ; en cas de mort, il y aurait aussi assimilation si les ayants droit de la victime résidaient en France au moment de l'accident. Mais si la victime quitte le territoire après l'accident ayant entraîné une incapacité de travail permanente, elle reçoit un capital égal à trois fois la rente qui lui est due. En cas de mort, si les parents habitent à l'étranger, il ne leur est accordé aucune réparation. (Art. 3 C §§ 4 et 5. — *Infrà*, n° 208).

Ce système ne nous paraît pas mériter les vives critiques dont il a été l'objet tant au cours de la discussion qu'après la promulgation de la loi.

Le premier reproche qu'on lui fait est d'être contraire à la justice et à l'humanité. Voilà un ouvrier étranger, s'écriait M. Bernard, qui est père de famille, a femme et enfants : il est blessé mortellement dans un accident industriel et ses représentants n'ont droit à aucune indemnité parce qu'ils ne résident pas en France ! C'est une loi cruelle et inhumaine ! — Pardon ! L'ouvrier étranger a un moyen bien simple d'échapper à cette situation : il lui suffit, lorsqu'il vient demander du travail chez nous, d'y amener sa famille ; celle-ci jouira ainsi des mêmes avantages que la famille de l'ouvrier français.

Mais le plus grand inconvénient des dispositions de la loi sur ce point serait, à en croire ses détracteurs, de favoriser les ouvriers étrangers au détriment des nationaux.

On dit, en effet : le risque professionnel est une charge pour le patron ; or, du moment que les ouvriers étrangers n'en bénéficient qu'autant qu'ils restent en France après l'accident dont ils ont été victimes, ou que leurs ayants droit, y résident au moment de l'accident, les patrons ont de grandes chances de voir diminuer les charges de la loi en employant des ouvriers étrangers. On favorise donc la main-d'œuvre étrangère.

Nous répondons d'abord que des dispositions analogues sont en vigueur en Allemagne, et nous n'avons pas ouï dire que l'industrie de ce pays s'en montrât plus empressée à faire appel aux ouvriers étrangers de préférence aux nationaux.

Si nous observons ensuite ce qui se passait sous le droit commun, pense-t-on que le patron n'avait pas intérêt à employer l'ouvrier étranger ? N'avait-il pas plus de chances d'échapper à un procès, en cas d'accident, qu'en employant des ouvriers français ? Etait-il donc si facile à la victime étrangère ou à ses ayants droit, d'obtenir la réparation de l'accident ? Il est cependant manifeste que cette considération n'a jamais influencé nos industriels.

Enfin en supposant que les chefs d'industrie fassent un calcul aussi peu patriotique, voyons s'il est de nature à peser sur leur esprit. Eh bien, le risque professionnel va se traduire par une assurance. Elle n'est pas obligatoire, mais elle est le seul moyen d'envisager avec sécurité les conséquences du droit nouveau. Quelle sera donc la différence de prime dont bénéficiera l'industrie en employant un ouvrier étranger au lieu d'un ouvrier français ? Tout est là !

Or, le nombre d'accidents qui ont pour conséquence soit une incapacité permanente partielle ou absolue, soit la mort, est environ de 5 %, et si l'on recherche combien il pourra se trouver d'étrangers dans cette infime proportion, et ensuite combien parmi eux quitteront la France après l'accident, ou dont la famille n'y résidait pas, on voit que la différence de prime en faveur des ouvriers étrangers sera insignifiante et s'élèvera seulement à quelques centimes.

Il en serait autrement sans doute pour les industriels qui ne s'assureraient pas. Ceux-là auraient un intérêt plus sérieux à employer la main-d'œuvre étrangère. Mais quels sont les patrons qui seront assez aveugles pour ne pas recourir à l'assurance ? Ceux-là ne pousseraient assurément pas la prévoyance jusqu'à s'inquiéter de la nationalité de leurs ouvriers. On peut donc affirmer que l'avantage qu'il pourrait y avoir à embaucher des étrangers de préférence aux nationaux sera insuffisant pour impressionner les patrons (1).

152. — *Domestiques*. — Les accidents domestiques ne sont pas compris dans le risque professionnel. MM. Roret (2) et Bérenger (3) avaient demandé qu'ils y fussent admis ; mais leur système ne fut, à aucun moment, accueilli par le Parlement. « Si dans le pays, disait M. Ricard, chacun pouvait craindre d'être responsable de ceux qu'il fait travailler, d'encourir une lourde responsabilité parce que le journalier appelé pour nettoyer des carreaux ou faire un travail dans le jardin, se serait blessé en tombant ou avec sa bêche, on serait justement effrayé. Ce n'est pas ce que nous avons cherché. Nous n'avons pas voulu modifier aussi profondément la vie ordinaire. » (4).

(1) Voir *infra*, p. 164.
(2) Ch. dép., 25 juin 1888 ; *J. off.*, p. 1889, et 2 juillet 1888 ; p. 1965.
(3) Sén., 14 mars 1889 ; *J. off.*, p. 254.
(4) Ch. dép., 22 mai 1888 ; *J. off.*, p. 1466.

CHAPITRE VI

Des Indemnités

———

153. — Sous le régime du droit commun, les tribunaux appréciaient dans la plus entière liberté le préjudice causé aux ouvriers victimes d'accidents ; ils n'étaient liés par aucune prescription légale, soit par un maximum, soit par un minimum. Chaque tribunal, quelquefois chaque chambre d'un tribunal, avait sa jurisprudence ; enfin, la Cour d'appel pouvait faire, à son tour, une évaluation différente. C'était l'arbitraire absolu autorisant les indemnités les plus élevées comme les plus infimes.

Ce système fut chaleureusement défendu pendant tout le cours des travaux préparatoires de la nouvelle loi, notamment par M. le sénateur Bérenger (1). Cependant, il n'eut, à aucun moment, la faveur du Parlement, et ne figura dans aucun des huit projets votés avant le texte définitif : tous répudièrent l'arbitraire des tribunaux et

(1) Sén., 13 juin 1895 ; *J. off.*, p. 609.

imposèrent des bases et des limites à leur pouvoir d'appréciation.

154. — Plusieurs systèmes s'offraient au choix du législateur. Le premier consistait à fixer un maximum et un minimum d'indemnité, entre lesquels le juge pourrait se mouvoir. On lui reprocha de favoriser les procès parce que les ouvriers réclameraient toujours le maximum, tandis que les patrons auraient une tendance à se rapprocher du minimum. Enfin, la latitude laissée aux tribunaux pouvait avoir pour effet de les induire à tenir compte des degrés de la faute, ce qui eût été contraire au principe du risque professionnel.

D'autres proposèrent de fixer seulement un maximum, afin d'épargner à l'industrie ces indemnités exagérées qu'elle avait dû supporter parfois. Mais, si ce système était parfait pour les patrons, il n'en était pas de même pour les ouvriers qui n'étaient protégés par aucune limite minima de l'indemnité.

Fallait-il encore adopter la pratique suivie par les Compagnies d'assurances, consistant à faire un classement des accidents par catégories, et fixer un coefficient d'indemnités pour chacune d'elles? L'auteur de ce système, M. Marestaing, divisait les accidents en six classes. Il représentait par 100 le chiffre maximum du préjudice : c'était la première catégorie dans laquelle il plaçait la perte complète de la vue ou de l'usage de deux membres. Dans la deuxième se trouvait la perte complète de l'usage d'un membre inférieur, l'amputation ou la fracture non consolidée de la cuisse : 75. Dans la troisième était la perte de l'usage ou l'amputation d'un membre supérieur, la fracture non consolidée de la jambe : 50. Quatrième : perte complète de l'usage d'un œil, ablation de la mâchoire inférieure, etc. : 30. Cinquième : perte complète de l'usage ou du mouvement de l'épaule, du coude, du genou, de la hanche : 15. Sixième : perte de l'usage d'un ou deux doigts de la main : 6 (1).

Les partisans de cette thèse ajoutaient qu'en Allemagne, bien que la loi ne contînt pas de classification des accidents, l'Office impérial des assurances avait dû cependant recourir à ce procédé et dresser un tableau contenant douze catégories d'accidents (2).

Ce système avait pour résultat de consacrer des injustices flagrantes, des lésions identiques n'ayant pas les mêmes conséquences pour les ouvriers de profession différente. Ainsi, le charretier qui perd un pouce garde sa capacité de travail presque entière, tandis que si c'est un graveur ou un typographe, il ne peut plus travailler de sa profession : ils recevraient cependant la même indemnité.

155. — Le Parlement s'est arrêté à un autre système qui fixe par avance et à forfait l'indemnité allouée pour chacune des quatre catégories d'accidents établies par la loi suivant le degré d'incapacité de travail. Son principal avantage est d'évaluer d'une manière invariable le quantum de l'indemnité, et, par suite, de ne pas favoriser les procès. Il garantit également les intérêts du travail, qu'il protège contre l'abaissement illimité de l'indemnité, et ceux de l'industrie qui tient à connaître l'étendue de sa

(1) Cité par M. Dron, Ch. dép., 5 juin 1893 ; *J. off.*, p. 1608.
(2) Voir ce tableau cité dans le discours de M. Dron, *loc. cit.*, rapporté *infrà* n° 180.

responsabilité afin de pouvoir la couvrir par l'assurance, et ne se trouvera plus exposée à payer des indemnités exorbitantes.

Ce système rencontra une violente opposition sur les bancs des deux Chambres. Ses adversaires le comparèrent à la législation des Visigoths et le représentèrent comme humiliant pour les juges qu'il transformait en véritables machines (1). Outre ces considérations générales et peu fondées, l'unique grief qui fut relevé contre les dispositions adoptées par le législateur fut que le forfait imposait à l'ouvrier l'abandon d'une partie de la réparation qui lui était due pour permettre au patron de faire face au paiement des indemnités allouées à tous les accidents. « Le forfait, disait M. Bérenger, est le sacrifice que deux personnes liées par des intérêts multiples font d'une partie de leurs droits pour en mieux assurer la conservation..... Sans doute le patron est exposé à un ensemble de risques et je comprends qu'il ait intérêt à traiter à forfait de leur réparation. Mais l'ouvrier a-t-il le même intérêt ? Non, car il n'est point exposé à la multiplicité des risques que le patron peut avoir à prévoir ; il sera victime, un jour dans sa vie, d'un accident et son unique intérêt est d'en avoir l'entière réparation. Pouvez-vous, pour améliorer la situation du patron, lui enlever quoi que ce soit sur la plénitude de son droit ? Au moins, y faudrait-il la certitude de son assentiment ? Or, cette seconde condition, constitutive du forfait, manque comme la première. » (2).

(1) M. Bérenger, Sén., 28 janv. 1896 ; *J. off.*, p. 22.
(2) Sén., *loc. cit.*, p. 24.

Nous reconnaissons tout d'abord que nous ne sommes pas en présence d'un véritable forfait dans le sens des articles 2044 et suivants du Code civil. Il ne s'agit pas ici d'une convention entre particuliers, mais d'une obligation créée par la loi et qui, par les concessions qu'elle impose aux deux parties, a les caractères du forfait.

La légalité de cette obligation n'est pas plus contestable que celle de l'expropriation pour cause d'utilité publique. Là aussi la loi impose aux citoyens des sacrifices qui leur répugnent. Pourquoi le législateur ne pourrait-il pas en imposer d'autres, lorsqu'il s'agit de corriger les conséquences funestes du développement intensif de l'industrie et des dangers qu'il fait courir aux ouvriers ? L'ordre public n'est-il pas aussi gravement intéressé à l'amélioration du sort des travailleurs et des relations entre le travail et le capital, qu'à l'élargissement d'une rue ou d'un chemin ? L'intérêt public passe avant l'intérêt privé, et le législateur est fondé à faire primer celui-ci par celui-là. C'est donc à bon droit que les auteurs de la loi du 9 avril 1898 ont dit à l'ouvrier : « Tu renonceras à une partie de ton droit, tu feras le sacrifice d'une portion de l'indemnité qui te sera due en cas d'accident ; mais, moyennant cet abandon, tu seras garanti, toi et tes camarades, contre tous les accidents dont vous pouvez être victimes. » Et qui oserait reprocher au législateur de rappeler aux citoyens les règles de la solidarité humaine en leur imposant de s'aider et secourir mutuellement ?

Au point de vue de l'équité, le système forfaitaire nous paraît tout aussi irréprochable. Comment ! nous dit-on, l'ouvrier victime d'un accident ne recevra pas la réparation intégrale du préjudice qu'il subit! Nous pensons que, même sur ce point, l'ouvrier n'a pas à se plaindre. Est-ce que l'Etat paie à ses fonctionnaires en retraite ou atteints d'infirmités, des pensions égales à leur traitement? C'est qu'il est inadmissible que celui qui ne travaille pas reçoive une rémunération aussi élevée que celui qui travaille. Enfin, lorsque l'ouvrier reçoit une pension viagère à la suite d'un accident, il n'est plus exposé aux nombreuses éventualités du chômage ou aux diminutions de salaire. S'il est en pleine force, l'indemnité est calculée sur son salaire actuel, et cependant ce salaire aurait été abaissé ou même supprimé lorsque l'ouvrier aurait été affaibli par l'âge ou les infirmités. La sécurité, la fixité se soldent par une faible diminution de la rente.

§ 1er. — Base de l'indemnité forfaitaire. — Salaire.

156. — L'incapacité de travail se traduit par une perte de salaire que l'industrie doit restituer. Le législateur a donc pensé qu'il était logique de prendre le salaire de la victime pour base de la tarification des indemnités. Il a distingué, à cet effet, le salaire annuel et le salaire quotidien touché au moment de l'accident. Lorsqu'il s'agira de fixer une pension, dans le cas de mort ou d'incapacité permanente, ce sera le salaire annuel qui servira de base. Le salaire quotidien sera, au contraire, l'unité d'appréciation pour les indemnités temporaires.

157. — *Salaire annuel.* — « Le salaire servant de base à la fixation des rentes s'entend, pour l'ouvrier occupé dans l'entreprise pendant les douze mois écoulés avant l'accident, de la rémunération effective qui lui a été allouée pendant ce temps, soit en argent, soit en nature.

« Pour les ouvriers occupés pendant moins de douze mois avant l'accident, il doit s'entendre de la rémunération effective qu'ils ont reçue depuis leur entrée dans l'entreprise, augmentée de la rémunération moyenne qu'ont reçue, pendant la période nécessaire pour compléter les douze mois, les ouvriers de la même catégorie.

« Si le travail n'est pas continu, le salaire annuel est calculé tant d'après la rémunération reçue pendant la période d'activité que d'après le gain de l'ouvrier pendant le reste de l'année. » (Art. 10).

Cet article prévoit trois hypothèses : 1º l'ouvrier a été occupé dans l'entreprise pendant un an avant l'accident ; 2º il y a travaillé moins d'un an ; 3º il s'agit d'une industrie à travail discontinu.

158. — *Ouvrier travaillant depuis plus d'un an dans l'usine.* — Le salaire de cet ouvrier consiste dans la rémunération qu'il a reçue du patron, pendant ce temps, soit en argent, soit en nature.

Que faut-il entendre par la « rémunération effective » dont parle le texte ? Il s'agit d'abord des salaires proprement dits. Il faut y ajouter le prix des heures et journées supplémentaires, ainsi que cela fut déclaré au Sénat sur une question de M. Léonce de Sal : « Ne doit-on pas comprendre, disait-il, dans le salaire de l'ouvrier, les heures supplémentaires? » — « On comprendra dans le salaire tout ce que l'ouvrier gagne, » répondit le rapporteur. — « Le salaire et les journées supplémentaires qui rentrent dans le salaire ? » insistait M. de Sal. — « Le texte est très clair, il comprend tout, » ajoutait le rapporteur. — « Les journées supplémentaires sont donc comprises, concluait le sénateur de la Corrèze ; c'est ce que je demandais et je tenais à le faire préciser ». — « On comprend le prix du travail effectif, » répliquait M. Thévenet (1).

159. — Puisque le salaire doit comprendre « tout ce que l'ouvrier gagne », selon les expressions du rapporteur de la loi, il faut considérer comme rentrant dans le salaire : 1° la participation aux bénéfices, 2° les commissions sur ventes, 3° les primes d'ancienneté, 4° les primes que reçoit l'ouvrier qui produit davantage ou plus économiquement, 5° les bénéfices qu'il retire des indemnités de route ou de logement.

160. — Les gratifications ne nous paraissent pas devoir être comptées, parce qu'elles sont le résultat de l'unique générosité du patron qui ne les doit pas et dont on ne saurait les exiger. Il en serait autrement, bien entendu, si les gratifications étaient stipulées par le contrat de travail, auquel cas elles seraient réputées faire partie du salaire.

161. — Il n'y a pas lieu de retrancher les retenues que subit l'ouvrier, soit pour la retraite, soit pour l'assurance, soit pour une caisse de secours (2).

162. — Aux termes de l'article 10, le salaire comprend

---

(1) Sén., 18 mars 1898; *J. off.*, p. 328.
(2) Conf. Chardiny, *op. cit.*, p. 173.

aussi la rémunération en nature telle que le logement, la nourriture, l'éclairage, le chauffage, le blanchissage, etc. Le projet adopté en 1893 stipulait que le juge de paix ferait l'évaluation des choses fournies en nature, suivant les usages et les prix des lieux. Le texte définitif supprima cette disposition comme inutile ; mais le juge de paix n'en devra pas moins, dans son enquête, s'attacher à établir la valeur des prestations en nature reçues par l'ouvrier.

163. — *Quid* si le patron fournit à ses ouvriers des objets de consommation, du pain, du vin, de la viande, des vêtements, etc., qu'il leur vend au dessous du prix de revient ? Nous pensons qu'il faudra tenir compte à l'ouvrier de l'économie qu'il réalise de ce chef. Il est, en effet, évident que ces avantages ont été pris en considération par l'ouvrier lorsqu'il s'est embauché dans cette usine. D'autre part ils se traduisent par une diminution du salaire réel auquel on doit nécessairement les ajouter si l'on veut savoir ce que gagne l'ouvrier (1).

164. — *Interruption du travail.* — L'ouvrier dont le travail a été interrompu pendant le cours de l'année rentre dans la première hypothèse de l'article 10 et non dans la troisième qui vise seulement les industries dont le travail est discontinu.

S'il en est ainsi, comment se calculera le salaire annuel lorsque le travail aura été interrompu par une cause accidentelle, maladie, voyage, service militaire, etc. ? Il n'y aura pas à tenir compte de la durée de l'interruption.

(1) *Contrà*, Chardiny, p. 174.

Voici, par exemple, un ouvrier gagnant 1.200 fr. par an : il a été malade pendant la moitié de l'année, et son salaire effectif n'a été que de 600 fr. S'il est victime d'un accident, sur quelle somme faudra-t-il calculer l'indemnité lui revenant ? C'est évidemment sur le salaire normal de 1.200 fr. et non sur le salaire réduit par une interruption accidentelle. C'est ainsi que s'est prononcé sur ce point M. Thévenet, rapporteur de la commission du Sénat : « Lorsqu'on calcule un salaire annuel, disait-il, on ne tient pas compte des causes accidentelles qui sont venues interrompre le travail et, par conséquent diminuer le salaire annuel de l'ouvrier ; on apprécie ce salaire dans son ensemble et non pas en le morcelant... On appréciera voilà tout. Et on remplacera le salaire qui a manqué pendant la durée de l'interruption du travail, par une appréciation qui aura pour base le salaire gagné pendant le reste de l'année. » (1).

165. — Mais, en serait-il de même, si le travail avait été interrompu par une cause non plus accidentelle mais habituelle ? C'est, par exemple, un ouvrier atteint de phtisie ou de rhumatismes, qui est condamné à un chômage forcé et périodique pendant une certaine partie de l'année. En cas d'accident, quelle sera la base de l'indemnité ? Ce sera le salaire effectif pendant l'année écoulée. Il ne s'agit pas ici, en effet, d'une interruption de travail accidentelle, passagère, mais habituelle, dont il faut tenir compte pour l'évaluation du salaire. S'il en était autrement il pourrait arriver que cet ouvrier reçut une indemnité plus élevée que le salaire qu'il touchait.

(1) Sén., 18 mars 1898 ; *J. off.*, p. 327.

166. — *Ouvriers travaillant dans l'entreprise depuis moins de douze mois avant l'accident.* — Pour ces ouvriers, le salaire annuel consiste, aux termes de l'art. 10, § 2, dans la rémunération effective reçue depuis l'entrée dans l'usine, augmentée de la rémunération moyenne des ouvriers de la même catégorie pendant la période nécessaire pour compléter les douze mois.

Que faut-il entendre par « rémunération moyenne » et « par ouvriers de la même catégorie »? Comment fera-t-on, disait M. Félix Martin, si l'ouvrier est seul de sa catégorie? Et s'il y en a 500, 1000, faudra-t-il faire la moyenne du salaire de tous ces ouvriers ? Il est certain que s'il n'existe pas dans l'entreprise d'autres ouvriers de la même catégorie, le texte sera inapplicable. Il faudra alors procéder par analogie et prendre le salaire d'un ouvrier ayant une situation se rapprochant autant que possible de celle de la victime, soit parmi ses camarades, soit dans d'autres usines. Il eut été bien plus simple d'adopter l'amendement de M. Félix Martin tendant à faire compléter les douze mois par la rémunération qu'aurait reçue la victime si elle avait été occupée dans l'entreprise pendant la période nécessaire à cet effet; mais le Sénat en décida autrement (1).

S'il y a un grand nombre d'ouvriers de la même catégorie, il faudra prendre la moyenne de leur salaire. Cela pourra être long mais ne comportera pas de difficultés.

Par « ouvriers de la même catégorie » il faut entendre non seulement ceux qui font le même travail, mais encore

_____

(1) Sén., 28 oct. 1895 ; *J. off.*, p. 870.

ceux qui font un travail analogue dans l'entreprise où a eu lieu l'accident ou dans les entreprises similaires.

167. — *Industries dans lesquelles le travail n'est pas continu.* — C'est la troisième hypothèse de l'article 10. Il existe, en effet, des entreprises qui, par leur nature même, chôment pendant une partie de l'année. Il en est ainsi, par exemple, pour les raffineurs de betteraves, pour les maçons, les fendeurs d'ardoises. Dans ce cas le salaire est calculé tant d'après la rémunération reçue pendant la période d'activité que d'après le gain de l'ouvrier pendant le reste de l'année. Voilà un maçon qui vient travailler à Paris pendant six mois et regagne ensuite son département. Comment sera compté son salaire annuel s'il est victime d'un accident pendant qu'il exerce sa profession ? Ce sera d'abord ce qu'il aura gagné pendant la période d'activité de son industrie, et ensuite le gain qu'il aura fait dans tout autre travail, pendant le reste de l'année.

Le texte emploie le mot « gain » parce qu'il ne s'agit plus de salaires pendant cette seconde période, car cet ouvrier ne travaillera probablement pas de son métier, dans son pays : il cultivera son champ, se louera comme journalier et fera, en un mot, des gains d'ordres différents. C'est la moyenne de ces gains quels qu'ils soient que le tribunal ajoutera au salaire gagné pendant les six mois passés à Paris, pour compléter le salaire annuel. Il va de soi que si l'ouvrier ne fait pas d'autres gains pendant le cours de l'année, son salaire ne pourra être calculé que d'après ce qu'il aura reçu pendant la période de travail.

168. — Nous ne saurions trop insister sur ce point que le troisième paragraphe de l'art. 10 ne vise que les industries dont le travail est normalement discontinu, et ne saurait s'appliquer à celles qui subissent un chômage accidentel, soit pour manque de travail, soit pour toute autre cause fortuite. La discussion qui eut lieu au Sénat sur ce point fut un peu confuse. La première rédaction du projet de loi portait : « Pour les industries dans lesquelles le travail n'est pas continu... ». M. Leydet critiqua ce texte en ces termes : « Il peut arriver que sur dix années de travail d'un ouvrier, il y en ait une qui soit mauvaise ; ce n'est pas sa faute, ni celle du patron, mais ce sera précisément l'année où l'accident se sera produit. Il est certain que sa retraite ou son indemnité s'en trouveront réduites dans une proportion considérable. » (1).

A la suite de ces observations le texte primitif fut remplacé par celui-ci : « Si le travail n'est pas continu », c'est-à-dire, si l'industrie ne travaille que par intermittence. Mais cette formule ne contenta pas davantage M. Leydet qui reprit sa question au moment de la seconde délibération, de la manière suivante : « Je vise le cas de beaucoup d'ouvriers d'industrie qui, d'habitude, travaillent toute l'année, mais qui, dans certains cas, si le patron manque de travail momentanément, peuvent être réduits dans le nombre de leurs journées et se mettre d'accord avec l'industriel qui les emploie, pour que le travail réduit se répartisse entre tous... Eh bien, si un accident se produit précisément au cours d'une de ces années défavorables,

(1) Sén., 4 mars 1898; *J. off.*, p. 252.

l'ouvrier qui en sera victime n'aura reçu qu'un salaire très
limité. Remarquez qu'il n'aura pas pu faire autre chose...
En effet, s'il travaille régulièrement toute l'année, pendant
deux, trois, quatre jours par semaine, il ne peut pas évidemment se livrer à une autre profession. De sorte que,
pour lui, pour sa femme, pour ses enfants, vous risquez
de faire régler une indemnité dérisoire, c'est-à-dire qu'un
ouvrier capable de gagner en moyenne 1000 francs annuellement, par exemple, s'il est victime d'un accident justement dans une année mauvaise, vous lui règlerez son
indemnité à 300, 400, 500 francs. Et comme il n'en a
que les deux tiers ou la moitié dans certain cas, vous
pouvez apprécier la triste et injuste situation qui lui
sera faite. »

Le président de la commission répondit que cette situation était réglée par le paragraphe 3 : « Ce ne sont pas
seulement, disait-il, les jours d'activité qui ici sont
comptés, ce sont tous les jours de l'année, à supposer
qu'il y ait eu une activité constante. C'est le sens absolu du
paragraphe 3 de cet article. » (1).

M. Leydet se déclara satisfait par la réponse de M. Bérenger ; mais nous ne pouvons pas en dire autant. En effet,
si le paragraphe 3 de l'article 10 réglait le cas dont nous
nous occupons, le salaire devrait être « calculé, dit le texte,
tant d'après la rémunération reçue pendant la période
d'activité, que d'après le gain de l'ouvrier pendant le reste
de l'année. » Or, l'ouvrier cité par M. Leydet n'a pas pu
faire d'autre travail. Il ne lui serait donc alloué que la

(1) Sén., 18 mars 1898; J. off., p. 328.

rémunération qu'il aurait reçue pendant la période d'activité, c'est-à-dire pendant le temps où il aurait travaillé, et c'est justement contre ce résultat que M. Leydet protestait.

Il nous est impossible de nous expliquer comment l'honorable président de la commission a pu déclarer que tous les jours de l'année seraient comptés, tandis que le texte dit formellement qu'on comptera seulement « la rémunération reçue pendant la période d'activité. »

Le législateur aurait été bien inspiré en adoptant l'amendement de M. Leydet tendant à prendre, dans ce cas, la moyenne des salaires des trois dernières années. Puisqu'il en a été autrement, la question ne nous paraît pas tranchée et demande à être examinée.

169. — Quel sera donc le sort de l'ouvrier travaillant dans une usine qui, à la suite d'un évènement quelconque, aura chômé pendant une partie de l'année, ou dont les ouvriers, malgré l'activité constante de l'usine, auront réduit leurs journées de travail pour les répartir sur tous leurs camarades ?

Nous faisons une distinction. S'il s'agit d'un chômage accidentel, fortuit, de l'industrie, tel que manque de travail passager, incendie, inondation, c'est le paragraphe 1er de l'article 10 qui est applicable. Il faut alors se prononcer comme dans le cas d'une interruption de travail pour une cause personnelle à l'ouvrier : maladie, voyage, service militaire, etc. (supra, n° 164), et remplacer le salaire qui a manqué pendant la durée du chômage, par une estimation basée sur le salaire gagné pendant la période de travail. Il est évident que l'ouvrier de cette industrie, momentanément condamné au repos, n'a pas pu se procurer du travail ailleurs, et qu'il serait injuste de le rendre responsable de n'en avoir pas trouvé.

Mais il peut arriver, au contraire, que l'ouvrier soit employé dans une entreprise dont le chômage, par manque de travail, par exemple, soit régulier, habituel. C'est ce que nous avons vu à la Mine aux mineurs de Monthieux et à la Verrerie aux verriers de Rive-de-Gier, où les ouvriers travaillent peu de jours par semaine, pour éviter le licenciement d'un certain nombre de leurs camarades. Dans ces entreprises, la réduction des journées de travail est habituelle. Les ouvriers le savent et peuvent, s'ils le veulent, trouver une autre occupation pour les jours de chômage. S'ils ne le font pas, c'est qu'ils trouvent suffisante la rémunération qu'ils reçoivent. Si, dans cette situation, ils sont victimes d'accidents, on leur appliquera le troisième paragraphe de l'article 10 : on peut dire d'eux, en effet, que leur « travail n'est pas continu. » Leur salaire sera donc équitablement calculé sur la rémunération reçue, à laquelle on ajoutera, le cas échéant, les gains faits pendant le reste de l'année. S'ils n'en ont pas fait, ils ne pourront s'en prendre qu'à eux-mêmes. Ils consentent, soit par indolence, soit par calcul, à rester dans une industrie, où ils savent ne devoir normalement travailler que peu de jours par semaine. S'ils sont atteints par un accident, il serait injuste de calculer leur indemnité sur une somme plus forte que celle qu'ils acceptent comme unique salaire.

En résumé, le travail qui a été accidentellement discontinu pendant l'année, en raison d'une cause fortuite, rentre dans le premier paragraphe de l'article 10. Le travail interrompu d'une façon normale et régulière est seul régi par le paragraphe 3.

170. — *Salaire quotidien.* — La loi du 9 avril 1898 définit le salaire annuel mais non le salaire quotidien. Elle se borne à dire que l'indemnité journalière allouée pour l'incapacité temporaire est égale à « la moitié du salaire *touché au moment de l'accident.* » (Art. 3, § 4).

Le projet voté par le Sénat le 5 décembre 1895, contenait, dans son article 9, la définition du salaire quotidien. Il s'obtient, y était-il dit « en prenant le trentième du gain total que la victime de l'accident a réalisé dans l'entreprise, soit en argent, soit en nature, pendant les trente derniers jours de travail qui ont précédé l'accident. Si le gain des trente jours de travail qui ont précédé l'accident ne peut être évalué, le salaire quotidien moyen se déduira du dernier règlement de l'ouvrier avec le chef d'entreprise. » Ces dispositions donnaient une base certaine au calcul du salaire quotidien, même pour le travail aux pièces et le marchandage. Elles étaient d'une incontestable utilité et nous ne pouvons que regretter qu'elles aient disparu du texte définitif.

Dans le silence de la loi, il faut rechercher par quel moyen se déterminera le salaire quotidien de l'ouvrier. Cette question ne manquera pas de soulever des difficultés que nous allons essayer de prévoir en distinguant, à cet effet, l'ouvrier qui travaille à la journée, au mois et à l'année, de celui qui travaille aux pièces.

171. — Remarquons tout d'abord que l'art. 3 base l'indemnité journalière sur « le salaire au moment de

l'accident. » Il ne s'agit donc pas du salaire quotidien
moyen, mais de ce que l'ouvrier gagnait réellement le jour
de l'accident.

172. — Il n'y a pas de difficultés pour l'ouvrier travaillant à la journée. Le salaire touché au moment de
l'accident est, pour lui, celui qu'il recevait le jour où
l'accident est arrivé. S'il était embauché à raison de 3, 4,
5, 6 francs par jour, c'est cette somme qui servira à déterminer l'indemnité temporaire.

173. — Pour l'ouvrier travaillant à la semaine, au mois
ou à l'année, le salaire quotidien sera déterminé par le gain
hebdomadaire, mensuel ou annuel, divisé par le nombre
de journées de travail effectif pendant la semaine, le mois
ou l'année. Si on divisait, ainsi qu'on l'a demandé au Sénat,
par le nombre total de jours de la semaine, du mois ou de
l'année, 7, 30, 360, on arriverait à des résultats injustes. Voici
par exemple, un ouvrier gagnant 1800 francs par an, soit 5 fr.
par jour. Après six mois de travail, il tombe malade et ne
rentre à l'atelier qu'au bout de six autres mois. A ce
moment il est victime d'un accident. Il a gagné 900 francs
pendant l'année. Si, pour connaître son salaire quotidien,
on divise 900 par 360, on trouve que ce salaire n'a été que
de 2 fr. 50 au lieu de 5 francs. Si au lieu d'avoir duré
pendant 6 mois, sa maladie en avait duré 10, le salaire
quotidien ne se trouverait plus que de 0 fr. 83 centimes.

Mais ne faut-il pas du moins compter les jours de fête
et les dimanches ? Non, car s'ils entraient en compte, on
n'aurait plus le gain effectif de la journée.

Ce qui nous confirme dans notre opinion c'est qu'en 1895,
l'article 9 du projet de la commission portait que le salaire

quotidien s'obtient en prenant le trentième du gain « pendant les trente derniers jours qui ont précédé l'accident », et M. Félix Martin fit adopter un amendement modifiant le dernier membre de phrase de la manière suivante : « pendant les derniers jours *de travail* qui ont précédé l'accident. »

Il est donc certain que, dans l'esprit des auteurs de la loi, le salaire quotidien de l'ouvrier travaillant à la semaine, au mois ou à l'année, doit être le gain total divisé par le nombre de jours où l'ouvrier a travaillé.

Si l'ouvrier ne faisait que des demi-journées, l'indemnité serait basée sur ce demi-salaire.

174. — La solution n'est pas plus aisée pour les ouvriers travaillant aux pièces ou à la tâche. Pour ceux-ci la base de l'indemnité s'établira sur le gain réalisé dans les 24 heures de travail effectif les plus rapprochées de l'accident. Il pourra arriver, par exemple, que, la veille de l'accident, l'ouvrier ait chômé pendant une partie de la journée. Ce n'est pas le gain de cette journée incomplète qui servira à fixer son salaire quotidien, mais celui qu'il aura réalisé pendant la journée normale de travail ayant précédé l'accident.

175. — La question est plus délicate encore pour le marchandage qui consiste à payer un salaire en bloc pour un ouvrage déterminé. Tels sont les ouvriers des carrières dont le gain est fixé, à la fin de la campagne, à raison du nombre de mètres cubes de pierre extraits, les fendeurs d'ardoises qui sont payés tous les six mois, à raison de tant par 1000 ardoises fabriquées. Comment se calculera le salaire quotidien de ces ouvriers ?

Le projet voté en 1895 décidait qu'il se déduirait du dernier règlement de compte de l'ouvrier avec le chef d'entreprise. Le texte définitif est muet sur ce point ; mais à la lumière des principes adoptés par le Sénat en 1895, nous pensons que, pour connaître le salaire quotidien de l'ouvrier travaillant au marchandage, il suffit de diviser le gain total par le nombre de journées de travail effectif.

§ 2. — Des rentes et indemnités.

176. — La loi du 9 avril 1898 fixe les rentes et indemnités suivant le degré de l'incapacité de travail produite par l'accident. Elle distingue, à cet effet, quatre grandes catégories d'accidents suivant qu'ils ont eu pour conséquence : 1° une incapacité absolue et permanente de travail, 2° une incapacité partielle et permanente, 3° une incapacité temporaire, 4° la mort. (Art. 3.)

177. — *Incapacité absolue et permanente.* — C'est celle qui prive définitivement la victime d'un accident de toute faculté de travail. Il ne s'agit pas seulement de l'incapacité de travail de la profession de la victime, mais de tout travail. L'ouvrier qui se trouve dans ce cas est devenu une non-valeur industrielle et sociale ; véritable épave humaine, suivant l'expression de M. Boucher, ministre du commerce, il ne peut apporter à sa famille aucun salaire, aucun subside, si léger soit-il, et tombe, au contraire, complètement à sa charge.

Les projets votés par la Chambre en 1888 et 1893 contenaient l'énumération des infirmités entraînant l'incapacité absolue de travail. C'étaient la cécité, la perte complète de la raison, de l'usage de deux membres ou toute infirmité incurable mettant la victime hors d'état de travailler et de pourvoir à sa subsistance. Mais cette classification fut repoussée par le Sénat comme inutile et imparfaite, puisqu'après avoir précisé les trois premières infirmités, on était contraint d'abandonner à l'appréciation des tribunaux les autres cas d'incapacité absolue qui peuvent se présenter.

Aux yeux des compagnies d'assurances la perte complète de la vue ou de l'usage de deux membres étaient les seules causes d'incapacité absolue et permanente. Les tribunaux ne sauraient se montrer aussi rigoureux. C'est ainsi qu'ils ont admis, avant la nouvelle législation : la perte du bras droit, (1) du pouce de la main droite, (2) et même la privation de l'usage du pouce gauche sans amputation (3).

La loi ne peut que s'en remettre sur ce point à l'appréciation des juges.

178. — La victime d'un accident ayant occasionné une incapacité de travail permanente et absolue, a droit à une rente égale aux deux tiers de son salaire annuel. (Art. 3, § 2).

Cette quotité avait été acceptée par la Chambre dans son projet voté le 10 juin 1893, et rectifiée par le Sénat en 1895, en 1re lecture. Mais dans sa seconde délibération, le Sénat

---

(1) Dijon, 27 mars 1882 ; D. 82. 2. 225.
(2) Grenoble, 20 nov. 1869 ; D. 71. 5. 29.
(3) Trib. Lyon, 17 février 1886 ; *Moniteur judiciaire*, 12 avril 1886.

réduisit la rente à la moitié du salaire. En 1897 la Chambre revint aux deux tiers qui ne furent plus désormais contestés.

179. — Ce chiffre des deux tiers n'a pas été adopté d'une façon arbitraire ; il est la conséquence d'une évaluation reposant sur les statistiques. Il est reconnu, en effet, que les accidents dus à la force majeure, au cas fortuit ou dont la cause est inconnue, sont de 68 p. 100, et que 12 p. 100 sont la conséquence de la faute du patron. L'industrie devrait donc être responsable de 80 p. 100 des accidents et même en supporter la réparation intégrale. Mais les 20 p. 100 restant étant le résultat de la faute de l'ouvrier ne donneraient droit à aucune réparation. Alors le législateur a fait une transaction : il a ramené aux deux tiers (66 p. 100) le montant de l'indemnité à la condition que le patron assumerait la responsabilité de tous les accidents.

Cette évaluation est parfaitement équitable et il n'est pas à craindre que les indemnités de cette nature soient une charge trop lourde pour l'industrie, car les accidents occasionnant une incapacité de travail permanente et absolue sont de moins en moins nombreux. En Allemagne, en 1886, sur 3.473.000 assurés, on comptait 1.548 incapacités permanentes totales. En 1890, le nombre des assurés était passé à 5.735.000 et celui des incapacités permanentes absolues était tombé à 595.

180. — *Incapacité permanente partielle.* — La seconde hypothèse prévue par la loi est celle où la victime, quoique définitivement atteinte dans sa puissance de travail, en a cependant conservé une partie. L'ouvrier peut encore fournir une certaine somme de travail et en retirer un salaire ; mais il ne peut aspirer qu'à une rémunération moindre qu'auparavant.

Quelques orateurs avaient demandé au Parlement de faire la classification des infirmités partielles et permanentes et de fixer l'indemnité due pour chacune d'elles. Mais cette idée fut rejetée comme aboutissant à des solutions injustes. (Suprà, nº 153).

Les compagnies d'assurances ont adopté des classifications de ce genre établissant des infirmités du 1er, du 2me, du 3me et du 4me degré. De même les lois des 11 et 18 avril 1831 sur les pensions des militaires et marins, fixent les indemnités allouées pour chaque infirmité.

Enfin, l'Office impérial allemand des assurances a dressé le tableau suivant : 1º Perte de la vue ou des deux jambes, 100 % ; 2º perte d'une jambe, 75 % ; 3º perte d'un bras, 68 % ; 4º perte de l'usage d'une main, de l'index et du doigt du milieu, 60 % ; 5º bris ou courbature d'une jambe, 50 % ; 6º bris ou rigidité des deux bras, 33 % ; 7º perte d'un œil, 33 % ; 8º perte des trois autres doigts de la main droite, 30 % ; 9º perte du pouce ou de l'usage du pouce de la main droite, 25 % ; 10º perte du quatrième et du cinquième doigt d'une main, 25 % ; 11º perte de l'index de la main droite, 15 % ; 12º perte d'un doigt ou rigidité d'un bras ou d'un doigt, 12 % (1).

Les tribunaux pourront s'inspirer de ces divers éléments ; mais, le plus souvent, leur estimation sera basée sur l'avis des médecins. Dans tous les cas, les juges seront appréciateurs souverains du dommage subi par l'ouvrier.

---

(1) M. Dron, Ch. dép., 5 juin 1893; *J. off.*, p. 1608.

Ainsi il a été jugé antérieurement à notre loi, que la luxation de l'articulation du coude gauche avait occasionné une incapacité permanente partielle (1).

181. — Il y avait nécessairement une différence considérable à faire entre l'ouvrier victime d'une incapacité de travail absolue et celui qui est atteint d'une incapacité relative. Tandis que le premier ne peut plus se procurer aucune ressource par son travail, le second a conservé une certaine puissance d'action ; ses forces sont diminuées pour toujours, sans doute ; elles lui permettent cependant de se livrer à une occupation susceptible de produire un salaire. L'ouvrier qui a perdu la plénitude de sa faculté de travail reçoit une rente égale aux deux tiers de son salaire ; la pension de celui qui a perdu seulement une partie de ses forces sera basée sur la réduction de la capacité de travail ; mais, toujours en vertu de cette transaction légale que nous avons analysée plus haut, la rente ne sera pas équivalente au préjudice, c'est-à-dire à la diminution de la capacité de travail ; elle sera seulement de la moitié de la réduction. (Art. 3, § 3).

182. — *Incapacité temporaire.* — Le plus grand nombre des accidents n'entraine heureusement qu'une incapacité de travail passagère qui disparait après la guérison. Nous savons que le risque professionnel n'embrasse les incapacités temporaires de travail qu'autant qu'elles sont de plus de quatre jours ; mais la loi n'a pas fixé de limite maxima à la durée de l'incapacité tempo-

(1) Trib. com. Seine, 9 août 1884. (*Rec. périod. des ass.*, 1885, p. 597).

raire. Elle gardera ce caractère jusqu'à la guérison ou bien jusqu'à la décision qui la reconnaîtra comme incapacité permanente.

Il n'y a pas à rechercher si l'incapacité temporaire est partielle ou absolue. Cependant M. Bardoux avait admis cette distinction dans son rapport, et le Sénat l'avait adoptée en 1890. Mais on ne tarda pas à se rendre compte que si, en fait, l'incapacité temporaire peut n'être que partielle, l'industrie ne reconnaît, en pratique, que l'incapacité temporaire absolue. MM. Ratier et Morellet protestèrent, devant le Sénat, en 1895, contre cette opinion ; mais ils ne furent pas écoutés (1). Leur système eut été la source de mille complications. Voici, par exemple, un mécanicien blessé à la main droite et astreint à un chômage d'une quinzaine de jours ; il conserve une certaine capacité de travail, mais il ne peut pas l'utiliser dans sa profession. Il faudrait donc qu'il cherchât une occupation ailleurs, dans une autre industrie, peut-être dans une autre localité ! Supposez un ajusteur, un tourneur, un typographe blessés à l'index ; pourrait-on les obliger à accepter un travail infime dans l'atelier, pour 3 francs par jour, lorsqu'ils en gagnaient de 6 à 10 auparavant ? Cela ne serait ni juste ni pratique.

183. — Lorsque l'incapacité de travail n'est pas définitive, la victime reçoit, non plus une rente, mais une indemnité journalière. Cette indemnité est égale à la moitié du salaire touché au moment de l'accident et commence seulement à partir du cinquième jour. (Art. 3, § 4).

---

(1) Sén., 5 juillet 1895 ; *J. off.*, p. 748.

184. — L'indemnité journalière est payée à la victime pendant tout le temps que dure la maladie consécutive à l'accident et jusqu'au jour de la reprise du travail. Lorsque l'incapacité temporaire aboutit à une incapacité permanente, l'indemnité journalière est due jusqu'au jour où la pension viagère est allouée à la victime, soit par l'ordonnance du président de tribunal, soit par la décision définitive. (Art. 16, § 4).

185. — *Accidents mortels.* — Il est indifférent que l'accident ait causé immédiatement la mort pourvu qu'il l'ait déterminée. Il suffit que le décès de l'ouvrier soit survenu des suites de l'accident avant l'expiration du délai de trois ans à partir du règlement définitif ou de l'accord intervenu entre les parties. (Art. 19).

En cas de mort de la victime, une pension est servie à partir du décès : 1° au conjoint non divorcé ou séparé ; 2° aux enfants, légitimes ou naturels, reconnus avant l'accident, jusqu'à l'âge de 16 ans ; 3° s'il n'y a ni conjoints ni enfants, aux ascendants et petits-enfants.

186. — La multiplicité des rentes à payer, en cas de décès, a fait dire que la nouvelle législation serait préjudiciable aux pères de famille en encourageant les patrons à employer de préférence des célibataires ou des ouvriers sans enfants, et d'aucuns paraissent croire que le législateur n'a pas pris garde aux conséquences funestes de ces décisions. A aucun point de vue ces critiques ne sont fondées. Ce serait d'abord une erreur complète de croire que les auteurs de la loi n'ont pas aperçu les effets des dispositions de l'article 3. Dans tout le cours de la discussion, un certain nombre d'orateurs n'ont jamais manqué de signaler le prétendu danger, et chaque fois leur argumentation a été victorieusement réfutée, soit devant la Chambre, soit devant le Sénat.

En effet, la législation française ressemble sur ce point aux législations allemande et autrichienne, et, depuis plus de dix ans que le risque professionnel est en vigueur dans ces nations, il ne s'est pas élevé de plaintes à cet égard. Pourquoi donc les industriels français auraient-ils de moins bons sentiments que ceux des pays voisins?

D'autre part, est-ce que, sous l'empire du droit commun, la situation des industriels était plus favorable? C'est le contraire qui est vrai.

D'abord les tribunaux n'ont-ils pas toujours tenu compte de la famille de la victime et du nombre de ses membres, pour fixer l'indemnité? La rente n'était-elle pas plus forte si l'ouvrier laissait à sa survivance une veuve chargée d'enfants que s'il était célibataire? Et cependant les patrons ont-ils jamais songé pour cela à préférer les ouvriers sans famille à ceux qui avaient femme et enfants? Au contraire, les patrons soucieux de leurs intérêts et du bon recrutement de leur personnel, n'ont-ils pas été plus favorables aux ouvriers mariés et pères de famille, parce qu'ils sont plus sérieux, plus prudents, plus sobres, en un mot, parce qu'ils offrent plus de garanties?

A ce premier point de vue, la situation est exactement la même qu'auparavant. Mais où elle est singulièrement améliorée, c'est par la désignation limitative des personnes ayant droit à une indemnité. Avant la loi de 1898, il suffisait à tel parent ou à tel collatéral, qui aujourd'hui n'a droit à rien dans aucun cas, de prouver que la mort de la victime lui avait causé un préjudice, pour qu'il fût admis à réclamer une indemnité. Il n'en est plus de même désormais. Seuls les parents désignés par la loi peuvent demander des dommages-intérêts. Ainsi les frères et sœurs, les neveux et nièces, les oncles et tantes, sont absolument exclus du droit de réclamer une indemnité quand bien même la mort de la victime leur aurait causé un préjudice en les privant d'un aide ou d'un soutien.

Mais ignore-t-on que les caisses de secours de nombreuses industries accordent des indemnités proportionnées au nombre des enfants de la victime ? C'est ainsi que nous voyons la caisse de secours des Houillères de la Loire payer à l'ouvrier blessé un franc par jour, et 0,25 centimes pour chacun de ses enfants âgé de moins 12 ans. La veuve reçoit 0,60 centimes par jour, plus 0,25 centimes par chaque enfant n'ayant pas atteint la douzième année.

Enfin, les cas de mort sont-ils si nombreux que les réparations que la loi leur accorde puissent porter le trouble dans l'industrie ? En Allemagne il n'y a que 2,63 ouvriers tués pour 100 accidents ; dans les mines, il n'y en a eu de 1885 à 1887, que 1,71 par 1000 ouvriers. Dans le bassin de la Loire, ce chiffre n'a été que de 1,53 par 1000, en 1897. Dans les compagnies de chemins de fer de l'Ouest, du Nord, du Midi et de l'Est, on ne compte, en 1887, que 127 ouvriers tués sur 5,071 accidents, soit 2,17 p. 100 accidents. Est-ce pour des cas si rares que les patrons repousseront les hommes mariés ou pères de famille ? Les primes d'assurance en seront à peine augmentées. Rien ne saurait donc justifier les clameurs par lesquelles les adversaires du risque professionnel ont accueilli les dispositions de la loi à cet égard (1).

187. — *Conjoint*. — En cas de mort de la victime, une rente viagère de 20 p. 100 du salaire annuel est allouée au conjoint survivant, aux deux conditions suivantes : 1° qu'il ne soit ni divorcé ni séparé de corps ; 2° que le mariage ait été contracté antérieurement à l'accident. (Art. 3, A, § 6).

---

(1) La décision prise par les sociétés d'assurances est venue singulièrement justifier notre opinion au sujet des craintes chimériques qu'avaient soulevées les dispositions de la loi relatives aux pères de famille et aux étrangers. (*Suprà*, n° 151). En effet le président du Syndicat des compagnies d'assurances à primes fixes contre les accidents a informé la commission d'assurance et de prévoyance sociales de la Chambre que les tarifs ne feraient aucune distinction entre les ouvriers quelle que fût leur nationalité ou leur situation de famille.

Voici le texte de cette lettre :

« Les sociétés d'assurances mutuelles ou à primes fixes ne tiennent jamais compte de l'état civil des ouvriers dans la fixation de leurs primes qui sont uniquement proportionnelles à la totalité des salaires payés par les chefs d'entreprise, sans que la personnalité des ouvriers intervienne en quoi que ce soit dans le calcul, le coefficient de proportionnalité ne dépendant que de l'industrie exercée et de l'installation plus ou moins satisfaisante des ateliers.

« Lors même que les sociétés d'assurances voudraient abandonner leurs traditions, invariables jusqu'ici sur ce point, elles ne le pourraient pas, car il serait pratiquement impossible de suivre sans interruption l'état civil de tous les ouvriers attachés à une entreprise soit à titre permanent, soit à titre temporaire et de contrôler les déclarations qui seraient faites par les intéressés, notamment au point de vue des mariages et des naissances d'enfants que les ouvriers auraient intérêt à dissimuler.

« Les industriels assurés payent donc exactement la même prime pour leurs ouvriers, quelles que soient la nationalité ou la situation de famille de ceux-ci. Ils n'ont dès lors pas le moindre intérêt à exclure les uns plutôt que les autres. »

Nous avions dit que, s'il y avait une différence de prime, elle serait insignifiante. Les compagnies d'assurances déclarent qu'il n'y en aura aucune. Ainsi tombent les critiques aussi acerbes qu'immméritées adressées à la nouvelle législation de ce chef.

188. — La loi ne fait pas de distinction pour le sexe du conjoint survivant. La même pension est due soit au mari soit à la femme. Mais ce principe qui paraît si simple et si juste n'a pas été accepté sans discussion. Le projet de la commission de la Chambre, en 1888, accordait à la femme survivante une pension viagère égale à 20 p. 100 du salaire, tandis qu'il n'allouait au mari et aux enfants que deux années de salaire lorsque la femme avait péri dans un accident. M. Audiffred s'éleva contre cette inégalité et demanda pour le mari une pension équivalente à celle de la veuve (1). La commission, la Chambre et le Sénat ensuite, lui donnèrent satisfaction mais pour le cas seulement où le mari impotent ne pouvait pas subvenir à ses besoins. Ce ne fut qu'en 1892 que la commission de la Chambre admit un traitement égal pour le décès de la femme et pour celui du mari.

189. — *Second mariage.* — En cas de nouveau mariage, la pension est supprimée et le conjoint reçoit à titre d'indemnité définitive un capital égal à trois fois le montant de la rente. (Art. 3, § 7.) Nous ne pouvons nous empêcher de critiquer cette disposition. Elle empêchera les seconds mariages et poussera au concubinage. C'est ce que nous avons vu trop souvent parmi les ouvriers des mines dont les caisses de secours sont régies par des dispositions analogues. Au lieu de favoriser les mariages si nécessaires à l'augmentation de notre population, l'article que nous analysons donne, au contraire, une prime au

(1) Ch. dép., 2 juillet 1888 ; *J. off.*, p. 1962 et 1967.

célibat. Sans doute on a voulu ainsi diminuer les charges
déjà bien lourdes de l'industrie. Mais quelque respectable
que soit cette raison, elle ne saurait cependant justifier
une solution contraire à l'intérêt public. Il aurait été préférable, à notre avis, de réduire seulement la pension due au
conjoint, de 20 à 10 p. 100 par exemple, afin de ne pas lui
interdire absolument un second mariage.

190. — *Conjoint divorcé ou séparé.* — La première condition pour que le conjoint ait droit à la pension,
est qu'il ne soit ni divorcé ni séparé de corps. Il est dans
cette position tant que le jugement prononçant le divorce
ou la séparation n'a pas été rendu.

Il n'y a pas de distinction à faire entre le cas où le divorce
ou la séparation ont été prononcés aux torts et griefs de la
victime ou du survivant. M. Sibille avait demandé à la
Chambre en 1897, que l'époux en faveur duquel le divorce
ou la séparation de corps aurait été prononcé, eût droit
à la pension, ainsi que cela avait été admis en 1893, par
la Chambre, et, en 1895 en 1re lecture, par le Sénat. Il
justifiait son amendement en disant que le conjoint se
trouvant dans ce cas pouvait recevoir une pension, et
qu'il n'était pas juste que la mort du débiteur la fît dispa-
raitre. Cette proposition fut repoussée par la commission
et par la Chambre (1).

191. — M. Laroche-Joubert proposa aussi de décider
que le conjoint qui, sans être divorcé ou séparé, aurait
abandonné le domicile conjugal, n'aurait pas droit à la

---

(1) Ch. dép., 28 oct. 1897; *J. off.*, p. 2221 et 2222.

rente; mais son amendement fut rejeté. Il y avait cependant là une excellente occasion de diminuer les charges
de l'industrie. Les époux séparés de fait et non de droit
ne sont pas rares dans les milieux ouvriers. Pourquoi permettre à celui qui a abandonné son conjoint de venir
réclamer la réparation de l'accident dont ce dernier a été
victime ? (1).

192. — *Mariage contracté avant l'accident.* —
Il n'était pas possible d'admettre que le mariage contracté
après l'accident et sans doute uniquement pour profiter
des avantages de la loi, donnât droit à la pension viagère.
Il est donc nécessaire, pour que le conjoint soit appelé à
recevoir la rente, que le mariage ait été contracté avant
l'accident qui a occasionné la mort.

193. — *Enfants.* — Les enfants âgés de moins de
seize ans révolus reçoivent, dans tous les cas, une rente à
la suite de la mort de leurs père ou mère dans un accident
du travail. Seulement la pension prend fin lorsqu'ils ont
accompli leur seizième année, parce qu'ils sont réputés
pouvoir, à cet âge, subvenir à leurs besoins. Du reste, le
salaire du père ou de la mère aurait fini par disparaître un
jour, et la rente n'étant que la restitution de ce salaire, il
était juste de lui assigner un terme. Primitivement on
s'était arrêté à l'âge de dix-huit ans. Mais M. Silhol fit
remarquer, avec raison, que si on adoptait cette limite,
l'industrie française se trouverait plus chargée que les

1. Ch. de p., 28 oct. 1897 ; J. off., p. 2221 et 2222.

industries étrangères. En Allemagne notamment les enfants ne touchent l'indemnité que jusqu'à quinze ans révolus. L'honorable sénateur proposa donc, non pas de prendre l'âge allemand, mais l'âge de seize ans qui aurait pour avantage de faire concorder la nouvelle loi avec celles réglementant la protection du travail dans les usines. Le Sénat se rangea à cette opinion.

Les enfants recevront donc une rente jusqu'au jour où ils auront accompli leur seizième année. Ceux qui auront dépassé cet âge n'auront droit à aucune indemnité. Mais est-ce au moment de l'accident ou à celui du décès qu'il faut se placer pour savoir si les enfants ont ou n'ont pas droit à la rente? C'est au moment du décès. Leur droit n'apparaît en effet qu'après le décès de la victime. C'est à ce moment seulement qu'il peut être apprécié. C'est dans ce sens que s'est prononcé M. Ricard dans son rapport où nous lisons : « Seuls les enfants âgés de moins de seize ans au moment du décès, doivent être comptés pour la détermination du chiffre des rentes. »

La loi ne fait pas de distinction entre les enfants légitimes ou naturels pourvu que ceux-ci soient reconnus avant l'accident.

Mais elle fait une différence entre les orphelins de père ou de mère et les orphelins de père et de mère.

194. — *Orphelins de père ou de mère.* — Ces enfants reçoivent une rente calculée sur le salaire annuel de la victime à raison de 15 p. 100 de ce salaire s'il n'y a qu'un enfant, de 25 p. 100 s'il y en a deux, de 35 p. 100 s'il y en a trois, et de 40 p. 100 s'il y en a quatre ou un plus grand nombre. L'ensemble de ces rentes ne peut dépasser 40 p. 100 du salaire. (Art. 3, B, §§ 8 et 10).

La loi fixe la quotité de la rente jusqu'au nombre de quatre enfants. Au delà de ce chiffre, la quotité ne varie plus quelque soit le nombre d'enfants, et la rente revenant à chacun d'eux est réduite proportionnellement. S'ils sont cinq, par exemple, ils se partagent le 40 p. 100 du salaire et reçoivent par conséquent 8 p. 100 chacun, et ainsi de suite.

195. — *Orphelins de père et de mère*. — Si les enfants n'ont plus ni père ni mère, il a paru juste d'augmenter leur pension puisque, non seulement ils ne profitent pas de la rente qu'aurait reçue celui de leurs parents qui aurait survécu, mais encore il est possible qu'ils n'aient personne pour prendre soin d'eux. C'est pourquoi chaque enfant orphelin de père et de mère reçoit une rente de 20 p. 100 du salaire, sans que l'ensemble des rentes qui leur sont allouées puisse dépasser 60 p. 100. Ainsi jusqu'au nombre de trois enfants, chacun touche une pension de 20 p. 100 du salaire. Au delà de trois enfants, la rente de chacun d'eux est réduite proportionnellement. (Art. 3, B, §§ 9 et 10).

196. — *Réversibilité des rentes ou pensions*. — Ici se pose la question importante de savoir si lorsque l'un des enfants atteindra la seizième année ou viendra à décéder, la rente qui lui avait été attribuée se reportera sur la tête de ses frères et sœurs.

Il faut distinguer deux hypothèses : 1° il y a au plus

quatre enfants orphelins de père ou de mère, ou trois orphelins de père et de mère ; 2ᵒ il y a plus de quatre orphelins de père ou de mère, ou plus de trois orphelins de père et de mère.

Dans le premier cas, il n'y a pas de réversion possible. Jusqu'au nombre de quatre enfants orphelins de père ou de mère, ou de trois enfants orphelins de père et de mère, l'article 3, § B, fixe la quotité des rentes. Et il ne s'agit pas d'une rente collective mais d'un ensemble de rentes définitivement fixées et immuables quand bien même le nombre des enfants diminuerait.

Il n'en sera pas de même dans la seconde hypothèse. Imaginons d'abord une famille composée de huit enfants orphelins de père ou de mère. S'il y a quatre enfants ou un plus grand nombre, dit le paragraphe B, ils recevront 40 % du salaire. Cette quotité sera donc toujours due tant qu'il y aura quatre enfants ayant droit à la rente. Il faudra donc nécessairement que la part de ceux qui sont décédés ou devenus majeurs de seize ans profite à leurs frères et sœurs. S'il en était autrement, on arriverait à des résultats inconciliables avec la tarification imposée par la loi. Si, par exemple, dans notre famille de huit enfants, la rente se diminuait d'un cinquième chaque fois que l'un des ayants droit viendrait à manquer, lorsqu'il n'y aurait plus que cinq enfants la rente se trouverait diminuée de trois cinquièmes, et il ne resterait plus que 25 %. Or le paragraphe B de l'art. 3 alloue 40 % lorsqu'il y a quatre enfants ou un plus grand nombre. Il faut donc admettre que lorsque, de huit, le nombre d'enfants ayant droit à la rente passe à sept, puis à six, à cinq et à quatre, c'est toujours la pension de 40 % du salaire que les enfants doivent recevoir.

La réversion s'opère donc naturellement tant qu'il y a plus de quatre enfants. Dès qu'il y en a quatre seulement, la tarification fixée par le 1er aliéna du paragraphe B redevient applicable : 40 % pour quatre enfants, 35 % pour trois, 25 % pour deux et 15 % pour un seul.

Appliquons maintenant ces principes aux enfants orphelins de père et de mère. La rente est portée pour chacun d'eux à 20 % du salaire, sans que l'ensemble de ces rentes puisse dépasser 60 %. Jusqu'à trois enfants, chacun devra donc recevoir 20 %. S'il y en quatre, cinq, six, sept, huit ou un plus grand nombre ils recevront 60 %. Mais lorsque leur nombre décroîtra, soit par les décès, soit par l'accomplissement de la seizième année, ils toucheront quand même 60 % jusqu'au jour où ils ne seront que trois. Ainsi, cinq toucheront 12 % chacun, quatre toucheront 15 %, trois auront 20 %.

Là s'arrêtera la réversion. La fixation établie par le second alinéa du paragraphe B rentrera en vigueur et chacun des enfants conservera 20 % alors même que le droit de ses frères ou sœurs prendra fin.

Cette interprétation nous paraît résulter de la discussion qui eut lieu sur ce point, au Sénat, le 4 mars 1898.

Le projet de la commission contenait un alinéa ainsi conçu : « Toutefois lorsque le nombre des enfants dépassera quatre, au moment où chacun d'eux aura atteint l'âge de dix-huit ans, ou en cas de décès, il sera fait réversion de la rente qui lui avait été attribuée, à ses frères et sœurs sans qu'en aucun cas la pension puisse dépasser 10 ou 15 p. 100 si les enfants sont orphelins de père et de mère. »

Cette disposition, et principalement la partie relative aux orphelins de père et de mère, donna lieu à une longue discussion entre MM. Félix Martin, Thévenet, rapporteur, et Boucher, ministre du commerce. M. Félix Martin soutenait que la rédaction de la commission aboutissait à un résultat illogique envers les orphelins de père et de mère puisque, tandis que le second alinéa du paragraphe B accorde à ces enfants 20 % du salaire, la commission tendait à abaisser ce minimum à 15 %, lorsque la réversion se produirait. « Votre texte dit : ....« sans qu'en aucun cas la pension puisse dépasser 15 %, si les enfants sont orphelins de père et de mère. » Ils ne toucheront donc pas chacun 20 %, comme le prescrit un alinéa précédent, disait M. Félix Martin, tandis que dans une famille à côté, où le nombre des enfants n'est que de trois, d'emblée, chacun touchera 20 % et toujours 20 %. » (1).

M. Boucher, ministre du commerce, appuya cette observation et la commission promit d'examiner la question pour la seconde délibération. Mais, à ce moment, la disposition relative à la réversion avait disparu du texte (2). La commission avait été mise en demeure de modifier le texte de ·l'alinéa consacrant la réversibilité, relativement au minimum de la rente allouée aux orphelins de père et de mère. Au lieu de le modifier, elle le supprima comme inutile.

(1) Sén., 4 mars 1898; *J. off.*, p. 247.
(2) *Ibid.*, p. 248.

Mais il ne faut pas en conclure que la réversibilié a été également écartée. Nous avons démontré qu'elle s'impose logiquement lorsqu'il y a plus de quatre ou de trois enfants s'ils sont orphelins de père et de mère. Dans le cours de la discussion que nous venons d'analyser, personne ne l'a contestée, et il serait inadmissible qu'on ait voulu la supprimer. « Lorsque, dans une famille nombreuse, disait M. Thévenet, rapporteur, les enfants viendront à atteindre leur majorité ou à mourir, leur part sera reportée sur les survivants de la famille, sur les autres enfants, et cette part augmentera d'autant la pension qui leur serait servie. Voilà une famille de huit enfants réduite à quatre par suite de décès, où, dans l'hypothèse que je prévoyais tout à l'heure, l'un des enfants ayant atteint sa majorité, les enfants toucheront 10 % lorsqu'ils ne seront plus que quatre, au lieu de 5 % qu'ils touchaient autrefois, ce qui veut dire que la part des décédés aura accru la pension servie aux survivants. » (1).

La discussion ne portait donc pas sur le principe de la réversibilité accepté par tous les contradicteurs, et qui nous paraît être de droit (2).

197. — *Enfants en tutelle officieuse.* — Il n'y a pas lieu de rechercher si les enfants adoptifs peuvent être appelés à recevoir la rente fixée par le paragraphe B, puisque l'adoption ne peut pas avoir lieu avant la majorité de l'adopté; (art. 346 C. C.). Mais il en est autrement des enfants en tutelle officieuse.

(1) Sén., 4 mars 1898 ; *J. off.*, p. 247.
(2) Conf. Drouineau ; *Nouvelle loi concernant les responsabilités des accidents,* p. 42. — *Contrà,* Chardiny, p. 113 et 114.

On sait que toute personne âgée de plus de cinquante
ans et sans enfants ni descendants légitimes, peut s'attacher, par la tutelle officieuse, un enfant de moins de
quinze ans, moyennant le consentement des parents, du
conseil de famille, des administrateurs de l'hospice, ou de
la municipalité du lieu de la résidence. Le tuteur officieux
peut, après cinq ans révolus depuis la tutelle et dans la
prévoyance de son décès, avant la majorité du pupille, lui
conférer l'adoption par acte testamentaire.

Si, dans cet état, le tuteur officieux périt dans un accident,
le pupille se trouve adopté. Cet enfant a sur la succession
de son tuteur les mêmes droits que l'enfant né en mariage ;
d'autre part, la tutelle officieuse emporte avec elle l'obligation de nourrir le pupille, de l'élever et de le mettre en
état de gagner sa vie. (Art. 361, 364, 366 et 350 C. C.). Nous
pensons que dans ces conditions il doit être assimilé à
l'enfant légitime ou naturel et profiter des mêmes avantages (1).

198. — *Ascendants et descendants.* — La loi
accorde aussi, dans certains cas, des rentes aux ascendants et aux descendants. Par « ascendants » elle entend
seulement les ascendants de la victime. Par le mot
« descendants » elle vise les petits-enfants. Cela ressort
clairement des explications fournies au Sénat, le 15 mars
1898, par M. Leydet et par le rapporteur (2).

« C. Si la victime n'a ni conjoint ni enfant dans les termes

---

(1) Conf. Conlet ; *Commentaire et explication pratique de la loi
concernant les responsabilités des accidents*, p. 34.

(2) Sén., 15 mars 1898 ; *J. off.*, p. 306 et 307.

des paragraphes A et B, chacun des ascendants et descendants qui était à sa charge recevra une rente, viagère pour les ascendants et payable jusqu'à seize ans pour les descendants. Cette rente sera égale à 10 % du salaire annuel de la victime, sans que le salaire total des rentes ainsi allouées puisse dépasser 30 %. »

« Chacune des rentes prévues par le paragraphe C est, le cas échéant, réduite proportionellement. » (Art. 3, C, §§ 11 et 12).

Les ascendants et les descendants ont droit à la pension, moyennant deux conditions : la première, c'est que la victime ne laisse ni enfants de moins de seize ans, ni conjoint divorcé ou séparé; la seconde, c'est que l'ascendant et les petits-enfants soient à la charge de la victime, c'est-à-dire qu'il soient privés de ressources et incapables de s'en procurer.

La rente est viagère pour les ascendants, tandis que celle des petits-enfants prend fin lorsqu'ils ont accompli leur seizième année.

Chacun des ayants droit recevra une rente de 10 % du salaire; mais l'ensemble des rentes ne pourra pas dépasser 30 %. En conséquence, s'il y a plus de trois intéressés, les rentes individuelles seront réduites proportionnellement. S'il sont six, par exemple, ils ne toucheront que 5 % chacun.

199. — Y aura-t-il réversion comme au paragraphe B ? Nous ne le pensons pas. Pour les enfants, ce paragraphe fixe une quotité invariable de 40 % ou de 60 %, qui doit être allouée tant qu'il y a au moins quatre enfants ou trois s'ils sont orphelins de père et de mère. Il en est autrement pour les ascendants et les descendants. La loi leur accorde 10 °/₀ à chacun, mais elle prend soin de dire dans le second alinéa du paragraphe C, que chacune de ces rentes sera réduite proportionnellement, c'est-à-dire qu'elle sera maintenue ainsi réduite, quand bien même le nombre des ayants droit viendrait à diminuer. Si le second alinéa n'avait pas cette portée il serait inutile, car il suffirait d'avoir dit dans le premier que le total des rentes ne pourrait pas dépasser 30 °/₀ pour que la réduction proportionnelle s'imposât.

§ 3. — Exceptions au tarif des rentes et indemnités fixées par l'article 3.

200. — Le taux des rentes et indemnités fixées par la loi subit des modifications pour certaines catégories de personnes qui sont : 1° les ouvriers et employés dont le salaire dépasse 2.400 francs ; 2° les apprentis ; 3° les ouvriers étrangers.

201. — *Ouvriers et employés gagnant plus de* **2.400 francs.** — « Ceux (les ouvriers) dont le salaire annuel dépasse 2.400 francs ne bénéficient de ces dispositions (de la loi) que jusqu'à concurrence de cette somme. Pour le surplus, ils n'ont droit qu'au quart des rentes ou indemnités stipulées à l'article 3, à moins de conventions contraires quant au chiffre de la quotité. » (Art. 2, § 2).

En ce qui concerne ces ouvriers et employés, les rentes et indemnités seront donc calculées non sur leur salaire total, mais sur 2.400 francs. Pour l'excédent, ils recevront le quart des rentes et indemnités normales. Exemple : un employé gagnant 10.000 francs est victime d'un accident entraînant une incapacité absolue et permanente de travail. Si le maximum de son salaire était de 2.400 francs, il recevrait une pension viagère égale aux deux tiers du salaire. Mais il gagnait 10.000 francs : il recevra donc une pension égale : 1° aux deux tiers de 2.400 francs, soit 1.600 francs ; 2° au quart de la rente calculée sur le surplus de son traitement, c'est-à-dire sur 7.600 francs. Or, l'indemnité normale sur cette somme étant de 5.066 francs, elle sera réduite au quart, soit à 1.266 francs. Cet employé aura donc une pension de 1.600 francs + 1.266 francs, soit 2.866 francs.

Ce sera bien peu de chose pour un homme qui recevait un traitement annuel de 10.000 francs. Le législateur a pensé que les employés jouissant de traitements élevés trouvent dans leur salaire la prime du risque qu'ils courent et peuvent, soit s'assurer, soit se garantir de la misère par l'économie. Ce raisonnement n'est pas toujours vrai, et la vérité est que l'on n'a pas voulu surcharger l'industrie en l'exposant à supporter les rentes ou indemnités considérables qui auraient été allouées aux ouvriers et employés à salaires et traitements élevés, si on les avait fait bénéficier des dispositions intégrales de l'article 3. Les auteurs de la loi l'ont parfaitement compris en faisant, en faveur de ces personnes, une nouvelle exception aux principes du risque professionnel. Nous verrons, en effet,

12

que toute convention contraire aux prescriptions de la loi du 9 avril 1898 est nulle. Or, le paragraphe 2 de l'article 2 fait justement fléchir cette règle en faveur des ouvriers et employés gagnant plus de 2.400 francs, en les autorisant à stipuler des conventions contraires aux dispositions édictées à leur égard.

202. — Ils pourront donc, avant de s'engager dans une industrie, exiger des conditions spéciales en cas d'accident. Mais ils ne pourraient pas obtenir des avantages plus élevés que ceux contenus dans l'article 3. L'intention manifeste du Parlement a été, tout en protégeant les ouvriers contre les risques de l'industrie, de mettre les patrons à l'abri des grosses indemnités qu'ils étaient quelquefois obligés à payer. Si les ouvriers et employés à gros traitements pouvaient rentrer dans le droit commun par l'effet de la concession que leur accorde le paragraphe 2 de l'article 2, le but de la loi serait manqué. Enfin pourquoi réglementer l'indemnité jusqu'à concurrence de 2.400 francs, si les parties peuvent éluder entièrement les prescriptions de la loi pour le surplus du salaire ?

La loi du 9 avril 1898 est d'ordre public ; toute convention contraire à ses dispositions est nulle de plein droit (art. 30). Le patron ne peut pas stipuler avec l'ouvrier des rentes ou indemnités plus élevées que celles que la loi a fixées, ainsi que le démontre le rejet, par le Sénat, de l'amendement de M. Grivart (1). Dans ces conditions comment la loi aurait-elle permis aux ouvriers et employés gagnant

(1) Sén., 19 mars 1898 ; *J. off.*, p. 350.

plus de 2.400 francs ce qu'elle défendait aux ouvriers et employés ordinaires ? Ceux-ci ne sont-ils pas aussi intéressants que ceux-là ? Le législateur a dérogé aux règles du risque professionnel pour les ouvriers et employés gagnant des salaires élevés ; il l'a fait dans l'intérêt de l'industrie, pour qu'elle ne fût pas exposée à payer des indemnités considérables ; mais il a voulu seulement permettre aux parties de se soumettre volontairement au tarif intégral de la loi. Il n'a pas voulu aller plus loin.

203. — De même l'employé gagnant plus de 2.400 francs ne pourrait pas stipuler avec son patron des indemnités inférieures à celles que la loi lui accorde et qui sont un minimum légal et obligatoire. Toute convention contraire à cet égard serait nulle.

204. — Il ne pourrait pas non plus stipuler le paiement de l'indemnité en capital au lieu de pension, ce mode de paiement étant contraire au vœu de la loi. Du reste, l'article 2, § 2, n'autorise des conventions spéciales que sur le chiffre de la quotité de la rente pour l'excédent de 2.400 francs.

205. — *Apprentis et ouvriers âgés de moins de seize ans.* — Le salaire de l'ouvrier âgé de moins de seize ans a paru trop faible pour servir de base au calcul des rentes ou indemnités pouvant lui être dues. Il devait en être de même des apprentis qui ne reçoivent pas toujours un salaire. Il fallait donc chercher une autre base et on a choisi le salaire le plus bas des ouvriers de la même catégorie. « Art. 8 : Le salaire qui servira de base à la fixation de l'indemnité allouée à l'ouvrier âgé de moins de seize ans ou à l'apprenti victime d'un accident ne sera pas inférieur au salaire le plus bas des ouvriers valides de la même catégorie occupés dans l'entreprise.

« Toutefois, dans le cas d'incapacité temporaire, l'indemnité de l'ouvrier âgé de moins de seize ans ne pourra pas dépasser le montant du salaire. »

Remarquons tout de suite que la limitation d'âge ne s'applique pas à l'apprenti. L'article 8 vise : 1° l'ouvrier âgé de moins de seize ans ; 2° l'apprenti, sans distinction d'âge. Pour l'un et l'autre les rentes ou pensions que la loi accorde sont fixées, non sur le salaire personnel, mais sur le minimum de celui des ouvriers valides de la même catégorie.

206. — Par « ouvriers valides » notre article entend les ouvriers adultes ayant plus de seize ans, et par ces mots : « de la même catégorie », il vise ceux qui sont occupés au même travail. M. Félix Martin avait proposé de dire que le salaire sur lequel les rentes seraient fixées ne devrait pas être inférieur à celui des manœuvres de l'entreprise. Mais son amendement ne fut pas accueilli, parce que, répondait le rapporteur, si l'ouvrier mineur de dix-huit ans remplit l'office d'un manœuvre, il sera payé comme le manœuvre qui gagne le moins. Mais, si ce mineur est un ouvrier de profession, on ne voit pas pourquoi on déterminerait le salaire qui doit servir à la fixation des indemnités en se basant sur celui des manœuvres (1).

207. — Il aurait pu arriver, en cas d'incapacité temporaire, que ces jeunes ouvriers reçussent une indem-

---

(1) Sén., 28 oct. 1895 ; *J. off.*, p. 872.

nité journalière plus élevée que leur salaire, et il était à craindre que l'appât de l'indemnité plus forte que le salaire, ne provoquât chez l'enfant et chez ses parents le désir de prolonger la maladie ou l'invalidité causée par l'accident. C'est ce que M. de Marcère fit remarquer au Sénat en demandant que, dans le cas d'incapacité temporaire, l'indemnité ne put pas être supérieure au salaire (1), motion qui n'était autre chose que la reprise d'un ancien amendement de M. Félix Martin.

Le Sénat ne s'arrêta pas aux observations de M. de Marcère. Mais, entre la première et la seconde délibération, la commission ajouta à l'article 8, un second paragraphe décidant que, « dans le cas d'incapacité temporaire, l'indemnité de *l'ouvrier âgé de moins de seize ans* ne pourra pas dépasser le montant de son salaire, » disposition qui déjouait toute supercherie.

Remarquons que ce second paragraphe n'est pas applicable aux apprentis, ainsi qu'il résulte de l'examen du texte. Seuls, les ouvriers âgés de moins de seize ans, ne recevront jamais, en cas d'incapacité temporaire, une indemnité supérieure à leur salaire journalier. Pour les apprentis, la règle fixée dans le premier alinéa de l'article 8 subsiste tout entière : à ceux-là sera allouée une indemnité basée sur le salaire le plus réduit d'un ouvrier adulte faisant le même travail, sans avoir à se préoccuper si elle est plus élevée que son salaire.

C'est à dessein que le législateur s'est ainsi prononcé parce que s'il avait appliqué le paragraphe 2 à l'apprenti,

(1) Sén., 4 mars 1898; *J. off.*, p. 249.

celui-ci ne recevant souvent aucun salaire, n'aurait pu obtenir aucune indemnité.

C'est justement pourquoi M. Boucher, ministre du commerce, s'opposait, en première lecture, à la demande de M. de Marcère, en disant : « Dans le cas où on aurait appliqué la proposition de M. Félix Martin — reprise par M. de Marcère, — nous n'aurions pu donner aucune indemnité à l'apprenti qui ne touche pas de salaire, et rien ne justifie mieux que cette hypothèse évidemment exceptionnelle, la décision à laquelle se sont arrêtés à la fois la commission et le Gouvernement. » (1).

208. — *Ouvriers étrangers*. — Les ouvriers étrangers sont admis à bénéficier du risque professionnel à certaines conditions qui sont réglées par les paragraphes 14 et 15 de l'article 3. « Les ouvriers étrangers, victimes d'accidents, qui cesseront de résider sur le territoire français recevront, pour toute indemnité, un capital égal à trois fois la rente qui leur avait été allouée.

« Les représentants d'un ouvrier étranger ne recevront aucune indemnité si, au moment de l'accident, ils ne résidaient pas sur le territoire français. »

La loi assimile les ouvriers étrangers aux nationaux sauf dans les deux cas suivants :

1° S'ils cessent de résider sur le territoire français ;

2° Si, en cas de mort, leurs représentants ne résidaient pas en France au moment de l'accident.

209. — L'ouvrier étranger atteint d'incapacité tempo-

(1) Sén., 4 mars 1898 ; *J. off.*, p. 249.

raire de travail à la suite d'un accident est, dans tous les cas, traité comme l'ouvrier français.

210. — En cas d'incapacité permanente, il reçoit les mêmes rentes et indemnités que l'ouvrier français. Seulement, s'il vient à quitter la France, sa situation change. Le législateur n'a pas voulu que l'industrie nationale fût obligée de servir des rentes en pays étranger, et il a décidé que, dans cette hypothèse, l'ouvrier recevrait une indemnité totale et définitive égale à trois fois la pension qui lui avait été allouée.

211. — Si l'ouvrier étranger périt dans un accident industriel, ses représentants bénéficient des mêmes avantages que les Français, mais seulement s'ils résidaient sur le territoire au moment de l'accident. S'ils n'y résidaient pas, ils n'ont droit à aucune réparation.

212. — La loi n'a pas prévu le cas des ayants droit de la victime, qui regagneront définitivement leur pays après l'accident. La loi leur accorde les mêmes indemnités qu'aux parents des ouvriers français, pourvu qu'ils résident en France au moment de l'accident. Mais s'ils retournent chez eux après l'accident, il faudra donc, en l'absence de toute disposition spéciale du texte, continuer à leur servir les pensions. C'est incontestablement un oubli du législateur, car du moment qu'il a réduit l'indemnité dans le cas où la victime elle-même quitte le territoire, et qu'il n'accorde aucune réparation aux ayants droit résidant à l'étranger, il n'aurait pas manqué, s'il y eut songé, de réduire la rente des ayants droit qui cessent de résider en France après l'accident.

213. — *Quid* si partie des représentants de l'ouvrier

étranger résident en France et partie à l'étranger ? La
rente devra être calculée sur le nombre total des ayants
droit ; mais ceux résidant sur le territoire recevront seulement leur quotité personnelle. Si, par exemple, la victime
a deux enfants, dont un seul habite la France, la rente
allouée à ce dernier sera de la moitié de 25 °/₀, soit
12 fr. 50 °/₀.

Lorsque les patrons auront à payer des indemnités à des
ayants droit étrangers, il sera prudent de leur part de
s'enquérir d'une manière sûre du nombre d'enfants de la
victime, ceux habitant en France ayant intérêt à dissimuler
l'existence de leurs frères et sœurs restés à l'étranger.
Il appartiendra aussi au juge de paix de vérifier soigneusement cette situation dans son enquête.

§ 4. — Frais médicaux, pharmaceutiques et funéraires.

214. — Avec les pensions, les rentes viagères et les
indemnités temporaires, le chef d'entreprise est tenu aux
frais de médecin et de pharmacien, ainsi qu'aux frais
funéraires.

« Article 4. — Le chef d'entreprise supporte, en outre,
les frais médicaux et pharmaceutiques et les frais funéraires. Ces derniers sont évalués à la somme de 100 francs
au maximum.

« Quant aux frais médicaux et pharmaceutiques, si la
victime a fait choix elle-même de son médecin, le chef

d'entreprise ne peut être tenu que jusqu'à concurrence de la somme fixée par le juge de paix du canton, conformément aux tarifs adoptés dans chaque département pour l'assistance médicale gratuite. »

En général, les industriels ont un médecin spécial ; mais l'ouvrier n'est pas tenu d'accepter ses soins et peut en choisir un autre. S'il est soigné par le médecin de l'entreprise, la loi n'impose aucun tarif.

215. — Mais si la victime a fait choix d'un autre médecin, il est impossible que le patron soit exposé à payer des honoraires exorbitants. Le blessé pourrait recourir inutilement, par exemple, à des sommités médicales. C'est pourquoi le législateur a voulu que, dans ce cas, le patron ne fût tenu qu'à une partie de la dépense et il a fixé comme limite le tarif adopté dans le département pour l'assistance médicale.

C'est le juge de paix qui fera cette fixation. Elle n'offrira pas de difficultés, puisqu'il suffira d'appliquer le tarif en vigueur dans le département. Si ce tarif consiste en un abonnement, comme dans certains départements (2, 3, 4 fr. par personne inscrite et par an), rien ne sera plus simple. Si le tarif est de tant par visite, le juge de paix devra veiller à ce que les seules visites afférentes à l'accident soient portées en compte.

Il est évident que le législateur n'a pas voulu dire que, dans le cas où la victime se ferait soigner par son propre médecin, il ne serait dû à celui-ci que le montant du tarif de l'assistance médicale. La loi met uniquement cette somme à la charge du patron. Le surplus reste naturellement à la charge de l'ouvrier qui a voulu un autre médecin que celui de l'entreprise. Les honoraires de ce médecin seront librement demandés et consentis en dehors du juge de paix. Seulement la fraction de ces honoraires qui devra être payée par le patron sera fixée par le juge de paix suivant le tarif de l'assistance médicale.

216. — *Point de départ et durée du paiement des frais de maladie.* — A partir de quel jour sont dus les frais médicaux et pharmaceutiques ? Est-ce depuis le cinquième jour, comme l'indemnité temporaire, ou bien depuis la date de l'accident ?

Si l'incapacité de travail n'a pas duré plus de quatre jours, le patron n'est pas tenu de ces frais, le risque professionnel n'embrassant que les accidents ayant occasionné une interruption de travail de plus de quatre jours.

Si la durée de l'incapacité a dépassé ce laps de temps, les frais de maladie sont dus à partir de l'accident. Mais, nous dira-t-on, puisque l'allocation temporaire n'est payée qu'à dater du cinquième jour, pourquoi appliquer une autre règle aux frais de médecin et de pharmacien ? Nous répondons qu'un texte formel (art. 3, § 4), retarde jusqu'au cinquième jour le point de départ de l'indemnité temporaire, mais que rien dans la loi ne permet de croire que le législateur ait voulu qu'il en fût ainsi des frais de maladie.

Notre opinion se fonde du reste sur les termes de l'article 6, où nous lisons : « Les chefs d'entreprise peuvent se décharger pendant les trente, soixante ou quatre-vingt-dix premiers jours *à partir de l'accident,* de l'obligation de payer aux victimes les frais de maladie... »

Enfin, s'il en était autrement, il pourrait arriver que le blessé fût privé de soins pendant les quatre premiers jours de maladie, c'est-à-dire au moment où l'intervention de l'homme de l'art peut être la plus utile pour conjurer les conséquences de la blessure.

On nous dira que cela n'est pas à craindre, parce que le chef d'entreprise est aussi intéressé que la victime à éviter les complications et à obtenir une guérison rapide. Eh bien, en supposant qu'il ne néglige pas de faire soigner le blessé, s'il ne devait supporter les frais de maladie qu'à partir du cinquième jour, le patron, lorsque le règlement définitif se ferait, refuserait de payer les frais médicaux et pharmaceutiques afférents aux quatre premiers jours, c'est-à-dire les plus onéreux, parce que c'est dans cette période que les soins et les médicaments doivent être prodigués, sans parler des opérations qui peuvent être nécessaires. Un semblable résultat est impossible et démontre à l'évidence que les frais médicaux et pharma-ceutiques sont dus à partir de l'accident, pourvu que la durée de l'interruption de travail ait duré plus de quatre jours.

217. — Les frais médicaux et pharmaceutiques sont dus pendant toute la durée de la maladie. Si, après la guérison, la victime vient à souffrir de nouveau de ses blessures et retombe malade, nous pensons que le patron doit supporter encore les frais médicaux et pharmaceuti-ques. Il n'en serait autrement que dans le cas où le délai de trois ans accordé pour la revision du jugement définitif serait expiré. Tant que ce délai est en cours, toutes les indemnités ont un caractère provisoire.

218. — *Frais funéraires.* — Le patron doit supporter également les frais funéraires que la loi a évalués à un maximum de cent francs. Ce maximum peut paraître un peu élevé, même y comprenant tous les frais accessoires au service funèbre et à l'enterrement, tels que frais de garde et de lettres de faire part. En cas de contestation, le montant en sera arrêté par le juge de paix, (art. 15). Il devra être payé immédiatement par le chef d'entreprise.

219. — *Ouvriers soignés à l'hôpital.* — Il arrive souvent que les chefs d'entreprise font transporter à l'hôpital les ouvriers qui ont été victimes d'un accident. Là ils sont mieux soignés et les conséquences funestes sont moins à craindre. Le traitement à l'hôpital est donc du double intérêt de la victime et du patron. Il est évident qu'il est à la charge du patron qui l'a ordonné.

220. — Mais, pendant le séjour de l'ouvrier à l'hôpital, l'indemnité temporaire sera-t-elle due? Cela ne fait pas de doute. En effet, cette indemnité n'est pas uniquement destinée à venir en aide au malade, elle a aussi pour but de fournir des ressources à la famille. Si cette indemnité était supprimée durant le traitement à l'hôpital, comment vivraient, pendant ce temps, la femme et les enfants?

Cela résulte, du reste, des travaux préparatoires. En 1896, M. Blavier déposa, au Sénat, un amendement tendant à faire décider que l'ouvrier serait soigné à l'hôpital aux frais du chef de l'entreprise, mais que, pendant la durée du séjour, l'indemnité journalière serait réduite de moitié. Il invoquait l'avis de l'ancienne commission et la décision conforme du Sénat (1) et disait qu'il serait injuste que le blessé soigné à l'hôpital reçut la même indemnité que celui qui serait soigné chez lui.

M. Prevet lui répondit, au nom de la commission, que le patron trouverait encore un bénéfice à faire transporter les blessés dans les hôpitaux parce qu'il serait déchargé des frais médicaux et pharmaceutiques. Il est vrai qu'il ajoutait que, lors de la liquidation de l'indemnité, le juge apprécierait, si en raison de cette situation, il ne faudrait pas tenir compte, dans la fixation du chiffre de l'indemnité, des avantages que la victime aurait trouvés dans le traitement à l'hôpital. Or, le projet voté par le Sénat, à cette époque, fixait un minimum et un maximum d'indemnité entre lesquels le juge jouissait d'un certain pouvoir d'appréciation. Il n'en est plus ainsi et les tribunaux sont liés par le tarif établi par la loi.

L'amendement de M. Blavier fut rejeté (2). Le traitement du blessé à l'hôpital ne changera donc rien aux obligations du patron en ce qui concerne l'indemnité journalière. Rien ne nous paraît plus juste, attendu que non seulement le patron a un intérêt évident à ce que la victime soit bien soignée, mais encore il est dispensé par le séjour à l'hôpital des frais médicaux et pharmaceutiques. Il y trouvera donc toujours un avantage.

C'est ainsi que les choses se passaient avant l'institution du risque professionnel. Les sociétés houillères du bassin

(1) Projet voté par le Sénat le 5 décembre 1895, art. 5.
(2) Sén., 23 mars 1896; *J. off.*, p. 304.

de la Loire, par exemple, payaient l'indemnité journalière à leurs ouvriers, même pendant le séjour à l'hôpital.

Quid des frais funéraires? Le patron sera tenu de les payer soit à la famille, soit à l'hospice. Ici encore il profitera d'un autre avantage, ces frais devant être moins élevés.

Nous verrons plus loin que, dans certains cas, les chefs d'entreprise peuvent être déchargés du paiement des frais de maladie et de l'indemnité temporaire. (*Infrà,* n°s 253 et s.).

CHAPITRE VII

Modes de paiement des Rentes et Indemnités

---

§ 1er. — Point de départ des rentes et indemnités.

221. — Nous savons déjà que l'indemnité temporaire commence à partir du cinquième jour après l'accident, et que, dans aucun cas, elle n'est due pour les quatre premiers jours.

222. — A quelle époque commencera l'indemnité permanente ? Voici un ouvrier victime d'un accident grave. Il a reçu des lésions intérieures sur les conséquences desquelles il est impossible de se prononcer de longtemps. Enfin, après de longs mois de maladie, les médecins déclarent qu'il y a incapacité permanente. Pendant toute cette période d'observation la victime reçoit l'indemnité temporaire de moitié du salaire, plus les frais médicaux et pharmaceutiques. A quel moment cessera l'indemnité journalière pour faire place à la pension viagère?

Il se produisit un peu de confusion à la Chambre sur cette question. Le point de départ sera la date de l'accident, dit M. Boucher, ministre du commerce. Non, il sera au moment où l'incapacité de travail s'est produite, répondait M. de Ramel. Enfin M. Ricard, membre de la commission, donna les explications suivantes : « Il n'est pas possible de mettre dans le texte que la pension sera payable à partir de l'accident, puisque, au moment de l'accident on ne sait pas si la victime sera atteinte d'incapacité permanente ou absolue de travail. Il faut d'abord soigner la victime et la guérir s'il est possible. Les dispositions de la loi sont formelles : la victime doit recevoir les soins médicaux et pharmaceutiques ; elle reçoit aussi pendant tout le temps de sa maladie l'indemnité journalière fixée par l'article 3 à la moitié de son salaire journalier. C'est seulement lorsqu'il est certain que l'ouvrier ne peut pas être guéri, lorsque la blessure est consolidée, lorsqu'il est certain que l'ouvrier ne pourra plus désormais travailler, qu'il est atteint d'une incapacité permanente, absolue de travail, que s'ouvre pour lui le droit à la pension des deux tiers de son salaire. Il se trouve sous un autre régime que celui sous lequel il était placé pendant le temps de sa maladie. Jusqu'au moment où il bénéficiera de sa pension viagère, il touchera, cela est bien entendu, l'indemnité journalière. » (1).

Le système préconisé par M. Ricard nous paraît seul

---

(1) Ch. dép., 28 oct. 1897 ; *J. off.*, p. 2221.

rationnel. Il est, du reste, écrit dans la loi, l'article 16 décidant que l'indemnité temporaire continue à être servie jusqu'à la décision définitive.

La rente viagère commencera donc, en cas d'incapacité permanente, le jour de l'accord intervenu devant le président du tribunal ou le jour du jugement. Les tribunaux ne pourront la faire remonter ni au jour de l'accident ni au moment où l'incapacité permanente a été reconnue. L'indemnité journalière, les frais médicaux et pharmaceutiques, au besoin la provision autorisée par l'article 16, sont destinés à pourvoir provisoirement aux besoins de la victime jusqu'au jour de la décision définitive.

S'il en était autrement on arriverait à des résultats absurdes. Supposons que le tribunal estime que la victime est privée de moitié de sa capacité de travail : la rente allouée sera du quart du salaire. Or, l'indemnité journalière était de moitié. Si donc les juges faisaient remonter la rente au jour de l'accident ou à celui de la constatation de l'incapacité définitive, la victime se trouverait avoir reçu en trop un quart de salaire dont elle serait redevable.

223. — En cas de mort, le texte fixe le point de départ des rentes ou pensions viagères au jour du décès. (Art. 3, § 5).

§ 2. — Modes de paiement des rentes et indemnités.

224. — *Rentes et pensions.* — Les pensions allouées en vertu de la loi du 9 avril 1898 sont payables par trimestre. (Art. 3, § 13). Quelques-uns des projets adoptés

13

antérieurement décidaient que les rentes seraient payables d'avance (1). Cette disposition a disparu et nous ne pensons pas que les tribunaux puissent y suppléer, car le législateur a voulu atténuer par là, les charges de l'industrie. Enfin le paiement d'avance, quelques soient ses avantages au point de vue humanitaire, aboutirait à une injustice, puisqu'au moment du décès le trimestre entier se trouverait payé alors que la pension n'est due que jusqu'au jour de la mort.

Les titres de pension ne sont remis aux intéressés qu'après l'expiration du délai de trois ans pour la revision.

225. — *Indemnités temporaires*. — Le texte ne fixe ni le mode ni l'époque de paiement de l'indemnité temporaire. Le projet voté par la Chambre en 1893, stipulait que cette indemnité serait servie aux époques adoptées pour le paiement des salaires et, au plus tard, tous les quinze jours. Le projet voté par le Sénat, en 1895, avait maintenu le paiement par quinzaine. Mais, à partir de cette époque, les nouveaux projets restèrent muets sur ce point. Il faut le regretter car il est à craindre que certains patrons ou les compagnies d'assurances ne se montrent pas très exacts pour le paiement de l'indemnité journalière.

A notre avis, l'époque du paiement devrait être fixée au jour du paiement des salaires dans l'entreprise et au plus tard tous les quinze jours, ainsi que la Chambre l'avait décidé dans son projet du 10 juin 1893.

(1) Projets votés en 1890, 1895 et 1893.

Mais en attendant que cette lacune soit comblée, la question est laissée à l'appréciation du juge de paix. (Art. 15). C'est à ce magistrat que devra s'adresser la victime, en cas de désaccord, pour faire fixer l'époque du versement de l'indemnité journalière et pour contraindre le patron en retard.

226. — *Incessibilité, insaisissabilité.* — « Les rentes constituées en vertu de la présente loi... sont incessibles et insaisissables. » (Art. 3, C, § 13). La loi ne visant que les rentes, les indemnités temporaires doivent-elles jouir du même privilège? Cela ne nous paraît pas douteux, car elles ont également le caractère alimentaire (1).

227. — Les rentes et indemnités pourraient-elles être cédées ou saisies pour des créances alimentaires ? Nous ne le pensons pas, car si le législateur avait voulu qu'il en fût ainsi, il n'aurait pas manqué de le dire. La loi du 9 avril 1898 étant d'ordre public doit être exécutée strictement (2).

§ 3. — Les indemnités sont payables en rentes et non en capital.

228. — Sous le régime du droit commun il arrivait fréquemment que le patron était condamné à payer un capital élevé, ce qui pouvait parfois le gêner beaucoup.

(1) Conf. Chardiny, *op. cit.*, p. 120.
(2) *Contrà,* Chardiny, *ibid.,* p. 119.

Souvent aussi la victime d'un accident dissipait le capital qui lui avait été payé et tombait à la charge de la charité publique. On a voulu alléger l'industrie en la dispensant de verser un capital, et protéger en même temps l'ouvrier contre le danger de la dissipation. En conséquence il a été décidé que les indemnités seraient, en principe, payées en rentes et non en capital.

§ 4. — Paiement des indemnités en capital.

229. — Mais il était nécessaire de faire quelques exceptions à cette règle et il a été admis les suivantes :

1° Les chefs d'entreprises qui désirent se libérer en une seule fois, peuvent verser le capital représentatif des pensions à la Caisse nationale des retraites, sur les bases du tarif établi par cette Caisse en exécution de l'article 28. (Art. 28).

230. — 2° Lorsque le chef d'entreprise cesse son industrie, soit volontairement, soit par décès, liquidation judiciaire ou faillite, soit par cession d'établissement, le capital représentatif des pensions à sa charge devient exigible de plein droit et doit être versé à la Caisse nationale des retraites.

Toutefois le chef d'entreprise ou ses ayants droit peuvent être exonérés du versement du capital s'ils justifient des garanties exigées par le décret du 28 février 1898 portant règlement d'administration publique en exécution de l'article 28 de la loi du 9 avril 1898. Ces garanties sont les suivantes : 1° Versement du capital à l'une des sociétés mutuelles ou à primes fixes admises à fonctionner ; 2° Immatriculation d'un titre de rentes pour l'usufruit au nom des titulaires de pensions et égal au montant des pensions ; 3° Dépôt à la Caisse des dépôts et consignations, avec affectation à la garantie des pensions : de valeurs d'Etat ou jouissant d'une garantie de l'Etat, d'obligations négociables et entièrement libérées des départements, des communes et des chambres de commerce, ou d'obligations foncières et communales du Crédit foncier ; 4° Affiliation du chef d'entreprise à un syndicat de garantie ; 5° Engagement du cessionnaire d'acquitter les pensions et d'en rester responsable solidairement avec le chef d'entreprise. (Décret du 28 février 1899 ; voir chap. XVI, *Des garanties,* et les annexes).

231. — 3° Nous avons vu (*suprà*, n° 189) que le chef d'entreprise est tenu au paiement d'un capital en cas de convol en secondes noces du conjoint de la victime. La rente est alors remplacée par le paiement d'un capital égal à trois annuités.

232. — 4° Le chef d'entreprise doit payer le même capital à l'ouvrier étranger qui cesse de résider en France après l'accident. (*Suprà*, n° 208).

233. — 5° L'article 9 autorise la victime à demander, au moment du règlement définitif de la rente viagère, c'est-à-dire après le délai de trois ans accordé pour la revision de l'indemnité, que le quart au plus du capital nécessaire à l'établissement de cette rente, lui soit attribué en espèces. Le montant de ce capital est calculé d'après les tarifs dressés pour les victimes d'accidents par la Caisse des retraites pour la vieillesse.

Le législateur a voulu que la victime incapable de travailler comme avant l'accident, pût entreprendre un petit commerce, acheter un lopin de terre ou une petite maison afin d'accroître ses ressources ou diminuer ses dépenses. C'est pour ce motif qu'il lui a donné la faculté de demander le paiement d'un quart de l'indemnité en capital.

234. — Dans les premiers projets adoptés par le Parlement, l'ouvrier pouvait *exiger* le paiement en capital de cette fraction de l'indemnité. Cette disposition fut combattue devant le Sénat par M. Wadington qui demanda que le droit de l'ouvrier à cet égard fût transformé en une simple faculté. « Je crois, disait-il, que le droit ainsi accordé à l'ouvrier présente quelque danger... Sans doute l'immense majorité des victimes sera digne de confiance et saura faire bon usage des capitaux qui pourront lui être versés, mais il peut se trouver des ouvriers dépensiers ou inexpérimentés qui n'auront ni les qualités ni l'expérience nécessaires pour les placements à effectuer ; d'autres se laisseront entraîner par les conseils plus ou moins désintéressés d'hommes d'affaires. Mieux vaudrait substituer au droit absolu de la victime la faculté par le président ou le tribunal qui, dans l'espèce, statue en dernier ressort, d'accorder le quart du versement du capital s'il le croit bon. » (1). A la suite de ces observations, la commission donna satisfaction à M. Wadington, en seconde lecture (2). « Le tribunal en chambre du conseil, statuera sur ces demandes, » dit le paragraphe 3 de l'art. 9.

(1) Sén., 4 mars 1898 ; *J. off.*, p. 250.
(2) Sén., 18 mars 1898 ; *J. off.*, p. 325.

235. — Il s'agit certainement ici de la juridiction gracieuse de la chambre du conseil, car, il résulte des explications fournies au Sénat par M. Thévenet, rapporteur, qu'il n'y aura pas de débats, et que le ministère public seul surveillera l'application de la loi. Le législateur a voulu que le tribunal pût apprécier, dans le secret de la chambre du conseil, si l'ouvrier n'est pas un ivrogne, un dépensier, capable de dissiper rapidement le petit capital qu'il réclame. Enfin, il a choisi la chambre du conseil parce que la procédure est infiniment plus rapide (1).

236. — L'article 9 fixe l'époque où la demande devra être faite. C'est au moment du règlement définitif, c'est-à-dire après l'expiration du délai de trois ans pour la revision, lorsque le titre de rente devra être remis à la victime. C'est « lors du règlement définitif » dit l'art. 9, par conséquent ni avant ni après.

237. — La décision de la chambre du conseil sera-t-elle susceptible d'appel. La loi ne s'explique pas sur ce point. En présence de son silence, nous penchons pour la négative. D'abord, en règle générale, les jugements rendus en chambre du conseil ne sont sujets à appel qu'autant que la loi le dit formellement, comme en matière de rectification d'actes de l'état civil. (Art. 858 Code de pr. civ.) Ensuite, si les auteurs de la loi avaient voulu que la décision fût susceptible d'appel, ils auraient fixé un délai pour l'appel, comme ils l'ont fait pour les jugements rendus par le tribunal sur l'allocation des indemnités. (Art. 17.) Enfin, puisqu'ils ont recherché une solution

(1) Sén., 18 mars 1898; *J. off.*, p. 325 et 326.

rapide, ce n'est pas pour la faire considérablement retarder par un appel sur un incident de ce genre. C'est ainsi que M. Wadington se prononçait en disant que le tribunal statuerait en dernier ressort. (*Suprà*, n° 234).

238. — Toutes les demandes tendant à l'allocation d'un quart du capital devront-elles être soumises au tribunal, ou bien devra-t-on recourir à la justice en cas de désaccord seulement? Il ne parait pas douteux que la chambre du conseil doive être appelée à statuer sur toutes les demandes, afin que la victime ne puisse pas recevoir, en capital, une part de l'indemnité qui lui a été allouée, sans que la nécessité en ait été reconnue. Le tribunal appréciera les motifs allégués comme les garanties offertes par le demandeur; il calculera la somme qui devra être payée en capital et fixera la quotité de la rente qui restera après. « Nous vous prions, disait M. Thévenet, rapporteur au Sénat, de maintenir notre texte et de dire que le tribunal statuera sur toutes les demandes, quelles qu'elles soient, qui ont pour but de transformer la pension en un capital. » (1).

239. — La faculté de demander le paiement en capital s'applique au quart au plus du capital représentatif de la pension. Cette fraction était tout d'abord invariablement fixée au quart, c'est-à-dire que le tribunal n'aurait pas pu accorder une fraction moindre. Mais M. Félix Martin fit observer au Sénat, avec raison, qu'avec cette rédaction, les juges seraient placés dans l'alternative d'allouer ce quart

(1) Sén., **18** mars 1898; *J. off.*, p. 326. — *Contrà*, André et Guibourg, *Code ouvrier, supp.*, p. 20.

intégralement ou de ne rien allouer du tout. Il peut cependant arriver que la victime ait intérêt à recevoir en espèces une somme n'atteignant pas le quart du capital. Pourquoi ne laisserait-on pas aux tribunaux les coudées franches sur ce point? Le Sénat admit la réclamation de M. Félix Martin. En conséquence les juges auront le droit de fixer la fraction du capital qui devra être versée en espèces à la victime, jusqu'à concurrence du quart au maximum.

240. — Demandons-nous enfin si la faculté accordée par l'article 9 s'applique à la victime atteinte d'incapacité permanente et partielle aussi bien qu'à celle qui est atteinte d'incapacité permanente absolue.

Il est certain que, dans les premiers projets de loi et, dans tous les cas, dans l'esprit du Parlement, les ouvriers frappés d'incapacité permanente absolue devaient bénéficier seuls de la faculté de demander le paiement du quart du capital. C'est ainsi que l'entendait M. Bardoux dans son rapport du 27 janvier 1890 : « Nous allons plus loin, disait-il ; il est possible que l'ouvrier chargé de famille et *incapable pour toujours de travailler,* veuille pourtant créer pour sa femme, pour sa fille un petit commerce ; un capital est nécessaire immédiatement. Nous vous proposons de permettre à cet ouvrier de toucher, de son vivant, le tiers de la somme représentative de la pension.»

M. Ricard était encore plus catégorique dans son rapport : « En principe, les employés et ouvriers atteints, par suite d'accident, *d'incapacité permanente absolue de travail,* n'ont droit qu'à une rente viagère. Cette règle n'est cependant pas absolue. Il a paru équitable, pour leur permettre de fonder, s'ils le désirent, un commerce ou une entreprise destinée à accroître leurs moyens d'existence, de les autoriser à exiger, en capital, une partie de l'indemnité qui leur est due. » M. Félix Martin, en 1890 (1), et M. Cordelet, en 1895 (2), comprenaient aussi de cette manière les dispositions de l'article 9.

Mais il faut reconnaître que rien, dans le texte, ne justifierait cette restriction. En fait, elle ne serait pas juste. Ainsi l'ouvrier qui a perdu une partie seulement de sa capacité de travail peut se voir dans l'obligation de renoncer à tout travail industriel et avoir besoin, pour se créer une autre occupation moins pénible, de toucher un petit capital lui permettant par exemple, l'achat d'un fonds de commerce ou le dépôt d'un cautionnement. Du reste, dans les dernières discussions sur l'article 9, la faculté que nous analysons ne fut pas interprétée comme l'avaient fait MM. Bardoux, Ricard, F. Martin et Cordelet. En effet, à la séance du Sénat du 4 mars 1898, M. Thévenet, rapporteur, s'exprimait ainsi : « La commission a voulu prévoir l'éventualité suivante : Voilà un ouvrier victime d'un accident qui ne peut plus travailler *comme il travaillait avant que l'accident se produisît.* Admettons, si vous voulez, une incapacité absolue permanente. » (3). L'honorable rapporteur appliquait donc la faculté de l'article 9 non seulement à l'ouvrier qui ne peut plus se livrer à aucun travail, mais aussi à celui « qui ne peut plus travailler comme il travaillait avant, » c'est-à-dire à celui qui n'est

---

(1) Sén., 12 mai 1890 ; *J. off.*, p. 410.
(2) Sén., 8 juillet 1895 ; *J. off.*, p. 766.
(3) Sén., 4 mars 1898 ; *J. off.*, p. 250.

atteint que d'une incapacité relative, et ce n'était qu'à titre d'exemple qu'il citait l'incapacité absolue.

Nous concluons donc que le quart du capital peut être alloué en espèces à l'ouvrier frappé d'incapacité permanente, soit absolue, soit partielle.

241. — 6° Les parties peuvent toujours, après détermination du chiffre de l'indemnité, convenir que toute pension qui ne dépasse pas 100 francs, sera remplacée par le paiement d'un capital. (Art. 21, § 2).

Il s'agit ici d'un échange volontaire consenti par la victime et le chef d'entreprise. On a pensé que les ouvriers auraient plus d'intérêt à recevoir un petit capital qu'une pension annuelle d'une somme infime. Les parties sont donc autorisées à stipuler que toute pension ne dépassant pas 100 francs pourra être remplacée par une somme en espèces.

242. — Quel sera ce capital? L'article 21, § 3, parle du paiement « d'un capital, » et ne spécifie pas, comme l'article 9, s'il sera calculé sur les tarifs de la Caisse nationale des retraites. Il semble qu'on ait voulu laisser aux parties la liberté de s'entendre sur le montant de ce petit capital. Nous ne saurions cependant admettre cette interprétation. Le but du législateur a été d'exercer une double protection sur l'ouvrier et sur le chef d'entreprise, sur le premier afin que le patron n'abuse pas de sa faiblesse, sur le second pour qu'il ne soit pas à la merci des ouvriers ou des tribunaux. Eh bien, si dans notre espèce, les parties étaient libres de fixer le capital qui doit remplacer la rente, quelle serait la garantie de l'ouvrier? La justice a déjà statué sur l'indemnité ; l'ouvrier n'a plus aucun

recours contre le patron, sauf pour aggravation de l'infirmité. Le patron n'aurait-il pas la possibilité de racheter
la rente moyennant un capital insignifiant? Nous pensons
que ce résultat serait contraire à l'esprit de la loi et nous
sommes d'avis que, même pour le rachat d'une rente ne
dépassant pas cent francs, le calcul du capital doit être
fait d'après les tables de la Caisse des retraites sur la
vieillesse (1).

243. — La convention par laquelle les parties décident
de cet échange est définitive et irrévocable. Il en est autrement lorsque l'échange porte sur tout autre mode de
réparation qu'un capital, substitution toujours provisoire
et ne durant qu'autant « que l'accord subsiste. » (Art. 21,
§ 1. *Infrà*, n° 248). Ici au contraire la substitution volontaire
d'un capital à une rente a un caractère irrévocable, car il
serait inadmissible, par exemple, que le patron pût, après
avoir versé le capital, le réclamer plus tard pour reprendre le service de la pension. « Il faut entendre, disait
M. Blavier, quand vous dites « tant que l'accord subsistera, » que l'accord subsiste quand il s'agit de remplacer
la pension par un capital. — Parfaitement! répondait le
rapporteur. — Dans ce cas là vous avez transformé une
pension, d'accord entre le pensionné et le patron, en un
capital versé. Cet accord subsiste indéfiniment. » (2).

244. — A quelle époque cet accord peut-il être conclu ?
« Les parties peuvent *toujours*, après détermination du
chiffre de l'indemnité... » dit l'article 21. Il n'y a donc pas

(1) *Contrà*, Chardiny, *op. cit.*, p. 262.
(2) Sén., 24 mars 1896; *J. off.*, p. 326.

lieu d'attendre l'expiration du délai de trois ans accordé pour la revision ; il suffit que l'indemnité ait été fixée, soit par le président du tribunal, soit par une décision judiciaire. En conséquence une convention de cette nature faite avant ou après l'accident, mais avant la fixation de l'indemnité, serait nulle. La loi exige que, dans tous les cas, l'indemnité soit déterminée ; une fois ce point réglé, les parties peuvent convenir de la substitution, à quelque moment que ce soit.

245. — L'indemnité temporaire ne peut pas être remplacée par un capital. L'article 21 vise seulement, en effet, « le service de la pension ». Or, il n'y a de pension qu'en cas d'incapacité permanente.

246. — Le remplacement des pensions n'excédant pas 100 fr. serait-il permis, en cas de décès de la victime, entre le patron et les ayants droit de l'ouvrier ? Rien ne paraît s'y opposer. Le second paragraphe de l'art. 21 est général : il s'applique à toutes les pensions qui ne sont pas inférieures à 100 fr. Les tuteurs des enfants mineurs pourront donc le cas échéant stipuler cette substitution, avec l'autorisation du conseil de famille.

247. — Il est cependant un cas où la pension quoique supérieure à 100 fr. peut être convertie en capital. « *Sauf dans le cas prévu à l'art. 3, § A,* la pension ne pourra être remplacée par le paiement d'un capital que si elle n'est pas supérieure à 100 fr. » (Art. 21, § 2). L'art. 3, § A s'applique au conjoint survivant non divorcé ni séparé de corps. La pension de 20 % du salaire qui lui est due pourra donc être transformée par l'accord des parties, en un capital, quelque soit le chiffre de la rente.

Mais qu'arrivera-t-il si le conjoint se remarie après avoir reçu le capital représentatif de la rente ? Nous savons en effet, que l'époux qui convole en secondes noces perd son droit à la rente et reçoit trois annuités à titre d'indemnité totale. Le conjoint pourra-t-il éluder cette éventualité en réclamant la substitution du capital à la rente ? Nous ne le pensons pas. La loi étant d'ordre public, toute convention contraire à ses dispositions est frappée de nullité. Il faudra donc que, malgré la transformation de la rente en capital, ce capital soit réduit, en cas de second mariage, à une somme égale à trois annuités de la rente. Au moment de la substitution il y aura donc lieu de prendre les mesures nécessaires pour faciliter la réduction. En somme, la faculté accordée au conjoint survivant ne sera pas très pratique et il est douteux que les patrons y consentent.

§ 5. — Paiement des indemnités en nature.

248. — Toute pension quelqu'en soit le montant peut être remplacée, du consentement des parties, par tout autre mode de réparation tel qu'un emploi dans l'entreprise, l'entretien dans un hospice, la jouissance d'une maison, d'une terre, etc...

« Art. 21. — Les parties peuvent toujours, après détermination du chiffre de l'indemnité due à la victime de l'accident, décider que le service de la pension sera suspendu et remplacé, tant que l'accord subsistera, par tout autre mode de réparation. »

Il s'agit ici d'un échange essentiellement provisoire et pouvant prendre fin dès que l'une des parties le désire. Par exemple, la victime ne peut plus occuper l'emploi qui lui avait été donné dans l'usine ou bien le patron supprime les secours en nature : la pension allouée à la victime redevient exigible.

Ainsi que nous l'avons dit (*suprà*, n° 244) pour l'échange avec un capital, le paiement en nature ne peut être stipulé qu'après la fixation de l'indemnité due à la victime.

L'indemnité temporaire ne peut pas être remplacée par une réparation en nature pas plus que par un capital.

Enfin les ayants droit de la victime peuvent stipuler la réparation en nature aussi bien que l'échange contre un capital. (*Suprà*, n°s 245 et 246).

§ 6. — Réversion d'une partie des rentes.

249. — Le titulaire d'une pension peut demander que le capital qu'elle représente, ou le capital réduit du quart au maximum conformément à la faculté accordée par l'art. 9, § 1er, serve à constituer sur sa tête une rente viagère réversible, pour moitié au plus, sur la tête de son conjoint. Dans ce cas, la rente viagère est diminuée de façon qu'il ne résulte de la réversibilité aucune augmentation de charges pour le chef d'entreprise. (Art. 9, § 2).

Ainsi un ouvrier reçoit à la suite d'un accident une pension viagère. Non seulement il a la faculté de demander que le quart au plus du capital représentatif de cette rente lui soit alloué en espèces, mais encore que le surplus, ou bien le capital entier s'il n'a pas usé de la première faculté, soit transformé, en cas de prédécès, en une seule rente viagère réversible, pour moitié au plus, sur la tête de son conjoint. La rente reposera ainsi sur deux têtes et aura des chances de durer plus longtemps ; elle sera donc moins élevée, car le patron ne doit supporter aucune augmentation de charges de ce chef.

250. — La réversion peut être demandée pour toute fraction de la rente jusqu'à la moitié, mais non au delà.

251. — Elle ne peut être demandée qu'en faveur du conjoint, qu'il s'agisse de la femme ou du mari. Elle est impossible en faveur des enfants, des ascendants ou petits-enfants.

252. — Les règles que nous avons tracées pour la demande d'allocation du quart du capital sont applicables à la demande de conversion en rente réversible pour moitié au profit du conjoint. La victime jouit de cette faculté, qu'elle soit atteinte d'incapacité permanente partielle ou absolue. Toute demande de ce genre doit être présentée au tribunal qui statue en chambre du conseil. « La commission ne veut faire aucune exception, disait M. Thévenet, rapporteur ; elle pense qu'il est bon que le tribunal fixe lui-même en chambre du conseil la quotité de la rente qui restera après la réversion opérée : il est bon que cette formalité soit remplie afin qu'il n'y ait aucune espèce d'ambiguïté dans les paiements. » (1). Enfin la réversion pouvant être demandée pour la moitié

(1) Sén., 18 mars 1898 ; *J. off.*, p. 326.

au plus de la rente, le tribunal appréciera la quotité qui
devra être autorisée dans cette limite.

§ 7. — Exonération des frais de maladie et de l'indemnité temporaire.

253. — « ART. 5. — Les chefs d'entreprise peuvent se
décharger pendant les trente, soixante ou quatre-vingt-dix
premiers jours à partir de l'accident, de l'obligation de
payer aux victimes les frais de maladie et l'indemnité
temporaire, ou une partie seulement de cette indemnité,
comme il est spécifié ci-après, s'ils justifient :

« 1° Qu'ils ont affilié leurs ouvriers à des sociétés de
secours mutuels et pris à leur charge une quote-part de la
cotisation qui aura été déterminée d'un commun accord,
et en se conformant aux statuts-type approuvés par le ministre compétent, mais qui ne devra pas être inférieure au
tiers de cette cotisation ;

« 2° Que ces sociétés assurent à leurs membres, en cas
de blessures, pendant trente, soixante ou quatre-vingt-dix
jours, les soins médicaux et pharmaceutiques et une
indemnité journalière.

« Si l'indemnité journalière servie par la société est
inférieure à la moitié du salaire quotidien de la victime, le
chef d'entreprise est tenu de lui verser la différence. »

Aux termes de cet article les patrons peuvent se soustraire au paiement des frais de maladie et de l'indemnité
temporaire pendant les trente, soixante ou quatre-vingt-dix
premiers jours à partir de l'accident au moyen : 1° de l'affi-

14

liation de leurs ouvriers à des sociétés de secours mutuels assurant à leurs membres pendant trois mois les soins médicaux et pharmaceutiques et une indemnité journalière ; 2° de la prise à leur charge du tiers au moins de la cotisation.

254. — Le législateur a voulu ainsi décharger l'industrie des conséquences des accidents ayant produit une incapacité temporaire de travail, qui sont les plus nombreux, et il a trouvé dans les sociétés de secours mutuels un auxiliaire précieux dont l'organisation se prête à merveille à la distribution des indemnités journalières et des soins médicaux. Malheureusement nous craignons que la mise en pratique de ces dispositions ne soit bien difficile. Il est possible notamment, que les ouvriers se refusent à cette affiliation : assurés qu'ils sont d'être indemnisés en cas d'accident, voudront-t-ils s'astreindre au paiement d'une cotisation ? Et cependant leur affiliation à une société de secours mutuels aurait pour effet de les garantir contre les maladies, les infirmités de la vieillesse et même contre les incapacités de travail de moins de cinq jours.

Quoiqu'il en soit, voyons quelles sont les conditions d'exonération fixées par l'article 5.

1° Ils doivent affilier leurs ouvriers à des sociétés de secours mutuels. Quelles sont ces sociétés ? Ce sont celles qui se conformeront aux statuts-type approuvés par le ministre compétent. Primitivement le texte portait que le montant de la cotisation serait déterminé d'un commun accord entre les patrons et les sociétés, « après approbation du ministre compétent. » On fit remarquer qu'il était impossible d'exiger l'intervention du ministre pour chaque affiliation et, sur la demande de M. Wadington, il fut décidé qu'il suffirait que les sociétés de secours mutuels se conforment « aux statuts-type approuvés par le ministre compétent, » ainsi que cela se passe en Allemagne et en Autriche. « M. le ministre a dit qu'il ne voulait pas avoir un type unique de statuts, disait M. Wadington ; nous sommes parfaitement d'accord, mais les législations auxquelles j'ai fait allusion ne prescrivent pas un type uniforme. Seulement, elles exigent un certain nombre de dispositions qui figurent obligatoirement dans les statuts... Ainsi ces caisses de secours mutuels doivent prescrire que les secours seront donnés pendant un certain nombre de jours ; elles doivent prescrire qu'il y aura un minimum pour l'indemnité en cas de maladie, enfin toute une série de conditions à remplir pour assurer l'exécution de la loi. C'est ce que j'appelai peut-être improprement les statuts-type : cela n'empêche pas que chaque société soit libre de ses statuts en dehors de ces dispositions communes. » (1). Nous ne connaissons pas encore les statuts-type qui seront adoptés par le ministre de l'intérieur, mais il est probable qu'ils seront établis sur les bases ci-dessus indiquées.

2° Les chefs d'entreprise doivent prendre à leur charge une quote-part de la cotisation, qui ne peut pas être inférieure au tiers. Cette quotité a été fixée parce qu'il est avéré que, dans la plus grande partie des sociétés de secours mutuels fonctionnant actuellement, les frais de maladie et d'indemnité temporaire résultant d'accidents

(1) Sén., 18 mars 1898 ; *J. off.*, p. 323.

ne s'élèvent même pas au tiers des disponibilités. Dans ces conditions le paiement d'un tiers des cotisations par le patron correspond à l'intégralité de sa dette pour cette nature d'indemnité.

Comment sera fixé le montant de la cotisation mise à la charge du patron jusqu'à concurrence du tiers au moins ? Il sera « déterminé d'un commun accord, » dit l'art. 5, c'est-à-dire entre le patron, les ouvriers et les sociétés de secours mutuels. L'intervention des ouvriers paraît, en effet, indispensable puisqu'ils devront payer eux-mêmes, la différence de la cotisation supportée par le patron.

Comment les ouvriers paieront-ils la portion mise à leur charge ? La loi n'impose aucune règle à cet égard ; mais il est évident que le mieux sera de procéder par retenues sur le salaire.

3° Il est indispensable que les sociétés de secours mutuels auxquelles les ouvriers auront été affiliés, assurent à leurs membres, pendant 90 jours au moins : 1° les soins médicaux et pharmaceutiques, 2° une indemnité journalière. Aucun minimum n'est exigé pour l'indemnité journalière servie par la société ; seulement, si elle est inférieure à la moitié du salaire quotidien, le chef d'entreprise est tenu de la différence.

255. — Pourquoi le texte contient-il cette précision : « pendant *trente*, *soixante* ou *quatre-vingt-dix* jours. » ? C'est sans doute une superfétation ; il suffisait de dire : pendant quatre-vingt-dix jours.

Mais pour quel motif le législateur a-t-il limité la faculté d'exonération aux quatre-vingt-dix premiers jours après l'accident ? C'est probablement parce que la plupart des sociétés de secours mutuels ne paient pas les frais médicaux et pharmaceutiques pendant plus de trois mois. Mais s'il en est, comme nous le pensons, qui subviennent à ces dépenses pendant une période plus longue, pourquoi le patron ne peut-il pas en profiter ? Nous n'en connaissons pas d'explication et ne pouvons que nous incliner devant les termes de la loi.

En conséquence, si le patron avait affilié un ouvrier à une société servant à ses membres l'indemnité journalière et les frais de maladie, pendant plus longtemps, la victime recevrait, au delà de trois mois, l'indemnité temporaire de deux côtés.

Il est inutile d'ajouter que si la victime était personnellement, et en dehors du patron, affiliée à une société de secours mutuels, elle recevrait l'indemnité des deux sociétés.

256. — L'article 5 ne permet pas au patron de s'exonérer des frais funéraires. Comme la plupart des sociétés prennent ces frais à leur charge, la famille de la victime aura le choix entre la société et le chef d'entreprise.

257. — Le patron pourrait-il s'exonérer, soit des frais de maladie, soit de l'indemnité temporaire seulement ? Non, l'article 5 ne permet pas de s'affranchir des uns et non des autres.

258. — Il est bien entendu qu'au lieu d'affilier leurs ouvriers à des sociétés de secours mutuels, les chefs d'entreprise ont toujours le droit d'assurer leurs ouvriers à une compagnie d'assurance pour se soustraire au paiement des frais de maladie et des indemnités temporaires.

§ 8. — Exonération des frais de maladie
et de l'indemnité temporaire pour les exploitants
de mines, minières et carrières.

259. — La loi du 29 juin 1894 a créé, dans toutes les exploitations de mines, des caisses de retraites et de secours ayant pour but : 1º de servir des pensions aux ouvriers mineurs qui ont atteint l'âge de cinquante-cinq ans ; 2º de donner des secours et des soins aux membres participants que la maladie ou les infirmités empêchent de travailler ; 3º d'allouer des subventions à la famille des membres participants, en cas de décès.

Les statuts peuvent aussi autoriser l'allocation de secours en argent et de soins médicaux et pharmaceutiques aux femmes et enfants des membres participants et à leurs ascendants. Ils peuvent aussi prévoir des secours journaliers en faveur des femmes et des enfants des réservistes, enfin, des allocations exceptionnelles et renouvelables en faveur des veuves ou orphelins d'ouvriers et employés décédés après avoir participé à la société de secours.

Ces sociétés sont alimentées par : 1º un prélèvement sur le salaire qui ne peut pas dépasser 2 %; 2º un versement de l'exploitant égal à la moitié de celui des ouvriers et employés ; 3º les subventions de l'Etat ; 4º les dons et legs ; 5º le produit des amendes. Elles sont obligatoires pour les mines.

Les sociétés organisées par la loi du 29 juin 1894 n'ont en vue que les maladies et les infirmités, non les accidents.

260. — L'article 6 de la loi du 9 avril 1898 accorde aux exploitants de mines, minières et carrières, la faculté de se décharger des frais de maladie et de l'indemnité temporaire, moyennant une subvention annuelle et spéciale versée aux caisses ou sociétés de secours constituées dans ces entreprises en vertu de la loi du 29 juin 1894.

Le montant et les conditions de cette subvention nouvelle devront être acceptés par la caisse de secours et approuvés par le ministre des travaux publics.

« ART. 6. — Les exploitants de mines, minières et carrières, peuvent se décharger des frais et indemnités mentionnées à l'article précédent moyennant une subvention annuelle versée aux caisses ou sociétés de secours constituées dans ces entreprises en vertu de la loi du 29 juin 1894.

« Le montant et les conditions de cette subvention devront être acceptés par la société et approuvés par le ministre des travaux publics.

« Ces deux dispositions seront applicables à tous autres chefs d'industrie qui auront créé en faveur de leurs ouvriers des caisses particulières de secours en conformité du titre III de la loi du 29 juin 1894. L'approbation prévue ci-dessus sera, en ce qui les concerne, donnée par le ministre du commerce et de l'industrie. »

En conséquence, les exploitants de mines, minières et carrières désirant profiter de la faculté qui leur est accordée, devront d'abord s'entendre avec le conseil d'administration de la caisse de secours, et soumettre ensuite leur accord à l'approbation du ministre des travaux publics.

261. — L'article 6 ne dit pas pendant combien de temps

ces entreprises peuvent s'exonérer des frais médicaux et pharmaceutiques et de l'indemnité temporaire. Elles pourront donc stipuler une exonération dépassant 90 jours.

262. — Le dernier paragraphe de l'article 6 étend la faculté accordée aux exploitants de mines, à toutes les industries qui auront créé, en faveur de leurs ouvriers, des caisses de secours analogues à celle des ouvriers mineurs. L'approbation du montant et des conditions de la subvention sera donnée, en ce qui les concerne, par le ministre du commerce et de l'industrie.

Il n'est pas probable que beaucoup d'industries profitent de la permission, les caisses de secours créées par la loi de 1894 étant une très lourde charge pour les sociétés minières. Or, ces charges doivent être encore augmentées d'une subvention spéciale pour bénéficier des dispositions de l'article 6 de la loi du 9 avril 1898. Enfin l'étroite surveillance administrative imposée à ces caisses de secours, n'est pas de nature à encourager leur création.

Les industriels auront donc avantage, soit à s'adresser aux compagnies d'assurances, soit à provoquer entre leurs ouvriers la constitution de sociétés de secours mutuels remplissant les conditions exigées par l'article 5.

CHAPITRE VIII

De la faute inexcusable et de l'accident intentionnel

263. — Nous avons déjà dit (*suprà*, nᵒˢ 71 et s.) que le risque professionnel couvre même les accidents causés par une faute inexcusable, et que les seuls qui restent en dehors des garanties instituées par la nouvelle législation, sont ceux qui ont été produits intentionnellement.

§ 1ᵉʳ. — De la faute inexcusable.

264. — *Définition de la faute inexcusable.* — En instituant cette nouvelle catégorie de fautes, le législateur a entendu élargir la responsabilité patronale. Il a voulu admettre au bénéfice du risque professionnel non seulement les accidents produits par une faute lourde, mais encore ceux qui ont été occasionnés par une faute exceptionnellement grave.

La faute inexcusable est donc autre chose que la faute lourde. C'est quelque chose de plus. « L'expression faute lourde, disait M. Thévenet dans son rapport au Sénat, n'ayant pas dans notre langue judiciaire une signification très précise et les tribunaux pouvant qualifier ainsi de simples négligences ou des manquements aux règlements tolérés par les usages de l'atelier, nous avons pensé que la faute devait être de telle gravité qu'elle fût sans excuses, et nous avons ajouté à l'article 1er ces expressions : « à moins qu'il y ait eu faute inexcusable de la part de l'ouvrier, » entendant ainsi que le risque professionnel soit appliqué de la façon la plus large. » (1).

Et M. Thévenet appuyait son rapport devant le Sénat, de la manière suivante : « La commission s'est trouvée en face des mots « faute lourde » qui avaient été employés dans la rédaction précédente ; nous avons pensé que l'expression de faute lourde ne traduisait pas exactement notre pensée, qu'elle ne caractérisait pas suffisamment la faute qui devait être commise par l'ouvrier pour que le risque professionnel ne fût pas appliqué (2) ; et alors nous avons pris la formule « faute inexcusable » que nous avons trouvée dans un amendement de M. Félix Martin. Lorsque M. le ministre du commerce a été entendu par la commission dans sa séance du 26 février, il a convenu avec nous que ces mots élargissaient le risque professionnel, bien loin de l'amoindrir, et qu'ils étaient

---

(1) Rapport de M. Thévenet au Sénat, du 2 mars 1896.

(2) La Commission du Sénat proposait, en effet, d'exclure complètement la faute inexcusable du risque professionnel, et c'est ce qui fut admis par le Sénat, dans le projet voté le 24 mars 1896.

plus précis que les mots « faute lourde, » employés par la précédente rédaction. Voilà comment nous avons été amenés à inscrire dans l'article 1er les mots « faute inexcusable... Je ne m'étendrai pas davantage sur les mots « faute inexcusable » qui d'ailleurs sont expliqués dans le rapport. Ils sont traduits de cette façon : il faut que la faute soit sans excuse pour que la loi ne s'applique pas à l'ouvrier. Cela suffit amplement à rassurer ceux qui pensent que le risque professionnel doit être interprété largement. » (1).

« C'est ainsi, disait, un autre jour, M. Thévenet au Sénat, que, dans l'impuissance où nous étions de préciser et de définir la faute inexcusable, nous avons été amenés au texte que nous vous présentons aujourd'hui, qui est un texte transactionnel, car c'est celui de la Chambre des députés, et nous nous sommes dit : Il faut respecter le principe forfaitaire du risque professionnel avec toutes ses conséquences et, si nous admettons la faute inexcusable, il ne faut pas que cette faute inexcusable puisse aller jusqu'à la suppression de l'indemnité. Nous avons considéré, admettant la faute inexcusable, qu'il fallait la réduire dans les plus étroites limites (2).

« On peut se demander, disait M. Théodore Girard, s'il existe une différence bien sérieuse entre la faute inexcusable et l'imprudence grave. Pour moi j'en faisais une et je considérais que les faits constitutifs de l'imprudence grave pouvaient avoir en quelque sorte un caractère acci-

(1) Sén., 20 mars 1896 ; J. off., p. 283.
(2) Sén., 4 mars 1898 ; J. off., p. 258.

dentel, tandis que la faute inexcusable se rapproche telle-
ment de la faute intentionnelle et du délit qu'on se
demande, véritablement, si bien souvent, il sera facile d'en
saisir la différence. » (1).

C'est la même pensée qu'exprimait M. Thévenet lorsqu'il
disait que la faute inexcusable « se rapproche beaucoup
de la faute volontaire. » (2).

C'est, disait M. Maxime Lecomte, « une faute qu'une
prudence vulgaire permettrait d'éviter, ou bien une faute
qui ferait croire qu'on l'a fait exprès. » (3).

M. Groussier se rapprochait de cette opinion lorsqu'il
disait : « Il est certains cas où il est possible de savoir
s'il y a véritablement une faute inexcusable. En ce qui
concerne l'employeur, par exemple, lorsqu'il n'a pas
exécuté les prescriptions de la loi de 1893 et du décret de
1894, concernant l'hygiène et la sécurité, alors qu'il a eu
le temps de réfléchir sur les conséquences de la non-exé-
cution de ces prescriptions, on peut concevoir qu'il y a eu
là une faute inexcusable de sa part. Mais si je considère,
au contraire, le travailleur, dans quels cas et à quel moment
voulez-vous qu'il y ait faute inexcusable de sa part? Ainsi
que je l'indiquais, pour que la faute inexcusable puisse lui
être opposée, il faudrait qu'il ait eu le temps de réfléchir,
de savoir, de saisir que, s'il fait telle ou telle chose, il va se
blesser. Et vous comprenez bien que, s'il pouvait faire
cette réflexion, il ne se blesserait pas. » (4).

(1) Sén., 18 mars 1898 ; *J. off.*, p. 331.
(2) Sén., 19 mars 1896 ; *J. off.*, p. 274.
(3) Sén., 20 mars 1896 ; *J. off.*, p. 282.
(4) Ch. dép., 26 oct. 1897 ; *J. off.*, p. 2209.

A l'exemple de cet orateur nous serions disposé à chercher le critérium de la faute inexcusable dans la volonté, l'intention, la réflexion, appliquées, non pas à l'accident, ce qui serait l'accident intentionnel, mais à la faute qui l'a involontairement occasionné. La faute légère ou la faute lourde peuvent être des actes irréfléchis ; c'est pour ce motif qu'ils sont excusables. Mais la faute devient inexcusable si c'est de propos délibéré qu'elle a été commise.

Ainsi le mécanicien de chemin de fer qui, dans un moment de distraction, franchit les signaux d'arrêt, commet une faute grave mais non inexcusable, parce qu'il n'y a pas eu d'intention. C'est une inattention, une négligence grave, et pas autre chose. Mais s'il les a franchis volontairement, après réflexion, parce qu'il a cru pouvoir le faire sans danger ou pour tout autre motif, il y a faute inexcusable.

Le maître-mineur qui arrête le ventilateur de la mine par suite d'une fausse appréciation des ordres qu'il a reçus, commet une faute lourde ; mais s'il l'arrête de sa propre autorité, comme dans la catastrophe du puits de la Manufacture, à Saint-Etienne, il se rend coupable d'une faute inexcusable, parce que la volonté, la réflexion, ont été mises en mouvement, et qu'il est vraiment sans aucune excuse d'avoir pris, de son initiative, une mesure aussi dangereuse.

On peut reprocher une faute lourde au patron qui installe une chaudière sans la soumettre à l'épreuve régle-·mentaire des ingénieurs de l'Etat, s'il ignore cette obligation que la loi lui impose ; il aura commis, au contraire, une faute inexcusable lorsqu'il aura sciemment, soit par mépris de la loi, soit par une confiance exagérée, négligé cette importante formalité.

Ainsi qu'on le voit, nous sommes bien loin de la faute lourde ordinaire. La faute inexcusable est plus grave, plus grossière, elle est la plus élevée dans l'échelle des fautes ; elle touche à l'accident volontaire, intentionnel, c'est-à-dire au délit ou au crime. On ne l'a pas fait exprès, mais on serait tenté de le croire. On n'a pas déchaîné volontairement la catastrophe, mais on en a sciemment préparé les causes.

265. — Il ne faut pas confondre la faute volontaire, réfléchie, qui constitue la faute inexcusable, avec l'accident intentionnel. Dans la première, l'agent a volontairement commis tel manquement, telle contravention aux lois ou aux règlements, mais il n'a eu aucune intention de produire l'accident. Il n'a même pas eu la pensée qu'il pourrait arriver, autrement il ne l'aurait pas fait. Dans le second, au contraire, c'est l'accident lui-même qu'on a voulu provoquer.

266. — La faute inexcusable n'est pas inséparable du délit. Il peut y avoir délit et non faute inexcusable. Ainsi le tribunal de commerce de la Seine avait décidé, sous l'empire du droit commun, qu'il n'y avait pas faute lourde malgré la condamnation pour homicide par imprudence. (*Suprà*, n° 71, note). Nous partageons entièrement cette opinion et nous l'appliquons à la faute inexcusable. Par exemple, l'ouvrier ou le patron peuvent avoir omis telle précaution, violé tel règlement et commis le délit d'homicide par imprudence sans être inexcusables. Nous en dirons

autant de l'inexécution des prescriptions des lois et règlements sur le travail dans les manufactures. (*Infrà*, n° 275).

267. — En conséquence, la faute volontaire, réfléchie,
calculée, en dehors de toute intention de nuire, bien
entendu, constitue la faute inexcusable. Le caractère essentiel de ce quasi-délit est dans la volonté et la réflexion.
Toute faute, si grossière soit-elle, qui n'a pas été volontaire,
est pardonnable ; le risque professionnel la couvre tout
entière, quelles qu'aient été ses conséquences. L'inexcusabilité commence lorsque l'homme a usé de son libre arbitre.

Appliquons cette règle aux divers exemples qui ont été
cités dans les travaux préparatoires et nous verrons qu'elle
est parfaitement juste et en harmonie avec l'esprit de la loi.

268. — Un ouvrier pénètre, au mépris du règlement,
avec une lanterne ordinaire, dans une pièce où il n'aurait
dû entrer que muni d'une lampe de sûreté, et occasionne
une explosion (1). Le coupable meurt avec plusieurs de
ses compagnons de travail. Y a-t-il faute inexcusable ? Non.
Parce qu'il n'est pas démontré qu'il ait voulu enfreindre
les règlements, et que c'est peut-être par inattention, par
insouciance, qu'il a pris une lanterne ordinaire au lieu
d'une lampe de sûreté. M. Poirrier, qui citait cet exemple,
pensait lui aussi que, malgré la faute de l'ouvrier, la
réparation de cet accident s'imposait : « Pouvez-vous
croire, disait-il, que le juge appelé à statuer sur ces faits,
tenant compte notamment de la nature particulièrement
dangereuse de l'industrie dans laquelle cet ouvrier était
employé, appréciant les circonstances dans lesquelles

(1) Exemple cité par M. Poirrier, Sén., 25 nov. 1895 ; *J. off.*, p. 952.

l'accident s'était produit, la faute dont la gravité exceptionnelle résidait bien moins dans l'acte lui-même que dans les conséquences particulièrement périlleuses qui pouvaient être la suite d'un tel acte, pouvez-vous croire que le juge, ému de la situation misérable à laquelle allaient se trouver réduits ceux qui vivaient du travail de la victime, n'aurait pas tout fait, n'aurait pas préféré nier la faute elle-même plutôt que de se résoudre à refuser toute indemnité aux véritables victimes de l'accident, celles-là innocentes, la veuve et les enfants ? » (1).

269. — Voici au contraire un ouvrier qui a la manie de fumer, et qui, malgré les défenses réitérées du patron, persiste dans cette habitude, en dépit du danger. Un incendie éclate ; l'ouvrier en est victime avec plusieurs de ses camarades. La faute est inexcusable parce que l'ouvrier avait à plusieurs reprises reçu l'ordre de s'abstenir de fumer et qu'il est impardonnable de n'avoir pas obéi (2).

270. — Il faut en dire autant du patron qui, contrairement à la plus vulgaire prudence, fournit à ses ouvriers un matériel usé, détérioré, des outils, des câbles qui, en faisant explosion ou en se rompant, ont déterminé un malheur ; il a agi par un calcul misérable d'économie, malgré les avertissements qui lui étaient donnés ou les réclamations mêmes de ses ouvriers, et commis la faute la plus inexcusable, parce que c'est volontairement, on pourrait presque dire méchamment, qu'il a voulu conserver un matériel hors d'usage (3).

---

(1) Sén., 25 nov. 1895 ; *J. off.*, p. 952.
(2) Exemple cité par M. Girard, Sén., 18 mars 1898 ; *J. off.*, p. 331.
(3) Exemple cité par M. Grivart, Sén., 25 nov. 1895 ; *J. off.*, p. 950.

271. — Passons aux exemples cités par M. Ricard dans son rapport : Le chauffeur qui, n'écoutant pas l'appel strident du sifflet signalant la haute pression de la vapeur dans la chaudière, est brûlé par un jet de vapeur, a-t-il commis une faute inexcusable ? S'il a indûment quitté son travail, ou si c'est volontairement qu'il a dédaigné les appels du générateur, nous dirons que sa faute est sans excuse. Mais si, accablé de fatigue, il s'est endormi, ou bien, si préoccupé par d'autres travaux, il n'a pas suffisamment veillé sur sa chaudière, il aura peut-être commis une faute lourde, mais non inexcusable (1).

272. — Le couvreur qui, sur le haut d'un toit, veut se poser en acrobate devant ses camarades et tombe, commet une faute inexcusable (2). Cet accident n'a d'ailleurs aucun rapport avec le travail.

273. — Le mineur est prévenu que l'ouverture de sa lampe peut lui coûter la vie à lui et à une foule d'autres ouvriers ; on prend toutes les précautions possibles contre la tentation dont il peut être l'objet en lui donnant une lampe fermée à clef. Cependant il parvient à l'ouvrir et occasionne une explosion de grisou. Sa faute est trop volontaire, trop réfléchie, pour qu'elle soit excusable.

274. — La violation formelle des ordres donnés ou reçus peut être aussi considérée comme un des caractères propres à faire reconnaître la faute inexcusable. Mais le juge devra rechercher si l'ordre était positif, si l'ouvrier l'a réellement reçu et compris, enfin s'il a eu la volonté de le violer. Ce n'est que dans ce cas que la faute sera inexcusable.

(1 et 2) Exemples cités par M. Ricard dans son rapport.

15

275. — L'inexécution des prescriptions de la loi du 12 juin 1893 et du décret du 10 mars 1894 concernant l'hygiène et la sécurité des travailleurs, sera-t-elle une faute inexcusable ainsi que l'a prétendu M. Groussier devant la Chambre des députés ? (*Suprà*, n° 264). Il serait rigoureux d'établir cette règle d'une manière absolue. Supposez un chef d'industrie qui aurait ignoré la loi ou les règlements d'administration publique. La chose n'est pas impossible. Ne serait-il pas injuste de le taxer de faute inexcusable ?

Le juge devra donc rechercher les motifs de l'inobservation de la loi ; si c'est par ignorance, par défaut d'intelligence, que les mesures de précaution qu'elle impose n'ont pas été prises, il n'y aura pas faute inexcusable. Il en sera différemment si c'est volontairement, par mépris de la loi, que le patron s'est abstenu.

276. — Par exemple, nous conclurions toujours à la faute inexcusable si le défaut de précaution auquel l'accident est dû, avait antérieurement causé un premier accident. Le patron avait reçu par là un avertissement significatif. Il est sans excuse s'il ne s'y est pas arrêté.

277. — De même si l'inspecteur du travail avait déjà mis l'industriel en demeure de prendre telles mesures dont le défaut a occasionné l'accident. Les auteurs de la loi du 12 juin 1893 ont parfaitement compris la nécessité de faire la part de l'ignorance et de la routine, puisqu'ils ont stipulé que les inspecteurs du travail ne pourraient dresser procès-verbal pour inobservation des prescriptions du règlement d'administration publique qu'après avoir adressé au chef d'entreprise une mise en demeure de s'y conformer. Cet avertissement préalable jugé nécessaire pour que des poursuites pénales puissent être exercées, nous paraît être également de nature à rendre inexcusable la faute du patron.

278. — Dans la séance de la Chambre du 26 octobre 1897, M. Charpentier posait la question suivante : « Dans certaines usines on inflige une amende à l'ouvrier qui fait telle ou telle opération considérée comme dangereuse. Le Sénat n'a pas dit et l'on serait sans doute encore bien embarrassé pour nous dire si l'ouvrier qui aura encouru ces amendes se trouvera dans le cas de faute inexcusable et s'il suffira que de telles prescriptions interviennent pour priver l'ouvrier du bénéfice de la loi et transformer en faute inexcusable un accident où la nature difficile du travail aura plus de part que l'action même de l'ouvrier. » (1). La réponse à cette demande ne comporte aucune hésitation. Comment une sanction infligée par le patron pourrait-elle avoir pour effet de donner à une faute le caractère d'inexcusabilité ? Quelle influence une amende prononcée par le patron peut-elle avoir sur le droit de l'ouvrier et sur le pouvoir des tribunaux ? Nous venons de démontrer que les infractions aux lois sur le travail ne seraient pas de plein droit considérées comme des fautes inexcusables ; à plus forte raison en serait-il de même pour des peines disciplinaires prononcées par le patron. S'il en était autrement, il dépendrait du chef d'industrie de supprimer chez lui le risque professionnel en édictant des règlements arbitraires et draconiens.

279. — *Quid* de cet autre ouvrier dont parlait aussi

(1) Ch. dép., 26 oct. 1897 ; *J. off.*, p. 2207.

M. Charpentier, auquel il est interdit de remettre en place les courroies pendant que le moteur est en marche et qui le fait cependant pour ne pas arrêter le travail ? Il y aura matière à appréciation. Si, quoique prohibée, cette pratique était cependant tolérée par le patron, la faute de l'ouvrier ne sera pas inexcusable. Si, au contraire, elle était rigoureusement prohibée et proscrite, il y aura faute inexcusable (1).

280. — L'ouvrier qui, étant en état d'ivresse, a occasionné un accident est inexcusable. Son vice ne saurait, en effet, lui servir d'excuse.

281. — De même, commet une faute inexcusable celui qui, dans le cours d'une rixe survenue dans l'atelier, cause un accident. Nous avons dit, du reste, (*suprà*, nº 41), que cet accident n'est pas le fait du travail et ne se trouve pas couvert par le risque professionnel.

282. — Nous avons essayé d'établir les caractères de la faute inexcusable ; loin de nous cependant la prétention de les avoir fixés d'une manière inflexible. Les causes d'accidents sont si multiples, si variées, si imprévues, quelquefois si extraordinaires dans leur simplicité, d'autres fois si compliquées, qu'il est impossible de tracer des règles immuables de responsabilité. Le législateur s'en remet aux tribunaux. Ils apprécieront dans leur sagesse les circonstances de la faute, les phénomènes qui l'ont déterminée, l'influence que la nature et les dangers de l'industrie ont eue sur elle, et décideront si elle est excusable ou non.

---

(1) Conf. Chardiny, *op. cit.*, p. 253.

283. — *Conséquences de la faute inexcusable.*
— En droit pur, la faute inexcusable étant à la charge de
son auteur, le patron qui l'aurait commise, serait responsable de l'intégralité du préjudice, et l'ouvrier auquel elle
serait imputable, n'aurait droit à aucune indemnité. C'est
justement ce que le législateur a voulu éviter en englobant
la faute inexcusable dans le risque professionnel. Seulement il n'a pas voulu, comme les législations allemande
et autrichienne, assimiler l'accident occasionné par la
faute inexcusable aux accidents ordinaires, et il a admis le
tempérament suivant : en cas de faute inexcusable de
l'ouvrier, l'indemnité pourra être diminuée ; elle pourra
être augmentée en cas de faute inexcusable du patron.
C'est une compensation entre les risques courus par l'un
et par l'autre.

« Le tribunal a le droit, dit l'article 20, s'il est prouvé
que l'accident est dû à une faute inexcusable de l'ouvrier
de diminuer la pension fixée au titre premier.

« Lorsqu'il est prouvé que l'accident est dû à la faute
inexcusable du patron ou de ceux qu'il s'est substitués
dans la direction, l'indemnité pourra être majorée, mais
sans que la rente ou le total des rentes allouées puisse
dépasser soit la réduction soit le montant du salaire
annuel. »

284. — *La majoration ou la réduction de la
pension ou des rentes sont facultatives.* — Ce
n'est pas une obligation pour le tribunal d'élever ou
d'abaisser la pension ou les rentes en cas de faute inexcusable, mais une simple faculté. « Le tribunal *a le droit*...

l'indemnité *pourra* être majorée » dit l'article 20. Les
tribunaux apprécieront. Ils pourront maintenir le chiffre
normal des rentes ou bien le diminuer en cas de faute
inexcusable de l'ouvrier, et l'augmenter s'il y a eu faute
inexcusable du patron.

§ 2. — Faute inexcusable de l'ouvrier.

285. — Les indemnités fixées par l'article 3 pourront
être diminuées. Elles ne pourront pas être supprimées.
Dans quelle mesure le tribunal aura-t-il le droit de les
abaisser ? La loi ne fixe pas de minimum. Elles pourront
donc être diminuées jusqu'à 1 franc.

Le 25 novembre 1895, M. Ricard, garde des sceaux, disait
au Sénat que l'indemnité pourrait descendre jusqu'à
zéro (1). C'est sans doute un *lapsus* de la part de cet orateur
qui a pris une si grande part à l'élaboration de la loi nouvelle. La rédaction de la commission était la même dans le
fond que celle de notre article 20. Il y était dit, comme
dans le texte actuel, que le tribunal aurait le droit de
diminuer la pension ; il était donc impossible de supposer,
même dès cette époque, que les juges pourraient l'abaisser
jusqu'à zéro, ce qui eut été la supprimer. Nous n'aurions
certainement vu aucun inconvénient à ce qu'il en fût
ainsi, car un franc d'indemnité ou rien c'est la même
chose, hormis l'honneur des principes ; mais le texte ne
permet incontestablement pas d'aller jusque-là.

(1) Sén., 25 nov. 1895; *J. off.*, p. 954.

M. Thévenet, rapporteur au Sénat en 1898, l'a formellement déclaré à la tribune : « La loi nouvelle dit aux tribunaux : Lorsque la faute vous paraîtra trop lourde, trop inexcusable, vous ne supprimerez pas toute l'indemnité, mais vous pourrez la ramener au chiffre le plus bas possible, fût-ce un franc ; vous ne prononcerez que un franc de dommages-intérêts. » (1).

286. — *Dépens.* — Une question intéressante se pose pour le cas où les tribunaux réduiront la pension ou les rentes à une somme infime. Qui paiera les dépens ? La faute inexcusable de l'ouvrier est reconnue et le patron condamné, pour le principe, à une pension insignifiante : 10, 5 francs, 1 franc. Sera-t-il aussi condamné aux dépens ?

La réponse est importante parce que l'ouvrier étant pourvu de droit de l'assistance judiciaire, n'hésitera pas à demander une indemnité, même lorsqu'il aura provoqué l'accident par une faute absolument inexcusable. Si, dans ce cas, le patron, obligé de se défendre, devait être aussi tenu des frais du procès, il y aurait là pour lui une charge des plus lourdes et des plus injustes.

Les principes généraux du droit nous fournissent la solution. Il est admis, en effet, que les juges ont un pouvoir discrétionnaire pour faire entre les parties qui succombent respectivement, la répartition des dépens (2).

---

(1) Sén., 4 mars 1898 ; *J. off.*, p. 258.

(2) Cass., 18 mai 1808 ; 14 août 1817 ; 31 janv. 1837 ; 11 nov. 1839 ; 17 déc. 1839 ; 6 janv. 1840 ; 11 janv. 1841 ; 12 mai 1841 ; 14 mai 1844 ; 18 janv. 1860 ; 4 août 1864 ; 21 août 1872 ; 1er déc. 1891 ; *Pand. fr. périod.*, 94, 1, 103.

Ils peuvent même condamner une partie en tous les dépens quoiqu'elle ait obtenu gain de cause sur quelques points, si elle a succombé sur les autres (1). Les tribunaux auront donc un pouvoir souverain d'appréciation sur la question des dépens et statueront comme en toute autre matière.

S'ils n'accordent que le strict minimum, nous pensons que l'ouvrier pourra être considéré comme ayant complètement succombé et pourra, par suite, être condamné en tous les dépens.

C'est la solution que présentait M. Ricard, garde des sceaux : « Vous savez, disait-il, qu'en matière d'expropriation pour cause d'utilité publique, quand on est condamné à payer un franc d'indemnité, cela n'entraine pas la condamnation aux dépens (2).

287. — *Conséquences de la faute inexcusable de l'ouvrier vis-à-vis des autres ouvriers.* — L'ouvrier qui aura occasionné un accident par sa faute inexcusable pourra-t-il être recherché personnellement par ses camarades d'atelier qui auront été victimes de l'accident ou par leurs représentants ? Supposons un ouvrier qui, par une faute inexcusable, a causé une catastrophe dont plusieurs de ses camarades ont été victimes. Ceux-ci pourront-ils actionner l'auteur de l'accident ?

Nous répondons négativement. D'abord ils n'ont pas

(1) Cass., 4 avril 1855.
(2) Sén., 25 nov. 1895 ; *J. off.*, p. 954.

d'action contre lui en vertu du risque professionnel qui règle seulement les rapports des ouvriers avec les patrons en cas d'accident. Ils n'en ont pas davantage en vertu du droit commun. En effet, aux termes de l'article 7, les victimes ou leurs représentants peuvent exercer une action conformément aux règles du droit commun uniquement contre les auteurs de l'accident autres que le patron ou ses ouvriers et préposés. C'est l'industrie seule qui est responsable des accidents arrivés par suite de la faute inexcusable d'un ouvrier ; elle en est responsable quoique avec tempérament il est vrai, même envers le coupable, à plus forte raison envers ses camarades qui, eux, sont innocents. Le législateur n'a pas voulu permettre une dualité de responsabilités qui aurait pu être la source de nombreux procès. (Voir chap. XIII).

Mais, dans ce cas, il est évident que la faculté de diminuer la pension ou les rentes dues à l'ouvrier coupable de faute inexcusable ne s'applique pas aux autres ouvriers victimes de l'accident. Ils n'ont commis aucune faute et doivent recevoir l'indemnité intégrale que la loi leur accorde.

288. — *Faute inexcusable de l'ouvrier gagnant plus de 2.400 francs de salaire.* — L'indemnité pourra être réduite, comme pour les autres travailleurs, jusqu'à un franc. Nous ne trouvons dans la loi aucun motif de ne pas appliquer à ces ouvriers les dispositions de l'article 20 dans toute leur étendue.

L'article 2, § 2, fixe les indemnités dues aux ouvriers dont le salaire dépasse 2.400 francs. L'article 20 établit une exception à cette règle pour le cas de faute inexcusable de l'ouvrier, et décide que l'indemnité pourra être réduite. Jusqu'à quelle somme ? Le texte ne le dit pas et on en conclut avec raison que c'est jusqu'à un franc. Or, il ne distingue pas entre les employés gagnant plus ou moins de 2.400 francs. Ils sont donc tous soumis au même régime.

§ 3. — Faute inexcusable du patron.

289. — « Lorsqu'il est prouvé que l'accident est dû à la faute inexcusable du patron ou de ceux qu'il s'est substitués dans la direction, l'indemnité pourra être majorée, mais sans que la rente ou le total des rentes allouées puisse dépasser soit la réduction, soit le montant du salaire annuel. » (Art. 20, § 3).

La majoration de l'indemnité pourra donc être accordée en cas de faute inexcusable : 1º du chef de l'entreprise ; 2º de ceux qu'il s'est substitués dans la direction.

290. — Que faut-il entendre par ces mots employés par l'article 20 : « Ceux qu'il s'est substitués dans la direction ? » Le texte soumis au Sénat, en 1890, visait « le chef d'entreprise ou ses préposés. » MM. Blavier, Lacombe et Trarieux ayant fait remarquer que ces expressions comprendraient tous les ouvriers, le Sénat remplaça le mot « préposés » par « ceux qu'il a préposés à la direction et à la surveillance des travaux. » (1). La Chambre rétablit

---

(1) Amendement de M. Blavier, Sén., 24 et 25 mars 1890; *J. off.*, p. 327 et suiv,

le mot « préposés » ; mais le Sénat le remplaça définitivement, sur la demande de M. Félix Martin, par ces mots :
« Ou de ceux qu'il s'est substitués dans la direction », qui
sont passés dans le texte.

Il est donc visible que le législateur n'a voulu faire
supporter à l'industrie les conséquences de la faute inexcusable qu'autant qu'elle a été commise, soit par le patron,
soit par ceux qui le remplacent dans la direction du travail
et le commandement, et sont, comme le disait M. Trarieux,
ses véritables *alter ego* (1).

On peut considérer comme tels : les directeurs, sous-
directeurs, ingénieurs, sous-ingénieurs, contre-maîtres,
chefs et sous-chefs d'atelier, chefs et sous-chefs de
gare, etc., en un mot, tous ceux qui exercent le commandement au nom du chef d'entreprise.

291. — La faute inexcusable d'un simple ouvrier
n'aggravera donc pas les responsabilités du patron. Mais il
pourra arriver qu'un ouvrier soit accidentellement chargé
de la surveillance ou de la direction des travaux. Dans
cette hypothèse, la faute inexcusable qu'il pourra commettre sera imputable au patron, et il pourra y avoir lieu à
majoration de l'indemnité (2).

292. — *Limites de l'augmentation de l'indemnité.* — La loi excluant la responsabilité intégrale de l'industrie et faisant fléchir la tarification de l'art. 3, il devenait
nécessaire de limiter l'augmentation de l'indemnité. Quel

---

(1) Sén., 25 mars 1890 ; *J. off.*, p. 339.
(2) *Ibid.*, p. 340.

maximum fallait-il adopter ? Le législateur a pensé que l'ouvrier n'étant privé que de son salaire par l'accident, il ne lui était dû qu'une indemnité représentative du salaire ou de la fraction de salaire qu'il avait perdue. Il a donc décidé que, dans le cas de faute inexcusable du patron, l'augmentation de l'indemnité ne pourra pas dépasser le montant du salaire, s'il y a eu mort ou incapacité permanente et absolue de travail, et qu'elle ne pourra pas excéder la réduction subie par le salaire, s'il est résulté de l'accident une simple incapacité partielle.

Ainsi, en cas de décès, la veuve de la victime reçoit une rente égale à 20 % du salaire de son mari. Si l'accident est dû à une faute inexcusable, la rente pourra être élevée jusqu'au montant total du salaire.

Si la victime laisse une veuve et des enfants, quatre par exemple, les rentes qui sont de 60 % du salaire pourront être élevées proportionnellement jusqu'à 100 %.

En cas d'incapacité permanente absolue, la rente, qui est de deux tiers du salaire, pourra être élevée jusqu'à la totalité.

Enfin, s'il y a seulement incapacité partielle et permanente, le montant de la pension qui serait normalement de la moitié de la réduction du salaire, pourra être porté jusqu'à la réduction totale. S'il· s'agit, par exemple, de la perte de la moitié de la capacité de travail, la rente qui ne serait, en principe, que du quart du salaire, pourra être élevée jusqu'à la moitié.

293. — *Employés dont le salaire est supérieur à 2.400 francs victimes de la faute inexcusable* *du patron.* — Le total des rentes dues à ces ouvriers ou employés pourra-t-il atteindre le montant du salaire annuel, comme pour tous les autres ? Nous ne le pensons pas En effet, aux termes du § 2 de l'art. 2, ceux dont le salaire annuel dépasse 2.400 francs ne bénéficient des dispositions de la loi que jusqu'à concurrence de cette somme ; pour le surplus, ils n'ont droit qu'au quart des rentes stipulées par l'art. 3, à moins de conventions contraires quant au chiffre de la quotité. Prenons pour exemple un ouvrier gagnant 10.000 francs, atteint d'incapacité permanente absolue de travail. En l'absence d'une faute inexcusable du patron, il recevra : 1° les deux tiers de 2.400 francs, soit 1.600 francs, plus le quart des deux tiers de l'excédent de salaire, c'est-à-dire 1.266 fr. 66, soit une rente totale de 2.866 fr. 66. S'il y a eu faute inexcusable du patron, la pension pourra être portée à 2.400 fr. plus le quart des deux tiers du restant du salaire, 1.266 fr. 66, soit une pension de 3.666 fr. 66, c'est-à-dire 800 francs de plus en cas de faute inexcusable du patron.

Ce résultat nous paraît conforme à l'esprit de la loi. Les salaires dépassant 2.400 francs n'entrent en ligne de compte que jusqu'à concurrence de cette somme ; pour le surplus, ils ne donnent droit qu'au quart des rentes ou indemnités. Cette règle, tracée dans le § 2 de l'art. 2, ne comporte aucune exception et doit être appliquée même en cas de faute inexcusable du patron.

Remarquons, cependant, que l'article 2 autorise les conventions contraires quant au chiffre de la quotité de l'indemnité due au delà de 2.400 francs de salaire. Il sera donc loisible aux employés gagnant plus de 2.400 francs de stipuler avec le chef d'industrie, pour la part du salaire dépassant 2.400 francs, une quotité supérieure au quart des indemnités légales. Les ouvriers de cette catégorie ne pourront donc s'en prendre qu'à eux-mêmes si, en cas de faute inexcusable du patron, ils ne reçoivent pas une indemnité en rapport avec leurs appointements.

294. — *Pouvoir d'appréciation des tribunaux des conséquences de la faute inexcusable.* — Ainsi qu'on le voit, le législateur s'en est remis aux tribunaux pour l'aggravation ou l'atténuation de la responsabilité de la faute inexcusable. Ils devront en user avec modération et ne pas oublier que la faute inexcusable n'est pas exclue du bénéfice de la nouvelle législation ; elle y est si bien comprise que ce n'est qu'une faculté pour les juges d'abaisser ou d'élever l'indemnité. Le législateur a entendu faire œuvre d'humanité en maintenant dans le risque professionnel les accidents dus à la faute inexcusable. Il n'a voulu ni abandonner à la charité publique les victimes de ces accidents, ni surcharger l'industrie par de grosses indemnités. Les juges n'auront donc recours au maximum et surtout au minimum que dans des cas très exceptionnels et lorsque la faute sera vraiment impardonnable. Tel nous paraît être le vœu du législateur et l'esprit du risque professionnel.

295. — *La faute inexcusable n'a point d'effet sur l'incapacité temporaire.* — La faute inexcusable ne peut être recherchée que dans le cas de mort ou dans celui d'incapacité permanente absolue ou partielle.

Cela résulte formellement des termes même de l'art. 20 qui prévoit la diminution ou la majoration de *la pension* ou *des rentes*. Or, il n'est pas accordé de pensions ou de rentes à la suite d'une incapacité temporaire de travail, mais une simple indemnité.

M. Ricard s'est expliqué très nettement sur ce point dans son rapport, où nous lisons : « Nous n'avons fait aucune distinction tirée de la nature et de la gravité de la faute, lorsque l'accident n'a entraîné qu'une incapacité temporaire. L'ouvrier, en pareil cas, a toujours droit à une indemnité. En ce qui concerne les accidents donnant lieu à des rentes ou pensions, nous avons établi des règles spéciales pour les fautes lourdes, c'est-à-dire pour celles qui seraient véritablement inexcusables et grossières. »

En 1893, M. Ricard exprimait la même opinion devant la Chambre : « En principe, la faute lourde doit entrer au nombre des éléments d'appréciation de l'indemnité. Dans quels cas ? Lorsque l'accident aura occasionné soit le décès, soit l'incapacité permanente absolue, soit l'incapacité permanente partielle de travail. Mais lorsque l'accident n'aura provoqué qu'une incapacité de travail très courte, la commission a pensé que les principes devaient être dominés par les questions d'humanité et de justice, et qu'il fallait que le patron ou plutôt que les frais généraux de l'industrie fussent tenus de réparer les blessures occasionnées par l'industrie, quelle qu'ait été la cause de ces blessures. » (1).

Enfin, le 25 novembre 1895, M. Ricard, devenu garde

_____

(1) Ch. dép., 8 juin 1893 ; *J. off.*, p. 1655.

des sceaux, exposait la même opinion devant le Sénat :
« Quand il s'agit, disait-il, d'une réparation accordée à un
ouvrier blessé, même par sa faute, il est humain, il est
bon, il est sage de lui accorder une indemnité temporaire
sans rechercher s'il y a eu ou non faute lourde. C'est ce
que j'ai écrit dans mon rapport, et c'est ce qui a été
répété à la Chambre des députés : Pas de question de
faute lourde lorsqu'il s'agit d'accidents n'entraînant que
des incapacités temporaires de travail... Les frais généraux de cette industrie doivent supporter une petite charge
pour que ce malheureux soit indemnisé pendant sa
maladie, comme est réparé tout ce qui sert à l'industriel
pour mettre en œuvre son usine et la faire produire. » (1).

Il est vrai qu'à cette époque on ne parlait pas encore de
la faute inexcusable, mais seulement de la faute lourde.
Le projet voté par la Chambre, le 10 juin 1893, autorisait
le tribunal arbitral qu'il instituait, à diminuer ou à majorer
la pension en cas de faute lourde de l'ouvrier ou du patron,
et cette faculté de diminution ou d'augmentation fut
appliquée plus tard à la faute inexcusable, sauf que le
tribunal arbitral fut remplacé par le tribunal civil. Il est
donc certain que ce que M. Ricard disait de la faute lourde
doit s'appliquer à la faute inexcusable.

En conséquence, la faute inexcusable ne peut pas être
prise en considération lorsqu'il s'agit d'incapacité temporaire de travail. Dans ce cas, l'indemnité ne peut être ni
abaissée ni augmentée par suite de la faute inexcusable de
l'ouvrier ou du patron (2).

(1) Sén., 25 nov. 1895 ; J. off., p. 954.
(2) Contrà, André et Guibourg, Code ouvrier, supp., p. 22.

§ 4. — Accidents intentionnels.

296. — Les seuls accidents laissés en dehors de la nouvelle législation sont ceux qui ont été provoqués intentionnellement. « Aucune des indemnités déterminées par la présente loi, dit l'article 20, ne peut être attribuée à la victime qui a intentionnellement provoqué l'accident. »

Il ne s'agit plus ici d'une faute volontaire indépendante de l'intention de produire l'accident et constituant la faute inexcusable, mais uniquement de l'intention de provoquer l'accident lui-même. (*Supra*, n° 265).

L'accident intentionnel sera souvent délictueux ou criminel. L'ouvrier qui se blessera seul pour recevoir une indemnité ou une pension viagère, ne fera de tort qu'à lui-même et ne pourra pas être poursuivi pénalement à moins qu'il n'ait commis en même temps un délit ou une contravention. Mais celui qui, par vengeance ou méchanceté, provoquera un accident dont il sera victime avec d'autres ouvriers, commettra un délit ou un crime passible des peines légales.

297. — Dans ce dernier cas, en vertu de la règle : « Le criminel tient le civil en état », la juridiction civile devra surseoir au jugement jusqu'à ce qu'il ait été statué sur l'action publique.

298. — L'accident intentionnel prive la victime de toute indemnité soit en cas de décès, soit en cas d'incapacité de travail permanente ou temporaire. « Aucune des indemnités, dit l'article 20, ne peut être attribuée à la victime. »

299. — Mais il est évident que c'est la victime seule qui perd tout droit à l'indemnité, et que si l'accident a atteint d'autres ouvriers, ceux-ci bénéficieront du risque professionnel, le patron étant responsable du fait de ses ouvriers ou préposés. Il y aura même lieu d'appliquer les règles de la faute inexcusable, l'accident intentionnel étant évidemment impardonnable. En conséquence, si l'accident est dû au fait d'un simple ouvrier, les victimes autres que le coupable recevront seulement les indemnités stipulées par l'article 3. S'il est l'œuvre, au contraire, de ceux qui remplacent le patron dans la direction du travail, il y aura faculté de majoration des pensions, conformément à l'article 20.

300. — L'accident intentionnel étant en dehors du risque professionnel, les chefs d'entreprise pourront exercer un recours contre son auteur.

301. — *Accident intentionnel provoqué par le patron.* — L'article 20 ne prévoit que l'accident provoqué intentionnellement par l'ouvrier, et ne s'occupe pas de celui qui aurait été produit volontairement par le patron. Le cas sera assurément très rare. S'il se présentait, il nous paraît hors de doute que cet accident ne serait pas régi par le risque professionnel et rentrerait dans le droit commun. Le patron serait donc soumis à la responsabilité intégrale sans préjudice des sanctions pénales qu'il aurait pu encourir.

CHAPITRE IX

Déclaration des Accidents. — Devoirs des Maires

302. — Toutes les fois que le législateur s'est occupé des accidents du travail, il a reconnu la nécessité de les porter à la connaissance de l'autorité locale. Dès 1813 les exploitants des mines étaient assujettis à déclarer au maire les accidents survenus dans leurs concessions. En 1846 la même mesure fut appliquée aux chemins de fer, puis aux propriétaires de machines à vapeur (1) et enfin à toute l'industrie par les lois des 2 novembre 1892 et 12 juin 1893 sur la protection des travailleurs.

La loi instituant le risque professionnel est restée en harmonie avec la législation antérieure, et, malgré qu'on ait demandé que les accidents fussent déclarés soit au juge de paix, soit aux ingénieurs de l'Etat, la préférence

_____

(1) Décret du 30 avril 1880.

a été donnée au maire, premier officier de police judiciaire de la commune, parce qu'il est naturel qu'il soit le premier instruit des accidents survenus à ses administrés et qu'il peut avoir à prendre des mesures de secours et de sécurité.

§ 1er. — Déclaration.

303. — « ART. 11. — Tout accident ayant occasionné une incapacité de travail doit être déclaré dans les quarante-huit heures, par le chef d'entreprise ou ses préposés, au maire de la commune qui en dresse procès-verbal.

« Cette déclaration doit contenir les noms et adresses des témoins de l'accident. Il y est joint un certificat de médecin indiquant l'état de la victime, les suites probables de l'accident et l'époque à laquelle il sera possible d'en connaître le résultat définitif.

« La même déclaration pourra être faite par la victime ou ses représentants.

« Récépissé de la déclaration et du certificat du médecin est remis par le maire au déclarant.

« Avis de l'accident est donné immédiatement par le maire à l'inspecteur divisionnaire ou départemental du travail ou à l'ingénieur ordinaire des mines chargé de la surveillance de l'entreprise.

« L'article 15 de la loi du 2 novembre 1892 et l'article 11 de la loi du 12 juin 1893 cessent d'être applicables dans les cas visés par la présente loi. »

Tout accident suivi d'une incapacité de travail doit faire

l'objet d'une déclaration. Il ne s'agit pas seulement des accidents ayant produit une incapacité de travail de plus de quatre jours et pouvant seuls donner lieu à une indemnité, mais des accidents ayant entraîné une incapacité de travail quelconque ; ils doivent tous être déclarés afin que les patrons ne soient pas laissés juges de la question de savoir si le risque professionnel doit fonctionner ou non.

Du moment que la loi ne fixe pas la durée de l'incapacité de travail nécessaire pour que la déclaration soit obligatoire, l'accident doit être déclaré dès que la victime n'a pas pu reprendre son travail.

Comment ! nous dira-t-on, une foulure, une brûlure, devront être déclarées parce que l'ouvrier aura été renvoyé chez lui pour le reste de la journée, s'il a repris son travail le lendemain ! La loi est formelle : il y a eu incapacité, il doit y avoir déclaration.

C'est dans ce sens que s'exprimait devant le Sénat, M. Thévenet, rapporteur : « La déclaration est obligatoire, sans doute ; si l'accident est de très minime importance, le chef d'entreprise s'en affranchira sous sa responsabilité ; mais nous ne pouvons pas formuler dans la loi un principe aussi vague, alors qu'il est si difficile de prévoir quelles seront les conséquences de l'accident. » (1). On le voit, c'est sous sa responsabilité que le patron se dispenserait de la déclaration. Il est donc prudent de sa part de déclarer tout accident qui aura empêché la reprise du travail de la victime. Ce sera le seul moyen de se mettre à l'abri des surprises.

(1) Sén., 23 mars 1896 ; *J. off.*, p. 307.

304. — *Dans quelle commune doit être faite la déclaration*. — L'article 11 décide que la déclaration doit être faite « au maire de la commune ». Est-ce de la commune du domicile de la victime, de celle du domicile du patron ou de celle du lieu où s'est produit l'accident ? Nous pensons qu'il s'agit de la commune dans laquelle l'accident a eu lieu. Cela résulte des motifs qui ont fait choisir le maire pour recevoir la déclaration : nécessité d'informer le premier officier de police de la localité, éventualité des mesures de sécurité ou de secours. Au surplus le maire devant dresser procès-verbal de l'accident, l'accomplissement de cette formalité serait impossible pour un autre que celui du lieu du sinistre (1).

A Paris, c'est à la mairie de l'arrondissement que l'accident doit être déclaré.

305. — *Par qui doit être faite la déclaration*. — L'accident doit être déclaré par le chef d'entreprise ou ses préposés, dit l'art. 11. Le mot « préposé » n'est pas pris ici dans le sens de l'article 1384 du Code civil, où il comprend toutes les personnes placées sous les ordres du patron. Il est évident, en effet, que de simples ouvriers, par exemple, ne peuvent pas avoir la responsabilité de déclarer les accidents. L'art. 11, comme l'art. 14, qui en contient la sanction, visent uniquement le chef d'entreprise ou ceux qui le remplacent dans la direction et le commandement, tels que directeurs, sous-directeurs, ingénieurs, sous-ingénieurs, gérants, chefs et sous-chefs de gare, etc.

(1) *Contrà*, Coulet, *op. cit.*

306. — *Forme de la déclaration.* — La déclaration peut être verbale ou écrite. Pour l'exécution des lois du 2 novembre 1892 et 12 juin 1893, la déclaration par lettre missive était admise. Il doit continuer à en être de même.

Nous admettrons même la déclaration télégraphique ou téléphonique, sauf à transmettre ultérieurement le certificat médical.

Elle doit contenir l'indication de la nature de l'accident, les noms et adresses des victimes et des témoins.

307. — *Certificat médical.* — Il y est joint un certificat du médecin indiquant l'état de la victime, les suites probables de l'accident et l'époque à laquelle il sera possible d'en connaître le résultat définitif.

Il est très essentiel que le certificat contienne exactement les renseignements exigés par la loi et qui sont indispensables au maire pour savoir quelle suite il doit donner à la déclaration. Le médecin doit donc préciser soigneusement : 1° l'état actuel de la victime et le lieu où elle est en traitement ; 2° les suites probables de l'accident, c'est-à-dire incapacité de travail temporaire ou permanente, soit absolue, soit partielle, ou la mort ; 3° l'époque à laquelle il sera possible de savoir le résultat définitif de l'accident, c'est-à-dire dans combien de temps on pourra connaître les conséquences véritables de la blessure.

Nous ne nous dissimulons pas qu'il sera souvent difficile de répondre, immédiatement après l'accident, aux deux dernières questions. Par exemple, comment le médecin pourra-t-il affirmer quelles seront les suites probables d'une fracture ? S'il ne surgit rien d'imprévu, l'incapacité sera temporaire ; mais il peut survenir telle ou telle complication qui occasionne une incapacité permanente ou même la mort. La loi ne demande pas l'impossible ; elle admet les imperfections de la science et les incertitudes de l'homme de l'art. Après avoir formulé leur avis, les médecins feront donc les réserves qu'ils croiront nécessaires, ainsi qu'ils le font, du reste, lorsqu'ils sont appelés à se prononcer sur la gravité d'une blessure à la suite d'un délit ou d'un crime. Dans ce cas, ils devront compléter ultérieurement leur certificat par un autre supplémentaire.

308. — *Délai de la déclaration.* — Un délai de quarante-huit heures est accordé pour faire la déclaration. Il ne s'agit pas de deux jours francs, mais d'un laps de temps compté d'heure à heure. Ainsi pour un accident survenu le premier septembre à cinq heures du soir, le délai expirera le trois septembre à la même heure.

Il pourra arriver que, dans le délai de quarante-huit heures, le chef d'entreprise ne puisse pas fournir de certificat médical constatant l'état des victimes. S'il s'agit, par exemple, d'un accident de mines où l'on ne peut, le plus souvent, connaître le nombre des victimes que plusieurs jours après la catastrophe, il sera impossible à l'exploitant de se conformer aux prescriptions de la loi. Dans ce cas, le maire devra se contenter de la déclaration qu'il transmettra immédiatement au juge de paix, sauf au chef d'entreprise à envoyer ultérieurement et le plus tôt possible, le certificat médical.

309. — *Déclaration faite par la victime ou ses représentants.* — La victime peut faire la déclaration de l'accident comme le chef d'entreprise lui-même. Elle peut la faire alors même que le patron a déjà fait la sienne. S'il lui est impossible de venir en personne déclarer l'accident, le blessé peut le déclarer par lettre ou le faire déclarer par un mandataire, un parent ou un ami. En cas de décès, la déclaration peut être faite par les ayants droit.

La loi ne fixe pas de délai pour la déclaration de la victime. Elle peut donc avoir lieu tant que la prescription n'est pas acquise, c'est-à-dire pendant une année.

Lorsque la déclaration est faite par la victime ou ses représentants, doit-on y joindre un certificat médical ? Non. La loi n'impose formellement cette obligation que pour la déclaration faite par le patron. S'il en était autrement, la victime pourrait se trouver empêchée de faire sa déclaration parce qu'elle ne pourrait pas faire la dépense du certificat médical. Il y aurait là, dans tous les cas, une gêne de nature à entraver l'exercice de son droit. « L'obligation de produire un certificat médical, disait M. Ricard, rapporteur, nous ne l'imposons qu'au patron. » (1).

Si toutefois la victime qui déclare l'accident produit un certificat médical, il n'y aura pas lieu de le rejeter. Au contraire, il servira à éclairer la religion du maire et devra être joint au dossier.

(1) Ch. dép., 28 mai 1888 ; *J. off.*, p. 1535.

§ 2. — Devoirs des maires.

310. — *Procès-verbal.* — Le maire doit dresser procès-verbal non seulement de la déclaration qu'il a reçue, mais de l'accident lui-même. Il doit donc faire, s'il le juge à propos, une première enquête pour arriver aux constatations qui lui paraissent nécessaires. Le procès-verbal contiendra l'exposé sommaire des circonstances de l'accident, les noms et prénoms des victimes et des témoins, les jour et heure de la déclaration et l'indication du médecin qui a examiné la victime.

La loi n'imposant aucune forme de procès-verbal, les maires feront bien d'employer le modèle prescrit par les lois de 1892 et 1893 sur la protection du travail.

311. — Le maire doit remettre au déclarant, patron ou victime, un récépissé de la déclaration, et, s'il y a lieu, du certificat médical.

312. — *Avis aux inspecteurs du travail ou aux ingénieurs.* — Immédiatement après la déclaration, le maire doit, d'urgence, informer de l'accident l'inspecteur divisionnaire ou l'inspecteur départemental du travail. Cet avis doit être transmis directement à ces fonctionnaires sans recourir à l'intermédiaire du Préfet ; à cet effet, les maires jouissent de la franchise postale.

313. — Certaines industries ou parties d'industries, échappent au contrôle des inspecteurs du travail et sont placées sous la surveillance des ingénieurs du corps des mines. Ce sont : 1° les chemins de fer ; 2° les mines, minières et carrières ; 3° les machines à vapeur. Toutes les fois qu'un accident arrive soit dans les deux premiers groupes d'industries, soit dans une industrie quelconque par le fait d'une machine à vapeur, ce n'est pas l'inspecteur du travail qui doit être avisé mais l'ingénieur ordinaire des mines.

314. — *Avis au juge de paix.* — Lorsqu'il résulte du certificat médical que la blessure paraît devoir entraîner la mort ou une incapacité permanente absolue ou partielle de travail, le maire doit, en outre, transmettre la copie de la déclaration et le certificat médical au juge de paix du canton où l'accident s'est produit. (Art. 12, § 1er).

Le maire se décidera, non sur son appréciation personnelle, mais sur le certificat du médecin. Il devra donc exiger, lorsque ce document lui sera remis, qu'il contienne très exactement les renseignements prescrits par la loi ; à défaut, il devra le faire compléter dans les quarante-huit heures.

315. — Ce n'est donc que dans trois cas que le maire doit saisir le juge de paix :

1° Lorsque l'accident a entraîné la mort ou paraît devoir l'occasionner ;

2° Lorsque le médecin conclut à une incapacité de travail permanente absolue ;

3° Ou à une incapacité permanente partielle.

316. — Si le médecin a diagnostiqué une incapacité temporaire, le maire n'a pas à informer le juge de paix ; il doit se borner à dresser procès-verbal et à aviser l'inspecteur du travail ou l'ingénieur chargé de la surveillance de l'entreprise.

317. — Lorsqu'il y a doute sur les véritables conséquences de l'accident, si, par exemple, le médecin réserve son appréciation, le maire doit saisir le juge de paix.

318. — Il pourra arriver aussi que la victime n'accepte pas les conclusions du certificat médical, et que, par exemple, tandis que le médecin prévoit une incapacité temporaire de travail, le blessé prétende être menacé d'une incapacité permanente. Dans ce cas, la victime devra faire une déclaration d'accident et produire un certificat à l'appui de sa réclamation. Le maire se trouvera ainsi en face d'une divergence d'opinions qui l'autorisera à saisir le juge de paix.

319. — Enfin, on peut prévoir que, parfois, il n'y aura de déclaration ni du patron, ni de la victime. Dans cette hypothèse, nous n'hésitons pas à dire que le maire devra quand même dresser procès-verbal, aviser l'inspecteur ou l'ingénieur et, s'il paraît y avoir incapacité permanente, envoyer au juge de paix la copie de son procès-verbal. En effet, la loi du 9 avril 1898 est d'ordre public ; ses prescriptions doivent donc être obligatoirement observées, et il ne peut pas dépendre des parties intéressées de mettre en mouvement le risque professionnel.

Bien entendu, dans le cas où le maire saisit le juge de paix de l'accident, il n'est pas dispensé de prévenir l'inspecteur du travail ou les ingénieurs. Avis doit être donné à ces derniers de tous les accidents ayant occasionné une incapacité de travail, tandis que le maire ne doit transmettre les pièces au juge de paix que lorsque la blessure paraît devoir entraîner la mort ou une incapacité permanente, soit absolue, soit partielle.

320. — Il arrivera souvent que le médecin ayant conclu à une incapacité temporaire, on reconnaîtra plus tard que l'incapacité est permanente. Dans ce cas, le médecin devra rédiger un nouveau certificat qui sera transmis par le patron au maire et par lui au juge de paix pour qu'il soit procédé à l'enquête.

Si le patron néglige de le faire, ou concurremment avec lui, la victime pourra aviser le maire. A défaut, le maire devra saisir directement le juge de paix, de même que celui-ci pourra procéder d'office s'il n'est pas avisé par le maire.

321. — Le juge de paix doit recevoir les pièces suivantes : 1° la copie de la déclaration dont la minute doit rester à la mairie annexée au procès-verbal ; 2° le certificat médical.

Si la victime a fait une déclaration, une copie doit aussi en être envoyée au juge de paix.

Cet envoi doit être fait sans aucun délai et immédiatement après la déclaration. Il est très important que les maires ne mettent aucun retard à la transmission des pièces, attendu que le juge de paix doit commencer son enquête d'urgence et autant que possible avant que l'état des lieux ait pu être modifié.

322. — C'est le juge de paix du canton où l'accident s'est produit qui est compétent. On avait demandé que ce fût celui du domicile de la victime ; mais c'est avec raison que la préférence a été donnée à celui du lieu de l'accident, qui pourra plus utilement et plus rapidement procéder à l'enquête prescrite par la loi.

323. — *Pénalités.* — Les chefs d'industrie ou leurs préposés qui manquent aux obligations que nous venons de tracer sont punis d'une amende de un à quinze francs, et, en cas de récidive dans l'année, l'amende peut être élevée de seize à trois cents francs. L'article 463 du Code pénal est applicable à ces contraventions. (Art. 14).

Les pénalités de l'article 14 seront encourues non seulement pour défaut de déclaration, mais encore en cas de déclaration incomplète ne contenant pas les noms ou les adresses des témoins comme en l'absence de certificat médical.

Par le mot « préposés », l'article 14 vise les mêmes personnes qui sont chargées par l'article 11 de faire la déclaration d'accident, c'est-à-dire celles qui remplacent le chef d'entreprise : directeur, sous-directeur, etc.

Le patron sera personnellement poursuivi s'il est établi que c'était à lui qu'incombait le soin de faire la déclaration ; ce seront, au contraire, ses préposés lorsqu'il sera démontré que cette déclaration rentrait dans leurs attributions. Voici, par exemple, une grande société ayant à sa tête un directeur général qui a sous ses ordres plusieurs ingénieurs. Si un accident n'est pas déclaré, ce ne sera pas le directeur qui pourra être poursuivi, mais l'ingénieur chargé de la direction du service dans lequel l'accident s'est produit. Comme il s'agit ici d'une contravention, l'excuse tirée de la bonne foi ne sera pas admise.

324. — *Récidive.* — « En cas de récidive dans l'année, l'amende peut être élevée de 16 à 300 francs », dit l'art. 14. Il s'agit d'une simple faculté pour le tribunal correctionnel et non d'une obligation, l'article 463 du Code pénal étant applicable.

325. — *Constatation.* — Les inspecteurs du travail sont chargés de la constatation de ces contraventions (Art. 31, § 3). Mais elles peuvent être également constatées par les juges de paix, les maires ou les gardes champêtres.

CHAPITRE X

Enquête du Juge de Paix

---

§ 1ᵉʳ. — Objet de l'enquête.

326. — Dès qu'il a reçu les pièces transmises par le maire, et dans les vingt-quatre heures, le juge de paix doit procéder à une enquête. La loi exige qu'il la commence dans un très bref délai afin qu'il puisse constater immédiatement l'état des victimes, des machines et des lieux, et se rendre compte des causes de l'accident (1).

« Dans les vingt-quatre heures de la réception de cet avis (du maire), le juge de paix procède à une enquête à l'effet de rechercher :

---

(1) Le décret du 30 avril 1880, relatif aux appareils à vapeur (art. 28), dispose qu'en cas d'explosion, les constructions ne doivent pas être réparées et les fragments de l'appareil rompu ne doivent pas être déplacés ou dénaturés avant la constatation de l'état des lieux par l'ingénieur. Cette disposition devrait être étendue à tous les accidents graves.

« 1º La cause, la nature et les circonstances de l'accident ;

« 2º Les personnes victimes et le lieu où elles se trouvent ;

« 3º La nature des lésions ;

« 4º Les ayants droit pouvant, le cas échéant, prétendre à une indemnité ;

« 5º Le salaire quotidien et le salaire annuel des victimes. » (Art. 12, § 2).

L'enquête du juge de paix doit donc avoir pour but de rechercher :

1º La cause de l'accident, c'est-à-dire les faits qui l'ont déterminé ;

2º Sa nature, c'est-à-dire s'il est dû à un cas fortuit ou de force majeure, à l'imprudence, à la faute excusable ou inexcusable, soit du patron, soit de la victime, ou à l'intention coupable de l'un ou de l'autre ;

3º Ses circonstances ou l'ensemble des faits qui l'ont accompagné ;

4º Les victimes, leur état civil, leur nationalité, leur situation de famille et le lieu où elles se trouvent ;

5º La nature des lésions : fracture, brûlure, etc., et le degré de l'incapacité de travail ;

6º En cas de décès constaté ou éventuel, les ayants droit pouvant prétendre à une indemnité, c'est-à-dire le conjoint, les enfants âgés de moins de seize ans, enfin les ascendants et petits-enfants âgés de moins de seize ans, à la charge de la victime. Si l'ouvrier est de nationalité étrangère, il sera nécessaire de rechercher si ses ayants droit résidaient en France au moment de l'accident ;

7º Le salaire quotidien et le salaire annuel des victimes.

17

§ 2. — Formes de l'enquête.

327. — Le juge de paix doit procéder à une véritable enquête judiciaire. « L'enquête a lieu contradictoirement dans les formes prescrites par les articles 35, 36, 37, 38 et 39 du Code de procédure civile, en présence des parties intéressées ou celles-ci convoquées d'urgence par lettre recommandée. » (Art. 13, § 1).

Les parties intéressées sont le chef d'entreprise et les victimes ou leurs ayants droit. Tous peuvent se faire représenter.

Si les parties sont présentes, il n'y a pas de difficultés : le juge de paix commence immédiatement son enquête en leur présence.

Si elles sont absentes ou si l'une d'elles est absente, le juge de paix doit les convoquer, par lettre recommandée, à se rendre d'urgence à l'endroit où l'enquête doit avoir lieu.

Si la victime est dans l'impossibilité d'assister à l'enquête, elle doit quand même être convoquée par lettre recommandée avec invitation à se faire représenter, si elle le juge à propos.

Si la victime est décédée et que ses ayants droit se trouvent éloignés, le juge de paix devra-t-il attendre leur arrivée ? Nous sommes d'avis qu'il devra attendre pendant le temps moral nécessaire pour qu'ils puissent se présenter.

Pendant ce temps, le juge de paix ne restera pas inactif et recueillera les premiers éléments de son enquête. Il constatera l'état des lieux et des machines, désignera, s'il y a lieu, un médecin et un expert et recherchera le montant du salaire.

Si les ayants droit ou leur domicile sont inconnus, le juge le constatera dans son procès-verbal et passera outre.

Quid si les ayants droit sont incapables ? S'il y a un tuteur ou un administrateur légal, c'est lui qui sera convoqué. La loi n'a pas prévu le cas où il n'y en aurait pas. Il eut été désirable que le juge de paix fût autorisé, dans cette hypothèse, à désigner un administrateur *ad hoc*. Dans le silence de la loi, nous pensons que le juge de paix devra prendre les mesures nécessaires pour arriver à la nomination d'un représentant légal, tuteur ou administrateur provisoire, mais qu'il n'aura pas à attendre la solution de cette instance pour procéder à l'enquête.

« Le juge de paix doit se transporter auprès de la victime de l'accident qui se trouve dans l'impossibilité d'assister à l'enquête. » (Art. 13, § 2). Le magistrat recueillera la déposition du blessé et le renseigner sur l'étendue de ses droits.

Comment procédera-t-on si la victime a été transportée sur le territoire d'un autre canton ? La compétence des juges de paix étant territoriale, il faudra procéder par commission rogatoire.

Toutefois, pour les villes divisées en plusieurs cantons, nous estimons que le juge de paix pourra se rendre auprès de la victime qui aura été transportée dans un autre canton que le sien.

328. — L'enquête doit avoir lieu dans les formes prescrites par les articles 35 à 39 du Code de procédure civile
ainsi conçus :

« Art. 35. — Au jour indiqué, les témoins, après avoir
dit leurs noms, profession, âge et demeure, feront le serment de dire la vérité, et déclareront s'ils sont parents ou
alliés des parties et à quel degré, et s'ils sont leurs serviteurs ou domestiques.

« Art. 35. — Ils seront entendus séparément, en présence des parties, si elles comparaissent ; elles seront
tenues de fournir leurs reproches avant la déposition et de
les signer ; si elles ne le savent ou ne le peuvent, il en
sera fait mention : les reproches ne pourront être reçus
après la déposition commencée, qu'autant qu'ils seront
justifiés par écrit.

« Art. 37. — Les parties n'interrompront point les
témoins : après la déposition, le juge pourra, sur la réqui-
sition des parties, et même d'office, faire aux témoins les
interpellations convenables.

« Art. 38. — Dans tous les cas où la vue des lieux peut
être utile pour l'intelligence des dépositions, et spécialement dans les actions pour déplacement de bornes, etc.,
le juge de paix se transportera, s'il le croit nécessaire, sur
le lieu, et ordonnera que les témoins y seront entendus.

« Art. 39. — Dans les causes sujettes à l'appel, le greffier dressera procès-verbal de l'audition des témoins : cet
acte contiendra leurs noms, âge, profession et demeure,
leur serment de dire la vérité, leur déclaration s'ils sont
parents, alliés, serviteurs ou domestiques des parties, et
les reproches qui auraient été fournis contre eux. Lecture

de ce procès-verbal sera faite à chaque témoin pour la partie qui le concerne ; il signera sa déposition, ou mention sera faite qu'il ne sait ou ne peut signer. Le procès-verbal sera, en outre, signé par le juge et le greffier... »

L'enquête prescrite au juge de paix doit donc se faire dans les formes ordinaires. Le juge doit obligatoirement se transporter auprès du blessé ; mais il ne faut pas en conclure qu'il doit faire l'enquête en sa présence. L'enquête peut être faite là où le magistrat le juge utile, comme en matière ordinaire. Le juge doit être assisté de son greffier qui tient la plume. Les témoins prêtent serment ; ils sont entendus séparément et peuvent être reprochés. Procès-verbal est dressé de leur déposition.

329. — Le juge de paix procède à l'enquête d'office. C'est donc lui qui recherche et appelle les témoins ; mais la loi ne dit pas comment ils devront être convoqués. Elle impose la citation des parties par lettre recommandée, mais ne parle pas des témoins. Il est probable qu'elle a voulu leur étendre ce mode économique de citation. Telle était incontestablement la pensée de M. Chovet qui fit adopter par le Sénat, en 1890, l'application des articles 35 et suivants du Code de procédure civile à l'enquête du juge de paix. Il disait, en effet, en s'adressant à la commission qui s'opposait à son amendement : « Je ne vois pas en quoi ma proposition retarderait la marche de la procédure. Comment citez-vous vos témoins ? Vous les citez par lettre chargée, d'urgence. Eh bien, moi je les laisse convoquer de la même façon. » (1).

(1) Sén., 13 mai 1890 ; *J. off.*, p. 425.

Nous pensons donc que le juge de paix peut convoquer les témoins par lettre recommandée ou par un simple avertissement, même verbalement. L'enquête sera également valable et régulière puisque les témoins peuvent toujours comparaître volontairement et sans aucune citation préalable. Mais s'ils ne se présentent pas, le juge n'aura aucune sanction contre leur résistance. Il devra recourir alors à la citation, conformément aux articles 260 et suivants du Code de procédure civile, et, en cas de non-comparution, le témoin défaillant sera condamné à l'amende et réassigné à ses frais.

330. — Enfin se pose une dernière question qui a été agitée dans le cours des travaux préparatoires : le juge de paix devra-t-il statuer sur les reproches des témoins ? Nous sommes d'avis que le témoin reproché doit être entendu dans sa déposition par analogie avec le cas prévu par l'article 1035 du Code de procédure civile relatif aux commissions rogatoires. Ici, le juge de paix reçoit une commission spéciale de la loi pour faire l'enquête sur laquelle le tribunal sera appelé à statuer. On doit donc appliquer les mêmes règles que lorsque c'est un tribunal qui a donné une commission rogatoire au juge de paix. C'est l'opinion que M. Chovet exprimait devant le Sénat : « Vous savez, disait-il, que les enquêtes ont lieu soit par devant le tribunal, soit par devant les juges commis par le tribunal, soit par des juges de paix (art. 1035), qui ont une commission rogatoire. Or, lorsque, par devant le juge commis, par devant le juge qui a reçu une commission rogatoire, vous élevez un reproche contre le témoin, le témoin est néanmoins entendu dans sa déposition, mais c'est le tribunal seulement qui statue sur la valeur du reproche. » (1).

331. — *Désignation d'un médecin.* — Le juge de paix ne pourra évidemment pas se prononcer personnellement sur la nature des lésions et sur les conséquences qu'elles pourront avoir. Il examinera donc le certificat médical, et, après s'être rendu compte par lui-même de la gravité des blessures et des circonstances de l'accident, il appréciera si ce certificat est suffisant ou bien s'il y a lieu de commettre un autre médecin pour examiner de nouveau la victime. (Art. 13, § 3).

Le médecin commis devra dresser de son examen un rapport qui sera transmis au juge de paix dans le plus bref délai et, dans tous les cas, avant la clôture de l'enquête.

Il n'y aurait pas d'inconvénients non plus à ce que les constatations du médecin fussent reçues dans l'enquête sous forme de déposition.

Les médecins seront taxés par les juges de paix, comme en matière civile.

332. — *Désignation d'un expert.* — Pour établir les causes de l'accident, le juge de paix peut avoir à faire des constatations techniques pour lesquelles il est incompétent. Dans ce cas, il est autorisé à commettre un expert pour se faire assister dans l'enquête. (Art. 13, § 4).

Les experts comme les médecins prêteront serment devant le juge de paix.

(1) Sén., 13 mai 1890 ; *J. off.*, p. 425.

333. — Toutefois, le juge de paix ne doit pas nommer d'expert à la suite d'accidents survenus dans certaines entreprises d'Etat ou placées sous la surveillance de l'Etat.

« Il n'y a pas lieu à nomination d'expert dans les entreprises administrativement surveillées, ni dans celles de l'Etat placées sous le contrôle d'un service distinct du service de gestion, ni dans les établissements nationaux où s'effectuent des travaux que la sécurité publique oblige à tenir secrets. Dans ces divers cas, les fonctionnaires chargés de la surveillance ou du contrôle de ces établissements ou entreprises, et, en ce qui concerne les exploitations minières, les délégués à la sécurité des ouvriers mineurs, transmettent au juge de paix, pour être joint au procès-verbal d'enquête, un exemplaire de leur rapport. » (Art. 13, § 5).

334. — *1° Entreprises administrativement surveillées.* — Ces entreprises privées sont les suivantes :

335. — 1° *Mines, minières et carrières.* — En ce qui les concerne, le juge de paix recevra, non seulement un exemplaire du rapport des ingénieurs de l'Etat, mais encore un exemplaire du rapport des délégués mineurs. Nous savons que la loi du 8 juillet 1890 a institué les délégués mineurs pour visiter les travaux *souterrains* des mines, minières et carrières. Quant aux mines, minières et carrières *à ciel ouvert,* elles peuvent être, aux termes de l'article 18 de cette loi, assimilées aux exploitations souterraines, en ce qui concerne les délégués mineurs, par arrêté du préfet rendu sur le rapport des ingénieurs des mines. Dans les entreprises de ce genre où il n'existe

pas de délégués mineurs, il n'y aura pas lieu non plus
à nomination d'expert, ces exploitations étant soumises à
la surveillance de l'Etat. Le régime des minières est, de
par la loi organique des mines du 21 avril 1810 modifiée
par la loi du 25 mai 1866, absolument identique à celui
des mines. Le décret de 1813 prescrivant aux ingénieurs
des mines de procéder à une enquête, en cas d'accident
grave, leur est applicable, et un exemplaire du rapport
devra être transmis au juge de paix.

Enfin pour les carrières à ciel ouvert, un régime analogue leur est aussi appliqué par le règlement-type qui
existe dans chaque département, en vertu de l'article 80
de la loi du 21 avril 1810, modifiée par la loi du 27 juillet
1880.

336. — 2° *Chemins de fer privés.* — Ces chemins de
fer sont soumis à un contrôle administratif très complet
dont les principes ont été tracés par l'ordonnance du
15 novembre 1846. Tout accident fait l'objet d'une enquête
de la part des ingénieurs du contrôle, qui doivent envoyer
leur rapport au procureur de la République. Ils devront
donc en adresser un exemplaire au juge de paix.

337. — 3° *Appareils à vapeur.* — Enfin les appareils
à vapeur rentrent dans la catégorie des entreprises privées
administrativement surveillées. Le décret des 27-30 avril
1880, rendu par application de la loi du 21 juillet 1856,
confie aux ingénieurs des mines le service du contrôle des
machines à vapeur. En cas d'accident, quel qu'il soit, la
même procédure doit être immédiatement suivie et les
procès-verbaux transmis comme en matière de mines et
de chemins de fer. Les ingénieurs chargés de ce service

auront donc à transmettre au juge de paix un exemplaire de leur rapport.

338. — *2° Entreprises d'Etat placées sous le contrôle d'un service distinct du service de gestion.* — Les chemins de fer de l'Etat rentrent seuls dans cette catégorie. Ils ont été organisés par le décret du 25 mai 1878 rendu en conformité de la loi du 18 mai 1878, d'une façon identique aux compagnies privées. Le contrôle de l'Etat fonctionne, vis-à-vis de cette administration, comme pour les compagnies privées. En cas d'accident notamment, même enquête, même procédure et même transmission de rapport.

Le juge de paix n'a donc pas ici non plus à nommer d'expert ; il doit se contenter du rapport des ingénieurs du contrôle.

Les ingénieurs des mines et ceux du contrôle devront faire toutes les diligences nécessaires pour que leur rapport parvienne au juge de paix dans le délai de dix jours. En ce qui concerne les chemins de fer et aux termes de l'article 4 de la loi du 27 février 1850, les ingénieurs du contrôle doivent envoyer leur rapport au parquet dans la huitaine du jour où ils ont reçu le procès-verbal du commissaire de surveillance administrative ; mais aucun délai n'est imparti aux ingénieurs des mines. En fait, tous ces rapports parviennent toujours tardivement au parquet. Le juge de paix devra donc insister pour qu'ils lui soient adressés le plus promptement possible.

339. — *3° Entreprises d'Etat où s'effectuent*

des travaux que la sécurité nationale oblige à tenir secrets. — Ce sont les établissements de la marine et de la guerre.

Nous avons vu (n° 127) que les ouvriers des arsenaux de la marine et les ouvriers immatriculés des manufactures d'armes dépendant du ministère de la guerre, ne sont pas compris dans le risque professionnel. Les ouvriers de tous les autres établissements de la marine et de la guerre et les ouvriers non immatriculés des manufactures d'armes, bénéficient seuls du droit nouveau.

On trouvera sous le numéro 128 l'énumération des établissements atteints par la loi. Lorsqu'un accident s'y produira, le juge de paix procèdera à son enquête comme dans une entreprise privée, et les directeurs ne pourront pas s'opposer à l'accomplissement de sa mission. Mais, en raison du caractère secret des travaux effectués dans ces entreprises, il ne lui sera pas permis de se faire assister d'un expert et devra se contenter des renseignements qui lui seront fournis par ceux qui commandent l'établissement.

340. — *Entreprises d'Etat non visées par l'article 13, § 5.* — En cas d'accident dans une manufacture de l'Etat non comprise dans l'énumération du paragraphe 5 de l'article 13, comme dans une manufacture de tabacs ou d'allumettes, le juge de paix pourra nommer un expert.

341. — *Délai imparti au juge de paix pour terminer l'enquête.* — Le juge de paix doit commen-

cer son enquête dans les vingt-quatre heures de la réception de l'avis du maire et l'achever dans le plus bref délai,
au plus tard dans les dix jours à partir de l'accident.

En cas d'impossibilité matérielle seulement, dûment
constatée dans le procès-verbal, le délai de dix jours peut
être prolongé. (Art. 13, § 6). Qu'entend le législateur par
« impossibilité matérielle » ? Ces mots signifient un empê-
chement absolu à l'exécution de la mission du juge de
paix, provenant des circonstances de l'accident. C'est, par
exemple, une explosion de grisou qui a porté la ruine et
la mort dans toute une mine. Plusieurs jours s'écouleront
avant qu'on puisse retirer des galeries éboulées les cada-
vres des victimes, avant même qu'on en puisse connaitre
le nombre : il y aura là impossibilité matérielle de clore
l'enquête.

Dans ce cas, le procès-verbal doit soigneusement constater les causes du retard. La loi ne prescrit pas de délai
maximum pour cette hypothèse qui se produira rarement.
Elle s'en rapporte au juge de paix pour que l'enquête soit
terminée le plus rapidement possible lorsqu'une impossibilité matérielle aura empêché de le faire dans le délai
prescrit.

342. — *Formalités après la clôture de l'enquête.* — Lorsque l'enquête est terminée, la minute est
déposée au greffe de la justice de paix.

Le juge de paix en prévient les parties, par lettre
recommandée, et les informe qu'elles peuvent, pendant
cinq jours, prendre connaissance de l'enquête et s'en faire
délivrer une expédition affranchie du timbre et de l'enre-

gistrement. (Art. 13, § 6). Les parties n'auront donc à supporter que les frais d'expédition.

Le délai est de cinq jours francs, c'est-à-dire que l'enquête doit demeurer déposée au greffe pendant cinq jours pleins.

A l'expiration de ce délai, le dossier est transmis au président du tribunal civil de l'arrondissement. L'instruction confiée au juge de paix est désormais terminée ; la justice a en mains tous les renseignements utiles : elle va pouvoir se prononcer.

§ 3. — Dépens de l'enquête.

343. — *Emoluments des greffiers.* — Un décret du 5 mars 1899 a réglé les émoluments dus aux greffiers pour les actes relatifs à l'exécution de la loi du 9 avril 1898. En ce qui concerne l'enquête du juge de paix, ils recevront :

1° Pour assistance aux enquêtes sur place, ainsi qu'aux constatations auxquelles il est procédé par le juge de paix, non compris le temps de voyage, par chaque vacation de trois heures : 4 fr. ;

2° Pour chaque envoi de lettre recommandée, débours non compris : 0,50 centimes ;

3° Pour dépôt de rapport d'expert ou de pièces : 2 fr. ;

4° Pour transmission de l'enquête au président du tribunal, tous frais de port compris : 4 fr. ;

5° Pour toute mention au répertoire : 0,10 centimes ;

6° Pour transport à plus de deux kilomètres du chef-lieu de canton, par kilomètre parcouru, en allant et en revenant, si le transport est effectué par chemin de fer : 0,20 centimes ; si le transport a eu lieu autrement : 0,40 centimes. (Voir ce décret aux annexes, II).

344. — *Avance des frais.* — Par qui seront avancés les frais de l'enquête, lettres recommandées, taxes aux experts et aux témoins, etc.? Nous pensons, ainsi que nous le verrons plus loin (Chap. XV, *De l'assistance judiciaire*), que l'enquête du juge de paix doit bénéficier de droit de l'assistance judiciaire. Le receveur de l'enregistrement devra donc faire l'avance de ces frais.

CHAPITRE XI

Actions relatives à l'indemnité temporaire, aux frais de maladie et aux frais funéraires

---

§ 1er. — Compétence du juge de paix.

345. — Si les parties se mettent d'accord pour le paiement de l'indemnité temporaire, des frais médicaux, pharmaceutiques et funéraires, elles peuvent le faire en dehors des magistrats. Il suffit qu'elles se conforment à la tarification fixée par la loi.

Si elles ne parviennent pas à s'entendre, elles doivent porter le différend devant le juge de paix du canton où l'accident s'est produit. (Art. 15).

Toutefois, nous pensons que si le tribunal était saisi d'une action en paiement d'une rente ou d'une pension, il serait compétent pour statuer sur les demandes accessoires relatives à l'indemnité temporaire, aux frais médicaux, pharmaceutiques et funéraires, une étroite connexité régnant entre ces actions.

346. — *Indemnité temporaire.* — Cette indemnité n'étant due que lorsque l'incapacité de travail a été de plus de quatre jours, et, à partir du cinquième jour, le juge de paix doit rechercher si le demandeur se trouve dans ce cas. Comme il n'y a pas eu d'enquête préalable en cette matière, le juge peut recourir à tous les moyens d'instruction autorisés par la loi : ordonner une enquête, désigner un médecin ou un expert.

Une fois le principe de l'indemnité admis, le juge de paix se préoccupera d'en déterminer le montant. Nous savons que la quotité de l'allocation journalière est égale à la moitié du salaire touché au moment de l'accident. Il faudra donc rechercher quel était le *quantum* de ce salaire, en se conformant aux règles que nous avons développées. (*Suprà*, nos 156 et s.).

Le juge de paix n'a pas à s'inquiéter de la question de savoir si l'accident a été provoqué par la faute inexcusable du patron ou de la victime, cette circonstance ne pouvant exercer aucune influence sur la fixation de l'indemnité temporaire. (*Suprà*, no 295).

Il en serait autrement si la victime avait provoqué l'accident intentionnellement, auquel cas aucune indemnité ne lui serait due.

L'indemnité journalière est due pendant tout le cours de la maladie qui a suivi l'accident, depuis le cinquième jour inclus à partir de l'accident et jusqu'à la reprise du travail ou bien jusqu'à la décision définitive sur l'incapacité permanente.

S'il est démontré que le blessé est atteint d'une incapacité permanente, le juge doit se déclarer incompétent et allouer l'indemnité temporaire jusqu'à ce qu'il ait été statué définitivement.

347. — *Frais médicaux et pharmaceutiques.* — Le juge de paix est aussi compétent pour statuer sur ces frais qui sont à la charge du patron pendant toute la durée de la maladie.

348. — *Frais funéraires.* — Il y aura rarement des contestations au sujet des frais funéraires évalués par la loi à un maximum de cent francs. (Art. 4, § 1). S'il s'en produit, elles devront être portées devant le juge de paix.

Enfin il n'est pas inutile de répéter que les chefs d'entreprise peuvent se décharger, pendant les trente, soixante ou quatre-vingt-dix premiers jours, à partir de l'accident, de l'obligation de payer les frais de maladie et l'indemnité temporaire ou une partie de cette indemnité, en affiliant leurs ouvriers à des sociétés de secours mutuels. Dans ce cas, les patrons devront être mis hors de cause et l'action devra être dirigée contre la société.

§ 2. — Procédure.

349. — Les contestations relatives à toutes ces questions sont de véritables instances auxquelles la procédure

18

ordinaire est applicable. On doit donc se conformer aux prescriptions du livre premier du Code de procédure civile, sauf en ce qui concerne l'appel.

Devra-t-on faire précéder la citation du préliminaire du billet d'avertissement ? Cela ne nous paraît pas douteux. Mais l'affaire étant de celles qui requièrent célérité au premier chef, le juge de paix accordera le plus souvent la dispense de cette formalité.

350. — *Dernier ressort.* — Les décisions du juge de paix en cette matière ne sont pas susceptibles d'appel, quelque soit le montant de la demande ou de la condamnation.

351. — *Pourvoi en cassation.* — Mais le jugement pourra être attaqué par la voie du recours en cassation pour excès de pouvoir. (Art. 15 de la loi du 25 mai 1838).

352. — *Assistance judiciaire.* — Les victimes d'accidents jouissent de plein droit de l'assistance judiciaire pour les instances devant le juge de paix, pour tous actes d'exécution mobilière et immobilière et pour toutes contestations relatives à l'exécution des décisions. (Art. 22).

Mais comment sera constaté le bénéfice de l'assistance judiciaire pour que les actes soient enregistrés gratis, et comment sera désigné l'huissier chargé d'instrumenter ? La loi l'explique pour les instances devant le tribunal civil, mais non pour celles en justice de paix. Probablement une circulaire ministérielle ne tardera pas à régler cette question. A défaut d'instructions spéciales, nous pensons que la victime ou ses représentants devront faire connaître au juge de paix leur intention de poursuivre le paiement des frais de maladie, des frais funéraires ou de l'indemnité temporaire. Ce magistrat invitera le syndic des huissiers à désigner un huissier, ainsi que cela est prescrit pour les instances ordinaires par l'article 13, § 4 de la loi du 22 janvier 1851, et avisera en même temps le receveur de l'enregistrement.

353. — *Prescription.* **—** L'article 18 édicte une prescription d'une année à partir du jour de l'accident, pour « l'action en indemnité prévue par la présente loi. » On pourrait croire que cette prescription s'applique seulement à l'action en rente viagère, l'article 18 venant immédiatement après celui qui règle la procédure relative à cette action. Mais il est inadmissible que le législateur ait voulu édicter une si courte prescription pour les pensions seulement et non pour l'indemnité temporaire, les frais médicaux, pharmaceutiques et funéraires. Du reste, le texte visant « l'action en indemnité », ce terme général comprend non seulement les rentes mais encore toutes les indemnités.

CHAPITRE XII

Aetion en Rentes ou Pensions

---

§ 1er. -- Rôle du président du tribunal.

354. — Le législateur a attribué au président du tribunal le rôle de conciliateur entre les patrons et les
ouvriers victimes d'accidents. Il a pensé que ce magistrat
pourrait exercer une salutaire influence sur l'esprit des
parties et éviter ainsi bien des procès. Il a été sans doute
bien inspiré et nous croyons que cette heureuse intervention produira des résultats précieux pour la paix sociale.
La mission donnée au président du tribunal consiste à
faire connaître à l'ouvrier et au patron l'étendue respective
de leurs droits et de leurs obligations, à persuader à l'un
qu'il ne doit réclamer que la juste réparation du dommage
qu'il a subi, et à l'autre qu'il est tenu d'indemniser
l'ouvrier dans les limites fixées par la loi. Il trouvera

dans l'enquête les éléments pour apprécier ce qui est légalement dû à la victime, et dans l'autorité dont il est investi l'ascendant nécessaire pour obtenir une entente équitable.

« ART. 16. — En ce qui concerne les autres indemnités prévues par la présente loi, le président du tribunal de l'arrondissement convoque, dans les cinq jours à partir de la transmission du dossier, la victime ou ses ayants droit et le chef d'entreprise, qui peut se faire représenter.

« S'il y a accord des parties intéressées, l'indemnité est définitivement fixée par l'ordonnance du président, qui donne acte de cet accord.

« Si l'accord n'a pas lieu, l'affaire est renvoyée devant le tribunal qui statue comme en matière sommaire, conformément au titre XXIV du livre II du Code de procédure civile.

« Si la cause n'est pas en état, le tribunal surseoit à statuer et l'indemnité temporaire continuera à être servie jusqu'à la décision définitive.

« Le tribunal pourra condamner le chef d'entreprise à payer une provision, sa décision sur ce point sera exécutoire nonobstant appel. »

Le président du tribunal de l'arrondissement où a eu lieu l'accident est seul compétent pour le préliminaire de la conciliation, comme l'est le tribunal lui-même pour juger le fond.

355. — *Comparution.* — Dans les cinq jours de la transmission de l'enquête, le président doit convoquer les parties. Le texte étant muet sur ce point, la convo-

cation devra être faite par lettre recommandée, par
analogie avec la convocation du juge de paix.

La comparution doit-elle avoir lieu dans les cinq jours
ou bien suffit-il que la convocation soit faite dans ce
délai ? La loi prescrit seulement au président de convoquer les parties, « dans les cinq jours, à partir de la
transmission du dossier. » Elle s'en rapporte aux magistrats pour que la comparution soit fixée à la date la plus
rapprochée.

Les parties peuvent-elles se faire représenter devant le
président du tribunal ? Cela n'est pas douteux pour le
chef d'entreprise, le paragraphe 1er de l'article 16 lui
donnant expressément ce droit. Mais le silence du texte
au sujet de la victime permet d'hésiter en ce qui la
concerne. Ne pourrait-on pas dire que, du moment que
la loi autorise formellement le chef d'entreprise à se faire
représenter et ne dit rien du blessé, c'est qu'elle a voulu
lui refuser ce droit ? Une telle pensée paraît si extraordinaire et si injuste qu'il nous est impossible de
l'admettre. Le sinistre remonte à quinze jours à peine ;
il ne s'agit pas d'un accident léger puisque le médecin a
prévu une incapacité permanente de travail ; la victime
est donc loin d'être guérie, elle est au contraire dans cet
état de souffrance et de maladie qui suit une blessure
grave ; elle est peut-être alitée et pour longtemps encore,
et la loi lui imposerait de comparaître devant le président
du tribunal ! Cela est impossible. Ou bien il faudrait que
le président se transportât auprès d'elle, ce qui serait
souvent impraticable. Nous concluons donc que la victime
peut, comme le patron, comparaître par mandataire.

356. — *Tentative de conciliation.* — Ou bien les parties se mettront d'accord devant le président, ou bien elles n'arriveront pas à s'entendre. Dans le premier cas, le président rendra une ordonnance par laquelle il donnera acte de l'accord et fixera l'indemnité. Le paragraphe 2 de l'article 16 dit que l'ordonnance fixe « définitivement » l'indemnité. Cette fixation est définitive en ce sens que l'ordonnance du président constitue une véritable décision obligatoire pour les deux parties. Mais il est certain que l'indemnité consentie et acceptée devant le président reste soumise, pendant trois ans, à l'action en revision que nous étudierons plus loin. (Chap. XIV).

357. — La loi ne se prononçant pas sur le caractère de l'ordonnance présidentielle, on a soutenu que, si l'accord constaté dans cette ordonnance n'est pas exécuté, on ne pourra pas en poursuivre l'exécution judiciaire et qu'il faudra purement et simplement recourir au tribunal comme si l'accord ne s'était pas produit (1). Nous ne saurions nous ranger à cette opinion. Comment ! la loi donne au président du tribunal la mission de concilier les parties, et l'accord qu'il aura obtenu, constaté et consacré n'aura aucune vertu ! Mais alors à quoi servirait ce préliminaire de conciliation s'il ne devait aboutir qu'à un vain simulacre ?

En matière ordinaire les conventions des parties insérées dans le procès-verbal de conciliation du juge de paix, ont force d'obligation privée (art. 54, § 2, Code proc. civ.), et la convention intervenue devant le président du tribunal,

(1) Coulet, *op. cit.,* p. 59.

agissant comme conciliateur en vertu d'une loi d'ordre public, serait sans valeur ! Il n'est pas possible que le législateur ait voulu organiser une pareille comédie.

Notre opinion est confirmée, du reste, par les projets votés antérieurement et dont les dispositions sur ce point ne soulevèrent aucune contestation. « Si les parties se concilient, disait le paragraphe 4 de l'article 18 du projet voté par la Chambre en 1888, le président rendra une ordonnance qui constituera leur titre. » De même le paragraphe 4 de l'article 11 du projet adopté par le Sénat en 1890, disait : « Le président rendra une ordonnance exécutoire et emportant hypothèque. » Enfin les projets votés par le Sénat en 1895 et en 1896 accordaient au procès-verbal de conciliation la valeur d'un titre exécutoire.

Ces formules furent remplacées par celle-ci : « L'indemnité est définitivement fixée par l'ordonnance du président. » Par ce mot « définitivement » le législateur entend que l'ordonnance a un caractère exécutoire. En effet, si, en cas d'inexécution, il fallait aller devant le tribunal, l'ordonnance n'aurait pas statué définitivement et ne serait qu'un titre inutile. Tel n'a pas pu être le vœu de la loi.

358. — Il faut encore se poser une autre question à propos du rôle du président du tribunal. Ce magistrat est-il obligé de constater l'accord ou le désaccord dès la première comparution ? Ne peut-il pas, au contraire, renvoyer la comparution des parties à une date ultérieure et prolonger ainsi le temps pendant lequel pourra s'exercer son pouvoir conciliateur ? « Si l'accord n'a pas lieu, dit le paragraphe 3, l'affaire est renvoyée devant le tribunal... »

Mais il ne prescrit aucun délai. Ce sera-t-il dans huit, quinze, vingt jours ou un mois ? Le texte ne le dit pas et la question n'a jamais été posée dans le cours des travaux préparatoires. Mais nous inclinons à penser que le président doit avoir toute latitude à cet égard.

La première comparution se produira, en effet, dans les quinze jours qui suivront l'accident. On ne saura donc pas encore quelles peuvent en être les véritables conséquences. S'il y a eu fracture, blessures graves, lésions internes, comment pourra-t-on être fixé sur l'issue définitive ? Dans un grand nombre de cas, cela sera tout à fait impossible. C'est pourquoi le président du tribunal doit avoir le droit de renvoyer l'essai de conciliation à une date ultérieure.

Le projet adopté par le Sénat le 24 mars 1896 investissait du mandat de conciliateur le juge de paix qui devait convoquer les parties dans les huit jours. A ce propos, M. Blavier faisait remarquer que le délai imparti au juge de paix était bien court et qu'il serait probablement insuffisant, sauf en cas de mort. M. Thévenet, rapporteur, lui répondit : « Le juge de paix renverra à une audience ultérieure ; il convoquera dans les huit jours, sauf à renvoyer, si l'affaire n'est pas instruite suffisamment. Cela arrive à chaque instant. » (1). Plus tard, le président du tribunal fut substitué au juge de paix ; mais ce que disait le rapporteur au sujet du droit de renvoi doit s'appliquer au président aussi bien qu'au juge de paix.

Le président a reçu de la loi la mission de concilier les parties et le pouvoir de constater l'accord ou le défaut de

_____

(1) Sén., 23 mars 1896 ; *J. off.*, p. 309.

conciliation. Elle n'est pas allée plus loin. Ainsi le président ne peut prononcer aucune condamnation ni accorder de provision. Il ne saurait davantage ordonner une enquête ou nommer des experts.

359. — Aucune sanction n'est instituée contre le défaut de comparution des parties. Si l'une d'elles ou si toutes les deux font défaut, le président, sauf le droit de surseoir à une date ultérieure, ne peut que renvoyer l'affaire devant le tribunal comme dans le cas de non-conciliation.

Mais les parties resteront libres de saisir le tribunal ou de s'abstenir, car il leur est permis de faire un arrangement en dehors des magistrats, pourvu qu'il soit conforme aux dispositions de la loi.

360. — *Non-conciliation.* — *Renvoi devant le tribunal.* — Lorsque les parties n'ont pas pu arriver à s'entendre, le président les renvoie devant le tribunal. La loi ne dit pas dans quelle forme se fera ce renvoi ni comment le tribunal sera saisi. Nous pensons qu'il faudra, comme en matière de référé, notifier l'ordonnance au défendeur avec citation devant le tribunal.

Il est évident que, malgré le silence de la loi sur ce point, l'instance est dispensée du préliminaire de conciliation devant le juge de paix, la comparution devant le président du tribunal en tenant lieu.

§ 2. — Procédure devant le tribunal.

361. — Le projet voté par la Chambre en 1893 avait institué, pour connaître des accidents, un tribunal arbitral composé de trois chefs d'entreprise, de trois ouvriers et du président du tribunal. Cette innovation, importée d'Allemagne, fut condamnée par le Sénat, en 1895, à la suite d'un grand tournoi oratoire dans lequel MM. Guérin et Milliard l'emportèrent contre M. Ricard, garde des sceaux, champion déterminé du tribunal arbitral dont il avait été, du reste, l'un des promoteurs. Nous ne saurions approuver trop hautement la décision du Sénat. Témoin de chaque jour des entraves que la multiplicité des juridictions apporte à l'administration de la justice, et de la confusion qu'elle jette dans l'esprit des citoyens ballottés de prétoire en prétoire, sans pouvoir quelquefois trouver des juges, nous croyons qu'il faut tendre vers l'unité de juridiction au lieu de s'en éloigner. C'est déjà trop de ce dédale où l'on se heurte si souvent aux exceptions d'incompétence, sans y ajouter les nouveaux détours d'un tribunal arbitral. C'est donc avec raison que le Sénat a rejeté cette conception exotique pour revenir définitivement aux tribunaux civils.

L'un des principaux arguments invoqués en faveur du tribunal arbitral était que les affaires seraient jugées promptement et sans complication de procédure. Il était bien facile d'obtenir ces mêmes avantages devant les tribunaux ordinaires. Il suffisait d'instituer une procédure spéciale et rapide, et c'est ce qu'a fait le législateur en abrégeant les délais d'opposition et d'appel, et en imposant la procédure sommaire. Même avec ces modifications, il ne faut pas espérer que la décision pourra être rendue dans un très bref délai. Il y aura encore des lenteurs inévitables que l'institution du tribunal arbitral n'aurait pas empêchées. Dans les questions d'accidents, il n'est pas possible qu'il en soit autrement puisqu'il faut souvent attendre plusieurs mois pour que les médecins puissent se prononcer sur les conséquences de la blessure. Quoiqu'il en soit, les mesures prises par la loi nous paraissent amplement suffisantes pour que les procès ne s'éternisent pas, pourvu que les présidents des tribunaux y tiennent la main.

C'est la procédure sommaire qui sera suivie, c'est-à-dire la procédure la plus simple que notre Code de procédure ait organisée ; il n'y aura pas notamment de conclusions grossoyées, chancre des procédures ; l'enquête se fera à l'audience et le tribunal pourra statuer immédiatement après.

362. — Si la cause n'est pas en état, c'est-à-dire si le tribunal n'est pas suffisamment édifié par les renseignements contenus dans l'enquête du juge de paix, il peut ordonner une expertise, recourir à une nouvelle enquête, user en un mot de tous les moyens d'information dont il dispose en matière ordinaire. Dans ce cas, l'indemnité temporaire continue à être servie jusqu'à la décision définitive (Art. 16, § 4).

363. — *Provision.* — Mais si la victime est décédée, ses ayants droit seront-ils privés de tout secours jusqu'à la décision ? Non. La loi a prévu cette hypothèse en autorisant le tribunal à accorder une provision, et sa décision sur ce point est exécutoire nonobstant appel. (Art. 16, § 5).

La faculté d'accorder une provision a été inscrite dans la loi en faveur des représentants de la victime décédée qui ne reçoivent aucun subside jusqu'à la décision définitive. Mais le tribunal pourrait aussi, s'il le jugeait à propos, allouer une provision à la victime elle-même, bien qu'elle touche l'indemnité temporaire pendant le cours du procès. L'article 16, en effet, est général et s'applique à tous les cas qui seront soumis au tribunal.

La provision peut être accordée non seulement lorsque le tribunal surseoit à son jugement, mais aussi lorsqu'il statue sur le fond de l'affaire. Il y a un intérêt considérable à ce qu'il en soit ainsi, afin que la victime ou ses ayants droit puissent immédiatement recevoir un secours, en cas d'appel. Cette solution résulte indubitablement des explications qui ont été données au Sénat, le 4 mars 1898, par M. Bérenger, président de la commission. Primitivement, en effet, la disposition relative à la provision faisait l'objet du 4me paragraphe et venait immédiatement après l'alinéa relatif au cas où le tribunal statue sur l'indemnité. M. Félix Martin fit remarquer que cela pouvait faire croire que la provision ne pouvait être accordée que lorsque le tribunal statue et non pas lorsqu'il surseoit, et, sur cette observation, la commission décida de placer le paragraphe relatif à la provision après ceux concernant le jugement et le sursis. « De cette façon, disait M. Bérenger, il ne pourra plus y avoir aucune hésitation sur l'interprétation de l'article dont le dernier paragraphe (relatif à la provision) sera applicable à tous les cas. » (1).

364. — La loi ne dit pas quelle sera la nature, rente ou capital, de la provision, ni quel pourra en être le montant. Le tribunal ne pouvant imposer le paiement d'un capital

(1) Sén., 4 mars 1898; *J. off.*, p. 255.

que dans des cas limitativement déterminés, ne peut donc accorder de provision que sous la forme d'une rente, et, comme le taux des indemnités fixé par la loi ne peut pas être dépassé, la provision s'imputera sur la rente définitive. La provision est donc une avance sur la rente.

365. — Quel sera le maximum de cette avance ? La loi ne l'a pas fixé ; mais, lors du règlement définitif, le tribunal devra tenir compte de la provision déjà payée et reculer le point de départ de la rente jusqu'au jour où la compensation se sera opérée. Exemple : un ouvrier dont le salaire annuel était de 1.000 francs, est tué, laissant à sa survivance sa veuve qui a droit à une rente de 20 % du salaire, soit 200 francs par an. Supposons que le tribunal lui alloue une provision de 200 francs qui est immédiatement payée. Si, au bout de trois mois, la décision définitive est rendue, la veuve a touché par avance une année de pension tandis qu'un seul trimestre est échu. Le tribunal devra donc reculer de trois trimestres le point de départ de la rente pour la compenser avec la provision. Les juges se montreront donc très réservés dans la fixation de la provision, car, si elle absorbe plusieurs termes de pension, les ayants droit seront privés de la rente pendant autant de trimestres. On agira sagement en allouant seulement comme provision le montant trimestriel de la rente probable. Ainsi, dans notre exemple, s'il n'avait été alloué que 50 francs au lieu de 200, le service de la pension aurait pu commencer aussitôt après la décision.

366. — Le paragraphe 5 de l'article 16 décide que le jugement relatif à la provision sera exécutoire « nonobstant appel. » Le sera-t-il aussi en cas d'opposition ? Evidemment non, les exceptions étant de droit étroit et ne pouvant se présumer.

367. — *Les jugements n'emportent pas hypothèque.* — Aux termes du paragraphe 4 de l'article 26, les décisions judiciaires rendues en matière de risque professionnel n'emportent pas hypothèque. Le paiement des rentes étant assuré par la Caisse nationale des retraites, ainsi que nous le verrons plus loin, il était inutile de grever d'une hypothèque judiciaire les biens du débiteur.

367 *bis.* — *Assistance judiciaire.* — Aux termes de l'article 22, les actions en rentes ou pensions jouissent, de plein droit, de l'assistance judiciaire en première instance, même pour les actes d'exécution et pour toutes contestations incidentes à l'exécution. (Chap. XV, *Assistance judiciaire*).

§ 3. — **Opposition et appel.** — **Pourvoi en cassation.**

368. — Dans son projet voté en 1897, la Chambre, dans le vif désir d'aller vite et de ne pas faire traîner les procès d'accidents, avait supprimé le droit d'appel. Son intention pouvait être louable, mais sa décision était mauvaise. Le droit de juger en dernier ressort, nécessaire cependant pour les litiges de minime importance, est des plus dangereux : tout tribunal peut se tromper et rien ne révolte plus l'esprit que l'injustice irréparable. Partisan du juge unique, nous consentirions aisément à n'être jugé que par un seul homme, mais à la condition que nous aurions toujours le droit d'appeler de sa sentence, sauf dans les causes infimes. Le Sénat n'admit pas la théorie de la Chambre et fit bien. Quelle nécessité y avait-il de priver les parties, l'ouvrier comme le patron, de la garantie de l'appel? La victime reçoit l'indemnité temporaire jusqu'au jugement définitif, et, peut-être, une provision ; elle peut donc attendre. Quant au patron, il n'est pas à craindre qu'il fasse une obstruction systématique, attendu que l'allocation journalière qu'il paie peut être plus élevée que la rente à laquelle il sera, en définitive, condamné. Il suffisait donc d'abréger la procédure de l'appel dont les longs délais sont incompatibles avec l'état de nos mœurs, et c'est à cette solution qu'on s'est arrêté.

« ART. 17. — Les jugements rendus en vertu de la présente loi sont susceptibles d'appel selon les règles du droit commun. Toutefois, l'appel devra être interjeté dans les quinze jours de la date du jugement s'il est contradictoire, et, s'il est par défaut, dans la quinzaine à partir du jour où l'opposition ne sera plus recevable.

« L'opposition ne sera plus recevable, en cas de jugement par défaut contre partie, lorsque le jugement aura été signifié à personne, passé le délai de quinze jours à partir de cette signification.

« La Cour statuera d'urgence dans le mois de l'acte d'appel. Les parties pourront se pourvoir en cassation. »

Le tribunal jugera donc en dernier ressort lorsque la demande ne dépassera pas 1.500 francs, et à charge d'appel au delà de cette somme.

369. — *Délais de l'appel.* — En droit commun les délais d'appel sont de deux mois à partir de la signification du jugement à personne ou à domicile. (Art. 443 Code proc. civ.). La loi du 9 avril 1898 les a réduits à quinze jours depuis la date du jugement s'il est contradictoire. (Art. 17, § 1ᵉʳ).

Comment se calculera ce délai ? Si le texte avait dit : « le délai d'appel sera de quinze jours, » il s'agirait de quinze jours francs ; mais il exige que l'appel soit fait « dans les quinze jours de la date du jugement, » c'est-à-dire, au plus tard, le quinzième jour après le jugement. Le jour où le jugement aura été rendu ne sera donc pas compté ; mais le jour de l'échéance le sera.

Le délai de quinze jours doit être augmenté à raison des distances. (Art. 1033 Code proc. civ.)

370. — Le délai partant depuis le jour du jugement, il faut se demander comment le jugement sera porté à la connaissance des parties. Les jugements contradictoires devant être rendus en présence des avoués en cause, il appartiendra à ces officiers ministériels de prévenir leurs clients de manière que ceux-ci ne puissent pas prétendre avoir ignoré la décision du tribunal. Leur responsabilité sera suffisamment sauvegardée au moyen d'une lettre recommandée et dont copie sera gardée.

371. — Si le jugement est par défaut, l'appel devra être interjeté dans la quinzaine à partir du jour où l'opposition ne sera plus recevable. (Art. 17, § 1ᵉʳ). A quel moment l'opposition à un jugement par défaut est-elle irrecevable en droit commun ?

Il faut faire une distinction entre les jugements par

19

défaut rendus contre avoué et ceux rendus contre partie.
Pour les premiers, le délai pour former opposition est de
huit jours à partir de la signification à avoué ; dans ce cas,
c'est au demandeur à. exiger de son avoué qu'il fasse
diligence pour faire courir par la signification, et à partir
du huitième jour, le délai de quinzaine accordé pour
l'appel en matière d'accidents.

Quant aux jugements rendus contre partie, l'opposition
est recevable, suivant le Code de procédure civile, jusqu'à
l'exécution, c'est-à-dire lorsque les meubles ont été saisis
et vendus, lorsque la saisie des immeubles a été notifiée
au débiteur, que les frais ont été payés ou qu'il y a eu un
acte quelconque duquel il résulte nécessairement que
l'exécution du jugement a été connue de la partie. C'est à
partir de cette exécution pour laquelle on a un délai de six
mois, que court le délai d'appel.

Il eut été excessif de maintenir d'aussi longs délais pour
les jugements rendus par défaut contre partie. Aussi
M. Théodore Girard présenta au Sénat un amendement
par lequel il proposait la signification à personne comme
point de départ du délai d'opposition qu'il fixait, en même
temps, à quinze jours. La commission adopta cette proposition qui passa dans le texte.

Mais il ne fut pas dérogé au droit commun pour le cas
où le jugement par défaut rendu contre partie n'a pas été
signifié à personne.

Le délai de quinze jours pour relever appel d'un jugement par défaut contre partie courra donc à partir de
l'expiration de la quinzaine pendant laquelle est ouvert
le droit d'opposition, s'il a été signifié à personne ; il

ne courra que du jour de l'exécution s'il n'a pas été signifié.

Il convient de remarquer que l'article 449 du Code de procédure civile est applicable en notre matière, c'est-à-dire que l'appel d'un jugement non exécutoire par provision ne peut pas être interjeté avant qu'il se soit écoulé un délai de huitaine depuis le jugement.

372. – Enfin l'article 17 contient dans son troisième et dernier paragraphe, une disposition aux termes de laquelle la Cour devra statuer d'urgence dans le mois de l'acte d'appel. Ce délai est bien court et il sera souvent bien difficile, sinon impossible, de l'observer. Heureusement il n'est pas prescrit à peine de nullité.

373. — *Pourvoi en cassation.* — La loi du 9 avril 1898 ne change rien au droit commun quant au pourvoi en cassation. Il était, en effet, inutile d'établir des règles spéciales sur ce point, attendu que le pourvoi n'étant jamais suspensif, ne pourra pas retarder l'exécution du jugement.

§ 4. — Prescription.

374. — « ART. 18. — L'action en indemnité prévue par la présente loi se prescrit par un an à dater du jour de l'accident. »

375. — On s'est demandé dans le cours des travaux préparatoires, si la prescription serait interrompue par des poursuites correctionnelles ou criminelles contre le

patron, ainsi que cela avait lieu antérieurement à la loi (1).
En 1895, M. Volland faisait remarquer au Sénat que l'article 20 du projet, qui n'était autre que l'article 18 du
texte actuel, était en contradiction avec l'article 638 du
Code d'instruction criminelle qui dispose que la prescription d'un délit s'accomplit par trois ans et que l'action
civile résultant du délit dure autant que l'action publique,
tandis que, d'après l'article 20, l'action civile à raison d'un
accident s'éteignait au bout d'une année. M. Volland
proposait, en conséquence, d'ajouter au texte les mots
suivants : « Alors même qu'il y a eu ou qu'il y aurait
poursuite correctionnelle. » La commission se rallia à
l'observation qui lui était soumise et décida de modifier
l'article 20 pour la deuxième délibération, par cette addition : « Même au cas de poursuites correctionnelles ou
criminelles. »

Mais dès le début de la seconde délibération, la commission donna sa démission et celle qui la remplaça présenta,
sur le rapport de M. Thévenet, un projet dans lequel la
prescription demeurait fixée à un an, mais où il n'était
plus question des poursuites pénales.

En 1898, M. Félix Martin demanda que l'article 18 fût
rédigé comme il l'avait été par la première commission du
Sénat de 1895 avant la seconde délibération, mais M. Thévenet, encore rapporteur, répondit : « Il existe dans notre
droit un principe d'ordre général qui est celui-ci : le criminel tient le civil en état. Ce qui veut dire que lorsque la
juridiction pénale est saisie, la juridiction civile doit

_____

(1) Dalloz, _Supp., Prescription criminelle_, n° 172.

attendre la décision correctionnelle ou criminelle qui pourrait intervenir. Nous avons supprimé les mots qui étaient contenus dans le précédent projet, parce qu'il nous a semblé qu'en cette matière il ne fallait pas déroger au principe général. Si, en effet, l'accident a été causé par une faute intentionnelle de l'ouvrier, c'est-à-dire par un délit, il n'y a pas lieu à indemnité. Comment, dès lors, la juridiction civile pourrait-elle statuer ? Il faut donc attendre que la juridiction pénale, si elle est saisie, ait statué d'une façon définitive avant de fixer l'indemnité. C'est pour cela que nous n'avons pas maintenu les mots dont M. Félix Martin a parlé. » Et comme M. Félix Martin insistait en disant qu'il faut distinguer entre le cas où c'est le patron et celui où c'est l'ouvrier qui est poursuivi, le rapporteur répondait : « Nous n'avons pas fait de distinction ; nous avons dit que nous ne dérogions pas au principe général qui subsiste en cette matière comme en toutes les autres. » (1).

S'il en est ainsi, il est certain que la prescription d'un an sera interrompue par les poursuites correctionnelles ou criminelles. Mais, dira-t-on, la maxime que le criminel tient le civil en état a seulement pour effet d'obliger à surseoir au jugement, mais ne peut pas dispenser d'engager l'action civile dans les délais légaux. Les indemnités de la loi nouvelle n'ont pas pour base la faute ou le délit du patron comme sous l'ancienne législation, mais la loi elle-même, en dehors de toute faute du chef d'entreprise. L'action civile et l'action publique n'ont plus la même

---

(1) Sén., 4 mars 1898 ; *J. off.*, p. 256.

cause ; il n'y a donc pas lieu de lier leur sort au point de vue de la prescription (1).

Nous avons une conception différente de la portée du principe que nous analysons. A nos yeux, dès que l'action publique est engagée, l'action civile se trouve paralysée ; on peut l'introduire sans doute, mais on ne peut pas aller plus loin ; le cours de la procédure civile est arrêté : la prescription doit donc être interrompue. Mais ne le sera-t-elle qu'autant que l'instance civile aura été engagée? Nous ne voyons pas sur quoi se fonderait cette distinction. S'il en était ainsi, l'action publique n'arrêterait pas l'action civile, puisqu'en dépit de son exercice, le droit de la victime pourrait être éteint.

Enfin, il n'est pas absolument vrai de dire que l'action du risque professionnel ne dérive pas d'une faute. Cette thèse est très contestable. Dans tous les cas, il est hors de doute que la faute influe sur le droit à l'indemnité puisque la faute inexcusable permet de majorer ou de diminuer les rentes ou pensions. L'issue de la poursuite dirigée contre la victime ou le patron peut donc agir sur la détermination des droits et des obligations de l'un et de l'autre. Or, si la victime n'est pas fixée sur l'étendue de son droit, comment pourrait-elle être tenue d'engager sa demande avant la décision de la juridiction répressive ?

Il arrivera même, dans le cas d'accident intentionnel, que de l'existence ou de la non-existence du délit dépendra le droit de la victime à une indemnité. Un ouvrier a causé volontairement un accident dont il a été victime

(1) Chardiny, *op. cit.,* p. 235.

avec d'autres camarades. Le parquet le poursuit pour blessures ou homicide volontaires. Si cet ouvrier est reconnu coupable, il n'a droit à aucune réparation. Dans le cas contraire, son droit subsiste. On ne saurait donc exiger de lui qu'il introduise sa demande avant que la question pénale ait été tranchée, puisque de cette décision dépend son droit.

376. — La prescription court-elle contre les mineurs et les interdits ? Cela ne nous paraît pas douteux. En règle générale, la prescription est suspendue pendant la minorité ou l'interdiction (Art. 2252 C. civil). Mais il est également admis que cette règle ne s'applique pas aux courtes prescriptions (Art. 2278 C. civil), lesquelles courent tout aussi bien contre les mineurs que contre les majeurs. Il n'y a pas d'inconvénients graves à ce qu'une prescription de dix, vingt ou trente ans soit suspendue pendant quelques années par la minorité ou l'interdiction. Mais il serait inadmissible que les prescriptions de courte durée, c'est-à-dire celles de six mois à cinq ans, pussent être interrompues pendant plusieurs années. Or, c'est bien une courte prescription qu'a instituée notre loi. Elle doit donc courir contre les mineurs et les interdits.

C'est bien ainsi que les dispositions de la loi ont été de tout temps interprétées dans le cours des travaux préparatoires. Le projet soumis à la Chambre, en 1888, contenait un article 26 dont notre article 18 actuel n'est que la reproduction. M. de La Bâtie proposa d'y ajouter la disposition suivante : « Ce délai sera porté au double en faveur des ayants droit en état de minorité. » M. Ricard, rapporteur, reconnut comme M. de La Bâtie que la prescription édictée par l'article 26 s'appliquait aux mineurs comme aux majeurs ; mais il combattit l'addition proposée, en se fondant sur ce que la commission avait porté à un an le délai de la prescription qui n'avait été antérieurement fixé qu'à six mois, justement pour qu'il n'y eût pas de distinction à faire entre la prescription opposable aux majeurs ou aux mineurs (1). A la suite de ces observations, l'amendement ne fut pas pris en considération.

Il nous paraît donc certain que la prescription d'un an n'est pas suspendue pendant la minorité ni, par analogie, pendant l'interdiction (2).

(1) Ch. dép., 10 juillet 1888 ; *J. off.*, p. 2067 et 2068.
(2) Conf. Chardiny, *op. cit.*, p. 235. — *Contrà*, Coulet, *op. cit.*, p. 72.

CHAPITRE XIII

Action contre les tiers

§ 1er. — Procédure.

377. — Le patron est garant de tous les accidents dont ses ouvriers ou employés sont victimes dans le cours ou à l'occasion de leur travail. Mais si l'accident est dû à la faute d'une personne autre que le patron ou ses ouvriers et préposés, cette personne en est responsable, et la victime a le droit, malgré qu'elle doive recevoir une indemnité du chef d'entreprise, de se retourner contre l'auteur de l'accident et de lui en demander la réparation.

« ART. 7. — Indépendamment de l'action résultant de la présente loi, la victime ou ses représentants conservent, contre les auteurs de l'accident autres que le patron ou ses ouvriers et préposés, le droit de réclamer la réparation du préjudice causé, conformément aux règles du droit commun.

« L'indemnité qui leur sera allouée exonérera à due

concurrence le chef d'entreprise des obligations mises à sa charge.

« Cette action contre les tiers responsables pourra même être exercée par le chef d'entreprise, à ses risques et périls, aux lieu et place de la victime ou de ses ayants droit, si ceux-ci négligent d'en faire usage. »

378. — Aucune des dérogations au droit commun consacrées par la loi du 9 avril 1898 n'est applicable à l'action contre les tiers. Le tribunal compétent est celui du domicile du défendeur, le préliminaire de conciliation devant le juge de paix est obligatoire, sauf dispense du juge, enfin les règles de l'opposition et de l'appel ne sont pas modifiées. Le tribunal ne sera pas non plus lié par le tarif de l'article 3 et pourra condamner à la réparation intégrale du préjudice subi, en allouant soit une rente, soit un capital.

La victime a donc un intérêt incontestable à agir contre le tiers auteur de l'accident, puisqu'elle peut obtenir la réparation, non plus réduite mais complète du dommage.

Seulement elle doit établir, conformément à l'art. 1382 du Code civil, que l'accident est arrivé par la faute, la négligence ou l'imprudence du tiers. Hors de là elle ne saurait obtenir aucune indemnité.

§ 2. — Exercice de l'action contre les tiers par la victime.

379. — Aux termes de l'article 7, l'action contre les tiers peut être exercée d'abord par la victime ou ses représentants, c'est-à-dire par tous ceux que la loi du 9 avril 1898 appelle à recevoir une indemnité. Evidemment la loi ne s'occupe pas de ceux qui sont laissés en dehors du risque professionnel. Ceux-là n'ont pas besoin d'une disposition spéciale de notre loi pour avoir le droit d'engager une action relevant du droit commun. Ainsi les frères et sœurs peuvent toujours demander au tiers auteur du sinistre la réparation du préjudice qu'ils ont subi par suite de l'accident, la nouvelle législation ne leur étant pas applicable.

380. — Contre qui peut être exercée l'action ? — Contre les auteurs de l'accident autres que le patron ou ses ouvriers et préposés, répond l'article 7. En effet, à l'égard du patron, la victime a l'action du risque professionnel et ne peut en avoir d'autre. Mais le patron étant responsable de ses ouvriers et préposés, aurait été atteint indirectement si l'action en responsabilité avait été autorisée contre eux.

La victime ou ses représentants ne peuvent donc s'adresser qu'aux personnes étrangères au patron. Ainsi des maçons et des couvreurs travaillent dans le même chantier ; par la faute des premiers un couvreur fait une chute et se blesse : la victime peut poursuivre la réparation de l'accident contre le maçon.

381. — Mais l'enquête à laquelle procédera le juge de paix ne sera pas opposable au tiers, puisqu'il y sera étranger. Pourrait-il y intervenir ? Nous ne le pensons pas. Il n'y a pas encore d'instance engagée ; aucune intervention régulière ne peut donc avoir lieu. Enfin, dans une matière aussi exceptionnelle, on ne saurait s'écarter des règles de procédure tracées par le texte qui n'autorise pas d'intervention.

382. — Le juge de paix pourra-t-il appeler le tiers à l'enquête, l'inviter à faire connaître ses témoins et constater dans le procès-verbal son consentement et sa participation? Cela nous parait impossible. Sans doute le juge de paix peut s'informer par tous les moyens en son pouvoir; il a le droit et le devoir de faire ces investigations auprès de toutes les personnes qu'il croit susceptibles de le renseigner et il va de soi qu'il n'oubliera pas l'auteur de l'accident. Mais quant à le faire consentir à une enquête dont le résultat pourrait lui être ultérieurement opposé, cela nous parait contraire aux dispositions de la loi qui a prescrit une enquête contradictoire entre le patron et la victime et non entre ceux-ci d'une part et les tiers de l'autre. Cette enquête est exclusivement du domaine du risque professionnel et n'a du droit commun que les formes extérieures qu'elle lui emprunte. Elle ne peut donc pas être étendue à l'action de droit commun contre les tiers.

383. — *Exonération du patron.* — L'action exercée par la victime contre les tiers n'empêche pas l'action dérivant du risque professionnel. La victime ou ses représentants peuvent l'exercer « indépendamment de l'action résultant de la présente loi », dit l'article 7, c'est-à-dire cumulativement.

La victime peut donc en même temps réclamer au chef d'entreprise l'indemnité qui lui est due et au tiers auteur de l'accident la réparation du dommage subi. Il ne peut pas en être autrement, puisque l'action principale contre le chef d'entreprise s'engage et se poursuit de plein droit pour la fixation de · l'indemnité stipulée par la loi. Si l'ouvrier veut agir contre le tiers il doit donc le faire sans préjudice de l'action contre le patron. C'est ainsi, du reste, que l'entend l'article 7 lorsqu'il prononce l'exonération du patron jusqu'à due concurrence « des obligations mises à sa charge, » c'est-à-dire auxquelles il est tenu en vertu de l'accord ou de la décision définitive (1).

Mais la victime ne peut pas recevoir des deux mains et toucher une double indemnité. Aussi le paragraphe 2 de l'article 7 dispose que le chef d'entreprise sera exonéré des obligations mises à sa charge jusqu'à concurrence de l'indemnité payée par le tiers.

384. — Lorsque le tiers sera condamné à payer une rente à la victime, rien ne sera plus facile que de fixer le montant de l'exonération du patron ; mais dans le cas où l'indemnité consistera en un capital, comment se calculera l'exonération ? On évaluera en rentes le capital alloué, en se basant sur le tarif établi en vertu de l'article 9, par la Caisse nationale des retraites pour la vieillesse, et on diminuera d'une somme équivalente la pension payée par le patron.

Les tribunaux entreront dans l'esprit de la loi en allouant des rentes ou pensions pour la plus grosse part de l'indemnité, à moins qu'il ne s'agisse d'une indemnité insignifiante.

(1) Conf. Chardiny, *op. cit.*, p. 152 et s. — *Contrà*, Serres, *Les accidents du travail*, p. 120.

385. — Le chef d'entreprise ne sera exonéré qu'autant que la victime aura reçu l'indemnité due par le tiers. Il ne suffira pas, bien entendu, que le tribunal ait alloué cette indemnité, il faudra qu'elle ait été payée. Alors seulement le patron verra ses charges diminuées. Le tiers pourrait être insolvable ou retarder le paiement par des subtilités de procédure ; il est donc indispensable que le chef d'industrie ne soit exonéré qu'autant que la victime aura été réellement indemnisée.

386. — La loi ne dit pas par qui sera réglée et fixée cette exonération. Le tribunal qui prononcera sur l'action dirigée contre les tiers pourra-t-il le faire ? Evidemment non, puisque le patron ne sera pas en cause. Dans ce cas, la victime et le patron devront faire un nouvel accord sur ce point, et, s'ils ne s'entendent pas, ils en appelleront au tribunal.

387. — Mais le chef d'entreprise aurait le droit d'intervenir dans l'instance engagée contre le tiers, et nous ne saurions trop lui conseiller de le faire parce qu'il y est fortement intéressé. Dans cette hypothèse, le tribunal pourrait statuer sur l'exonération du patron et en régler le montant.

§ 3. — Exercice de l'action contre les tiers par le patron.

388. — Le chef d'entreprise est tenu d'indemniser son ouvrier alors même que l'accident est arrivé par la faute d'un tiers étranger à son industrie. En réalité, il paie à la place de l'auteur de l'accident ; aussi la loi l'autorise-t-elle à exercer la répétition contre lui. Mais il n'y a pas de subrogation légale parce que, dans le cas de subrogation, le droit du créancier est éteint par le paiement qu'il a reçu, tandis qu'ici la victime, même après avoir été indemnisée par le patron, conserve son droit de poursuivre le tiers, et ce n'est qu'autant qu'elle néglige d'en faire usage, que le chef d'entreprise peut l'exercer.

389. — Mais comment le patron saura-t-il si la victime veut user de son droit? A quel moment pourra-t-il le savoir? La victime ou ses représentants ont trois ans pour exercer l'action contre les tiers. Pendant combien de temps le patron devra-t-il attendre pour que la victime puisse être considérée comme négligeant d'user de son droit? Dans la plupart des cas, la victime ne se fera pas faute d'exercer son action contre le tiers responsable puisqu'elle y a un intérêt considérable. Mais il pourra arriver que, soit par mauvaise volonté ou pour toute autre cause, elle néglige de le faire. On peut supposer, par exemple, que la victime transige avec le tiers à l'insu du patron, afin de recevoir double indemnité. A quel moment le patron pourra-t-il donc exercer l'action? Nous pensons qu'il pourra l'engager dès qu'il aura lui-même rempli les obligations mises à sa charge. Il doit commencer par s'exécuter en payant l'indemnité temporaire, les frais médicaux et pharmaceutiques, et, le cas échéant, les rentes ou pensions. Une fois en règle envers la victime, il sera admis à exercer l'action en garantie contre le tiers.

390. — *Quid* si la victime engage son instance après celle du patron ? L'action du chef d'entreprise ne sera plus recevable, puisqu'aux termes de l'article 7, le patron ne peut agir qu'autant que la victime ou ses représentants négligent de le faire et en leurs lieu et place. Le patron n'aura donc qu'à se désister sous peine d'être débouté, sauf à intervenir dans l'instance engagée par la victime.

391. — Il va sans dire que le patron ne peut réclamer au tiers responsable de l'accident qu'une somme égale aux obligations mises à sa charge par l'accord ou le jugement. Sa demande pour un excédent quelconque serait sans fondement.

392. — La victime qui n'aurait pas exercé son action, pourrait-elle intervenir dans l'instance engagée par le patron ? Nous ne le pensons pas, car son intervention aurait pour effet d'éteindre l'action principale. Elle doit donc procéder directement contre le tiers.

393. — Enfin le chef d'industrie ne peut agir que contre ceux auxquels la victime peut réclamer elle-même la réparation de l'accident, c'est-à-dire contre ceux qui sont étrangers à son entreprise. Il ne saurait donc se retourner contre ses préposés (1).

§ 4. — Prescription. — Assistance judiciaire.

394. — Nous avons vu (*suprà*, nº 374 et s.) que l'action du risque professionnel se prescrit au bout d'une année. Il ne saurait en être de même de l'action contre les tiers, qui dérive uniquement du droit commun. C'est, du reste,

(1) *Contrà*, Chardiny, *op. cit.*, p. 157.

ce qu'a déclaré à la Chambre M. Ricard, au nom de la commission, sur une question de M. Sauzet. « C'est l'action du risque professionnel, disait-il, qui est éteinte au bout d'un an. Quant aux autres actions qui peuvent être exercées en vertu des principes généraux du droit, elles ne sont pas réglementées par le texte... Ce n'est pas le risque professionnel qui joue vis-à-vis du tiers, ce sont les principes généraux du droit commun. Il était indispensable de réglementer le risque professionnel ; mais nous n'avons rien à faire au regard de toutes les actions dérivant des articles 1382 et suivants du Code civil. » (1).

Nous nous fondons sur les mêmes motifs pour refuser l'assistance judiciaire de plein droit à l'action contre les tiers. (*Infrà*, n° 415).

(1) Ch. dép., 28 oct. 1897 ; *J. off.*, p. 2225 et 2226.

CHAPITRE XIV

De l'Action en Revision

---

395. — Avant l'institution du risque professionnel, les tribunaux reconnaissaient aux victimes d'accident le droit de demander, en cas d'aggravation de leur état, l'augmentation de l'indemnité qui leur avait été allouée ; mais cette faculté n'était pas laissée aux patrons. La nouvelle loi a mis sur le même pied l'ouvrier et le chef d'entreprise, en les autorisant tous deux à demander, pendant trois ans, la revision de l'indemnité.

« ART. 19. — La demande en revision de l'indemnité fondée sur une aggravation ou une atténuation de l'infirmité de la victime ou son décès par suite des conséquences de l'accident, est ouverte pendant trois ans à dater de l'accord intervenu entre les parties ou de la décision définitive.

« Le titre de pension n'est remis à la victime qu'à l'expiration des trois ans. »

L'action en revision peut donc être basée : 1º sur l'atténuation de l'infirmité ; 2° sur son aggravation ; 3° sur le décès de la victime. Elle ne s'applique pas à l'indemnité payée par le tiers auteur de l'accident en vertu de l'art. 7.

396. — 1° Atténuation de l'infirmité. — L'action en revision fondée sur l'atténuation de l'infirmité de la victime est exercée par le patron. Par exemple, un ouvrier primitivement considéré comme atteint d'incapacité permanente absolue de travail et auquel avait été allouée la rente des 2/3 du salaire, a pu reprendre ses occupations et gagner un salaire. Il n'est pas juste que le chef d'entreprise continue à lui payer la pension comme s'il était absolument incapable de tout travail. L'action en revision permet de corriger cette anomalie. Mais elle peut offrir des inconvénients qui furent signalés à la Chambre par M. Jourdan : « L'ouvrier, disait-il, n'osera pas se livrer à la moindre occupation, il redoutera presque la guérison, et très souvent, par un repos trop absolu, il aggravera les conséquences de la blessure qu'il a reçue. » (1). Le patron pourra aussi exercer une surveillance gênante sur la victime, afin de savoir si son état s'est amélioré. Malgré ces justes considérations, il n'était pas possible d'admettre l'irrévocabilité de la pension, sous peine de s'exposer à faire de l'accident une source de bénéfice pour la victime, résultat injuste et immoral.

397. — 2° Aggravation de l'infirmité. — Lorsque l'état de la victime s'est aggravé de manière à augmenter

---

(1 Ch. dép., 26 oct. 1897 ; *J. off.*, p. 2209.

l'incapacité de travail qui avait été constatée tout d'abord, la victime peut demander l'élévation de l'indemnité. Tel ouvrier qui avait paru frappé d'incapacité temporaire, par exemple, et qui n'avait reçu que l'allocation quotidienne, voit bientôt ses forces diminuer et constate que sa capacité de travail est définitivement réduite. Il demande la revision, qui lui permettra d'obtenir la pension à laquelle il a droit.

Cette action est ouverte à la victime, même dans le cas où, après une simple incapacité temporaire de travail il est survenu, plus tard, une nouvelle incapacité temporaire.

398. — *3° Décès.* — En cas de décès des suites de l'accident, survenu postérieurement au règlement des rentes ou indemnités, les ayants droit de l'ouvrier jouissent aussi du bénéfice de l'action en revision et sont admis à demander l'allocation des rentes qui leur sont réservées par l'art. 3. Seulement, ils doivent faire la preuve que la mort est due aux conséquences de l'accident. A cet effet, les tribunaux pourront recourir à toutes les mesures d'instruction qui leur paraîtront nécessaires, désigner un médecin, nommer des experts, ordonner une enquête, etc.

Que faudrait-il décider s'il était démontré que la mort ou l'aggravation de l'incapacité de travail sont dues à un défaut de soins, ou bien pour partie au manque de soins et pour partie à l'accident ? Dans la première hypothèse, la demande de revision devrait être rejetée, le patron qui a payé régulièrement les frais de maladie et les indemnités légales ne pouvant pas être rendu responsable de l'incurie de l'ouvrier ou de sa famille.

Dans la seconde hypothèse, la réponse est plus délicate. S'il s'agit d'une simple aggravation d'infirmité, le tribunal peut, à la rigueur, tenir compte de la négligence de la victime dans la fixation de la pension. Mais si l'ouvrier est décédé, le tribunal ne peut allouer qu'une indemnité invariable. Il devra donc, selon les circonstances, soit rejeter la demande de revision, soit accorder les rentes fixées par la loi.

399. — A défaut du patron, la victime peut exercer l'action en revision contre la Compagnie d'assurances, le syndicat de garantie ou la Caisse nationale des retraites pour la vieillesse, et *vice versa*.

400. — *Décision ou accord antérieurs.* — Le texte de l'article 19 suppose qu'il y a eu soit un accord entre les parties, soit une décision judiciaire. « La demande en revision de l'indemnité » implique, en effet, qu'il y a eu une indemnité déjà stipulée. Enfin la dernière partie de l'article : « A dater de l'accord intervenu entre les parties ou de la décision définitive », démontre également que, dans l'esprit du législateur, il est nécessaire qu'il y ait eu une convention entre le patron et la victime ou une décision de justice. En conséquence, la victime ou ses ayants droit auront à justifier de l'accord intervenu ou de la décision judiciaire.

Dans cet ordre d'idées, M. Félix Martin soumettait au Sénat, en 1895, l'hypothèse suivante : Pendant qu'un ouvrier travaille à la forge, il reçoit dans l'œil une parcelle de fer incandescent. Le chirurgien ne constate qu'une légère rougeur, diagnostique une simple contusion et invite l'ouvrier à reprendre le travail, ce qu'il fait le lendemain. Il ne touche même donc pas l'indemnité temporaire. Les mois passent et la vue ne revient pas. Plus d'un an après, il va consulter un oculiste qui constate que l'œil est perdu. L'action en indemnité est prescrite ; il n'y a rien à espérer de ce côté. Mais y aura-t-il matière à revision ? (1).

Oui, répondait M. Ricard, garde des sceaux ; non, disaient MM. Demôle, Tillaye et Félix Martin. La commission était aussi pour la négative, car, à cette époque, l'article relatif à la revision accordait pour exercer cette action un délai de trois années *à dater de la décision définitive*. On pouvait donc dire que l'action n'était ouverte qu'autant qu'il était intervenu une décision judiciaire. « Nous avons pensé, disait le rapporteur, que cette rédaction pouvait être critiquée, parce qu'en indiquant comme point de départ du délai de la revision la date de la décision définitive, elle avait l'air d'impliquer que, dans tous les cas, une décision de justice devait intervenir, alors que, dans la réalité, il arrivera, et il arrivera le plus souvent, nous l'espérons du moins, que tout se règlera à l'amiable entre le patron et l'ouvrier ou ses représentants. C'est pour cela que nous vous proposons la rédaction suivante : « ...Pendant une période de trois ans, à dater de l'accord intervenu entre les parties ou de la décision définitive. » (2). Cette formule est, dans le fond, identique à celle du texte actuel. Il faut en conclure que les auteurs

(1) Sén., 25 nov. 1895; *J. off.*, p. 956.
(2) Sén., 26 nov. 1895; *J. off.*, p. 963.

de la loi ont voulu seulement étendre l'action en revision
au cas où il y a eu un accord entre les parties. Faut-il
encore que cet accord ait existé, qu'il y ait eu une entente
amiable! Dans ce cas, l'action en revision est ouverte. Mais
si, comme dans le cas cité par M. Félix Martin, il n'y a eu
ni décision ni accord amiable, il nous paraît impossible
de procéder par voie de revision. Autrement, on aboutirait
à éluder la prescription en la prolongeant jusqu'à trois
ans. Ce n'est pas là ce qu'a voulu le législateur. La revision de l'indemnité ne peut porter que sur un accord ou
un jugement. Si, pour un motif ou pour un autre, la victime n'a rien demandé au moment de l'accident, et que
la prescription d'un an soit acquise, il est impossible
d'exercer l'action en revision.

401. — *Tribunal compétent.* — Le texte ne dit pas
devant quel tribunal l'action en revision doit être portée.
Mais il nous paraît certain que c'est devant le tribunal du
lieu de l'accident, auquel la loi du 9 avril 1898 attribue
compétence pour le jugement des rentes et pensions.

S'il s'agit d'une nouvelle incapacité temporaire de travail, c'est-à-dire si la victime qui avait paru guérie, retombe
malade des suites de l'accident, mais sans que sa capacité
de travail paraisse atteinte d'une manière permanente,
l'action en revision doit être portée devant le juge de paix.

402. — *Procédure.* — L'action en revision sera précédée du préliminaire de conciliation devant le juge de paix,
et devra être instruite de même que l'action principale,
comme affaire sommaire. Elle sera sujette à l'appel, selon

le droit commun. Mais les règles spéciales à l'appel sur l'action en indemnité (*suprà*, n° 368 et s.) lui seront applicables. L'article 17 vise, en effet, tous « les jugements rendus en vertu de la présente loi. » En conséquence, l'appel du jugement de revision devra être interjeté dans les quinze jours du jugement s'il est contradictoire, et, s'il est par défaut, dans la quinzaine, à partir du jour où l'opposition ne sera plus recevable.

403. — Enfin, nous pensons que l'action en revision doit bénéficier de plein droit de l'assistance judiciaire comme l'action en indemnité. (*Infrà*, n° 411).

404. — *Délai de revision.* — La demande de revision doit être engagée dans le délai de trois ans, à partir de l'accord intervenu entre les parties ou de la décision définitive, c'est-à-dire du jour du jugement, de l'arrêt de la Cour d'appel ou de la Cour de cassation.

Ce délai, comme celui de la prescription, court contre les mineurs et les interdits.

405. — *Remise du titre de pension.* — La revision pouvant avoir pour effet de modifier les pensions primitivement allouées, le second paragraphe de l'art. 19 dispose que le titre de rente ne doit être remis à la victime qu'après l'expiration des trois ans accordés pour l'exercice de l'action.

Jusqu'à cette époque, le chef d'entreprise sera tenu de payer les arrérages des rentes à la victime ou à ses ayants droit.

CHAPITRE XV

Assistance Judiciaire et Gratuité des Actes

---

§ 1er. — Instances jouissant de l'assistance judiciaire.

406. — Sous l'empire du droit commun, les victimes d'accidents étaient presque toujours admises à l'assistance judiciaire, chaque fois que leur demande avait quelqu'ap-, parence de fondement. Le patron étant désormais responsable de tous les accidents, et les ouvriers étant le plus souvent indigents, il n'était plus nécessaire de faire passer la demande par le bureau d'assistance judiciaire et d'exposer la victime aux formalités, aux complications et aux lenteurs qu'entraînait la décision du bureau. Déjà la loi du 29 juin 1894 sur les caisses de retraites et de secours des ouvriers mineurs avait admis de plein droit les mineurs à l'assistance judiciaire devant le tribunal, pour les différends soulevés par l'application de cette loi. Les victimes d'accident bénéficient maintenant de la même faveur.

« Art. 22. — Le bénéfice de l'assistance judiciaire est accordé de plein droit, sur le visa du procureur de la République, à la victime de l'accident ou à ses ayants droit, devant le tribunal.

« A cet effet, le président du tribunal adresse au procureur de la République, dans les trois jours de la comparution des parties prévue par l'article 16, un extrait de son procès-verbal de non conciliation ; il y joint les pièces de l'affaire.

« Le procureur de la République procède comme il est prescrit à l'article 13 (paragraphes 2 et suivants) de la loi du 22 janvier 1851.

« Le bénéfice de l'assistance judiciaire s'étend de plein droit aux instances devant le juge de paix, à tous les actes d'exécution mobilière et immobilière et à toute contestation incidente à l'exécution des décisions judiciaires. »

Tous les ouvriers et employés, quelques soient leur salaire, leur situation ou leur nationalité, directeurs, ingénieurs, français et étrangers sont admis à l'assistance judiciaire.

Les ayants droit de la victime, en cas de décès, jouissent de cette faveur comme la victime elle-même, quelque soit leur état de fortune. Tous reçoivent ce privilège de la loi, de plein droit, sans qu'ils aient à faire aucune demande ni à remplir aucune formalité.

407. — Cependant, l'assistance judiciaire n'est pas obligatoire pour les victimes. On a dit, dans le cours des travaux préparatoires, que la concession de l'assistance judiciaire de plein droit était avilissante pour l'ouvrier, dont elle faisait un indigent malgré lui. Nous ne pensons pas que beaucoup se plaignent de cet outrage. Si d'aucuns trouvaient contraire à leur dignité d'accepter l'avantage que la loi leur accorde, ils ne seraient pas obligés d'en profiter. Il leur suffirait de prévenir soit le président du tribunal, soit le procureur de la République. C'est ce qui fut déclaré au Sénat par M. Chovet, membre de la commission (1).

408. — *Instances devant le tribunal.* — Le président envoie au procureur de la République l'extrait de son procès-verbal de non-conciliation et le dossier. Cette transmission doit avoir lieu, suivant l'art. 22, « dans les trois jours de la comparution des parties », c'est-à-dire avant l'expiration du troisième jour, non compris celui de la comparution. Les termes dont se sert la loi impliquent, en effet, que le délai doit commencer après le jour de la comparution, c'est-à-dire le lendemain. Par exemple, si la comparution a eu lieu le 1er septembre, l'envoi au parquet devra être fait, au plus tard, le 4.

Dès la réception, le procureur de la République appose son visa sur le dossier et procède conformément aux prescriptions de l'article 13 (§ 2 et s.) de la loi du 22 janvier 1851, c'est-à-dire qu'il invite le bâtonnier de l'Ordre des avocats, le président de la chambre des avoués, le syndic des huissiers, à désigner l'avocat, l'avoué et l'huissier.

(1) Sén., 22 nov. 1895; *J. off.,* p. 939.

S'il n'y a pas de bâtonnier ou de chambre de discipline des avoués, il demande au président du tribunal de faire la désignation.

Aucun délai n'est imparti au parquet pour remplir ces formalités. Il est évidemment de son devoir de procéder d'urgence.

La loi du 22 janvier 1851 (art. 13, § 5), dispose que, dans le délai de trois jours, le secrétaire du bureau doit envoyer un extrait de la décision au receveur de l'enregistrement. Le procureur de la République devra donc informer le fisc du visa qu'il aura délivré.

Ainsi qu'on le voit, le parquet n'aura pas à transmettre le dossier au président du tribunal pour faire désigner les hommes d'affaires. Il provoquera lui-même ces désignations et veillera à ce qu'elles ne souffrent pas de retard, de même qu'il les portera d'urgence à la connaissance des victimes.

409. — *Instances devant le juge de paix.* — « Le bénéfice de l'assistance judiciaire s'étend de plein droit aux instances devant le juge de paix », dit l'art. 22, § 4. Au premier rang de ces instances se placent les actions relatives aux indemnités temporaires, aux frais médicaux, pharmaceutiques et funéraires.

Malgré qu'il ne s'agisse pas d'une instance proprement dite, nous croyons que l'enquête à laquelle il est procédé par le juge de paix, conformément aux articles 12 et 13 de notre loi, doit bénéficier aussi de l'assistance judiciaire de plein droit. Cette enquête nécessite des frais assez élevés : transport sur les lieux du sinistre, convocation et taxes des témoins, expertises, etc. Les greffiers ne peuvent pas être tenus de faire l'avance de ces frais, et on ne saurait davantage les faire supporter au fonds de garantie uniquement destiné à couvrir les risques d'insolvabilité. Le fisc doit donc en faire l'avance. (*Supra*, n° 344).

Le texte ne dit pas comment l'assistance judiciaire sera constatée pour les instances en justice de paix. Faudra-t-il un visa ? Par qui sera-t-il donné ? Qui désignera l'huissier ? Qui informera le receveur de l'enregistrement ?

Aux termes de l'article 13 de la loi du 22 janvier 1851, c'est le juge de paix qui invite le syndic des huissiers à désigner un huissier lorsque l'affaire est de sa compétence ; il paraît donc tout indiqué qu'il continue à faire cette invitation.

Les intéressés n'auront qu'à se présenter devant le juge de paix du canton où l'accident a eu lieu, pour lui déclarer leur intention d'exercer des poursuites à raison de l'accident. Après avoir contrôlé la déclaration qui lui sera faite, le juge de paix invitera le syndic des huissiers à désigner un de ses confrères pour instrumenter, et transmettra en même temps un avis au receveur de l'enregistrement.

410. — La loi organique de l'assistance judiciaire n'accordant pas d'avocat d'office aux parties devant le juge de paix, il n'y aura pas lieu, dans notre matière, d'en faire désigner un. Il eut été cependant désirable que l'ouvrier pût être assisté d'un défenseur, car, non seulement sa demande aura souvent une importance considérable, mais encore il se heurtera, la plupart du temps, à un adversaire pourvu d'un avocat.

411. — *Action en revision.* — Cette action est une innovation de notre loi ; elle dérive du risque professionnel et doit profiter des avantages qui y sont afférents. Elle est un droit absolu pour la victime d'accident, et puisque la loi suppose que tout ouvrier est indigent, il est logique de lui accorder l'assistance judiciaire de plein droit pour demander la revision. Enfin le texte de l'article 22 décide que la victime a l'assistance judiciaire devant le tribunal et devant le juge de paix. Il faut en conclure que toutes les actions découlant de la loi nouvelle, qui seront portées devant ces juridictions, jouiront de l'assistance judiciaire. L'action en revision est incontestablement du nombre.

Mais alors il faut se demander comment sera constaté le bénéfice de l'assistance judiciaire. La procédure tracée par l'article 22 n'est, en effet, plus applicable puisqu'il n'y a pas de transmission du dossier au parquet par le président du tribunal.

En attendant des instructions spéciales sur ce point, la victime pourrait se présenter devant le procureur de la République pour lui faire connaître son intention de demander la revision de la décision ou de l'accord dont elle a bénéficié. Après examen des pièces qui lui seraient communiquées, le procureur de la République les viserait et procèderait comme il a été dit pour l'action principale. (*Suprà*, n° 408).

Si la revision doit être portée devant le juge de paix, il sera procédé comme il a été dit au n° 409.

412. — *Actes d'exécution.* — En droit commun, le bénéfice de l'assistance judiciaire s'arrête au jugement ou à l'arrêt. Aussi combien de fois les malheureux assistés sont impuissants à faire exécuter le titre qu'ils ont en mains, pareil au billet de La Châtre ! Notre article 22 a mis ordre à cette anomalie, en matière d'accidents, et l'assistance s'étend à tous les actes d'exécution mobilière et immobilière ainsi qu'à toute contestation incidente à l'exécution des décisions judiciaires.

Ainsi la victime pourra, avec le secours de l'assistance judiciaire, poursuivre jusqu'à la saisie, l'exécution des décisions de justice. Elle pourra de même, bien entendu, en cas de refus de la part du patron, assurer l'exécution de l'accord intervenu devant le président du tribunal.

§ 2. — Instances ne jouissant pas de l'assistance judiciaire.

413. — *Appel et pourvoi en cassation.* — L'article 22 ne parle de l'assistance judiciaire ni devant la Cour d'appel ni devant la Cour de cassation. Est-ce, ainsi qu'on l'a prétendu (1), un oubli provenant de ce que la Chambre des députés avait supprimé le droit d'appel, en 1897 ? Il est certain que non, comme le démontre le passage suivant du rapport de la commission du Sénat : « Votre commission ne vous propose pas d'accorder la même faveur à la victime ou à ses représentants devant la Cour d'appel ou de cassation ; car une semblable disposition

(1) Coulet, *op. cit.*, p. 68.

pourrait donner lieu à des abus. Devant ces juridictions, le droit commun sera appliqué, c'est-à-dire que les bureaux d'assistance judiciaire, institués par la loi de 1851, statueront sur chaque demande. » Du reste, les projets votés en 1895 et 1896 disposaient formellement que l'assistance judiciaire n'était accordée de plein droit qu'en première instance.

En conséquence, l'ouvrier appelant ne jouit pas de plein droit de l'assistance judiciaire. Il en est de même de celui qui se pourvoit en cassation. Ils doivent la demander suivant les règles ordinaires, c'est-à-dire en adressant au procureur général près la Cour d'appel compétente ou près la Cour de cassation, une demande accompagnée d'une déclaration d'indigence faite devant le maire du domicile et d'un extrait du rôle des contributions.

414. — Mais lorsque l'appel sera interjeté par le patron, ou que le pourvoi en cassation aura été formé par lui, la victime continuera à jouir de l'assistance judiciaire devant la Cour d'appel ou la Cour de cassation. L'article 9 de la loi de 1851 dispose, en effet, que celui qui a été admis à l'assistance judiciaire devant une première juridiction continue à en jouir sur l'appel interjeté contre lui, dans le cas même où il se rendrait incidemment appelant. Il continue pareillement sur le pourvoi en cassation formé par son adversaire. Sans doute, la loi de 1898 ne contient aucune disposition à cet égard ; mais il est certain qu'elle n'a pas voulu se montrer moins libérale que la loi de 1851, et priver la victime intimée d'un avantage qu'elle tient du droit commun.

415. — *Action contre les tiers.* — La victime qui exercera l'action en responsabilité contre les tiers autres que les ouvriers et préposés, jouira-t-elle de plein droit de l'assistance judiciaire ? Nous répondons négativement puisque cette action dépend du droit commun et non du risque professionnel (art. 7). Aucune des dispositions exceptionnelles de notre loi ne lui est applicable : elle n'est sujette ni à la prescription d'un an, ni à la revision ; les délais d'appel ou d'opposition ne sont pas modifiés, en ce qui la concerne ; il nous parait donc impossible de lui accorder le privilège de l'assistance judiciaire. (*Suprà,* n° 394).

§ 3. — Gratuité des actes.

416. — L'article 29 dispose que « les procès-verbaux, jugements et autres actes faits ou rendus en vertu et pour l'exécution de la présente loi, sont délivrés gratuitement, visés pour timbre et enregistrés gratis, lorsqu'il y a lieu à la formalité de l'enregistrement. »

Sous des apparences de clarté, cet article cache deux difficultés d'application.

417. — 1° Les actes qui y sont mentionnés seront-ils délivrés à titre absolument gratuit ou bien ne serait-ce, comme en matière d'assistance judiciaire, qu'une avance dont le recouvrement serait opéré après la fin de l'instance? Dans son rapport à la Chambre, M. Ricard disait à propos de cette disposition : « C'est le seul sacrifice pécuniaire

21

que le projet demande à l'Etat. Il n'a pas paru trop considérable à votre commission en raison du grand intérêt
social qui s'attache à la question. » S'il s'agissait d'une
simple avance il n'y aurait pas toujours perte pour le
Trésor. Du reste, le texte ne dit pas, comme la loi de
1851, que les actes seront enregistrés en débet, mais
gratis, ce qui exclut l'idée d'un recouvrement ultérieur.

Enfin si le législateur avait voulu seulement accorder
une avance, une disposition spéciale eût été inutile, puisque aux termes de l'article 14 de la loi de 1851, les actes
et titres produits par l'assisté sont visés pour timbre et
enregistrés en débet, c'est-à-dire sauf remboursement le
cas échéant. On a voulu donner davantage en matière
d'accidents, et consentir la gratuité absolue et définitive
des pièces à produire.

418. — 2° La gratuité édictée par l'article 29 profite-t-
elle au patron aussi bien qu'à la victime? La compagnie
P.-L.-M., par exemple, comme le simple homme d'équipe,
obtiendra-t-elle gratuitement les actes et expéditions
qu'elle devra fournir en cours d'instance ? Les termes
absolus du texte ne permettent de faire aucune distinction
sur ce point.

CHAPITRE XVI

Des Garanties

§ 1er. — Historique.

419. — Le législateur a compris qu'il eût été insuffisant de fixer les indemnités sans prendre les précautions nécessaires pour en assurer le paiement ; aussi a-t-il longuement recherché les moyens de procurer des garanties à la créance de la victime. Il nous sera impossible, pour ne pas donner à ce travail une trop grande étendue, d'entrer dans l'examen critique des nombreux systèmes qui furent soumis au Parlement. Nous nous bornerons à l'historique rapide de la question.

420. — Le premier projet voté par la Chambre, le 23 octobre 1884, accordait seulement à la victime le privilège de l'article 2102 du Code civil sur l'indemnité due par l'assureur, lorsque le chef d'entreprise avait contracté une assurance.

Mais on ne tarda pas à reconnaître qu'il fallait aller plus loin pour donner aux ouvriers une garantie efficace, et l'Allemagne ayant, en 1881, adopté l'assurance obligatoire, ce système trouva immédiatement chez nous des partisans (1). M. Duché combattit vigoureusement, dans son rapport, le principe de l'obligation de l'assurance et le fit repousser par la Chambre en 1888. Le projet voté à cette époque laissa aux patrons la liberté de rester leurs propres assureurs, de former des syndicats d'assurances mutuelles, de s'adresser à des compagnies d'assurances privées ou bien à la Caisse nationale d'assurances contre les accidents créée par la loi du 11 juillet 1868.

En 1890, le Sénat condamna toute intervention de l'Etat en cette matière et maintint le principe de la liberté absolue du patron. Il autorisa seulement les syndicats professionnels à constituer des caisses d'assurances mutuelles contre les accidents, et accorda aux créanciers d'indemnités le privilège de l'article 2101 du Code civil.

A la suite de ce vote le Gouvernement présenta lui-même, par l'organe de M. Jules Roche, ministre du commerce, un projet de loi qui rendait l'assurance obligatoire sous la forme d'associations mutuelles entre patrons, par nature d'industrie (2).

La Chambre accueillit ce système avec cette différence que le projet de M. J. Roche organisait des mutualités professionnelles, tandis que le projet de la commission formait des circonscriptions régionales. Les chefs d'entreprise,

---

(1) Projet de M. Rouvier, annexé au rapport de M. Duché.
(2) Projet de M. Jules Roche du 28 juin 1890.

obligatoirement réunis en circonscriptions, comprenant un ou plusieurs départements, formaient une caisse mutuelle qui était tenue des indemnités èt les répartissait, tous les ans, entre chaque entreprise assujettie, proportionnellement au coefficient des risques et des salaires.

Cependant les industriels pouvaient se soustraire à l'obligation de l'assurance et rester leurs propres assureurs, soit individuellement, soit en se réunissant en syndicat, moyennant le dépôt d'un cautionnement à la Caisse nationale d'assurances contre les accidents (1).

Le Sénat vit dans ces mesures de garantie un dangereux excès de précautions et les repoussa (2). Il adopta, en première délibération, un projet contenant le germe du système qui fut, plus tard, définitivement adopté. La commission avait proposé de créer un fonds de garantie destiné à faire face à l'insolvabilité des chefs d'entreprise débiteurs de rentes, et formé par la répartition des sommes impayées entre tous les chefs d'entreprise chez lesquels il s'était produit des accidents dans le cours de l'année. Mais on reprocha à ce système d'aggraver uniquement les charges des chefs d'entreprise sinistrés, et le Sénat décida de faire la répartition entre les industriels proportionnellement aux salaires de l'ouvrier et aux coefficients de risques.

En seconde délibération, la haute Assemblée fit un nouveau pas en avant et rejeta toute ingérence de l'Etat. Elle accorda seulement à la victime le privilège des articles 2101 et 2102 du Code civil, dont le patron pouvait s'affran-

(1) Projet de loi voté par la Chambre le 10 juin 1893.
(2) Projet de loi voté par le Sénat le 5 décembre 1895.

chir, soit par le dépôt d'un capital suffisant à la Caisse des
dépôts et consignations, soit par une affectation hypothé-
caire, soit par une assurance à une compagnie ou à un
syndicat (1).

421. — Parmi tant de contradictions et de tâtonnements on n'était pas près de s'entendre, lorsque M. Boucher, ministre du commerce, préconisa un système qui
avait été présenté, par M. Cheysson, à la Société d'économie sociale (2), et qui consistait simplement dans la création d'un fonds de garantie par l'addition de centimes
aux patentes des assujettis.

La commission de la Chambre accueillit cette innovation
et proposa d'ajouter 4 centimes au principal de la contribution des patentes des industriels visés par la loi. Voici
comment se justifiait ce chiffre. Il résulte des statistiques
allemandes et autrichiennes que le risque d'insolvabilité
des patrons assurés, en regard de la prime qu'ils doivent
payer, oscille entre 3 et 6 pour 1000, et une contre-vérifi-
cation faite en France a démontré que le nombre des
patentés insolvables est à peine de 4 pour 1000. D'autre
part, le montant probable de l'ensemble des indemnités
qui seront payées annuellement, sera de 72 millions environ. En fixant à 1 pour 100 le risque d'insolvabilité (qui
n'est, en réalité, que de 4 à 5 dixièmes), la somme totale à
recouvrer par l'impôt pour la garantie de l'insolvabilité
patronale sera de 720.000 francs par an.

Or, le chiffre du principal des patentes des industriels

(1) Projet voté le 24 mars 1896.
(2) *Réforme sociale*, n° du 16 février 1896.

étant de 18 millions environ, un impôt additionnel de
4 centimes pour 100 donnera exactement 720.000 francs.
Si l'on y ajoute une centaine de mille francs pour les
redevances des mines, on aura une somme totale de
800.000 francs, largement suffisante pour faire face à
toutes les éventualités (1).

C'est la substitution de l'assurance obligatoire contre
l'insolvabilité à l'assurance obligatoire contre les accidents.
C'est l'Etat lui-même qui perçoit les primes sous forme
d'impôt et paie les indemnités par l'intermédiaire de la
Caisse nationale des retraites pour la vieillesse.

On reprocha à ce système d'introduire dans la loi le
socialisme d'Etat et d'aboutir à une accumulation de capitaux dans les caisses du Trésor. M. Boucher répondit
victorieusement à ces objections dans les termes suivants :
« Nous n'engageons pas les finances de l'Etat ; nous ne
demandons pas aux contribuables de venir au secours de
tels intérêts ou de telles industries. Nous ne faisons pas
de socialisme d'Etat ; ce sont les chefs d'entreprise qui
rachètent eux-mêmes leur propre liberté par une prestation aussi proportionnelle que possible... Mais, direz-
vous, cette prestation se récupère par l'impôt. Je n'hésite
pas à dire que c'est là le côté véritablement pratique, véritablement original de la législation nouvelle... Ce principe
n'est pas introduit pour la première fois dans la loi. Vous
le trouverez dans l'organisation des fonds de non-valeur,
des secours à l'agriculture. Or, si l'on a employé ce moyen
pour garantir la gestion financière de l'Etat, vous pouvez

(1) Ch. dép., 28 oct. 1898 ; J. off., p. 2229.

bien admettre qu'on l'introduise dans la loi pour garantir la paix sociale et pour assurer la liberté des différents chefs d'industrie (1).

« Il n'est pas douteux qu'avec la contribution proposée, il se produira dans les caisses de l'Etat, dès les premières années, une accumulation assez considérable... Cette accumulation est prévue ; on peut même en fixer approximativement le montant qui ne dépassera certainement pas 30 à 35 millions au maximum... Peut-on envisager qu'il y aurait lieu de réduire le sacrifice imposé aux industriels ? La loi le prévoit ; ce sera affaire aux commissions des budgets, avec le conseil des actuaires, lorsque dans les caisses de l'Etat se seront accumulées des sommes qui paraîtront devoir suffire à toutes les éventualités. » (2).

La Chambre et le Sénat se rallièrent à ce système aussi simple qu'ingénieux qui fut ainsi admis dans la nouvelle loi.

§ 2. — Garantie des frais funéraires et de maladie et des allocations temporaires.

422. — « La créance de la victime de l'accident ou de ses ayants droit relative aux frais médicaux, pharmaceutiques et funéraires ainsi qu'aux indemnités allouées à la suite de l'incapacité temporaire de travail, est garantie par le privilège de l'article 2101 du Code civil et y sera inscrite sous le n° 6. » (Art. 23, § 1er).

(1) Ch. dép., 28 oct. 1898 ; *J. off.*, p. 2229.
(2) Sén., 7 mars 1898 ; *J. off.*, p. 265.

L'article 2101 accorde un privilège général sur les meubles : 1° aux frais de justice ; 2° aux frais funéraires ; 3° aux frais de dernière maladie ; 4° aux salaire des gens de service pour l'année échue et l'année courante ; 5° aux fournitures de subsistances faites au débiteur et à sa famille pendant les six derniers mois par les boulangers, bouchers et autres marchands en détail, et, pendant la dernière année, par les maîtres de pension et marchands en gros. La créance de la victime sur le chef d'entreprise pour les frais médicaux, pharmaceutiques et funéraires ainsi que pour les allocations temporaires, vient donc au sixième rang, après celle des fournisseurs.

423. — Les privilèges généraux de l'article 2101 frappent les meubles et les immeubles (art. 2104 C. c.) ; la créance de l'ouvrier est donc largement garantie. Cependant, il pourra arriver que le produit de la vente des meubles et des immeubles ne permette pas de payer les sommes dont nous nous occupons. Dans ce cas, la créance de la victime pourra-t-elle être payée sur le fonds de garantie institué par les articles 24 et 25 ?

Il est certain que non. Le paragraphe 2 de l'article 23 dit, en effet : « Le paiement des indemnités pour incapacité permanente de travail ou accident suivi de mort est garanti conformément aux dispositions des articles suivants. » Il en résulte que le fonds de garantie constitué en vertu de ces articles est uniquement réservé au paiement des rentes et pensions. En conséquence, si, après la réalisation des meubles et des immeubles, la créance de la victime n'est pas payée, on ne pourra pas recourir à la Caisse nationale des retraites.

§ 3. — **Garantie des rentes et pensions.** — **Fonds de garantie.** — **Règlement d'administration publique du 28 février 1899 pour l'application de l'art. 26 de la loi du 9 avril 1898. (Titre III).**

424. — Le législateur a repoussé définitivement l'assurance obligatoire et organisé un système propre à garantir, dans tous les cas, le paiement des indemnités. Il n'entre pas dans le cadre de cette étude d'entreprendre l'examen du problème de l'obligation de l'assurance. Il nous suffira de dire pourquoi nous avons applaudi au rejet de cette théorie.

Le rôle de l'Etat est de régler les rapports des hommes entre eux, mais il dépasse sa mission lorsqu'il se porte juge de l'intérêt privé et se substitue à la responsabilité individuelle. Il n'a donc pas à intervenir dans les affaires des particuliers et ne saurait prétendre en être meilleur juge que les citoyens eux-mêmes. Son intervention indiscrète, sous prétexte de protection, engendre le despotisme et tue, avec la liberté, le sentiment de la responsabilité. Une fois la porte ouverte à son ingérence, où s'arrêtera-t-on ? Aujourd'hui c'est l'assurance contre les accidents qui sera décrétée obligatoire, demain ce sera l'assurance contre l'incendie, plus tard, l'assurance sur la vie, la grêle, la perte des capitaux, etc., jusqu'au jour où on aura centralisé dans les mains de l'Etat qui plie déjà sous le poids écrasant des services publics, la propriété elle-même.

À un autre point de vue, l'assurance obligatoire conduirait inévitablement à l'assurance par l'Etat. En effet, les compagnies privées ne veulent pas assurer tous les risques et se réservent toujours la faculté de résilier après sinistre. Il faudrait donc nécessairement créer une caisse d'Etat pour ces risques. D'autre part, quelques garanties que les compagnies d'assurances paraissent offrir, leur solvabilité n'est pas à l'abri de toute surprise. D'autres organisations aussi puissantes ont sombré : le naufrage des sociétés d'assurances n'est donc pas impossible. Par suite, l'Etat devrait, en toute logique, se faire lui-même assureur, sa garantie seule pouvant offrir la plus grande somme de sécurité. Sans doute, ce serait l'assureur idéal envers les assurés ; mais en serait-il de même au regard des contribuables ? C'est une vérité reconnue que l'Etat est un mauvais exploitant, parce que ses agents ne sont pas stimulés par l'intérêt personnel et manquent de l'esprit d'initiative que sa puissante intervention étouffe partout où elle s'exerce. Ajoutez à cela que la politique ne manquerait pas d'envahir l'organisation des assurances, que les ouvriers demanderaient bientôt l'augmentation des indemnités et les patrons l'abaissement des primes, jusqu'à ce que l'Etat assure à perte, ce qui ne tarderait guère.

Enfin, l'énorme accumulation des capitaux soustraits à la circulation et à l'œuvre de production ne serait-elle pas un danger pour la situation économique du pays ?

425. — *Organisation du fonds de garantie. — Règlement d'administration publique.* — Le système adopté par la loi du 10 avril 1898 n'offre aucun des inconvénients de l'assurance obligatoire et garantit, dans tous les cas, le paiement des rentes dues aux victimes d'accidents. Les patrons sont libres de rester leurs propres assureurs ou de s'assurer à des compagnies à primes fixes ou mutuelles. Ils peuvent aussi se constituer en syndicats de garantie.

« Art. 24. — A défaut, soit par les chefs d'entreprise débiteurs, soit par les sociétés d'assurances à primes fixes ou mutuelles, ou les syndicats de garantie liant solidairement tous leurs adhérents, de s'acquitter, au moment de leur exigibilité, des indemnités mises à leur charge à la suite d'accidents ayant entraîné la mort ou une incapacité permanente de travail, le paiement en sera assuré aux intéressés par les soins de la Caisse nationale des retraites pour la vieillesse, au moyen d'un fonds spécial de garantie constitué comme il va être dit et dont la gestion sera confiée à ladite Caisse. »

« Art. 25. — Pour la constitution du fonds spécial de garantie, il sera ajouté au principal de la contribution des patentes des industriels visés par l'article 1er, quatre centimes additionnels. Il sera perçu sur les mines une taxe de cinq centimes par hectare concédé.

« Ces taxes pourront, suivant les besoins, être majorées ou réduites par la loi de finances. »

L'administration des contributions directes sera donc appelée à décider quels sont les industriels qu'atteint le risque professionnel et à leur imposer la taxe prescrite par l'article 25.

On a renoncé à reconstituer la Caisse nationale d'assurance contre les accidents, pour la charger du nouveau service résultant de la loi du 9 avril 1898, et c'est à la Caisse nationale des retraites pour la vieillesse que cette mission a été confiée (1).

426. — Il est évident que les industriels patentés seront seuls assujettis à cette taxe puisqu'elle consiste dans l'élévation de la patente. Il se trouvera donc des chefs d'entreprise qui, bien que compris dans le risque professionnel, ne pourront pas être soumis à la taxe parce qu'ils ne paient pas de patente, par exemple, l'agriculteur qui fait travailler avec une machine à vapeur. Les risques d'insolvabilité les concernant, fort rares d'ailleurs, seront à la charge du fonds commun de la Caisse à laquelle ils n'apporteront pas leur quote-part. Nous ne voyons pas comment on pourrait procéder autrement, et c'est d'ailleurs dans ce sens que s'est prononcé devant la Chambre, M. Boucher, ministre du commerce (2).

427. — L'impôt sera donc de quatre centimes additionnels portés au principal de la contribution des patentes, et de cinq centimes par hectare de mine concédé. Mais ces taxes ne seront pas invariables ; elles pourront être majorées ou réduites, tous les ans, par la loi de finances.

428. — Le règlement d'administration publique (titre III, art. 26 à 30), rendu le 28 février 1899 en exécution de l'article 26 de la loi du 9 avril 1898, organise le fonds de garantie de la manière suivante :

---

(1) Dans la séance de la Chambre des députés du 2 mai 1899, le ministre du commerce a pris l'engagement de déposer à bref délai un projet de loi ayant pour objet la reconstitution de la Caisse nationale d'assurance contre les accidents.

(2) Ch. dép., 28 oct. 1898 ; J. off., p. 2231.

Ce fonds de garantie fait l'objet d'un compte spécial ouvert dans les écritures de la Caisse des dépôts et consignations. Le ministre du commerce adresse au Président de la République un rapport annuel, publié au *Journal officiel,* sur son fonctionnement ; (art. 26 et 27).

Les recettes du fonds de garantie comprennent :

1° Les versements effectués par le Trésor représentant le montant des taxes recouvrées en vertu de l'article 25 de la loi du 9 avril 1898 ;

2° Les recouvrements effectués sur les débiteurs d'indemnités ;

3° Les revenus et arrérages et le produit du remboursement des valeurs acquises en emploi du fonds de garantie ;

4° Les intérêts du fonds de roulement ; (art. 28) ;

Les dépenses du fonds de garantie comprennent :

1° Les sommes payées aux bénéficiaires des indemnités ;

2° Les sommes versées sur des livrets individuels à la Caisse nationale des retraites pour la vieillesse et représentant les capitaux de pensions exigibles dans les cas prévus par l'art. 28, § 3 de la loi du 9 avril 1898 ;

3° Le montant des frais de toute nature auxquels donne lieu le fonctionnement du fonds de garantie ; (art. 29).

Les ressources du fonds de garantie sont employées dans les conditions prescrites par l'article 22 de la loi du 20 juillet 1886 (en rentes sur l'Etat, valeurs du Trésor ou, sur la proposition de la commission supérieure de la Caisse des retraites et avec l'autorisation du ministre des finances, soit en valeurs garanties par le Trésor, soit en obligations départementales et communales).

Les sommes liquides reconnues nécessaires pour le onctionnement du fonds de garantie sont bonifiées d'un intérêt calculé à un taux égal à celui qui est adopté pour le compte courant ouvert à la Caisse des dépôts et consignations dans les écritures du Trésor public ; (art. 30). — (Voir ce règlement aux annexes, III.)

Telle est l'organisation du fonds de garantie géré par la Caisse nationale des retraites pour la vieillesse. Voyons maintenant comment la victime pourra se faire payer par cette Caisse, à défaut du chef d'entreprise, de la compagnie d'assurance ou du syndicat de garantie.

§ 4. — Recours de la victime contre la Caisse nationale des retraites pour la vieillesse. — Règlement d'administration publique du 28 février 1899 pour l'application de l'art. 26 de la loi du 9 avril 1898. (Titre Ier).

429. — *Déclaration de non-paiement faite par la victime*. — Le même règlement d'administration publique du 28 février 1899 (titre Ier, art. 1 à 14) fixe les conditions dans lesquelles les victimes ou leurs ayants droit sont admis à réclamer le paiement de leurs indemnités.

Tout titulaire d'une rente ou d'une pension qui n'aura pu obtenir le paiement des sommes qui lui sont dues, au moment de leur exigibilité, doit en faire la déclaration au maire de la commune de sa résidence.

La déclaration est faite sans frais, soit par le bénéficiaire ou son ayant droit, soit par un mandataire ; (art. 1 et 2).

Elle doit indiquer : 1º les nom, prénoms, âge, nationalité, état civil, profession, domicile du bénéficiaire ; 2º les nom et domicile du chef d'entreprise débiteur ou la désignation et l'indication du siège de la société d'assurances ou du syndicat de garantie qui aurait dû payer l'indemnité ; 3º la nature de l'indemnité et le montant de la créance réclamée ; 4º l'ordonnance du président du tribunal ou la décision fixant l'indemnité ; 5º le cas échéant, les nom, prénoms, profession et domicile du représentant légal du bénéficiaire ou du mandataire ; (art. 3).

La déclaration rédigée par le maire est signée par le déclarant. Le maire y joint toutes les pièces qui lui sont remises par le réclamant à l'effet d'établir l'origine de la créance, ses modifications ultérieures et le refus de paiement par le débiteur. Récépissé du tout est délivré par le maire au déclarant.

Dans les 24 heures, le maire transmet la déclaration et les pièces au directeur général de la Caisse des dépôts et consignations, qui adresse, à son tour, le dossier, dans les 48 heures de sa réception, au juge de paix du domicile du débiteur, en l'invitant à convoquer celui-ci *d'urgence* par lettre recommandée ; (art. 4, 5 et 6).

430. — *Comparution du débiteur devant le juge de paix.* — Le débiteur doit comparaître au jour fixé par le juge de paix soit en personne, soit par mandataire. Connaissance de la réclamation lui est donnée ; procès-verbal signé de lui est dressé de ses réponses ; (art. 7).

Le comparant qui reconnaît sa dette est invité par le juge de paix, soit à s'acquitter par devant lui, soit à expédier au réclamant la somme due par un mandat-carte, et à communiquer au greffe le récépissé de cet envoi, le deuxième jour au plus tard qui suit la comparution.

Le juge de paix statue sur le paiement des frais de convocation, c'est-à-dire qu'il les met, soit à la charge du débiteur si son retard à se libérer n'était pas justifié, soit à la charge de la Caisse des dépôts et consignations, en cas contraire. Il constate la libération, s'il y a lieu, dans son procès-verbal ; (art. 8).

Si le comparant reconnaît sa dette mais déclare ne pas être en état de s'acquitter immédiatement, le juge peut, s'il le trouve à propos, lui accorder un délai d'un mois au plus. Dans ce cas, le procès-verbal constate la reconnaissance de la dette et l'engagement pris par le débiteur de se libérer dans le délai qui a été accordé, au moyen soit d'un versement à la Caisse des dépôts et consignations à Paris ou dans les départements, soit de l'expédition d'un mandat-carte au caissier général à Paris ; (art. 9).

Dans le cas où le comparant conteste la dette ou partie de la dette, le juge de paix constate dans son procès-verbal le refus total ou partiel et les motifs qui en ont été donnés. Il invite, en même temps, le débiteur à payer la somme non contestée suivant les formes indiquées aux articles 8 et 9, et, le cas échéant, accorde un délai. Tous droits restent réservés pour le surplus ; (art. 10).

431. — *Défaut de comparution.* — Si le débiteur ne comparaît pas, le juge de paix procède à une enquête, dans la huitaine, à l'effet de rechercher : 1° s'il n'a pas changé de domicile ; 2° s'il a cessé son industrie soit volontairement, soit par cession d'établissement, soit par suite de faillite ou de liquidation judiciaire (et, dans ce cas, le nom du syndic ou du liquidateur), soit par suite de décès, et, dans l'affirmative, par qui sa succession est représentée.

Procès-verbal est dressé de la non-comparution et des résultats de l'enquête ; (art. 11).

Le juge de paix est assisté de son greffier auquel le décret du 5 mars 1899 alloue un droit de 2 francs pour assistance à l'ensemble des opérations prévues par ce règlement d'administration publique. (Voir ce décret aux annexes, II).

432. — *Renvoi du dossier par le juge de paix à la Caisse des dépôts et consignations.* — Dans les deux jours qui suivent soit la libération du débiteur, soit sa comparution et son refus de payer ou l'obtention d'un délai, soit la clôture de l'enquête prévue à l'article 11, le juge de paix adresse le dossier et le procès-verbal au directeur général de la Caisse des dépôts et consignations ; (art. 12).

433. — *Paiement effectué par la Caisse.* — S'il résulte du procès-verbal dressé par le juge de paix que le débiteur a reconnu sa dette, mais ne s'en est pas libéré, ou si les motifs de refus ne paraissent pas légitimes, la Caisse doit, dès la réception du dossier, c'est-à-dire sans aucun délai, payer au réclamant ou lui faire parvenir par

mandat-carte la somme à laquelle il a droit. Elle adresse
également au greffier de la justice de paix le montant de
ses déboursés et émoluments.

Il est procédé de même si le débiteur ne s'est pas présenté devant le juge de paix et si la réclamation du bénéficiaire de l'indemnité paraît justifiée ; (art. 13).

434. — *Refus de paiement par la Caisse.* — Si
les motifs de refus invoqués par le comparant paraissent
fondés, ou, en cas de non-comparution, si la réclamation
formulée par le demandeur ne semble pas suffisamment
justifiée, la Caisse des dépôts et consignations renvoie, par
l'intermédiaire du maire, au réclamant, le dossier par lui
produit, en lui laissant le soin d'agir contre la personne
dont il se prétend créancier, conformément aux règles du
droit commun.

Dans ce cas, la Caisse acquitte les déboursés et émoluments du greffier et les impute sur les fonds de garantie ;
(art. 14). — (*Annexe* III).

435. — *Observations.* — Le recours de la victime à
la Caisse du fonds de garantie a été organisé d'une façon
simple et rapide. Le maire transmet à la Caisse la déclaration du bénéficiaire et les pièces produites à l'appui,
dans les 24 heures de la déclaration. Le décret ne porte
pas de sanction pour l'observation de ce délai, mais il est
certain que les maires seront personnellement responsables de tout retard envers la victime.

Dans les 48 heures de la réception, la Caisse envoie le
dossier au juge de paix qui doit convoquer le débiteur

d'urgence, c'est-à-dire pour la date la plus rapprochée. Aucun délai déterminé n'est fixé pour cette convocation ; mais les juges de paix ne perdront pas de vue que la plus grande importance est attachée à la célérité en cette matière ; ils n'oublieront pas que la victime ou ses ayants droit, réclament dans l'indemnité qui leur est due, peut-être leur unique ressource, et ne négligeront rien pour que la comparution du débiteur ait lieu sans le moindre retard. Le débiteur seul doit être convoqué, le bénéficiaire ne doit pas l'être, pas plus que les représentants de la Caisse. Il s'agit, en effet, non d'une instance, mais de simples explications à recueillir.

Le débiteur doit comparaître « au jour fixé, » dit le décret. Il ne sera donc pas accordé de renvoi.

Dans les deux jours de la comparution ou de la clôture de l'enquête, le juge de paix renvoie le dossier à la Caisse des dépôts et consignations. Celle-ci doit payer, *dès la réception du dossier,* en cas d'aveu de la dette ou si les motifs de refus ne paraissent pas légitimes. Si la réclamation ne semble pas justifiée, la Caisse renvoie au demandeur le dossier qu'il a produit.

Ainsi la Caisse des dépôts et consignations est constituée juge du fondement de la demande et des motifs de refus invoqués par le débiteur. C'est une mission bien périlleuse qu'on lui a confiée, et il est à craindre qu'elle ne soulève de nombreuses difficultés. N'arrivera-t-il pas, notamment, qu'au moindre doute, sur une légère contestation du débiteur, la Caisse, à bon droit très ombrageuse pour sa responsabilité, refusera de payer et renverra le demandeur à se pourvoir selon le droit commun ? La victime ne sera-t-elle pas souvent obligée de faire un procès soit à la Caisse, soit au débiteur, et ne perdra-t-elle pas de longs mois à poursuivre le paiement d'une indemnité que le législateur avait mis tant de soins à lui faire allouer très vite ?

Nous voyons toutes sortes d'inconvénients au pouvoir d'appréciation laissé au directeur général de la Caisse des dépôts et consignations. Non seulement il est transformé en juge, mais encore il jugera sans entendre le demandeur. N'aurait-t-il pas été préférable de charger le juge de paix de statuer sur le fondement de la demande ? Cela aurait demandé quelques jours de plus, peut-être, mais la victime y aurait encore beaucoup gagné.

Quoiqu'il en soit, nous croyons que la victime qui serait obligée d'appeler aux tribunaux de la décision du directeur général de la Caisse, devrait bénéficier de l'assistance judiciaire, cette contestation étant un incident de l'exécution des décisions judiciaires visé par l'article 22. A plus forte raison en serait-il de même si la victime devait agir contre le débiteur.

Le règlement d'administration publique ne dit pas si le bénéficiaire d'une rente ou d'une pension devra faire une déclaration, à chaque trimestre, en cas de non-paiement, et si, chaque fois, la procédure devant le juge de paix devra être recommencée. Nous ne pensons pas que telle ait été la pensée du Conseil d'Etat. Il eût été cependant désirable d'avoir une explication à cet égard.

§ 5. — **Recours de la Caisse nationale des retraites. —
Règlement d'administration publique du 28 février
1899 pour l'application de l'art. 26 de la loi du
9 avril 1898 (Titre II).**

436. — *Action récursoire de la Caisse des
retraites.* — La Caisse des retraites payant les indemnités
à défaut du chef d'entreprise, de la compagnie d'assurance
ou du syndicat de garantie, il était indispensable de lui
accorder un recours contre ceux aux lieu et place desquels
elle a payé.

« ART. 26. — La Caisse nationale des retraites exercera
un recours contre les chefs d'entreprise débiteurs, pour le
compte desquels des sommes auront été payées par elle
conformément aux dispositions qui précèdent.

« En cas d'assurance du chef d'entreprise, elle jouira,
pour le remboursement de ses avances, du privilège de
l'article 2102 du Code civil sur l'indemnité due par l'assureur et n'aura plus de recours contre le chef d'entreprise.

« Un règlement d'administration publique déterminera
les conditions d'organisation et de fonctionnement du
service conféré par les dispositions précédentes à la Caisse
nationale des retraites, et notamment les formes du recours
à exercer contre les chefs d'entreprise débiteurs ou les
sociétés d'assurances et les syndicats de garantie ainsi que
les conditions dans lesquelles les victimes d'accidents ou
leurs ayants droit seront admis à réclamer à la Caisse le
payement de leurs indemnités.

« Les décisions judiciaires n'emporteront hypothèque
que si elles sont rendues au profit de la Caisse des retraites
exerçant son recours contre les chefs d'entreprise ou les
compagnies d'assurances. »

Si le chef d'entreprise n'était pas assuré, c'est contre lui
que la Caisse des retraites exercera son recours. S'il était
assuré, la Caisse devra s'adresser soit à la compagnie
d'assurances, soit au syndicat de garantie. Dans ce cas, elle
jouira du privilège de l'article 2102 du Code civil sur
l'indemnité due par l'assureur et n'aura plus aucun recours
contre le chef d'entreprise.

437. — Aux termes du dernier paragraphe de l'art. 26,
les décisions judiciaires rendues en vertu de la loi du
9 avril 1898 n'emportent pas hypothèque ; mais il est fait
exception à cette règle en faveur de la Caisse nationale des
retraites, lorsqu'elle exerce son recours contre le chef
d'entreprise ou les compagnies d'assurances. Les décisions
rendues en sa faveur emportent hypothèque sur les biens
des chefs d'entreprises ou des assureurs.

438. — *Formes du recours de la Caisse des
retraites contre les patrons ou les assureurs.* —
Cette procédure a été arrêtée de la manière suivante par
le titre II du règlement d'administration publique du
28 février 1899 (art. 15 à 25).

Le recours est exercé aux requête et diligence du
directeur général de la Caisse des dépôts et consignations.

Dans les cinq jours du paiement fait au bénéficiaire
de l'indemnité et au greffier, ou, à défaut de paiement
à l'expiration du délai accordé, la Caisse informe le

débiteur, par lettre recommandée, du paiement fait pour
son compte, et l'invite à en effectuer le remboursement dans la quinzaine, suivant un des modes prévus
à l'article 9, sous peine de poursuites judiciaires ; (art. 15
et 16).

A défaut de paiement dans le délai de quinzaine, il est
délivré contre le débiteur une contrainte qui est visée et
rendue exécutoire par le juge de paix du domicile du
débiteur, puis signifiée par huissier ; (art. 17 et 18).

L'exécution de la contrainte ne peut être interrompue
que par une opposition formée par le débiteur et contenant
assignation au directeur général de la Caisse des dépôts et
consignations devant le tribunal civil du domicile du
débiteur ; (art. 19).

L'instance liée sur l'opposition à la contrainte est suivie
conformément aux dispositions de l'art. 65 de la loi du
22 frimaire an VII sur l'enregistrement. L'instruction se
fait par simples mémoires respectivement signifiés, et il
n'y a d'autres frais à supporter pour la partie qui succombe
que ceux du papier timbré, des significations et du droit
d'enregistrement des jugements. Un délai de trois mois au
plus peut être accordé par le tribunal aux parties ou aux
préposés de la Caisse pour produire leurs défenses. Les
jugements sont rendus dans les trois mois, à compter de
l'introduction de l'instance, sur le rapport d'un juge fait
en audience publique et sur les conclusions du ministère
public. Ils sont en dernier ressort et ne peuvent être
attaqués que par la voie de cassation ; (art. 20).

Les dépens de l'instance auxquels a été condamné le
débiteur débouté d'une opposition sont recouvrés par la

Caisse au moyen d'un état de frais taxé et rendu exécutoire par le président du tribunal ; (art. 21).

Lorsque le capital représentatif d'une pension est devenu exigible par suite de la faillite ou de la liquidation judiciaire du débiteur (art. 28 de la loi du 9 avril 1898), le directeur général de la Caisse des dépôts et consignations représentant la Caisse nationale des retraites pour la vieillesse, demande l'admission au passif pour le montant de sa créance, en se conformant aux dispositions des articles 491 et suivants du Code de commerce et de la loi du 4 mars 1889 sur la liquidation judiciaire ; (art. 22).

En cas d'exigibilité du capital par suite d'une des circonstances prévues en l'art. 28 précité, autre que la faillite ou la liquidation judiciaire du débiteur (cessation d'industrie, décès ou cession d'établissement), la Caisse des dépôts et consignations met en demeure, par lettre recommandée, le débiteur ou ses représentants, d'opérer le versement à la Caisse nationale des retraites du capital exigible, dans les deux mois qui suivent la réception de la lettre, à moins qu'il ne soit justifié que les garanties exigées par le décret du 28 février 1899 (*infrà*, n° 441), portant règlement d'administration publique en exécution de l'art. 28 de la loi susvisée, ont été fournies ; (art. 23).

Si, à l'expiration du délai de deux mois, le versement n'a pas été effectué, ou si les garanties n'ont pas été fournies, il est procédé au recouvrement par la voie de contrainte, comme il a été dit pour les rentes ; (art. 24).

En dehors des délais prescrits par le règlement d'administration publique, le directeur général de la Caisse des dépôts et consignations peut accorder au débiteur tous délais ou toutes facilités de paiement ; il peut même transiger ; (art. 25). — (*Annexe* III).

6. — Garanties en cas de cessation d'industrie. — Dispense du versement du capital. — Règlement d'administration publique du 28 février 1899 pour l'application de l'article 28 de la loi du 9 avril 1898.

439. — Nous avons déjà dit (*suprà*, n° 228 et s.) que les indemnités sont payables en rentes ou pensions et non en capital. Cependant, la loi a laissé aux débiteurs la faculté de se libérer en une seule fois en versant le capital représentatif des pensions à la Caisse nationale des retraites pour la vieillesse. Ce capital doit être fixé suivant un tarif établi à cet effet par la Caisse des retraites, en tenant compte de la mortalité des victimes d'accidents et de leurs ayants droit.

440. — Le versement du capital est exigible de plein droit et doit être versé à la Caisse nationale des retraites lorsque le débiteur cesse son industrie, soit volontairement, soit pour cause de décès, liquidation judiciaire ou faillite, soit par cession d'établissement. Ce capital est déterminé au jour de son exigibilité, d'après le tarif précité.

« ART. 28. — Le versement du capital représentatif des pensions allouées en vertu de la présente loi ne peut être exigé des débiteurs.

« Toutefois, les débiteurs qui désireront se libérer en une fois, pourront verser le capital représentatif de ces pensions à la Caisse nationale des retraites, qui établira, à cet effet, dans les six mois de la promulgation de la présente loi, un tarif tenant compte de la mortalité des victimes d'accidents et de leurs ayants droit.

« Lorsqu'un chef d'entreprise cesse son industrie, soit volontairement, soit par décès, liquidation judiciaire ou faillite, soit par cession d'établissement, le capital représentatif des pensions à sa charge devient exigible de plein droit et sera versé à la Caisse nationale des retraites. Ce capital sera déterminé au jour de son exigibilité d'après le tarif visé au paragraphe précédent.

« Toutefois, le chef d'entreprise ou ses ayants droit peuvent être exonérés du versement de ce capital, s'ils fournissent des garanties qui seront à déterminer par un règlement d'administration publique. »

Nous avons vu par quels moyens la Caisse des dépôts et consignations oblige les industriels à verser le capital représentatif des pensions en cas de cessation d'industrie (*suprà*, n° 438). Les formes de ce recouvrement ont été fixées par le règlement d'administration publique rendu en exécution de l'art. 26 de la loi du 9 avril 1898. (Art. 22 et 23).

441. — Mais le législateur a admis, par le 4e paragraphe de l'art. 28, que, malgré la cessation de l'industrie, le paiement des rentes et pensions pût être suffisamment assuré si le chef d'entreprise fournissait des garanties dont il a autorisé la détermination par un règlement d'administration publique.

442. — En exécution de cette disposition, un troisième décret du 28 février 1899 a décidé qu'en cas de cessation d'industrie, le chef d'entreprise ou ses ayants droit pourraient être exonérés du versement à la Caisse des retraites du capital représentatif des pensions s'ils justifient :

1° Soit du versement de ce capital à une des sociétés visées à l'article 18 du décret du 28 février 1899 rendu en exécution de l'art. 27 de la loi du 9 avril 1898. Ces sociétés sont celles qui figurent sur la liste publiée au *Journal officiel* avant le premier décembre de chaque année, des sociétés mutuelles ou à primes fixes, françaises ou étrangères, qui fonctionnent dans les conditions prévues par les art. 26 et 27 de la loi du 9 avril 1898. Ceci revient à dire qu'il suffit au chef d'entreprise d'être assuré pour être dispensé du versement du capital en cas de cessation d'industrie ;

2° Soit de l'immatriculation d'un titre de rente pour l'usufruit au nom des titulaires de pensions, le montant de la rente devant être égal au moins à celui de la pension. Il va de soi que si, par suite de conversion ou pour toute autre cause, les arrérages du titre de rente devenaient inférieurs au montant de la pension, le chef d'entreprise ou ses ayants droit resteraient toujours tenus de la différence ;

3° Soit du dépôt à la Caisse des dépôts et consignations, avec affectation à la garantie des pensions, de titres spécifiés au paragraphe 3 de l'article 8 du décret du 28 février 1899, rendu en exécution de l'art. 27 de la loi du 9 avril 1898, et qui sont les suivants : 1° valeurs de l'Etat ou jouissant d'une garantie de l'Etat ; 2° obligations négociables et entièrement libérées des départements, des communes et des chambres de commerce ; 3° obligations foncières et communales du Crédit foncier.

La valeur de ces titres établie d'après le cours moyen de la Bourse de Paris au jour du dépôt, doit correspondre au chiffre maximum qu'est susceptible d'atteindre le capital constitutif exigible par la Caisse nationale des retraites. Elle peut être revisée tous les trois ans à la valeur actuelle des pensions, d'après le cours moyen des titres au jour de la revision ;

4° Soit de l'affiliation du chef d'entreprise à un syndicat de garantie liant solidairement tous ses membres et garantissant le paiement des pensions ;

5° Soit, en cas de cession d'établissement, de l'engagement pris par le cessionnaire, vis-à-vis du directeur général de la Caisse des dépôts et consignations, d'acquitter les pensions dues et de rester solidairement responsable avec le chef d'entreprise. (Voir ce règlement d'administration publique aux annexes, V).

Moyennant l'une de ces garanties, le chef d'entreprise ou ses ayants droit qui cessent leur industrie, peuvent échapper à l'obligation de verser à la Caisse nationale des retraites le capital représentatif des pensions. En conséquence, dans le cas de cessation d'industrie soit volontaire, soit pour cause de décès, de liquidation judiciaire ou de faillite, il suffit notamment d'être assuré à une société mutuelle ou à primes fixes, ou d'être affilié à un syndicat de garantie, pour que le versement du capital ne soit pas exigible. En cas de cession d'industrie, on jouit de la même dispense par l'engagement pris par le cessionnaire envers le directeur général de la Caisse des dépôts et consignations, de payer les pensions solidairement avec le cédant.

CHAPITRE XVII

Compagnies d'Assurances

---

443. — Pendant les vicissitudes des travaux préparatoires de la loi du 9 avril 1898, le sort des compagnies
d'assurances a été longtemps incertain, et, si le projet voté
par la Chambre en 1893 (1) avait été leur arrêt de mort,
la loi adoptée en dernière analyse est, au contraire, pour
elles une nouvelle source de fortune et de prospérité. Les
patrons sont libres, il est vrai, de ne pas s'assurer ; mais,
s'ils ne sont pas assez puissants pour couvrir eux-mêmes
les risques de leur industrie, ils restent exposés, en ne
s'assurant pas, aux charges les plus onéreuses et peut-être
à la ruine. L'assurance n'est donc pas obligatoire, mais
elle est nécessaire.

Les compagnies d'assurances mutuelles ou à primes
fixes, françaises ou étrangères, sont admises à garantir les

---

(1) Ce projet instituait l'assurance mutuelle obligatoire par circonscriptions comprenant un ou plusieurs départements.

risques d'accidents. Il n'y avait, en effet, aucune raison d'éliminer les sociétés étrangères, dont la concurrence peut être un utile stimulant pour les compagnies françaises.

Le législateur ayant renoncé à réorganiser la Caisse nationale d'assurances contre les accidents, les compagnies privées voient disparaître leur rivale la plus redoutable et se trouvent appelées, presque seules, à garantir l'énorme somme des risques professionnels (1). Les conséquences de la nouvelle législation devant se traduire par la nécessité de l'assurance pour tous les patrons, les sociétés d'assurances deviennent des organes essentiels de protection et de sécurité soit pour les ouvriers, soit pour les chefs d'entreprise.

D'aussi riches avantages appelaient une rançon qui a été imposée sous la forme du contrôle de l'Etat, du dépôt de cautionnements et de la formation de réserves.

« Art. 27. — Les compagnies d'assurances mutuelles ou à primes fixes contre les accidents, françaises ou étrangères, sont soumises à la surveillance et au contrôle de l'Etat et astreintes à constituer des réserves ou cautionnements dans les conditions déterminées par un règlement d'administration publique.

« Le montant des réserves ou cautionnements sera affecté par privilège au payement des pensions et indemnités.

« Les syndicats de garantie seront soumis à la même surveillance et un règlement d'administration publique

(1) Cette Caisse paraît devoir être réorganisée prochainement.

déterminera les conditions de leur création et de leur fonctionnement.

« Les frais de toute nature résultant de la surveillance et du contrôle seront couverts au moyen de contributions proportionnelles au montant des réserves ou cautionnements, et fixés annuellement, pour chaque compagnie ou association, par arrêté du ministre du commerce. »

Le montant des réserves ou cautionnements est affecté par privilège au paiement des pensions et indemnités. Nous savons qu'à défaut de paiement par les compagnies d'assurances, c'est la Caisse nationale des retraites qui doit servir les rentes ; mais cette Caisse exerce un recours contre les compagnies d'assurances (art. 26, § 2), et jouit du privilège de l'article 2102 sur l'indemnité due par l'assureur. C'est donc, le cas échéant, sur les réserves ou cautionnements des compagnies que s'exercera ce privilège.

§ 1er. — Cautionnements des sociétés d'assurance à primes fixes.

443. — Conformément aux dispositions du premier alinéa de l'article 27, un règlement d'administration publique du 28 février 1899 a organisé de la manière suivante la constitution des cautionnements et des réserves auxquels les compagnies d'assurances ont été astreintes ; (art. 1 à 5).

Outre les garanties spécifiées aux articles 2 et 4 du

décret du 22 janvier 1868 (versement d'un capital de garantie de 50.000 francs au minimum, prélèvement annuel d'au moins 20 °/₀ sur les bénéfices pour la constitution d'un fonds de réserve), et indépendamment de la *réserve mathématique* dont nous allons parler, les sociétés anonymes d'assurances françaises ou étrangères à primes fixes doivent justifier de la constitution préalable d'un cautionnement fixé d'après les bases déterminées par le ministre du commerce d'après l'avis du comité consultatif des assurances contre les accidents, institué auprès de ce ministre. Ce cautionnement est affecté par privilège au paiement des pensions et indemnités, conformément à l'article 27, § 2 ; (art. 1 et 2).

Le cautionnement est constitué à la Caisse des dépôts et consignations dans les quinze jours de la décision du ministre. Il est composé en valeurs d'Etat ou jouissant d'une garantie de l'Etat, en obligations négociables et entièrement libérées des départements, des communes et des chambres de commerce, en obligations foncières et communales du Crédit foncier. Les titres sont estimés au cours moyen de la Bourse de Paris au jour du dépôt. Le cautionnement est revisé tous les ans ; (art. 4).

Il est versé au lieu où la société a son siège principal dans les conditions fixées par les lois et règlements relatifs à la consignation des valeurs mobilières. La société peut retirer les intérêts des valeurs déposées, de même que les primes de remboursement des valeurs sorties aux tirages avec ou sans lots, c'est-à-dire la différence entre le cours moyen à la Bourse de Paris au jour fixé pour le remboursement et le prix du remboursement.

23

Le montant du remboursement, déduction faite de la prime, doit être immédiatement remployé, sur l'ordre de la société, en achat de valeurs ci-dessus énumérées. Si la société n'a pas donné d'ordres, dans les quinze jours de la notification du remboursement faite, sous pli recommandé, par la Caisse des dépôts et consignations, le remploi est fait d'office en rentes sur l'Etat.

La société peut demander l'aliénation de titres formant le cautionnement, sous la condition du remploi ci-dessus spécifié ; (art. 4).

Les valeurs déposées ou acquises en remploi ne peuvent être retirées que dans les deux cas suivants : 1° si le cautionnement exigible a été fixé, pour l'année courante, à un chiffre inférieur à celui de l'année précédente et jusqu'à concurrence de la différence ; 2° si la société ayant versé à la Caisse nationale des retraites les capitaux représentatifs des rentes et indemnités assurées, justifie qu'elle a complètement rempli ses obligations. Dans les deux cas, une décision du ministre du commerce est nécessaire ; (art. 5). — (*Annexe* IV).

§ 2. — Cautionnements des Sociétés d'assurances mutuelles.

445. — En ce qui concerne ces sociétés, le décret (art. 6) exige les mêmes garanties que pour les sociétés à primes fixes : versement d'un capital de garantie de 50.000 francs au moins, prélèvement de 20 % sur les bénéfices pour la réserve, constitution de la réserve mathématique et d'un cautionnement formé dans les conditions ci-dessus.

Cependant, le cautionnement est réduit de moitié pour celles de ces sociétés dont les statuts stipulent : 1° que la société ne peut assurer que tout ou partie des risques prévus à l'article 3 de la loi du 9 avril 1898 ; 2° qu'elle assure exclusivement soit les ouvriers d'une seule profession, soit les ouvriers appartenant au même groupe d'industries, d'après la classification générale établie par arrêté du ministre du commerce. (Voir cet arrêté en date du 30 mars 1899 aux annexes, VII); 3° que le maximum de contribution annuelle dont chaque sociétaire est passible pour le paiement des sinistres est au moins double de la prime totale fixée par son contrat pour l'assurance de tous les risques, et triple de la prime partielle fixée par le ministre du commerce pour les mêmes professions et pour les risques définis à l'article 23 de la loi. Un arrêté du 30 mars 1899 (*annexe* VIII) a déterminé ces diverses primes.

446. — *Bases du cautionnement.* — Un arrêté du ministre du commerce en date du 29 mars (*annexe* VI), a établi sur les bases suivantes la constitution des cautionnements à fournir par les sociétés françaises ou étrangères à primes fixes.

Pour les sociétés françaises, le cautionnement doit représenter :

1° La première année de fonctionnement sous le régime du décret du 28 février 1899 : 400.000 francs.

2° Les années ultérieures 2 % du total des salaires ayant

servi de base aux assurances pendant la dernière année, sans que la somme ainsi calculée puisse être inférieure à 400.000 francs, ni supérieure à 2 millions. (Art. 1er).

Si, d'après ses statuts, la société n'assure que des ouvriers d'une même profession ou de plusieurs professions présentant un risque identique, le cautionnement doit représenter, sauf application du minimum et du maximum ci-dessus, une fois et demie la valeur des primes brutes à verser pour couvrir le risque d'accidents ayant entraîné la mort ou une incapacité permanente, à moins toutefois que la prime adoptée par la société se trouve inférieure à la prime déterminée par arrêté ministériel, en exécution du dernier alinéa de l'article 6 du décret du 28 février 1899 susvisé. (*Annexe* VIII). Dans ce cas, la prime déterminée par l'arrêté ministériel sert de base au calcul du cautionnement. (Art. 2).

Pour les sociétés dont les statuts stipulent que les capitaux constitutifs de toutes les rentes ou indemnités prévues en cas d'accident ayant entraîné la mort ou une incapacité permanente doivent être immédiatement versés à la Caisse nationale des retraites, le cautionnement est réduit de moitié, avec un minimum de 200.000 francs et un maximum de 1 million. (Art. 3.)

En ce qui concerne les sociétés étrangères, le cautionnement est le même que celui des sociétés françaises, avec majoration de 50 °/₀. Le minimum est de 600.000 francs et le maximum de 3 millions, avec réduction à 300.000 fr. pour le minimum, et à 1.500.000 francs pour le maximum, si les capitaux représentatifs des rentes sont versés à la Caisse nationale des retraites, ainsi qu'il est dit à l'art. 3. (Art. 4).

447. — *Groupements des industries.* — A la suite
de cet arrêté, il en a été pris un autre, le 30 mars 1899,
(*annexe* VII), qui décide que, pour être admises à la réduction de cautionnement autorisée par l'article 6 du décret
du 28 février 1899, les sociétés d'assurances mutuelles
contre les accidents du travail devront, indépendamment
des autres conditions visées audit article (1º que la société
n'assure que tout ou partie des risques prévus par l'art. 3
de la loi, 2º que le maximum de contribution annuelle de
chaque sociétaire soit au moins double de la prime totale
et triple de la prime partielle déterminée par l'arrêté du
30 mars 1899), justifier que les ouvriers assurés par elles
appartiennent à des professions comprises dans un seul
des neuf groupes suivants :

1º Mines et minières ;

2º Industries agricoles et forestières. Meunerie. Sucrerie.
Distillerie. Industries se rapportant à l'alimentation ;

3º Hauts fourneaux. Forges et aciéries. Travail des métaux. Mécanique. Chaudronnerie. Fonderie ;

4º Produits chimiques et dérivés. Usines d'éclairage et
d'électricité. Cuirs et peaux. Papier et industries de transformation. Imprimerie ;

5º Carrières. Matériaux de construction. Bâtiment. Chantiers. Travaux publics ;

6º Travail du bois. Ebénisterie. Tabletterie. Brosserie.
Vannerie. Article de Paris ;

7º Poterie. Céramique. Verrerie ;

8º Industries textiles. Habillement ;

9º Transports par terre et par eau. Entreprises de chargement et de déchargement.

Toutefois, lorsqu'une industrie emploie accessoirement pour son exploitation des ouvriers appartenant à une profession comprise dans un autre groupe que l'industrie principale, ces ouvriers peuvent être néanmoins assurés à la même mutualité.

§ 3. — Réserve mathématique.

448. — Le décret du 28 février 1899 (art. 7 à 9, *annexe* IV) rendu en exécution de l'article 27 de la loi, détermine la constitution d'une réserve spéciale sur les bases suivantes :

Les sociétés anonymes d'assurances à primes fixes et les sociétés mutuelles doivent justifier, dès la seconde année d'exploitation, de la constitution d'une réserve mathématique ayant pour minimum de valeur le montant des capitaux représentatifs des rentes et indemnités à servir à la suite d'accidents ayant entraîné la mort ou une incapacité permanente de travail.

Ces capitaux sont calculés d'après un barème minimum établi par le ministre du commerce; (art. 7). Ce barème a été publié par un arrêté ministériel du 30 mars 1899, rapporté au *Journal officiel* du 8 avril.

Le montant de la réserve mathématique est arrêté chaque année, la société entendue, par le ministre du commerce et à l'époque par lui fixée.

La réserve mathématique reste entre les mains de la

société. Elle ne peut être placée que de la manière suivante : 1° Pour les deux tiers au moins de la fixation annuelle, en valeurs de l'Etat ou jouissant d'une garantie de l'Etat ; en obligations négociables et entièrement libérées des départements, des communes et des chambres de commerce ; en obligations foncières et communales du Crédit foncier ; 2° jusqu'à concurrence du tiers au plus de la fixation annuelle, en immeubles situés en France et, en premières hypothèques sur ces immeubles, pour la moitié au maximum de leur valeur estimative ; 3° jusqu'à concurrence d'un dixième confondu dans le tiers précédent, en commandites industrielles ou en prêts à des exploitations industrielles de solvabilité notoire.

Pour la fixation annuelle de la réserve mathématique les valeurs mobilières sont estimées à leur prix d'achat, et si leur valeur totale descend au-dessous de ces prix de plus d'un dixième, un arrêté du ministre du commerce oblige la société à parfaire la différence en titres nouveaux dans un délai de deux ans au moins et de cinq ans au plus. Les immeubles sont estimés à leur prix d'achat ou de revient ; les prêts hypothécaires, les commandites industrielles ou les prêts à des sociétés industrielles, aux prix établis par actes authentiques ; (art. 8).

Sont dispensées de la réserve mathématique les sociétés d'assurances à primes fixes ou mutuelles qui ne font pas elles-mêmes le service des rentes pour les accidents ayant entraîné la mort ou une incapacité permanente de travail, et qui opèrent immédiatement à la Caisse nationale des retraites, le versement des capitaux représentatifs de ces rentes.

La réserve mathématique est réduite proportionnellement si ces sociétés versent seulement une partie des
capitaux constitutifs des rentes ; (art. 9).

§ 4. — Surveillance et contrôle.

449. — Le chapitre II du décret du 28 février 1899
(art. 10 à 20, *annexe* IV), arrête les conditions de la
surveillance et du contrôle de l'État sur les sociétés
d'assurances.

Les sociétés à primes fixes qui assurent d'autres risques
que ceux résultant des accidents du travail pour le cas de
mort ou d'incapacité permanente, ou qui assurent concurremment des risques analogues en pays étranger, doivent
établir une gestion et une comptabilité absolument distinctes pour les opérations se rattachant à ce risque en
France ; (art. 10).

Toutes les sociétés à primes fixes ou mutuelles doivent
communiquer immédiatement au ministre du commerce
dix exemplaires de tous les règlements, tarifs, polices,
prospectus et imprimés distribués ou utilisés par elles.

Les polices doivent : 1° reproduire textuellement les
articles 3, 9, 19 et 30 de la loi du 9 avril 1898 ; 2° spécifier
qu'aucune clause de déchéance ne pourra être opposée
aux ouvriers créanciers ; 3° stipuler que les contrats se
trouveraient résiliés de plein droit dans le cas où la
société cesserait de remplir les conditions fixées par la loi
et le règlement d'administration publique ; (art. 11).

Les sociétés doivent produire au ministre du commerce aux dates fixées par lui : 1° le compte-rendu annuel de leurs opérations, avec des tableaux financiers et statistiques annexés dans les conditions déterminées par arrêté ministériel, après avis du comité consultatif. Ce compte-rendu doit être délivré par les sociétés à toute personne qui en fait la demande, au prix maximum d'un franc ; 2° l'état des salaires assurés et l'état des rentes et indemnités correspondant au risque des accidents ayant entraîné la mort ou une incapacité permanente, ainsi que tous autres états ou documents manuscrits que le ministre juge nécessaires à l'exercice du contrôle ; (art. 12).

Elles sont soumises à la surveillance permanente de commissaires-contrôleurs et peuvent, en outre, être contrôlées par tout délégué spécial du ministre ; (art. 13).

Les commissaires-contrôleurs sont recrutés dans les conditions déterminées par arrêté du ministre du commerce, après avis du comité consultatif. Ils prêtent serment de ne pas divulguer les secrets commerciaux dont ils auraient connaissance dans l'exercice de leurs fonctions ; ils sont spécialement accrédités, pour des périodes fixes, auprès des sociétés qu'ils ont mission de surveiller. Ils vérifient au siège des sociétés, l'état des assurés et des salaires assurés, les contrats intervenus, les écritures et pièces comptables, la caisse, le portefeuille, les calculs des réserves et tous les éléments de contrôle propres soit à établir les opérations dont résultent des obligations pour les sociétés, soit à constater la régulière exécution des statuts, des décrets et des arrêtés ministériels.

Les commissaires-contrôleurs ne peuvent donner aux

sociétés aucune instruction ni apporter à leur fonctionnement aucune entrave. Ils rendent seulement compte au ministre du commerce qui seul prescrit les redressements nécessaires ; (art. 14).

A l'aide des rapports de vérification et des contre-vérifications auxquelles il peut faire procéder soit d'office, soit à la demande des sociétés intéressées, le ministre du commerce présente chaque année au Président de la République un rapport d'ensemble établissant la situation de toutes les sociétés soumises à la surveillance.

Il adresse, le cas échéant, à chacune des sociétés les injonctions nécessaires et la met en demeure de s'y conformer ; (art. 15).

Il est constitué auprès du ministre du commerce un « Comité consultatif des assurances contre les accidents du travail » dont l'organisation est réglée par arrêté du ministre.

Ce comité doit être consulté dans les cas spécifiés par les trois décrets du 28 février 1899 rendus en exécution des articles 26, 27 et 28 de la loi, et peut l'être sur toutes les autres questions relatives à l'application de ladite loi ; (art. 16).

Le décret du 22 janvier 1868 demeure applicable aux sociétés d'assurances à primes fixes ou mutuelles, en toutes celles de ses dispositions qui ne sont pas contraires au décret que nous analysons ; (art. 17).

Chaque année, avant le 1er décembre, le ministre du commerce arrête, après avis du comité consultatif, et publie au *Journal officiel* la liste des sociétés mutuelles ou à primes fixes, françaises ou étrangères, qui fonctionnent dans les conditions prévues par les articles 26 et 27 de la loi du 9 avril 1898 et par le décret ; (art. 18).

Dès que, après fixation du cautionnement, dans les conditions déterminées ci-dessus, chaque société actuellement existante aura effectué à la Caisse des dépôts et consignations le versement du montant de ce cautionnement, mention de cette formalité sera faite au *Journal officiel* par les soins du ministre du commerce, en attendant la publication de la première liste générale.

Il en sera de même ultérieurement pour les sociétés constituées après publication de la liste générale annuelle.

Les sociétés étrangères doivent accréditer auprès du ministre du commerce et de la Caisse des dépôts et consignations un agent spécialement préposé à la direction de toutes les opérations faites en France pour les assurances visées à l'article 1er.

Cet agent représente seul la société auprès de l'administration. Il doit être domicilié en France ; (art. 19 et 20).

CHAPITRE XVIII

Des Syndicats de Garantie

Organisation et fonctionnement.

450. — Indépendamment des sociétés d'assurances à primes fixes ou mutuelles, françaises ou étrangères, la loi autorise l'assurance des chefs d'entreprise par des syndicats de garantie. Les adhérents de ces syndicats sont liés solidairement pour le paiement des indemnités dues à la suite d'accidents ayant entraîné la mort ou une incapacité permanente de travail. Comme dans les sociétés mutuelles, c'est la substitution de la responsabilité collective à la responsabilité individuelle, avec cette différence que, dans le syndicat de garantie, la responsabilité des adhérents est illimitée tandis qu'elle est limitée dans l'assurance mutuelle.

Le syndicat de garantie offre cet avantage que le patron reste toujours en face des ouvriers victimes d'accidents tandis qu'avec l'assurance même mutuelle, le patron disparaît aussitôt après l'accident pour faire place à la société d'assurances.

Dans le syndicat de garantie chaque chef d'entreprise est personnellement intéressé à prendre toutes les précautions pour éviter l'augmentation des risques, et à exercer un actif contrôle pour éviter les abus et les fraudes. S'il est assuré, au contraire, le patron peut être induit à se désintéresser des risques et des conséquences financières que l'assureur a prises à forfait.

Enfin les syndicats de garantie n'ayant pas d'actionnaires à rémunérer, les primes à payer doivent être nécessairement bien plus faibles.

On peut citer comme exemple de ces institutions la *Caisse centrale de secours et de pensions pour les ouvriers mineurs du bassin de la Loire,* formée depuis de longues années entre les six grandes compagnies de mines du département de la Loire et payant annuellement plus de 200.000 francs de pensions. Les sociétés adhérentes sont solidairement responsables des pensions acquises ; mais la répartition des dépenses se fait, entre les diverses exploitations, dans la proportion des secours et pensions provenant de leur chef, de façon que chaque compagnie ne supporte que les charges qui lui sont afférentes.

Ainsi que nous le verrons plus loin, les auteurs du règlement d'administration publique se sont montrés très favorables aux syndicats de garantie. Il n'est imposé à ces organisations ni cautionnement ni réserve, et la seule garantie de leur solvabilité est dans la solidarité des membres qui les composent.

Le titre II du décret du 28 février 1899 rendu par l'application de l'article 27 de la loi du 9 avril 1898, a réglé de la manière suivante les conditions d'existence des syndicats de garantie. (Art. 21 à 25). — (*Annexe* IV).

Les membres de ces associations sont tenus solidairement du paiement des rentes attribuables en cas d'accidents ayant entraîné la mort ou une incapacité permanente. Cette solidarité ne prend fin que lorsque le syndicat de garantie a liquidé entièrement ses opérations soit directement, soit en versant à la Caisse nationale des retraites l'intégralité des capitaux représentatifs des rentes. La liquidation peut être fixée à des époques périodiques ; (art. 21).

Les syndicats de garantie ne peuvent se constituer sans comprendre au moins 5.000 ouvriers assurés et 10 chefs d'entreprise adhérents, dont cinq ayant au moins chacun 300 ouvriers ; (art. 22).

Le fonctionnement de chaque syndicat est réglé par des statuts qui doivent être soumis, avant toute opération, à l'approbation du Gouvernement.

L'approbation est accordée ou refusée par un décret rendu en Conseil d'Etat, sur le rapport du ministre du commerce, après avis du comité consultatif des assurances contre les accidents du travail, au vu des statuts souscrits et des pièces justifiant du nombre requis d'adhérents et de leur engagement solidaire ; (art. 23).

Les syndicats de garantie sont soumis à la surveillance et au contrôle de l'Etat, comme les sociétés à primes fixes ou mutuelles, et le décret portant approbation des statuts règle :

1° Le fonctionnement de la surveillance et du contrôle, dans des conditions analogues à celles que détermine le chapitre II du décret pour les sociétés d'assurances ;

2° Les conditions dans lesquelles l'approbation peut être révoquée et les mesures à prendre, en ce cas, pour le versement des capitaux constitutifs des pensions et indemnités en cours ; (art. 24).

Les contributions pour frais de surveillance sont fixées d'après le montant du cautionnement auquel serait astreinte une société d'assurance pour le même chiffre de salaires assurés ; (art. 25).

CHAPITRE XIX

Dispositions Générales

---

§ 1er. — Caractère d'ordre public de la loi.

451. — *Nullité des conventions contraires à la loi.* — Les auteurs de la loi du 9 avril 1898 ont entendu faire une œuvre sociale en corrigeant les injustices consacrées par le droit commun en matière d'accidents du travail. Il était donc naturel de donner à la loi le caractère d'ordre public, afin qu'elle ne pût pas être éludée par des conventions privées. Il était arrivé, en effet, sous le régime du Code civil, que des patrons peu scrupuleux avaient obtenu le désistement de victimes d'accidents du travail, moyennant une infime indemnité. Ces tristes calculs ne seront plus permis.

L'article 30 proclame que « toute convention contraire à la présente loi est nulle de plein droit », c'est-à-dire qu'il ne pourra pas être dérogé aux dispositions légales par des transactions qui seraient nulles, soit qu'elles fussent antérieures, soit qu'elles fussent postérieures à l'accident.

Une seule exception est admise à cette règle, en vertu du paragraphe 2 de l'article 2, en faveur des ouvriers dont le salaire dépasse 2.400 francs. Nous savons, en effet, que ces ouvriers ne bénéficient des dispositions de la loi que jusqu'à concurrence de 2.400 francs et que, pour le surplus du salaire, ils n'ont droit qu'au quart des rentes ou indemnités. Mais le texte ajoute ce correctif : « A moins de conventions contraires quant au chiffre de la quotité. » Nous avons dit, toutefois (suprà, nᵒ 201 et s.), que l'ouvrier gagnant plus de 2.400 francs ne pouvait pas obtenir des avantages supérieurs à ceux qui sont alloués par l'article 3. En un mot, les ouvriers dont le salaire dépasse 2.400 francs ont la faculté de stipuler que les rentes et indemnités auxquelles ils peuvent avoir droit seront calculées sur la totalité de leur salaire, comme pour les autres ouvriers. Mais ils ne sauraient se faire consentir des indemnités plus élevées, sous peine de nullité des conventions.

452. — Il en est de même, évidemment, des autres ouvriers auxquels il est interdit de stipuler des rentes ou indemnités plus fortes que celles qui leur sont allouées par la loi. M. Grivart avait présenté, sur ce point, au Sénat un amendement qui permettait de majorer les indemnités par un accord constaté par écrit. « Il peut arriver, disait-il, que des patrons, obéissant à un sentiment d'humanité ou à une inspiration très légitime, du reste, dans le but d'attirer à eux des ouvriers capables et dévoués, consentent à ceux-ci des conditions plus favorables que celles qui

24

résultent des dispositions de la loi. Je pense que vous jugerez que non seulement un tel accord est licite, mais qu'il est digne d'encouragement. » (1). La commission accepta l'amendement de M. Grivart, mais le Sénat le rejeta, avec raison, selon nous, car son adoption conduisait à la ruine de la loi. Les ouvriers n'auraient pas manqué, en effet, d'exercer une pression sur les patrons pour obtenir des conditions meilleures, et le forfait, la transaction légale sur le risque professionnel auraient disparu pour faire place à de nouveaux sujets de luttes et de divisions.

453. — *L'accord peut être valablement fait en dehors des magistrats.* — L'ouvrier et le patron peuvent-ils du moins traiter et s'entendre entre eux en dehors du président du tribunal ou du juge de paix ? Cela ne nous paraît pas douteux, pourvu qu'ils se conforment dans leurs conventions aux dispositions de la loi. Ainsi les parties peuvent se dispenser de se rendre à la convocation du président du tribunal, magistrat conciliateur ; la victime peut ne pas citer le patron après le procès-verbal de non-conciliation, et se mettre d'accord avec lui sans l'intervention des magistrats. Cela résulte des explications qui furent échangées à la Chambre à propos de l'amendement de M. Brindeau, tendant à exiger l'homologation du président du tribunal pour toutes les transactions. Cette proposition, qui fut retirée, avait pour but d'empêcher d'abuser de la faiblesse ou de l'ignorance de la victime

(1) Sén., 19 mars 1898 ; *J. off.*, p. 350.

pour lui faire signer une transaction moyennant une somme infime. M. Ricard s'opposa à l'adoption de l'amendement pour le motif que, si des manœuvres de ce genre venaient à se produire, elles resteraient sans effet, les conventions contraires aux dispositions de la loi étant frappées d'une nullité absolue. Il reconnaissait donc que les parties avaient le droit de traiter sans l'entremise des magistrats, sous l'unique condition que leurs conventions fussent établies sur les bases de la loi. (*Suprà,* n° 359).

Du reste, en ce qui concerne les indemnités temporaires, il résulte du texte même que les parties ont le droit de traiter sans se rendre devant le juge paix. « *Les contestations* entre les victimes d'accidents et les chefs d'entreprise, dit l'article 15, relatives aux frais funéraires, aux frais de maladie ou aux indemnités temporaires, sont jugées... » Le juge de paix n'intervient donc qu'autant qu'il y a contestation ; en cas d'accord, il est inutile de se présenter devant lui.

454. — *Nullité des polices d'assurance en cours.* — Dès la mise en pratique de la loi, va se poser la question de savoir si les polices d'assurance actuellement en cours se trouvent annulées.

L'art. 30 de la loi déclare nulle de plein droit « toute convention contraire à la loi. » Cette disposition atteint donc non seulement les contrats passés entre patrons et ouvriers, mais, d'une manière générale, tous ceux qui sont en contradiction avec les nouvelles dispositions légales. En conséquence, si elles se trouvaient dans ce cas, les polices d'assurance ne sauraient échapper aux sanctions de l'art. 30. Cela est si vrai, que le règlement d'administration publique relatif aux compagnies d'assurances exige que les polices contiennent la reproduction de cet article.

Il s'agit donc de rechercher si les polices en cours sont conformes ou contraires à la loi du 9 avril 1898. La réponse n'est pas douteuse.

Dans la forme d'abord, ces contrats ne remplissent pas les conditions requises. Ainsi, aux termes du règlement d'administration publique précité, les polices doivent : 1° reproduire textuellement les art 3, 9, 19 et 30 de la loi ; 2° spécifier qu'aucune clause de déchéance ne pourra être opposée aux ouvriers ; 3° stipuler que les contrats se trouveront résiliés de plein droit dans le cas où la société cesserait de remplir les conditions fixées par la loi et le décret. A ce premier point de vue, les contrats existants ne sont pas en harmonie avec la loi et ne pourront être régularisés que du consentement des deux parties. Jusqu'à ce moment, ils sont nuls.

Mais non seulement les polices pèchent par ces omissions qui seraient, en somme, peu graves, mais encore elles contiennent des clauses radicalement contraires aux principes de la nouvelle loi.

Elles stipulent, par exemple, des indemnités non conformes à la tarification légale, attribuables à tous les ayants droit et non aux seuls bénéficiaires reconnus par le nouveau droit, payables enfin sous la forme d'un capital, toutes clauses journellement interdites.

Les polices elles-mêmes reposent sur des principes qui sont la négation absolue des bases du risque professionnel.

C'est ainsi qu'elles prononcent la déchéance en cas de faits délictueux, d'infractions aux lois et règlements concernant la sûreté des personnes et même de fautes graves. Or, non seulement les clauses de déchéance sont prohibées, mais encore le risque professionnel embrasse tous les accidents, même ceux qui ont été occasionnés par une faute inexcusable. Les assureurs ne peuvent donc pas écarter du contrat une partie du risque, sous peine de violer manifestement la loi. Dans ces conditions, comment une police stipulant la déchéance en cas de faute, d'infraction ou de délit, pourrait-elle subsister? Inconciliable avec le nouveau droit, elle est frappée de nullité.

455. — *Les indemnités se cumuleront-t-elles avec les pensions dues par les Caisses de secours?* — Cette question qui avait été prévue dans les projets antérieurs, n'a pas été visée par le texte définitif.

L'article 18 du projet voté par le Sénat en 1890 contenait la disposition suivante : « Si le chef d'entreprise, par des conventions particulières passées avec ses ouvriers, ou par des versements faits à leur profit dans les caisses d'une institution de prévoyance, a assuré aux victimes d'accidents ou à leurs ayants droit des allocations en capital ou des rentes viagères, il sera tenu de compléter jusqu'à due concurrence le montant des indemnités prévues par la présente loi. »

L'article 57 du projet voté en 1895 était ainsi conçu : « Si des conventions particulières intervenues entre le chef d'entreprise et ses employés ou ouvriers assurent à la victime d'un accident des indemnités ou des pensions viagères, ou si les victimes d'accidents bénéficient, aux termes de la loi du 29 juin 1894 relative aux retraites des ouvriers mineurs, d'une pension de retraite ou d'invalidité, le chef d'entreprise sera tenu de verser seulement le montant de la pension la plus élevée ; toutefois la partie de la pension de retraite correspondant aux versements de l'ouvrier n'entrera point en ligne de compte dans la détermination de cette pension. »

Enfin le projet voté en 1896 disposait, dans son article 12, que « dans le cas où la victime de l'accident aurait droit de la part d'une Caisse quelconque à un secours, à une pension ou à une indemnité qui aurait été obtenue à l'aide du concours du chef d'entreprise, la part provenant de ce concours ne pourrait se cumuler avec l'indemnité due en vertu de la loi. »

Mais à partir de 1896, cette disposition disparut du texte, et il semble qu'on ait voulu faire autour d'elle la conspiration du silence. Vainement cette omission fut signalée au rapporteur du Sénat par le comité des Houillères de France, aucune mention n'en fut plus faite dans les travaux préparatoires. Il y avait cependant là une question importante et délicate méritant d'être tranchée.

Pour essayer de la résoudre nous ferons une distinction entre les pensions dues en raison d'un accident et les pensions de retraite d'âge ou d'invalidité.

1° *Pensions en raison d'un accident.* — Il s'agit des pensions dues aux ouvriers par une Caisse quelconque alimentée par le patron seul ou par le concours du patron et de l'ouvrier. Constatons tout d'abord que, dans tous les projets antérieurs, le législateur s'est prononcé contre le cumul de ces pensions avec les indemnités accordées par la nouvelle loi.

Nous avons vu aussi par le rejet de l'amendement de M. Grivart, que l'intention formelle du Parlement avait été d'interdire toute majoration des indemnités. Or, il est évident que le cumul d'une pension payée à raison d'un accident par une Caisse spéciale à l'aide du concours du chef d'entreprise, aboutirait non seulement à majorer l'indemnité légale, mais souvent même à la doubler.

D'autre part l'art. 2 interdit aux ouvriers de se prévaloir d'autres dispositions que celles de la loi du 9 avril 1898. Ce texte n'a-t-il pas pour effet d'empêcher la victime d'invoquer une convention antérieure lui allouant, en cas d'accident, telle ou telle réparation ?

Mais ce résultat ne sera-t-il pas injuste si la victime a participé à l'alimentation de la Caisse par des retenues sur son salaire ? Non ; la quote-part qu'elle a payée était, en quelque sorte, une prime d'assurance contre les conséquences des accidents. Tant que la Caisse a fonctionné, l'ouvrier a été garanti. La prime est acquise à la Caisse sans aucun recours contre elle de ce chef. Seulement si la Caisse possède des réserves, l'ouvrier aura sur elles des droits proportionnels à ses versements, qu'il pourra faire valoir selon les règles du droit commun.

La loi de 1898 a, en effet, pour conséquence de supprimer ces Caisses. Celles qui sont alimentées concurremment par les ouvriers et les patrons sont contraires au nouveau droit comme faisant supporter par l'ouvrier une partie du risque. Quant à celles qui pourraient être uniquement dotées par les chefs d'entreprise, il est évident qu'elles sont sans utilité, les patrons étant toujours personnellement responsables des accidents.

Dans ces conditions il nous paraît certain que soit pour l'avenir, soit pour le passé, les victimes ne peuvent recevoir qu'une seule indemnité.

2° *Pensions de retraite.* — Il en sera différemment en ce qui concerne les pensions de retraite d'âge ou d'invalidité. Elles n'ont rien de commun avec la nouvelle législation, et les Caisses qui les paient continuent à subsister. Les ouvriers pourront donc toucher ces pensions concurremment avec les indemnités allouées par l'art. 3, aucune incompatibilité n'existant entre elles. Les unes sont destinées à secourir la vieillesse et les infirmités, les autres à réparer les conséquences des accidents du travail. La loi du 9 avril 1898 s'occupe de celles-ci, mais elle n'a aucun rapport avec celles-là.

Ainsi les ouvriers mineurs qui seront victimes d'accidents toucheront : 1° les prestations de la caisse de secours, en vertu de la loi du 29 juin 1894 ; 2° les indemnités de la loi du 9 avril 1898.

Mais cette solution équitable envers la victime qui a un droit acquis par ses versements, aboutit à une injustice à l'égard du patron qui, après avoir participé lui aussi à l'alimentation de la caisse, se verra obligé à payer, en outre, les indemnités allouées par la loi. Il payera donc deux fois l'ouvrier, une fois comme retraité, une autre comme victime.

Cette anomalie appelle une rectification de la loi sur ce point, par le retour au texte de 1896 qui stipulait, comme nous l'avons vu, que, dans le cas où une victime d'accident aurait droit de la part d'une Caisse de secours, à une pension ou à une indemnité obtenue à l'aide du concours du chef d'entreprise, *la part provenant de ce concours* ne pourrait se cumuler avec l'indemnité due en vertu de la loi, c'est-à-dire que la victime ne pourrait recevoir de la Caisse qu'une pension de retraite calculée sur ses versements personnels (1).

456. — *La participation des ouvriers au paiement de la prime est-elle permise ?* — On sait que, sous l'empire du droit commun, les patrons ou un grand nombre d'entre eux, retenaient le montant de la prime d'assurance sur le salaire de leurs ouvriers. Il ne pourra plus en être ainsi. Le risque professionnel est exclusivement à la charge de l'entreprise ; c'est donc elle seule qui doit faire face aux charges de l'assurance. Exiger une participation quelconque des ouvriers au paiement de la prime serait contraire aux dispositions de la loi, et toute convention de cette nature serait radicalement nulle.

457. — *Les ouvriers ne peuvent pas se prévaloir d'autres dispositions légales que celles de la loi du 9 avril 1898.* — L'article 2 dispose que les ouvriers et employés appelés à bénéficier du risque professionnel ne peuvent se prévaloir, à raison des accidents dont ils sont victimes dans leur travail, d'aucunes dispositions autres que celles de notre loi. Ainsi, ils ne peuvent pas opter entre le droit commun et la loi du 9 avril 1898.

(1) Conf. Chardiny, *op. cit.*, p. 318 et s.

Pourront-ils poursuivre le patron devant le tribunal correctionnel à raison de l'accident dont ils ont été victimes ? Aux termes de l'article 1er du Code d'instruction criminelle, l'action en réparation du dommage causé par un crime, un délit ou une contravention, peut être exercée par tous ceux qui ont souffert de ce dommage. Les ouvriers pouvaient, en vertu de ce texte, diriger des poursuites contre le patron qui s'était rendu coupable d'un délit ou d'une contravention leur ayant préjudicié et en demander la réparation. Désormais, cela n'est plus possible, les ouvriers n'ayant plus aucun intérêt à ces poursuites, attendu qu'ils ne peuvent recevoir de ce chef aucune indemnité. Pour le même motif, ils ne pourraient pas se porter partie civile dans une poursuite dirigée contre le patron.

§ 2. — Obligation d'afficher dans les ateliers la loi et les règlements d'administration publique.

458. — *Affichage.* — « ART. 31. — Les chefs d'entreprise sont tenus, sous peine d'une amende de 1 à 15 francs, de faire afficher dans chaque atelier la présente loi et les règlements d'administration relatifs à son exécution.

« En cas de récidive dans la même année, l'amende sera de 16 à 100 francs.

« Les infractions aux dispositions des articles 11 et 31 pourront être constatées par les inspecteurs du travail. »

459. — La loi du 2 novembre 1892 sur le travail des

enfants, des filles mineures et des femmes dans les établissements industriels contenait déjà une disposition analogue obligeant les chefs d'entreprise à afficher dans les ateliers un tableau indiquant les conditions du travail. Ce précédent ayant été appliqué à notre nouvelle législation, les patrons sont tenus de faire afficher, *dans chaque atelier,* la loi du 9 avril 1898 et les règlements d'administration publique relatifs à son exécution, c'est-à-dire les trois décrets du 28 février 1899.

460. — *Pénalités.* — Le défaut d'affichage sera puni d'une amende de 1 à 15 francs, et de 16 à 100 francs, en cas de récidive dans la même année.

Les contraventions à l'article 31 peuvent être constatées par tous les officiers de police judiciaire et par les inspecteurs du travail.

461. — *Circonstances atténuantes.* — L'art. 463 du Code pénal sur les circonstances atténuantes n'est pas applicable à ces contraventions. Ni le juge de paix, ni le tribunal correctionnel en cas de récidive, ne pourront en conséquence abaisser la peine au-dessous du minimum.

§ 3. — Application de la loi.

462. — L'article 33 dispose que la loi ne sera applicable que trois mois après la publication officielle des décrets d'administration publique qui doivent en régler l'exécution.

La loi votée le 26 mars 1898 a été promulguée au *Journal officiel* du 10 avril 1898.

Les décrets portant règlement d'administration publique rendus le 28 février 1899 ont été publiés au *Journal officiel* du 1er mars suivant.

La loi est donc applicable à partir du 1er juin 1899.

A cette date, non seulement les dispositions de la loi seront appliquées aux accidents du travail, mais encore toutes les affaires pendantes en bénéficieront pour le reste de la procédure. L'instance sera continuée avec le bénéfice de l'assistance judiciaire et la procédure sommaire sera employée ; enfin les tribunaux devront allouer les indemnités stipulées par l'article 3. La non-rétroactivité des lois ne s'oppose pas à ces mesures transitoires, ce principe étant inapplicable aux lois intéressant l'ordre public. Au surplus, les droits acquis échappent seuls aux lois nouvelles.

463. — *Application de la loi à l'Algérie et aux colonies.* — La loi n'est applicable de plein droit ni à l'Algérie ni aux colonies, mais un règlement d'administration publique déterminera les conditions dans lesquelles elle *pourra* y être appliquée ; (art. 32). C'est une faculté accordée au Gouvernement qui sera libre d'en user à son heure.

ANNEXES

ANNEXE I

LOI ayant pour objet la création d'une caisse de pré-voyance entre les marins français contre les risques et accidents de leur profession.

Le Sénat et la Chambre des députés ont adopté,

Le Président de la République promulgue la loi dont la teneur suit :

TITRE Ier

CONSTITUTION, RESSOURCES, CHARGES DE LA CAISSE

Article premier. — Il est créé au profit des marins français une caisse nationale de prévoyance contre les risques et accidents de leur profession, annexée à la caisse des invalides, mais ayant son existence indépendante.

Font obligatoirement et exclusivement partie de cet établisse-tous les inscrits maritimes à partir de l'âge de dix ans.

Art. 2. — La caisse est revêtue de la personnalité civile.

Elle est alimentée :

1° Par la cotisation des participants ;

2° Par les apports des propriétaires ou armateurs de navires ou bateaux ;

3° Par les dons ou legs des particuliers et par les subsides éventuels des départements, des communes, des établissements publics et des associations ;

4° Lorsqu'il y a lieu, par des avances de l'Etat non productives d'intérêts, fixées conformément aux dispositions de l'article 14.

Les dons, legs et subsides peuvent être acceptés alors même qu'ils ont pour affectation spéciale la concession d'indemnités, secours ou pensions supplémentaires dans des cas déterminés ou au profit de régions expressément désignées.

Art. 3. — Les cotisations à verser par les inscrits maritimes sont fixées à la moitié des taxes perçues sur leurs gains et salaires en faveur de la caisse des invalides de la marine, sans toutefois que ces cotisations puissent excéder deux francs (2 fr.) par mois pour les inscrits appartenant aux deux dernières catégories du tarif faisant suite à la présente loi.

Art. 4. — Les propriétaires ou armateurs de bateaux armés pour le long cours, le cabotage, la grande et la petite pêche, le pilotage et le bornage, ainsi que les propriétaires de bâtiments de plaisance munis de rôles d'équipage, sont assujettis au versement d'une cotisation égale au montant de celle acquittée par leurs équipages.

Par exception, les patrons propriétaires de bateaux se livrant à la petite pêche, au pilotage ou au bornage, qui montent eux-mêmes lesdits bateaux, ne sont assujettis qu'au versement des cotisations annuelles, fixées comme il suit :

1° Pour les bateaux exerçant la navigation exclusivement dans la partie maritime des fleuves, rivières, étangs ou canaux aboutissant à la mer ou dans l'intérieur des ports et bassins, trois francs (3 fr.) par homme ;

2° Pour les bâtiments et embarcations pratiquant la petite pêche, le bornage ou le pilotage en mer, quatre francs (4 fr.) par homme.

Art. 5. — Les inscrits maritimes qui sont atteints de blessures ou de maladies ayant leur cause directe dans un accident ou un risque de leur profession survenu pendant la durée de leur dernier embarquement sur un navire français en les mettant dans l'impossibilité absolue et définitive de continuer la navigation, ont droit à une pension viagère dite « demi-solde d'infirmité », fixée conformément au tarif annexé à la présente loi.

Si l'impossibilité de continuer la navigation n'est pas définitive, ils reçoivent une indemnité temporaire ou renouvelable calculée d'après le taux annuel prévu audit tarif

Art. 6. — Ont également droit à une pension fixée conformément au tarif susvisé les veuves des inscrits maritimes qui sont tués ou périssent par suite des causes ou dans les conditions prévues à l'article précédent, ou qui meurent des conséquences des blessures ou des maladies énoncées audit article, pourvu que le mariage soit antérieur à l'origine desdites blessures ou maladies.

Si la femme titulaire de la pension instituée par le présent article se remarie et redevient veuve, elle ne peut prétendre, du chef de son second mari, à une deuxième pension de même nature que la première, à moins qu'elle ne renonce à celle dont elle jouissait déjà.

Ont droit à la même pension les veuves des marins morts en possession d'une des pensions déterminées par l'article 5, si le mariage est antérieur à l'accident ou à la maladie qui a déterminé l'octroi de cette pension.

La pension n'est jamais acquise à la femme divorcée ou contre laquelle a été prononcée la séparation de corps.

Art. 7. — Après le décès du père ou de la mère ou lorsque la mère veuve se trouve, conformément au dernier paragraphe de l'article 6, déchue de ses droits à la pension, les orphelins des inscrits décédés dans les conditions susdéfinies ou en possession d'une demi-solde d'infirmité, reçoivent, quel que soit leur nombre, et jusqu'à ce que le plus jeune ait accompli l'âge de seize ans, un secours annuel unique de taux égal à celui de la pension que leur mère avait ou aurait obtenue.

Est également, et dans les mêmes conditions, dévolue, comme secours annuel, aux orphelins du père, la pension de veuve demeurée libre par suite de l'option exercée conformément au paragraphe 2 de l'article précédent. Toutefois, les arrérages du secours annuel sont, dans ce cas, payables à la mère tutrice des orphelins.

Les enfants naturels reconnus avant l'origine de la blessure ou de la maladie d'où procède le droit participent au secours dans la même mesure que les enfants légitimes.

A mesure que les aînés atteignent l'âge de seize ans, leur part est reversée sur les plus jeunes.

En cas de coexistence d'orphelins de différents lits venant en concurrence entre eux ou avec la veuve, la division du secours a lieu comme en matière de demi-solde, sous la réserve de la disposition énoncée au deuxième paragraphe du présent article.

Art. 8. — Il est alloué aux inscrits et aux veuves titulaires des pensions et indemnités accordées en vertu des articles 5 et 6 ci-dessus, pour chacun de leurs enfants âgés de moins de dix ans, un supplément annuel déterminé par le tarif annexé à la présente loi, à moins que, se trouvant en possession d'une demi-solde ou d'une pension dérivée de la demi-solde, ils ne reçoivent déjà ce supplément.

Art. 9. — Lorsque les inscrits maritimes visés à l'article 5 ne laissent après eux ni veuves ni orphelins, un secours annuel et viager dont le taux est déterminé par le tarif annexé à la présente loi, est accordé à chacun de leurs ascendants au premier degré.

En cas de prédécès de l'un des ascendants ou de décès consécutif des deux ascendants au premier degré, le secours qui aurait été ou a été attribué à chacun des ascendants décédés est reporté sur les ascendants de degrés supérieurs de la même branche s'il en existe; il est partagé également entre ces derniers, avec réversion sur le ou les survivants.

Les secours déterminés par le présent article ne sont payés qu'aux ascendants âgés d'au moins soixante ans et qui auraient eu droit à une pension alimentaire. En outre, le même ascendant ne peut être titulaire de plus d'un des secours accordés en vertu du présent article.

Art. 10. — Les pensions et allocations accordées en vertu des articles précédents sont réduites de moitié si les ayants droit jouissent déjà soit d'une pension militaire ou civile ou d'un secours d'orphelins payés sur les fonds de l'État, soit d'une demi-solde ou d'une pension de secours d'orphelins dérivée de la demi-solde.

Art. 11. — Les dispositions ci-dessus ne font pas obstacle à ce que l'inscrit, ses ayants cause ou la caisse nationale de prévoyance subrogée à leur droit demandent directement, suivant les principes et règles du droit commun, des indemnités aux personnes responsables des faits intentionnels ou fautes lourdes ayant déterminé la réalisation des accidents ou risques dont lesdits inscrits auront été victimes.

Les indemnités qui, dans ce cas, auront été consenties par les intéressés ou imposées par les tribunaux compétents viendront en déduction des sommes à payer en vertu de la présente loi.

Art. 12. — Les pensions et autres allocations accordées en vertu de la présente loi sont incessibles et insaisissables.

Elles prennent cours :

Pour les inscrits, du jour où ils ont cessé de recevoir leurs salaires, conformément à l'article 262 du code de commerce ;

Pour les veuves, les orphelins et les ascendants, du jour du décès qui y ouvre des droits ou, en cas de disparition à la mer, du jour des dernières nouvelles.

Art. 13. — La demi-solde d'infirmités est rayée si à quelque époque que ce soit, le titulaire embarque à titre professionnel sur un navire ou bateau de commerce ou de pêche, ou sur un bâtiment de plaisance pourvu d'un rôle d'équipage.

Art. 14. — Le payement des pensions, secours et indemnités à la charge de la caisse de prévoyance est garanti au moyen de la constitution annuelle du capital présumé nécessaire pour servir jusqu'à leur extinction, les allocations accordées en vertu de la présente loi pendant l'année écoulée.

Ce capital est calculé en appliquant au montant des pensions et secours concédés pendant l'année les règles suivies par la caisse nationale des retraites, et en ajoutant au produit ainsi obtenu la somme des indemnités allouées et des frais d'administration dépensés pendant ladite année. Il est réalisé dans la caisse de l'institution au moyen :

1° Des trois premières espèces de recette prévues à l'article 2 et afférentes à l'année, à l'exclusion toutefois des dons, legs et subsides ayant une affectation spéciale et supplémentaire ;

2° S'il y a lieu, d'un prélèvement sur le fonds de réserve constitué en vertu de l'article 15 de la présente loi ;

3° En cas d'insuffisance de ces ressources, d'avances remboursables de l'Etat égales au déficit.

Art. 15. — Lorsque le produit des ressources ordinaires de la caisse dépasse le chiffre du capital nécessaire, l'excédent constitue une réserve destinée à couvrir, jusqu'à due concurrence, les déficits qui pourraient se produire ultérieurement et à rembourser les avances de l'Etat.

Lorsque le montant de cette réserve vient à atteindre un million et demi de francs (1.500.000 fr.) net, la cotisation à verser par les inscrits maritimes, en vertu de l'article 3, peut être réduite dans la proportion nécessaire pour ne pas augmenter la réserve au delà de ce chiffre. Les versements à effectuer par les propriétaires ou armateurs de bâtiments et patrons propriétaires de bateaux, en exécution de l'article 4, sont réduits dans la même proportion.

Si le fonds de réserve vient à tomber au-dessous de cinq cent mille francs (500.000 fr.), les contributions énumérées au précédent paragraphe sont relevées dans une proportion commune en vue de ramener ce fonds à son maximum.

Art. 16. — Si le produit des ressources énumérées aux alinéas numérotés 1° et 2° de l'article 14 ne suffisent pas pour constituer le capital nécessaire et que l'Etat soit obligé de parfaire le déficit au moyen d'avances, ces avances devront, préalablement à toute réduction des cotisations et des versements des participants, être remboursées à l'Etat, lorsque les recettes viendront à l'emporter sur les charges.

En cas de succession de déficits annuels ayant entraîné des avances de l'Etat, le taux des cotisations ou versements pourra être momentanément relevé dans la proportion nécessaire pour mettre la caisse à même d'équilibrer ses recettes et ses charges, sans que toutefois ce relèvement puisse excéder un tiers des contributions exigées des participants en conformité des articles 3 et 4.

Art. 17. — Le taux des réductions et des relèvements des cotisations ou versements prévus aux articles 15 et 16, de même que le montant des remboursements à l'Etat sont fixés par décret rendu sur la proposition des ministres de la marine et des finances, sur avis conforme du conseil d'administration institué par l'article 19. Les modifications de taux sont applicables à partir du 1er janvier de l'année qui suit le décret qui les prononce.

TITRE II

ADMINISTRATION DE LA CAISSE — DISPOSITIONS DIVERSES

Art. 18. — Le ministre de la marine est chargé de la gestion de la caisse de prévoyance, avec le concours des fonctionnaires et agents ayant l'administration et la gestion de la caisse des invalides de la marine.

Le contrôle financier de l'institution appartient à la commission supérieure de l'établissement des invalides.

Art. 19. — Il est créé au ministère de la marine un conseil d'administration spécial de la caisse de prévoyance.

Ce conseil est composé :

1° Des membres titulaires de la commission supérieure des invalides ;

2° D'un nombre d'inscrits maritimes et d'armateurs égal à celui des membres de la commission précitée, pris par moitié dans chacune de ces deux catégories et nommés, par décret, pour une durée de trois ans.

Il est spécialement consulté sur l'emploi et le placement des fonds de la caisse et donne son avis sur les questions et projets relatifs à l'organisation et à la réglementation de l'institution.

Art. 20. — Le calcul des cotisations à percevoir en conformité des articles 3 et 4 a pour base les rôles de désarmement des navires et embarcations dressés par l'administration de la marine.

La réglementation relative au recouvrement des droits dus à la caisse des invalides de la marine est appliquée pour la perception des cotisations.

Art. 21. — Pour faire valoir ses titres à l'une des allocations prévues dans l'article 5, l'inscrit doit, sous peine de déchéance, adresser au commissaire de l'inscription maritime, dans le délai de deux mois qui suit son débarquement ou son retour en France, s'il est débarqué à l'étranger ou aux colonies, une demande écrite ou verbale dont il lui est donné récépissé.

La même demande, dont il est également donné récépissé, doit, sous peine de déchéance, être adressée dans le délai d'un an à partir du jour de la mort de l'inscrit, ou dans le délai de deux ans à partir du jour de ses dernières nouvelles, s'il a disparu en mer, par les veuves, orphelins, ascendants ou tuteurs qui invoquent le bénéfice des articles 6 et 10. Dans le cas de disparition la demande est instruite dès la décision du ministre de la marine établissant la disparition du marin ou la perte corps et biens du bâtiment ou de l'embarcation qu'il montait.

Un règlement d'administration publique déterminera les justifications à produire pour l'établissement du droit, ainsi que les délais dans lesquels ces justifications devront être présentées. En ce qui concerne la demi-solde d'infirmité, l'instruction comportera la visite par la commission spéciale instituée par l'article 1er de la loi du 11 avril 1881 et la constatation par cette commission que l'état de l'impétrant provient des causes et produit les conséquences spécifiées à l'article 5.

Art. 22. — Les demi-soldes d'infirmité, les pensions de veuves et les secours aux orphelins ou ascendants qui en dérivent sont accordés suivant la procédure en vigueur de la concession de la demi-solde.

L'indemnité temporaire est accordée par décision du ministre, après enquête administrative et pour une durée qui ne pourra excéder six mois.

Au delà de ce terme, elle peut, sur avis conforme de la commission de visite instituée par l'article 1er de la loi du 11 avril 1881, être transformée, par décision du ministre, en une indemnité renouvelable de six mois en six mois, chaque renouvellement ayant lieu après enquête. Au bout de trois années à partir de la décision ministérielle spécifiée au précédent paragraphe, cette indemnité renouvelable est supprimée ou convertie, après une nouvelle visite, en demi-solde d'infirmité, conformément à l'article précédent.

Art. 23. — Les fonds de la caisse de prévoyance sont employés en rentes sur l'Etat, en valeurs du Trésor et en obligations garanties par l'Etat.

Art. 24. — Il est tenu à l'administration centrale de l'établissement des invalides un grand livre sur lequel sont enregistrés les pensions et secours annuels au fur et à mesure de leur constitution.

Un certificat d'inscription formant titre est délivré à l'ayant droit.

Art. 25. — Les arrérages des pensions viagères et des secours annuels de la caisse de prévoyance sont payés par trimestre sur la production d'un certificat de vie.

Art. 26. — Les pensions et secours annuels sont rayés du grand livre après trois ans de non-réclamation des arrérages, sans que leur établissement donne lieu à aucun rappel d'arrérages antérieurs à la réclamation.

La même déchéance est applicable aux héritiers ou ayants cause des pensionnaires qui n'auront pas produit les justifications de leurs droits dans les trois ans qui suivent la date du décès de leur auteur.

Les arrérages de pension non payés, mais réclamés dans les trois ans qui ont suivi le décès du pensionnaire, ne sont plus passibles que de la prescription quinquennale.

Art. 27. — Les actes de l'état civil, les certificats de notoriété et autres pièces relatives à l'exécution de la présente loi sont délivrés gratuitement par les maires ou par les syndics des gens de mer, et dispensés des droits de timbre et d'enregistrement.

Art. 28. — Les règles en vigueur en ce qui concerne la liquidation et le payement des pensions dites de demi-solde sont applicables aux pensions et secours annuels concédés sur la caisse de prévoyance pour tout ce qui n'est pas spécifié par la présente loi.

Art. 29. — La caisse de prévoyance supporte les dépenses spéciales d'administration qu'entraine son fonctionnement.

Art. 30. — La présente loi est applicable à l'Algérie, à la Martinique, à la Guadeloupe, à la Réunion, à la Guyane, aux îles Saint-Pierre et Miquelon et à toutes autres colonies où serait légalement organisée l'inscription maritime.

Elle deviendra exécutoire à partir du 1er janvier qui suivra la date de la promulgation de la présente loi.

La présente loi délibérée et adoptée par le Sénat et par la Chambre des députés, sera exécutée comme loi de l'Etat.

Fait à Paris, le 21 avril 1898.

FÉLIX FAURE.

Par le Président de la République :

Le ministre de la marine,　　　　*Le ministre des finances,*

G. BESNARD.　　　　GEORGES COCHERY.

Tarif des démi-soldes d'infirmité, des pensions et des secours, pour l'exécution de la loi du 21 avril 1898.

DÉSIGNATION	PENSION des inscrits (art. 5) en cas de :		PENSION des veuves ou secours annuels (art 6 et 7) aux orphelins en cas de :		SECOURS annuel aux ascendants (art. 9) en cas de :		SUPPLÉMENT annuel pour enfant âgé de moins de dix ans (art. 8.)
	NON-CUMUL	CUMUL	NON-CUMUL	CUMUL	NON-CUMUL	CUMUL	
Capitaines au long cours, mécaniciens de 1re et de 2e classe dirigeant, pendant leur dernier embarquement une machine d'une force nominale de 300 chevaux au moins..........	300f »	150f »	250f »	125f »	125f »	62f 50	36f »
Inscrits maritimes titulaires du brevet de pilote d'une station de mer, de patron breveté pour la pêche d'Islande, de maître au cabotage, de mécanicien de 1re ou de 2e classe.........	270 »	135 »	220 »	110 »	110 »	55 »	24 »
Inscrits maritimes non titulaires de l'un des brevets ci-dessus et embarqués en dernier lieu comme officiers au long cours, au cabotage ou à la grande pêche, ou comme patrons d'embarcations exerçant la petite pêche au large.........	240 »	120 »	200 »	100 »	100 »	50 »	24 »
Inscrits maritimes ne se trouvant dans aucune des catégories ci-dessus.........	204 ·	102 »	192 »	96 »	96 »	48 »	24 »

ANNEXE II

—

DÉCRET fixant les émoluments alloués aux greffiers des justices de paix pour les actes de la procédure concernant la loi du 9 avril 1898 (1).

Le Président de la République française,

Sur le rapport du garde des sceaux, ministre de la justice,

Vu l'article 29 de la loi du 9 avril 1898, ainsi conçu :

« Les procès-verbaux, certificats, actes de notoriété, significations, jugements et autres actes faits ou rendus en vertu et pour l'exécution de la présente loi seront délivrés gratuitement, visés pour timbre et enregistrés gratis lorsqu'il y aura lieu à la formalité de l'enregistrement.

« Dans les six mois de la promulgation de la présente loi, un décret déterminera les émoluments des greffiers de justices de paix pour leur assistance et la rédaction des actes de notoriété, procès-verbaux, certificats, significations, jugements, envois de lettres recommandées, extraits, dépôts de la minute d'enquête au greffe, et pour tous les actes nécessités par l'application de la présente loi, ainsi que les frais de transports auprès des victimes et d'enquête sur place » ;

Le conseil d'État entendu,

Décrète :

Article premier. — Il est alloué aux greffiers des justices de paix :

1° Pour assistance aux actes de notoriété, 4 fr. ;

(1) *J. off.* du 7 mars 1899.

2º Pour assistance aux enquêtes sur place, ainsi qu'aux constatations auxquelles il est procédé par le juge de paix, non compris le temps de voyage, pour chaque vacation de trois heures, 4 fr. ;

3º Pour assistance à l'ensemble des opérations prévues par le règlement d'administration publique rendu en exécution de l'article 26 de la loi du 9 avril 1898, 2 fr. ;

4º Pour chaque envoi de lettre recommandée, déboursés non compris, 50 centimes ;

5º Pour dépôt de rapport d'expert ou de pièces, 2 fr. ;

6º Pour transmission de l'enquête au président du tribunal, tous frais de port compris, 4 fr. ;

7º Pour toute mention au répertoire, 10 centimes ;

8º Pour transport à plus de 2 kilomètres du chef-lieu du canton, par kilomètre parcouru, en allant et en revenant, si le transport est effectué en chemin de fer, 20 centimes ; si le transport a eu lieu autrement, 40 centimes.

Art. 2. — Le garde des sceaux, ministre de la justice, est chargé de l'exécution du présent décret, qui sera publié au *Journal officiel* et inséré au *Bulletin des lois*.

Fait à Paris, le 5 mars 1899.

Emile LOUBET.

Par le Président de la République :

Le garde des sceaux, ministre de la justice,

Georges LEBRET.

ANNEXE III

———

DÉCRET portant règlement d'administration publique rendu le 28 février 1899, en exécution de l'article 26 de la loi du 9 avril 1898 (1).

Le Président de la République française,

Sur le rapport du ministre du commerce, de l'industrie, des postes et des télégraphes,

Vu les avis du ministre des finances, en date des 5 décembre 1898 et 21 janvier 1899 ;

Vu l'avis du ministre de la justice, en date du 29 octobre 1898 ;

Vu la loi du 9 avril 1898 et notamment le troisième paragraphe de l'article 26 ainsi conçu : « Un règlement d'administration publique déterminera les conditions d'organisation et de fonctionnement du service conféré par les dispositions précédentes à la caisse nationale des retraites et notamment les formes du recours à exercer contre les chefs d'entreprise débiteurs ou les sociétés d'assurances et les syndicats de garantie, ainsi que les conditions dans lesquelles les victimes d'accidents ou leurs ayants droit seront admis à réclamer à la caisse le payement de leurs indemnités » ;

(1) *J. off.* du 1er mars 1899.

Vu la loi du 20 juillet 1886 et le décret du 28 décembre 1886 ;

Le conseil d'Etat entendu,

Décrète :

TITRE Ier

CONDITIONS DANS LESQUELLES LES VICTIMES D'ACCIDENTS OU LEURS AYANTS DROIT SONT ADMIS A RÉCLAMER LE PAYEMENT DE LEURS INDEMNITÉS.

Article premier. — Tout bénéficiaire d'une indemnité liquidée en vertu de l'article 16 de la loi du 9 avril 1898, à la suite d'un accident ayant entraîné la mort ou une incapacité permanente de travail, qui n'aura pu obtenir le payement, lors de leur exigibilité, des sommes qui lui sont dues, doit en faire la déclaration au maire de la commune de sa résidence.

Art. 2. — La déclaration est faite soit par le bénéficiaire de l'indemnité ou son représentant légal, soit par un mandataire ; elle est exempte de tous frais.

Art. 3. — La déclaration doit indiquer :

1º Les nom, prénoms, âge, nationalité, état civil, profession, domicile du bénéficiaire de l'indemnité ;

2º Les nom et domicile du chef d'entreprise débiteur ou la désignation et l'indication du siège de la société d'assurances ou du syndicat de garantie qui aurait dû acquitter la dette à ses lieu et place ;

3º La nature de l'indemnité et le montant de la créance réclamée ;

4º L'ordonnance ou le jugement en vertu duquel agit le bénéficiaire ;

5º Le cas échéant, les nom, prénoms, profession et domicile du représentant légal du bénéficiaire ou du mandataire.

Art. 4. — La déclaration, rédigée par les soins du maire, est signée par le déclarant.

Le maire y joint toutes les pièces qui lui sont remises par le réclamant à l'effet d'établir l'origine de la créance, ses modifications ultérieures et le refus de payement opposé par le débiteur : chef d'entreprise, société d'assurance ou syndicat de garantie.

Art. 5. — Récépissé de la déclaration et des pièces qui l'accompagnent est remis par le maire au déclarant.

La déclaration et les pièces produites à l'appui sont transmises par le maire au directeur général de la Caisse des dépôts et consignations dans les vingt-quatre heures.

Art. 6. — Le directeur général de la Caisse des dépôts et consignations adresse, dans les quarante-huit heures à partir de sa réception, le dossier au juge de paix du domicile du débiteur, en l'invitant à convoquer celui-ci d'urgence par lettre recommandée.

Art. 7. — Le débiteur doit comparaître au jour fixé par le juge de paix soit en personne, soit par mandataire.

Il lui est donné connaissance de la réclamation formulée contre lui.

Procès-verbal est dressé par le juge de paix des déclarations faites par le comparant, qui appose sa signature sur le procès-verbal.

Art. 8. — Le comparant qui ne conteste ni la réalité ni le montant de la créance est invité par le juge de paix soit à s'acquitter par devant lui, soit à expédier au réclamant la somme due au moyen d'un mandat-carte et à communiquer au greffe le récépissé de cet envoi.

Cette communication doit être effectuée au plus tard le deuxième jour qui suit la comparution devant le juge de paix.

Le juge de paix statue sur le payement des frais de convocation.

Il constate, s'il y a lieu, dans son procès-verbal la libération du débiteur.

Art. 9. — Dans le cas où le comparant tout en reconnaissant la réalité et le montant de sa dette, déclare ne pas être en état de s'acquitter immédiatement, le juge de paix est autorisé, si les motifs invoqués paraissent légitimes, à lui accorder pour sa libération un délai qui ne peut excéder un mois.

Dans ce cas, en vue du payement immédiat prévu à l'article 13 ci-dessous, le procès-verbal dressé par le juge de paix constate la reconnaissance de dette et l'engagement pris par le comparant de se libérer dans le délai qui lui a été accordé au moyen soit d'un versement entre les mains du caissier de la Caisse des dépôts et consignations à Paris ou des préposés de la Caisse dans les départements, soit de l'expédition d'un mandat-carte payable au caissier général à Paris.

Art. 10. — Si le comparant déclare ne pas être débiteur du réclamant ou n'être que partiellement son débiteur, le juge de paix constate dans son procès-verbal le refus total ou partiel de payement et les motifs qui en ont été donnés.

Il est procédé pour l'acquittement de la somme non contestée suivant les dispositions des articles 8 ou 9, tous droits restant réservés pour le surplus.

Art. 11. — Au cas où le débiteur convoqué ne comparaît pas au jour fixé, le juge de paix procède dans la huitaine à une enquête à l'effet de rechercher :

1o Si le débiteur convoqué n'a pas changé de domicile ;

2o S'il a cessé son industrie soit volontairement, soit par cession d'établissement, soit par suite de faillite ou de liquidation judiciaire et, dans ce cas, quel est le syndic ou le liquidateur, soit par suite de décès et, dans l'affirmative, par qui sa succession est représentée.

Le procès-verbal dressé par le juge de paix constate la non-comparution et les résultats de l'enquête.

Art. 12. — Dans les deux jours qui suivent soit la libération immédiate du débiteur, soit sa comparution devant le juge de paix au cas où il a refusé le payement ou obtenu un délai, soit la clôture de l'enquête dont il est question en l'article précédent, le juge de paix adresse au directeur général de la Caisse des dépôts et consignations le dossier et y joint le procès-verbal par lui dressé.

Art. 13. — Dès la réception du dossier, s'il résulte du procès-verbal dressé par le juge de paix que le débiteur n'a pas contesté sa dette, mais ne s'en est pas libéré, ou si les motifs invoqués pour refuser le payement ne paraissent pas légitimes, le directeur général de la Caisse des dépôts et consignations remet au réclamant ou lui adresse, par mandat-carte, la somme à laquelle il a droit. Il fait parvenir également au greffier de la justice de paix le montant de ses déboursés et émoluments.

Il est procédé de même, si le débiteur ne s'est pas présenté devant le juge de paix et si la réclamation du bénéficiaire de l'indemnité paraît justifiée.

Art. 14. — Dans le cas où les motifs invoqués par le comparant pour refuser le payement paraissent fondés ou, en cas de non-comparution, si la réclamation formulée par le bénéficiaire ne semble pas suffisamment justifiée, le directeur général de la Caisse des dépôts et consignations renvoie, par l'intermédiaire du maire, au réclamant le dossier par lui produit en lui laissant le soin d'agir contre la personne dont il se prétend le créancier, conformément aux règles du droit commun.

Le montant des déboursés et émoluments du greffier est, en ce cas, acquitté par les soins du directeur général et imputé sur les fonds de garantie.

TITRE II

DU RECOURS DE LA CAISSE DES RETRAITES POUR LE RECOUVREMENT DE SES AVANCES ET POUR L'ENCAISSEMENT DES CAPITAUX EXIGIBLES.

Art. 15. — Le recours de la caisse nationale des retraites est exercé aux requête et diligence du directeur général de la Caisse des dépôts et consignations, dans les conditions énoncées aux articles suivants.

Art. 16. — Dans les cinq jours qui suivent le payement fait au bénéficiaire de l'indemnité et au greffier de la justice de paix, conformément aux articles 13 et 14, ou à l'expiration du délai dont il est question à l'article 9, si le remboursement n'a pas été opéré dans ce délai, le directeur général de la Caisse des dépôts et consignations, informe le débiteur, par lettre recommandée, du payement effectué pour son compte.

La lettre recommandée fait en même temps connaître que, faute par le débiteur d'avoir remboursé dans un délai de quinzaine le montant de la somme payée, d'après un des modes prévus au dernier alinéa de l'article 9, le recouvrement sera poursuivi par la voie judiciaire.

Art. 17. — A l'expiration du délai imparti par le deuxième alinéa de l'article 16 ci-dessus, il est délivré par le directeur général de la Caisse des dépôts et consignations, à l'encontre du débiteur qui ne s'est pas acquitté, une contrainte pour le recouvrement.

Art. 18. — La contrainte décernée par le directeur général de la Caisse des dépôts et consignations est visée et déclarée par le juge de paix du domicile du débiteur.

Elle est signifiée par ministère d'huissier.

Art. 19. — L'exécution de la contrainte ne peut être interrompue que par une opposition formée par le débiteur et contenant assignation donnée au directeur général de la Caisse des dépôts et consignations devant le tribunal civil du domicile du débiteur.

Art. 20. — L'instance à laquelle donne lieu l'opposition à contrainte est suivie dans les formes et délais déterminés par l'article 65 de la loi du 22 frimaire an VII sur l'enregistrement.

Art. 21. — Les frais de poursuites et dépens de l'instance auxquels a été condamné le débiteur débouté de son opposition sont recouvrés par le directeur général de la Caisse des dépôts et consignations au moyen d'un état de frais taxé sur sa demande et rendu exécutoire par le président du tribunal.

Art. 22. — Lorsque le capital représentatif d'une pension est, conformément aux termes de l'article 28 de la loi du 9 avril 1898, devenu exigible par suite de la faillite ou de la liquidation judiciaire du débiteur, le directeur général de la Caisse des dépôts et consignations représentant la Caisse nationale des retraites pour la vieillesse, demande l'admission au passif pour le montant de sa créance.

Il est procédé, dans ce cas, conformément aux dispositions des articles 491 et suivants du code de commerce et de la loi du 4 mars 1889 sur la liquidation judiciaire.

Art. 23. — En cas d'exigibilité du capital par suite d'une des circonstances prévues en l'article 28 de loi du 9 avril 1898 autre que la faillite ou la liquidation judiciaire du débiteur, le directeur général de la Caisse des dépôts et consignations, par lettre recommandée, met en demeure le débiteur ou ses représentants d'opérer dans les deux mois qui suivront la réception de la lettre, le versement à la Caisse nationale des retraites du capital exigible, à moins qu'il ne soit justifié que les garanties prescrites par le décret du 28 février 1899, portant règlement d'administration publique en exécution de l'article 28 de la loi ci-dessus visée, ont été fournies.

Art. 24. — Si, à l'expiration du délai de deux mois, le versement n'a pas été effectué ou les garanties exigées n'ont pas été fournies, il est procédé au recouvrement dans les mêmes conditions et suivant les formes énoncées aux articles 17 à 21 du présent décret.

Art. 25. — En dehors des délais fixés par les dispositions qui précèdent, le directeur général de la Caisse des dépôts et consignations peut accorder au débiteur tous délais ou toutes facilités de payement.

Le directeur général peut également transiger.

TITRE III

ORGANISATION DU FONDS DE GARANTIE

Art. 26. — Le fonds de garantie institué par les articles 24 et 25 de la loi du 9 avril 1898 fait l'objet d'un compte spécial ouvert dans les écritures de la Caisse des dépôts et consignations.

Art. 27. — Le ministre du commerce adresse au Président de la République un rapport annuel, publié au *Journal officiel*, sur le fonctionnement général du fonds de garantie visé par les articles 24 à 26 de la loi du 9 avril 1898.

Art. 28. — Les recettes du fonds de garantie comprennent :

1° Les versements effectués par le Trésor public, représentant le montant des taxes recouvrées en conformité de l'article 25 de la loi du 9 avril 1898 ;

2° Les recouvrements effectués sur les débiteurs d'indemnités dans les conditions prévues aux titres I et II du présent décret ;

3° Les revenus et arrérages et le produit du remboursement des valeurs acquises en conformité de l'article 30 du présent décret ;

4° Les intérêts du fonds de roulement prévu au deuxième alinéa du même article.

Art. 29. — Les dépenses du fonds de garantie comprennent :

1° Les sommes payées aux bénéficiaires des indemnités ;

2° Les sommes versées sur des livrets individuels à la Caisse nationale des retraites pour la vieillesse et représentant les capitaux de pensions exigibles dans les cas prévus par l'article 28, paragraphe 3, de la loi du 9 avril 1898 ;

3° Le montant des frais de toute nature auxquels donne lieu le fonctionnement du fonds de garantie.

Art. 30. — Les ressources du fonds de garantie sont employées dans les conditions prescrites par l'article 22 de la loi du 20 juillet 1886.

Les sommes liquides reconnues nécessaires pour assurer le fonctionnement du fonds de garantie sont bonifiées d'un intérêt calculé à un taux égal à celui qui est adopté pour le compte courant ouvert à la Caisse des dépôts et consignations dans les écritures du Trésor public.

Art. 31. — Le ministre du commerce, de l'industrie, des postes et des télégraphes, le ministre des finances et le garde des sceaux, ministre de la justice, sont chargés, chacun en ce qui le concerne, de l'exécution du présent décret, qui sera publié au *Journal officiel* de la République française et inséré au *Bulletin des lois*.

Fait à Paris, le 28 février 1899.

EMILE LOUBET.

Par le Président de la République :

Le ministre du commerce, de l'industrie,
des postes et des télégraphes,

PAUL DELOMBRE.

Le ministre des finances,

P. PEYTRAL.

Le garde des sceaux, ministre de la justice,

GEORGES LEBRET.

ANNEXE IV

DÉCRET portant règlement d'administration publique rendu le 28 février 1899, en exécution de l'article 27 de la loi du 9 avril 1898 (1).

Le Président de la République française,

Sur le rapport du ministre du commerce, de l'industrie, des postes et des télégraphes,

Vu l'avis du ministre des finances, en date du 5 décembre 1898;

Vu la loi du 9 avril 1898 et notamment l'article 27 ainsi conçu :

« Les compagnies d'assurances mutuelles ou à primes fixes contre les accidents, françaises ou étrangères, sont soumises à la surveillance et au contrôle de l'Etat et astreintes à constituer des réserves ou cautionnements dans les conditions déterminées par un règlement d'administration publique.

« Le montant des réserves ou cautionnements sera affecté par privilège au payement des pensions et indemnités.

« Les syndicats de garantie seront soumis à la même surveillance, et un règlement d'administration publique déterminera les conditions de leur création et de leur fonctionnement.

« Les frais de toute nature résultant de la surveillance et du contrôle seront couverts au moyen de contributions proportionnelles au montant des réserves ou cautionnements et fixés annuellement, pour chaque compagnie ou association, par arrêté du ministre du commerce » ;

---

(1) *J. off.* du 1er mars 1899.

Vu le décret du 22 janvier 1868, portant règlement d'administration publique pour la constitution des sociétés d'assurances ;

Le conseil d'Etat entendu,

Décrète :

TITRE Ier

SOCIÉTÉS D'ASSURANCES MUTUELLES OU A PRIMES FIXES

Chapitre Ier. — *Cautionnements et réserves.*

Article premier. — Toutes les sociétés qui pratiquent, dans les termes de la loi du 9 avril 1898, l'assurance mutuelle ou à primes fixes contre le risque des accidents de travail ayant entraîné la mort ou une incapacité permanente sont astreintes, pour ce risque, aux dispositions du présent titre.

Art. 2. — Indépendamment des garanties spécifiées aux articles 2 et 4 du décret du 22 janvier 1868 et de la réserve mathématique, les sociétés anonymes d'assurances françaises ou étrangères à primes fixes doivent justifier de la constitution préalable d'un cautionnement fixé d'après des bases que détermine le ministre, sur l'avis du comité consultatif prévu à l'article 16 ci-après, et affecté, par privilège, au payement des pensions et indemnités, conformément à l'article 27 de la loi.

Art. 3. — Le cautionnement est constitué, dans les quinze jours de la notification de la décision du ministre, à la Caisse des dépôts et consignations en valeurs énumérées au troisième paragraphe de l'article 8 ci-dessous. Il est revisé chaque année. Les titres sont estimés au cours moyen de la Bourse de Paris au jour du dépôt.

Art. 4. — Le cautionnement est versé au lieu où la société a son siège principal, dans les conditions déterminées par les lois et règlements en vigueur sur la consignation des valeurs mobilières.

Les intérêts des valeurs déposées peuvent être retirés par la société. Il en est de même, en cas de remboursement des titres

avec primes ou lots, de la différence entre le prix de remboursement et le cours moyen à la Bourse de Paris, au jour fixé
pour le remboursement, de la valeur sortie au tirage.

Le montant des remboursements, déduction faite de cette
différence, doit être immédiatement remployé en achat de
valeurs visées au troisième paragraphe de l'article 8, sur l'ordre
de la société, ou d'office en rentes sur l'Etat, si la société n'a
pas donné d'ordres dans les quinze jours de la notification de
remboursement faite, sous pli recommandé, par la Caisse des
dépôts et consignations.

Il en est de même pour les fonds provenant d'aliénations de
titres demandées par la société.

Art. 5. — Les valeurs déposées ou les valeurs acquises en
remploi de ces valeurs ne peuvent être retirées que : 1° dans le
cas où le cautionnement exigible a été fixé, pour l'année
courante, à un chiffre inférieur à celui de l'année précédente et
jusqu'à concurrence de la différence ; 2° dans le cas où la société
ayant versé à la Caisse nationale des retraites les capitaux
constitutifs des rentes et indemnités assurées justifie qu'elle a
complètement rempli toutes ses obligations. Dans les deux cas,
une décision du ministre du commerce est nécessaire.

Art. 6. — Indépendamment des garanties spécifiées à
l'article 29 du décret du 22 janvier 1868, les sociétés d'assurances
mutuelles sont soumises aux dispositions des articles, 2, 3, 4 et 5
ci-dessus.

Toutefois, le cautionnement qu'elles auront à verser est réduit
de moitié pour celles de ces sociétés dont les statuts stipulent :

1° Que la société ne peut assurer que tout ou partie des
risques prévus par l'article 3 de la loi du 9 avril 1898 ;

2° Qu'elle assure exclusivement soit les ouvriers d'une seule
profession, soit les ouvriers de professions appartenant à un
même groupe d'industries, d'après une classification générale
arrêtée à cet effet par le ministre du commerce, après avis du
comité consultatif ;

3° Que le maximum de contribution annuelle dont chaque
sociétaire est passible pour le payement des sinistres est au
moins double de la prime totale fixée par son contrat pour

l'assurance de tous les risques, et triple de la prime partielle déterminée par le ministre du commerce, après avis du comité consultatif, pour les mêmes professions et pour les risques définis à l'article 23 de la loi.

Art. 7. — Les sociétés anonymes d'assurances à primes fixes et les sociétés mutuelles d'assurances sont tenues de justifier, dès la deuxième année d'exploitation, de la constitution d'une *réserve mathématique* ayant pour minimum de valeur le montant des capitaux réprésentatifs des rentes et indemnités à servir à la suite d'accidents ayant entraîné la mort ou une incapacité permanente.

Les capitaux représentatifs sont calculés d'après un barème minimum déterminé par le ministre du commerce, après avis du comité consultatif.

Art. 8. — Le montant de la réserve mathématique est arrêté chaque année, la société entendue, par le ministre du commerce et à l'époque qu'il détermine.

Cette réserve reste aux mains de la société. Elle ne peut être placée que dans les conditions suivantes :

1° Pour les deux tiers au moins de la fixation annuelle, en valeurs de l'Etat ou jouissant d'une garantie de l'Etat ; en obligations négociables et entièrement libérées des départements, des communes et des chambres de commerce ; en obligations foncières et communales du Crédit foncier ;

2° Jusqu'à concurrence du tiers au plus de la fixation annuelle, en immeubles situés en France et en premières hypothèques sur ces immeubles, pour la moitié au maximum de leur valeur estimative ;

3° Jusqu'à concurrence d'un dixième, confondu dans le tiers précédent, en commandites industrielles ou en prêts à des exploitations industrielles de solvabilité notoire.

Pour la fixation prévue au paragraphe 1er du présent article, les valeurs mobilières sont estimées à leur prix d'achat. Si leur valeur totale descend au-dessous de ces prix de plus d'un dixième, un arrêté du ministre du commerce oblige la société à parfaire la différence en titres nouveaux, dans un délai qui ne peut être inférieur à deux ans ni supérieur à cinq ans.

Les immeubles sont estimés à leur prix d'achat ou de revient ; les prêts hypothécaires, les commandites industrielles ou les prêts à des sociétés industrielles, aux prix établis par actes authentiques.

Art. 9. — Si les sociétés visées aux articles 2 et 6 ci-dessus ne font point elles-mêmes le service des rentes et indemnités attribuables aux termes de l'article 3 de la loi du 9 avril 1898 pour les accidents ayant entraîné la mort ou une incapacité permanente de travail et si elles opèrent immédiatement le versement des capitaux constitutifs de ces rentes et indemnités à la Caisse nationale des retraites, il n'y a pas lieu pour elles à constitution de réserve mathématique.

Si ces sociétés versent seulement, dans les conditions sus-désignées, une partie des capitaux constitutifs dont il s'agit, leur réserve mathématique est réduite proportionnellement.

Chapitre II. — *Surveillance et contrôle.*

Art. 10. — Les sociétés visées à l'article 1er qui assurent d'autres risques que celui résultant de l'application de la loi du 9 avril 1898 pour le cas de mort ou d'incapacité permanente ou qui assurent concurremment un risque analogue dans des pays étrangers doivent établir, pour les opérations se rattachant à ce risque en France, une gestion et une comptabilité absolument distinctes.

Art. 11. — Toutes les sociétés doivent communiquer immé-diatement au ministre du commerce dix exemplaires de tous les règlements, tarifs, polices, prospectus et imprimés distribués ou utilisés par elles.

Les polices doivent :

1° Reproduire textuellement les articles 3, 9, 19 et 30 de la loi du 9 avril 1898 ;

2° Spécifier qu'aucune clause de déchéance ne pourra être opposée aux ouvriers créanciers ;

3° Stipuler que les contrats se trouveraient résiliés de plein droit dans le cas où la société cesserait de remplir les conditions fixées par la loi et le présent décret.

Art. 12. — Les sociétés doivent produire au ministre du commerce, aux dates fixées par lui :

1° Le compte rendu détaillé annuel de leurs opérations, avec des tableaux financiers et statistiques annexes dans les conditions déterminées par arrêté ministériel, après avis du comité consultatif. Ce compte rendu doit être délivré par les sociétés intéressées à toute personne qui en fait la demande, moyennant payement d'une somme qui ne peut excéder 1 franc ;

2° L'état des salaires assurés et l'état des rentes et indemnités correspondant au risque spécifié à l'article 1er, ainsi que tous autres états ou documents manuscrits que le ministre juge nécessaires à l'exercice du contrôle.

Art. 13. — Elles sont soumises à la surveillance permanente de commissaires-contrôleurs, sous l'autorité du ministre du commerce, et peuvent être en outre contrôlées par toute personne spécialement déléguée à cet effet par le ministre.

Art. 14. — Les commissaires-contrôleurs sont recrutés, dans les conditions déterminées, par arrêté du ministre du commerce, après avis du comité consultatif.

Ils prêtent serment de ne pas divulguer les secrets commerciaux dont ils auraient connaissance dans l'exercice de leurs fonctions.

Ils sont spécialement accrédités, pour des périodes fixées, auprès des sociétés qu'ils ont mission de surveiller.

Ils vérifient, au siège des sociétés, l'état des assurés et des salaires assurés, les contrats intervenus, les écritures et pièces comptables, la caisse, le portefeuille, les calculs des réserves et tous les éléments de contrôle propres, soit à établir les opérations dont résultent des obligations pour les sociétés, soit à constater la régulière exécution tant des statuts que des prescriptions contenues dans le décret du 22 janvier 1868, dans le présent décret et dans les arrêtés ministériels qu'il prévoit.

Ils se bornent à ces vérifications et constatations, sans pouvoir donner aux sociétés aucune instruction ni apporter à leur fonctionnement aucune entrave.

Ils rendent compte au ministre du commerce, qui seul

prescrit, dans les formes et délais qu'il fixe, les redressements nécessaires.

Art. 15. — A l'aide des rapports de vérification et des contre-vérifications auxquelles il peut faire procéder soit d'office, soit à la demande des sociétés intéressées, le ministre du commerce présente chaque année au Président de la République un rapport d'ensemble établissant la situation de toutes les sociétés soumises à la surveillance.

Il adresse, le cas échéant, à chacune des sociétés les injonctions nécessaires et la met en demeure de s'y conformer.

Art. 16. — Il est constitué auprès du ministre du commerce un « comité consultatif des assurances contre les accidents du travail » dont l'organisation est réglée par arrêté du ministre.

Ce comité doit être consulté dans les cas spécifiés par le présent décret et par les décrets du même jour, rendus en exécution des articles 26 et 28 de la loi du 9 avril 1898. Il peut être saisi par le ministre de toutes autres questions relatives à l'application de ladite loi.

Art. 17. — Le décret du 22 janvier 1868 demeure applicable aux sociétés régies par le présent décret, en toutes celles de ses dispositions qui ne lui sont pas contraires.

Art. 18. — Chaque année, avant le 1er décembre, le ministre du commerce arrête, après avis du comité consultatif, et publie au *Journal officiel* la liste des sociétés mutuelles ou à primes fixes, françaises ou étrangères, qui fonctionnent dans les conditions prévues par les articles 26 et 27 de la loi du 9 avril 1898 et par le présent décret.

Art. 19. — Dès que, après fixation du cautionnement, dans les conditions déterminées par les articles 2 et 6 ci-dessus, chaque société actuellement existante aura effectué à la Caisse des dépôts et consignations le versement du montant de ce cautionnement, mention sera faite au *Journal officiel* par les soins du ministre du commerce, en attendant la publication de la première liste générale prévue à l'article 18.

Il en sera de même ultérieurement pour les sociétés constituées après publication de la liste générale annuelle.

Art. 20. — Les sociétés étrangères doivent accréditer auprès du ministre du commerce et de la Caisse des dépôts et consignations un agent spécialement préposé à la direction de toutes les opérations faites en France pour les assurances visées à l'article 1er.

Cet agent représente seul la société auprès de l'administration. Il doit être domicilié en France.

TITRE II

SYNDICATS DE GARANTIE

Art. 21. — Les syndicats de garantie prévus par la loi du 9 avril 1898 lient solidairement tous leurs adhérents pour le payement des rentes et indemnités attribuables en vertu de la même loi à la suite d'accidents ayant entraîné la mort ou une incapacité permanente.

La solidarité ne prend fin que lorsque le syndicat de garantie a liquidé entièrement ses opérations soit directement, soit en versant à la caisse nationale des retraites l'intégralité des capitaux constitutifs des rentes et indemnités dues.

La liquidation peut être périodique.

Art. 22. — Ces syndicats de garantie doivent comprendre au moins 5.000 ouvriers assurés et 10 chefs d'entreprise adhérents, dont 5 ayant au moins 300 ouvriers.

Art. 23. — Le fonctionnement de chaque syndicat est réglé par des statuts, qui doivent être soumis, avant toute opération, à l'approbation du Gouvernement.

Il est statué, par décret rendu en conseil d'Etat, sur le rapport du ministre du commerce, après avis du comité consultatif des assurances contre les accidents du travail, au vu des statuts souscrits et des pièces justifiant des conditions et des engagements prévus aux articles 21 et 22 ci-dessus.

Art. 24. — Le décret portant approbation des statuts règle :

1° Le fonctionnement de la surveillance et du contrôle, dans des conditions analogues à celles que détermine le chapitre II du titre Ier du présent décret.

2° Les conditions dans lesquelles l'approbation peut être révoquée et les mesures à prendre, en ce cas, pour le versement des capitaux constitutifs des pensions et indemnités en cours.

Art. 25. — Les contributions pour frais de surveillance sont fixées d'après le montant du cautionnement auquel serait astreinte une société d'assurance pour le même chiffre de salaires assurés.

Art. 26. — Le ministre du commerce, de l'industrie, des postes et des télégraphes et le ministre des finances sont chargés, chacun en ce qui le concerne, de l'exécution du présent décret, qui sera publié au *Journal officiel* de la République française et inséré au *Bulletin des lois*.

Fait à Paris, le 28 février 1899.

EMILE LOUBET.

Par le Président de la République :

Le ministre du commerce, de l'industrie,
des postes et des télégraphes,

PAUL DELOMBRE.   *Le ministre des finances,*

P. PEYTRAL.

ANNEXE V

DÉCRET portant règlement d'administration publique rendu le 28 février 1899, en exécution de l'article 28 de la loi du 9 avril 1898 (1).

Le Président de la République française,

Sur le rapport du ministre du commerce, de l'industrie, des postes et des télégraphes ;

Vu l'avis du ministre des finances, en date du 2 février 1899 ;

Vu la loi du 9 avril 1898 et notamment les deux derniers alinéas de son article 28 ainsi conçus :

« Lorsqu'un chef d'entreprise cesse son industrie, soit volontairement, soit par décès, liquidation judiciaire ou faillite, soit par cession d'établissement, le capital représentatif des pensions à sa charge devient exigible de plein droit et sera versé à la caisse nationale des retraites. Ce capital sera déterminé au jour de son exigibilité, d'après le tarif visé au paragraphe précédent.

« Toutefois, le chef d'entreprise ou ses ayants droit peuvent être exonérés du versement de ce capital s'ils fournissent des garanties qui seront à déterminer par un règlement d'administration publique » ;

Vu le décret du 28 février 1899, portant règlement d'administration publique en exécution de l'article 26 de la loi ci-dessus visée, et notamment les articles 22 à 25 dudit décret relatifs

---

(1) *J. off.* du 1er mars 1899.

à l'exigibilité des capitaux représentatifs des pensions dues en vertu de la loi du 9 avril 1898 ;

Vu le décret du même jour, portant règlement d'administration publique en exécution de l'article 27 de la loi ci-dessus visée, et notamment le titre II relatif aux syndicats de garantie prévus par ladite loi ;

Le conseil d'Etat entendu,

Décrète :

Article premier. — Lorsqu'un chef d'entreprise cesse son industrie dans les cas prévus par le dernier alinéa de l'article 28 de la loi du 9 avril 1898, ce chef d'entreprise ou ses ayants droit peuvent être exonérés du versement à la caisse nationale des retraites du capital représentatif des pensions à leur charge s'ils justifient :

1° Soit du versement de ce capital à une des sociétés visées à l'article 18 du décret du 28 février 1899, portant règlement d'administration publique en exécution de l'article 27 de la loi ci-dessus visée ;

2° Soit de l'immatriculation d'un titre de rente pour l'usufruit au nom des titulaires de pension, le montant de la rente devant être au moins égal à celui de la pension ;

3° Soit du dépôt à la Caisse des dépôts et consignations, avec affectation à la garantie des pensions, de titres spécifiés au paragraphe 3 de l'article 8 du décret précité. La valeur de ces titres, établie d'après le cours moyen de la Bourse de Paris au jour du dépôt, doit correspondre au chiffre maximum qu'est susceptible d'atteindre le capital constitutif exigible par la caisse nationale des retraites. Elle peut être révisée tous les trois ans à la valeur actuelle des pensions, d'après le cours moyen des titres au jour de la revision ;

4° Soit de l'affiliation du chef d'entreprise à un syndicat de garantie liant solidairement tous ses membres et garantissant le payement des pensions ;

5° Soit, en cas de cession d'établissement, de l'engagement pris par le cessionnaire, vis-à-vis du directeur général de la

Caisse des dépôts et consignations, d'acquitter les pensions dues et de rester solidairement responsable avec le chef d'entreprise.

Art. 2. — Des arrêtés du ministre du commerce, pris après avis du comité consultatif des assurances contre les accidents, règlent les mesures nécessaires à l'application du présent décret.

Art. 3. — Le ministre du commerce, de l'industrie, des postes et des télégraphes et le ministre des finances sont chargés, chacun en ce qui le concerne, de l'exécution du présent décret, qui sera publié au *Journal officiel* de la République française et inséré au *Bulletin des lois*.

Fait à Paris, le 28 février 1899.

EMILE LOUBET.

Par le Président de la République :

Le ministre du commerce, de l'industrie,
des postes et des télégraphes,

PAUL DELOMBRE. *Le ministre des finances,*

P. PEYTRAL.

ANNEXE VI

ARRÊTÉ du 29 mars 1899 déterminant les bases des cautionnements que **doivent** constituer les sociétés d'assurances contre les accidents du travail (1).

Le ministre du commerce, de l'industrie, des postes et des télégraphes,

Vu la loi du 9 avril 1898, concernant les responsabilités des accidents dont les ouvriers sont victimes dans leur travail ;

Vu le décret du 28 février 1899, portant règlement d'administration publique pour l'exécution de l'article 27 de ladite loi, et notamment l'article 2 dudit décret, ainsi conçu :

« Indépendamment des garanties spécifiées aux articles 2 et 4 du décret du 22 janvier 1868 et de la réserve mathématique, les sociétés anonymes d'assurances françaises ou étrangères à primes fixes doivent justifier de la constitution préalable d'un cautionnement fixé d'après des bases que détermine le ministre, sur l'avis du comité consultatif prévu à l'article 16 ci-après, et affecté par privilège, au payement des pensions et indemnités, conformément à l'article 27 de la loi » ;

Vu l'avis du comité consultatif des assurances contre les accidents du travail ;

Sur la proposition du conseiller d'Etat, directeur du travail et de l'industrie,

Arrête :

Article premier. — Le cautionnement dont la constitution

(1) *J. off.* du 2 avril 1899.

préalable est prévue par l'article 2 du décret du 28 février 1899 susvisé doit représenter pour les sociétés françaises :

1° La première année de fonctionnement sous le régime dudit décret, 400.000 fr. ;

2° Les années ultérieures 2 p. 100 du total des salaires ayant servi de base aux assurances pendant la dernière année, sans que toutefois la somme ainsi calculée puisse être inférieure à 400.000 fr. ni supérieure à 2 millions.

Art. 2. — Si la société, d'après ses statuts, n'assure que des ouvriers d'une même profession ou de plusieurs professions présentant un risque identique, le cautionnement doit représenter, sauf application du minimum et du maximum fixés à l'article précédent, une fois et demie la valeur des sommes brutes à verser pour couvrir le risque d'accidents ayant entraîné la mort ou une incapacité permanente, à moins toutefois que la prime adoptée par la société se trouve inférieure à la prime déterminée par arrêté ministériel, en exécution du dernier alinéa de l'article 6 du décret du 28 février 1899 susvisé. Dans ce dernier cas, la prime déterminée par l'arrêté ministériel sert de base au calcul du cautionnement.

Art 3. — Pour les sociétés dont les statuts stipulent que les capitaux constitutifs de toutes les rentes ou indemnités prévues par la loi du 9 avril 1898 en cas d'accident ayant entraîné la mort ou une incapacité permanente doivent être immédiatement versés à la caisse nationale des retraites, le cautionnement ne doit représenter que la moitié de la somme spécifiée, suivant le cas, soit à l'article 1er, soit à l'article 2 du présent arrêté, le minimum étant alors réduit à 200,000 fr. et le maximum à 1 million.

Art. 4. — Pour les sociétés étrangères, le cautionnement est fixé sur les bases respectivement déterminées par les articles 1er, 2 et 3 ci-dessus, avec majoration de 50 p. 100, le minimum étant alors de 600.000 fr. ou de 300.000 fr. et le maximum de 3 millions ou de 1.500.000 fr., suivant le cas.

Paris, le 29 mars 1899.

PAUL DELOMBRE.

ANNEXE VII

ARRÊTÉ du 30 mars 1899 déterminant les groupements d'industries prévus par l'article 6 du décret du 28 février 1899, en ce qui concerne les sociétés mutuelles d'assurances contre les accidents du travail (1).

Le ministre du commerce, de l'industrie, des postes et des télégraphes,

Vu la loi du 9 avril 1898, concernant les responsabilités des accidents dont les ouvriers sont victimes dans leur travail ;

Vu le décret du 28 février 1899, portant règlement d'administration publique pour l'exécution de l'article 27 de la loi, et notamment le quatrième alinéa de l'article 6 dudit décret ;

Vu l'arrêté ministériel du 29 mars 1899, déterminant les bases des cautionnements que doivent constituer les sociétés d'assurances contre les accidents du travail ;

Vu l'avis du comité consultatif des assurances contre les accidents du travail ;

Sur la proposition du conseiller d'Etat, directeur du travail et de l'industrie,

· Arrête :

Article premier. — Pour être admises à la réduction de cautionnement prévue par l'article 6 du décret du 28 février 1899 susvisé, les sociétés d'assurances mutuelles contre les accidents

(1) *J. off.* du 2 avril 1899.

du travail devront, indépendamment des autres conditions visées audit article, justifier que les ouvriers assurés par elles appartiennent à des professions comprises dans un seul des neuf groupes ci-après :

1° Mines et minières ;

2° Industries agricoles et forestières. Meunerie. Sucrerie. Distillerie. Industries se rapportant à l'alimentation ;

3° Hauts fourneaux, Forges et aciéries. Travail des métaux. Mécanique. Chaudronnerie. Fonderie ;

4° Produits chimiques et dérivés. Usines d'éclairage et d'électricité. Cuirs et peaux. Papier et industries de transformation. Imprimerie ;

5° Carrières. Matériaux de construction. Bâtiments. Chantiers. Travaux publics.

6° Travail du bois. Ebénisterie. Tabletterie. Brosserie. Vannerie. Article de Paris ;

7° Poterie. Céramique, Verrerie ;

8° Industries textiles. Habillement ;

9° Transports par terre et par eau. Entreprises de chargement et de déchargement.

Art. 2. — Au point de vue de l'application du présent arrêté, lorsqu'une industrie emploie accessoirement pour son exploitation des ouvriers appartenant à une profession comprise dans un autre groupe de l'industrie principale, ces ouvriers peuvent être néanmoins assurés à la même mutualité.

Paris, le 30 mars 1899.

PAUL DELOMBRE.

ANNEXE VIII

ARRÊTÉ du **30 mars 1899** déterminant les primes prévues à l'article **6** du décret du **28 février 1899** et à
l'article **2** de l'arrêté ministériel du **29 mars 1899**,
relatif aux sociétés d'assurances contre les accidents du travail (1).

Le ministre du commerce, de l'industrie, des postes et des
télégraphes,

Vu la loi du 9 avril 1898, concernant les responsabilités des
accidents dont les ouvriers sont victimes dans leur travail ;

Vu le décret du 28 février 1899, portant règlement d'administration publique pour l'exécution de l'article 27 de cette loi,
spécialement l'article 6, ainsi conçu :

« Indépendamment des garanties spécifiées à l'article 29 du
décret du 22 janvier 1868, les sociétés d'assurances mutuelles
sont soumises aux dispositions des articles 2, 3, 4 et 5 ci-dessus.

« Toutefois, le cautionnement qu'elles auront à verser est
réduit de moitié pour celles de ces sociétés dont les statuts
stipulent :

« 1° Que la société ne peut assurer que tout ou partie des
risques prévus par l'article 3 de la loi du 9 avril 1898 ;

(1) *J. off.* du 2 avril 1899.

« 2° Qu'elle assure exclusivement soit les ouvriers d'une seule profession, soit les ouvriers de professions appartenant à un même groupe d'industries, d'après une classification générale arrêtée à cet effet par le ministre du commerce, après avis du comité consultatif;

« 3° Que le maximum de contribution annuelle dont chaque sociétaire est passible pour le payement des sinistres est au moins double de la prime totale fixée par son contrat pour l'assurance de tous les risques, et triple de la prime partielle déterminée par le ministre du commerce, après avis du comité consultatif, pour les mêmes professions et pour les risques définis à l'article 23 de la loi » ;

Vu l'arrêté ministériel du 29 mars 1899, déterminant les bases des cautionnements que doivent constituer les sociétés d'assurances contre les accidents du travail, et spécialement l'article 2, ainsi conçu :

« Si la société, d'après ses statuts, n'assure que des ouvriers d'une même profession ou de plusieurs professions présentant un risque identique, le cautionnement doit représenter, sauf application du minimum et du maximum fixés à l'article précédent, une fois et demie la valeur des primes brutes à verser pour couvrir le risque d'accidents ayant entraîné la mort ou une incapacité permanente, à moins toutefois que la prime adoptée par la société ne se trouve inférieure à la prime déterminée par arrêté ministériel en exécution du dernier alinéa de l'article 6 du décret du 28 février 1899 susvisé. Dans ce dernier cas, la prime déterminée par arrêté ministériel sert de base au calcul du cautionnement » ;

Vu l'avis du comité consultatif des assurances contre les accidents du travail ;

Sur la proposition du conseiller d'Etat, directeur du travail et de l'industrie,

Arrête :

Article premier. — La prime visée au dernier alinéa de l'article 6 du décret du 28 février 1899 et à l'article 2 de l'arrêté ministériel du 29 mars 1899 est fixée dans les conditions suivantes, pour les professions ci-après déterminées :

Aciéries, 2,51 ; Affineurs de métaux, 2,12; Agrafes, 1,46 ; Aiguilles, 1,46; Aiguiseurs, 2,50; Air comprimé, 2,36 ; Allumettes, 5,91 ; Aluminium, 1,63; Alun, 1,57 ; Ambre (Objets d') 1,64; Amidonnerie, 1,73 ; Appareils de chauffage, 0,75 ; Appareils d'éclairage, 0,75; Apprêts, 0,94; Aqueducs, 4,21 ; Ardoisières, 3,72; Argile, 3,70 ; Argenture, 1,63 ; Armateurs, 3 ; Armes, 2,12 ; Arrimeurs, 5,09 ; Artificiers, 5,38 ; Ascenseurs (Construction d'), 2,12 ; Asphaltes, 2,50 ; Assainissement, 1,87 ; Automobiles (Construction d'), 2,12.

Bâches, 0,98 ; Badigeonneurs, 4,74 ; Bains et lavoirs, 0,76 ; Balayage, 1,87; Balast, 4,21 ; Baleines, 1,64 ; Bardeurs, 2,91 ; Bas et chaussettes, 0,35 ; Bassins maritimes, 4,21 ; Bateaux sur rivières (Equipages des), 3 ; Bateaux à vapeur (Personnel), 3 ; Bateliers, 3 ; Bâtiments (Entreprise générale du), 2,96 ; Battage de tapis, 1,72 ; Bétons, 3,04 ; Beurre (Fabrique de), 2,66; Bijouterie, 0,33; Biscuiterie, 1,27 ; Blanc d'Espagne, 1,57; Blanc de zinc, 1,57; Blanchiment de fil, laine ou coton, 0,94 ; Blanchisserie, 0,94 ; Bleu, 1,57 ; Bois (Fabrique d'objets en), articles de Saint-Claude, 1,64 ; Bois et charbons (Chantiers avec transport), 2,83 ; Bois de construction, 1,46; Bois de teinture, 4,08; Boissellerie, 0,80 ; Boîtes de conserves, 1,99 ; Bonneterie, 0,35 ; Bouchons (Fabrique de), 0,63 ; Boucles, 1,46 ; Bougies, 1,74 ; Boulangeries à vapeur, 1,27 ; Boulons, 2,12 ; Bourreliers, 0,87 ; Boutons, 1,64 ; Brasseries, 2,23 ; Briqueteries, 1,92; Briquettes, 2,83 ; Brocheurs, 0,41 ; Broderies, 0,19 ; Bronze (Objets de), 0,75 ; Brosserie, 0,80.

Câbles, 0,98 ; Cadres, 5,91 ; Cailloux, 3,70 ; Caisses (Fabricants de), 2,18 ; Camionnage, 4,20 ; Canaux, 4,21 ; Cantonniers, 1,87; Caoutchouc, 0,90 ; Capsulerie, 4,70; Capsules métalliques, 1,99 ; Cardage, 0,99 ; Cardes, 1,69; Carreleurs, 2,91 ; Carrières (Cavage ou ciel ouvert), 3,70 ; Carrosserie, 0,62 ; Cartes à jouer, 2,05 ; Cartonnage, 2,05 ; Carton, 2,05 ; Cartoucherie, 4,70 ; Céramique, 0,45 ; Céruse, 1,57 ; Chaînes de montre, 0,33; Chaises (Fabrique de), 5,91 ; Chandelles, 1,74 ; Chapeaux, 0,68 ;

Charcuterie avec vapeur, 1,98 ; Chargement et déchargement, 5,09 ; Charpentes (Bois ou fer), 4,48 ; Charretiers, 4,20 ; Charronnage, 0,62 ; Chaudronnerie, 1,67 ; Chauffeurs, 2,12 ; Chaussures et chaussons (Cuir et étoffe), 0,26 ; Chaux, 3,04 ; Chemins de fer, 4,21 ; Chemins de fer (Personnel), 2,93 ; Chicorée, 0,73 ; Chiffons (Effilochage de), 2,05 ; Chocolaterie, 0,21 ; Cidres, 2,23 ; Cimenteurs, 1,18 ; Ciments, 3,04 ; Cintrage avec scie, 5,91 ; Cirage, 1,57 ; Cire à cacheter, 1,57 ; Cire et miel, 1,74 ; Clicherie, 0,81 ; Clouterie, 0,35 ; Cochers, 2,50 ; Coffres-forts, 2,12 ; Cols et cravates, 0,68 ; Commerce d'écorces, 2,73 ; Commissionnaires expéditeurs, 4,20 ; Confiserie, 0,21 ; Confiturerie, 0,21 ; Constructeurs-mécaniciens, 2,12 ; Constructeurs de navires (Bois ou fer), 2,94 ; Corderie, 0,98 ; Corroierie, 0,94 ; Corsets, 0,68 ; Couleurs et vernis, 1,57 ; Couperie de poils, 0,94 ; Coutellerie, 1,46 ; Couvre-pieds (Fabrique de), 1,97 ; Couverts (Fabrique de), 0,33 ; Couvertures (Fabrique de), 1,97 ; Couvreurs, 3,85 ; Craie, 3,70 ; Crayons, 1,64 ; Crin végétal, 0,99 ; Cristalleries, 0,60 ; Cuirs, 0,94 ; Cylindrage, 1.

Décatissage, 0,99 ; Décorateurs, 1,76 ; Décorticage, 2,73 ; Déménagements, 4,20 ; Démolitions, 6,76 ; Démontage et transport de matériel, 5,09 ; Dentelles, 0,19 ; Dévideries, 0,99 ; Diamants (Taille de), 0,88 ; Digues, 4,21 ; Distilleries, 1,57 ; Docks et entrepôts, 2,67 ; Dorure, 1,63 ; Dragage, 2,52 ; Drap (Fabriques de), 1,31 ; Drogueries, 1,57.

Eaux, 4,21 ; Eaux gazeuses, 1,14 ; Eaux minérales, 1,14 ; Ebénisterie, 1,30 ; Echafaudages (Loueurs d'), 4,74 ; Ecuries, 2,50 ; Effileurs, 4,08 ; Effilochage, 0,99 ; Egouts, 4,21 ; Electricité, 2,36 ; Emaillage, 1,63 ; Emballeurs, 2,18 ; Encres, 1,57 ; Engrais, 3,33 ; Enlèvements des boues, 4,20 , Enveloppes, 2,05 ; Epiceries, 0,73 ; Epingles, 1,46 ; Equipements militaires, 0,94 ; Essieux, 2,12 ; Estampeurs, 1,69 ; Exploitation de bois en forêt, 2,73.

Facteurs d'instruments de musique, 0,86 ; Faïences, 0,45 ; Faulx (Fabrique de), 2,50 ; Féculeries, 1,73 ; Ferblanterie, 1,99 ; Ferronnerie, 2,12 ; Ferrures (Fabricants de), 0,85 ; Fers et métaux, 1,69 ; Feutrerie, 1,31 ; Filatures, 0,99 ; Fil de fer, 2,51 ;

Fonderies de suif, 1,74 ; Fonderies et forges, 2,51 ; Foudriers, 2,76 ; Foulonnerie, 1,31 ; Fromages, 2,66 ; Fumisterie, 1,07 ; Futailles, 2,76.

Galoches, 5,91 ; Galvanisation, 1,63 ; Galvanoplastie, 1,63 ; Gants (Fabrique de), 0,94 ; Gaz 4,21 ; Gaze et coke (Usines à), 1,44 ; Gaze (Fabrique de), 0,19 ; Gélatine, 1,57 ; Glace (Fabrique et étamage de), 0,60 ; Glace artificielle, 3,10 ; Grains et fourrages, 2,60 ; Graisses, 1,74 ; Gravatiers, 3,58 ; Gravures, 0,33 ; Guano, 3,33 ; Gutta-Percha, 0,90.

Halage de bateaux, 5,09 ; Hauts fourneaux, 2,51 ; Horlogerie, 0,38 ; Huiles, 1,74.

Impression sur étoffes, 0,52 ; Imprimerie, 0,81 ; Injection de bois, 1,57 ; Instruments d'optique, 0,33.

Jalousies, 5,91 ; Joailleries, 0,33 ; Jouets, 2,97.

Kaolin, 3,70.

Laiteries, 2,66 ; Laiton, 2,51 ; Laminoirs, 2,51 ; Lampisterie, 1,99 ; Lapidaires, 0,88 ; Lavage des laines et peaux, 0,94 ; Lestage de navires, 5,09 ; Levûres, 2,23 ; Limes, 1,69 ; Liqueurs, 1,57 ; Literie, 1,69 ; Lithographie, 0,81 ; Loueurs de voitures, 2,50 ; Lunetterie, 0,33.

Machines agricoles, 2,12 ; Machines à coudre, 2,12 ; Maçonnerie (avec ou sans terrassement), 2,91 ; Maillechort, 1,69 ; Malles, 2,18 ; Malteries, 2,23 ; Manèges, 2,50 ; Manœuvres, 5,09 ; Marbriers, 1,06 ; Maréchalerie et forge, 2,12 ; Margarine, 2,66 ; Maroquinerie, 0,25 ; Matériaux de constructions sans démolition, 2,96 ; Matières colorantes, 1,57 ; Mégisserie, 0,25 ; Menuiserie (avec ou sans scie), 1,30 ; Mercerie, 0,19 ; Messageries, 4,20 ; Meubles, 1,30 ; Meules, 2,26 ; Mines et minerais, 7,47 ; Minoterie, 2,60 ; Miroiterie, 0,60 ; Modeleurs en bois, 1,76 ; Monteurs de boîtes de montre, 0,33 ; Moulinage, 0,99 ; Moulins à eau, 2,60 ; Moulures, 2,97 ; Moutarde, 0,73.

Nacre (avec scierie), 1,64 ; Nickelage, 1,63 ; Noir animal, 1,57 ; Objets en étain, 1,99 ; Objets en os, 1,64 ; Ocre, 1,57 ; Œillets métalliques, 1,46 ; Omnibus, 4,20 ; Orfèvrerie, 0,33 ; Orgues, 0,86 ; Ouate, 1,97 ; Outils, 2,12 ; Ouvriers des ports, 5,09.

Pain d'épice, 1,27 ; Palefreniers, 2,50 ; Panification mécanique,

1,27 ; Panne (Fabricant de) (Briqueterie), 1,92 ; Papier, 2,05 ;
Papier de luxe, 2,05 ; Papier de verre, 1,57 ; Papiers peints,
0,94 ; Parfumerie, 2,07 ; Parquets, 2,07 ; Passementerie, 0,19 ;
Pâtes alimentaires, 1,27 ; Pâtes de paille, 4,14; Pavage, 4,39 ;
Peignage, 0,99 ; Peignes en écaille, 1,64 ; Peintres, 1,18 ;
Pelleteries, 0,25 ; Pesage (Appareils de), 2,12 ; Pétrole, 1,74 ;
Phosphates, 3,70 ; Pianos, 0,86 ; Pipes (Fabrique de), 1,64 ;
Plafonneurs, 1,13 ; Plâtre (Fabrique de), 3,12 ; Plâtriers, 1,18 ;
Plombiers, 3,85 ; Plumes métalliques, 1,46 ; Plumes pour
parures, 0,19 ; Poêliers, 0,75 ; Pointes, 0,35 ; Polissage, 1,63 ;
Pompes, 2,12 ; Ponts, 4,21 ; Ponts métalliques, 4,21 ; Porce-
laines, 0,45 ; Portefaix, 5,09 ; Potasse, 1,57 ; Poterie, 0,45 ;
Poudrette, 3,33 ; Pressage de foins, 3,59 ; Produits chimiques,
1,57 ; Produits et conserves alimentaires, 0,73 ; Produits
pharmaceutiques, 1,57 ; Puisatiers, 9,07 ; Pulvérisateurs, 2,26.

Quincaillerie, 1,99.

Raffineries, 1,73 ; Ramonage, 1,07 ; Ravalement, 4,74 ;
Relieurs, 0,41 ; Retorderies, 0,99 ; Robinets, 1,99 ; Roues
métalliques, 2,12 ; Roulage, 4,20 ; Rubans, 0,19.

Sable, 3,70 ; Sabots, 5,91 ; Salines, 1,08 ; Satineurs sur papier,
0,41 ; Savons, 1,74 ; Scierie de long, 2,73 ; Scierie de marbre et
de pierre, 2,91 ; Scierie de sucre, 1,73 ; Scierie mécanique, 5,91 ;
Sculpture (Bois ou pierre), 1,76 ; Sel, 1,08 ; Sellerie, 0,87 ;
Serrurerie, 1,69 ; Serrures, 0,85 ; Soierie, 0,19 ; Sondages, 9,07 ;
Sonnettes, 1,99 ; Soude, 1,57 ; Soufre, 1,57 ; Stores, 1,69 ;
Stucateurs, 1,76 ; Sucre, 1,73 ; Sulfate d'ammoniaque, 1,57.

Tabletterie, 1,64 ; Taillandiers, 2,50 ; Taille de pierres, 2,91 ;
Tannerie, 0,94 ; Tapis (Fabrique de), 1,72 ; Teinturerie, 0,94 ;
Téléphone, 2,36 ; Terrassements, 3,58 ; Terre glaise, 3,70 ;
Tissage, 0,45 ; Toiles cirées, 0,94 ; Toiles métalliques, 2,51 ;
Tôliers, 0,75 ; Tourneurs, 1,69 ; Tonnellerie, 2,76 ; Tramways,
4,20 ; Transports, 4,20 ; Transports par eau, 3,00 ; Travaux
publics, 4,21 ; Tréfilerie, 2,51 ; Treillageurs, 5,91 ; Tresses et
lacets, 0,35 ; Trituration, 4,08 ; Tuilerie, 1,92 ; Tulle, 0,19 ;
Typographie, 0,81.

Ustensiles de ménage, 1,99.

Vannerie, 0,80 ; Vélocipèdes, 2,12 ; Velours, 0,19 ; Verrerie, 0,60 ; Vidanges, 3,33 ; Vinaigre (Fabrique de), 1,73 ; Vins et chais, 1,73 ; Vitrerie, 0,60 ; Voitures (Fabrique de), 0,62 ; Voitures et diligences, 4,20.

Wagons, 2,12.

Art. 2. — Les primes comprises au tableau ci-dessus seront revisées pour le 1er janvier 1900.

Art. 3. — Pour les professions non déterminées audit tableau, la prime sera fixée, le cas échéant, par décision ministérielle spéciale, d'après l'analogie des risques.

Paris, le 30 mars 1899.

PAUL DELOMBRE.

ANNEXE IX

ARRÊTÉ du 31 mars 1899 déterminant les conditions de recrutement des commissaires-contrôleurs des sociétés d'assurances contre les accidents du travail (1).

Le ministre du commerce, de l'industrie, des postes et des télégraphes,

Vu la loi du 9 avril 1898, concernant les responsabilités des accidents dont les ouvriers sont victimes dans leur travail ;

Vu le décret du 28 février 1899, portant règlement d'administration publique pour l'exécution de l'article 27 de cette loi et disposant notamment que les sociétés d'assurances contre les accidents du travail « sont soumises à la surveillance permanente de commissaires-contrôleurs sous l'autorité du ministre du commerce » ;

Vu spécialement le premier alinéa de l'article 14 dudit décret, ainsi conçu :

« Les commissaires-contrôleurs sont recrutés dans les conditions déterminées par arrêté du ministre du commerce, après avis du comité consultatif » ;

Vu l'avis du comité consultatif des assurances contre les accidents du travail ;

Sur la proposition du conseiller d'Etat, directeur du travail et de l'industrie,

Arrête :

Article premier. — Les commissaires-contrôleurs des sociétés

(1) *J. off.* du 2 avril 1899.

d'assurances contre les accidents du travail sont recrutés au concours.

Les concours ont lieu suivant les besoins du service. Un arrêté ministériel détermine la date des épreuves et le délai dans lequel les demandes d'admission doivent être adressées au ministère du commerce. Le même arrêté fixe le nombre des places mises au concours et leur répartition entre les candidats ayant respectivement satisfait à l'une ou à l'autre des épreuves écrites prévues par l'article 5 ci-après (§ 1º. — C).

Art. 2. — Nul ne peut être admis à prendre part au concours :

1º S'il ne justifie de la qualité de Français ;

2º S'il n'est âgé de plus de vingt-cinq ans et de moins de cinquante ans au 1er janvier de l'année pendant laquelle s'ouvre le concours.

Nul candidat ne peut être admis à prendre part à plus de deux concours.

Art. 3. — Les demandes d'admission au concours doivent être accompagnées :

1º D'un extrait d'acte de naissance ;

2º D'un certificat de moralité dûment légalisé et d'un extrait du casier judiciaire, ces deux pièces datant de moins de trois mois ;

3º D'un acte constatant que le candidat a satisfait à la loi sur le recrutement ou, en cas d'exemption du service militaire, d'une pièce faisant foi de cette exemption et de ses causes ;

4º D'une note signée du candidat et faisant connaître les études auxquelles il s'est livré, ainsi que les différents emplois successivement occupés par lui ;

5º Si le candidat appartient ou a appartenu à un service public, d'un relevé certifié de ses services ;

6º Des diplômes, brevets ou certificats que le candidat aurait obtenus, ou de copies certifiées de ces pièces.

Art. 4. — Le ministre arrête la liste des candidats admis à concourir après avis d'une commission instituée pour chaque concours et composée :

1º De deux fonctionnaires du ministère du commerce, dont l'un président ;

2° De deux membres du comité consultatif des assurances contre les accidents du travail.

Les membres de cette commission sont nommés par le ministre, qui désigne le président.

La commission statue à la majorité des voix. En cas de partage, son avis est considéré comme défavorable à l'admissibilité.

Art. 5. — Les épreuves ont lieu au ministère du commerce et sont distribuées comme suit :

Coefficients.

1° Epreuves écrites :

A. — Rapport administratif (sur une question d'ordre général se rattachant à l'application de la législation sur les accidents du travail) 3

B. — Composition de comptabilité (Principes généraux de la comptabilité. Comptabilité spéciale des assurances) 2

C. — Au choix du candidat, d'après la déclaration faite par lui dans sa demande d'admission au concours :

Composition juridique (Principes généraux de droit civil, commercial et administratif. Législation des accidents du travail, des assurances, des sociétés, des liquidations judiciaires et des faillites)................

Ou bien :

Composition financière (Théorie générale des opérations financières à long terme. Assurances sur la vie. Assurances contre les accidents) 2

2° Epreuve orale (Sur deux sujets tirés au sort une heure avant les interrogations, parmi les matières des épreuves écrites obligatoires pour le candidat et préparés sans aucun livre ni document........................ 2

3° Appréciation des titres, des certificats et de la carrière du candidat, dans leur rapport avec les fonctions de commissaire-contrôleur............................ 2

Total........................... 11

Art. 6. — Chacune des épreuves est appréciée par une note qui varie de 0 à 20 et qui est affectée au coefficient ci-dessus déterminé.

Nul candidat ne peut être déclaré admissible s'il n'a obtenu au moins la moitié du maximum des points pour chacune des épreuves et en même temps un total de 154 points.

Si plusieurs candidats ont, dans ces conditions, le même total de points, la priorité est assurée à celui d'entre eux qui a obtenu le plus grand nombre de points pour le *Rapport administratif*.

Art. 7. — Le jury de chaque concours est composé :

1° De deux fonctionnaires du ministère du commerce, dont l'un président ;

2° D'un professeur de faculté de droit ;

3° D'un membre agrégé de l'institut des actuaires français ;

4° D'un professeur de comptabilité dans une école supérieure de commerce reconnue par l'Etat.

Les membres du jury sont nommés par le ministre, qui désigne le président.

Le jury statue à la majorité des voix. En cas de partage, la voix du président est prépondérante.

Art. 8. — Dans les cinq jours de la clôture des épreuves, le procès-verbal du concours et la liste de classement sont soumis au ministre, qui prononce l'admissibilité suivant l'ordre de classement et pourvoit, au fur et à mesure des besoins, à la nomination de commissaires-contrôleurs adjoints.

Nul ne peut être nommé commissaire-contrôleur qu'après un stage d'une année dans les fonctions de commissaire-contrôleur adjoint.

Cette année expirée, le commissaire-contrôleur adjoint cesse son service, si, au vu de ses principaux rapports et travaux, le ministre ne le nomme pas commissaire-contrôleur.

Art. 9. — Par dérogation aux dispositions qui précèdent et en vue de permettre l'exécution du service au 1er juin prochain, les nominations à faire avant cette date seront arrêtées par le ministre à la suite d'un concours sur titres, jugé par une commission constituée dans les conditions prévues à l'article 4 ci-dessus.

Pourront se présenter à ce concours tous les candidats âgés de plus de vingt-cinq ans et de moins de cinquante-cinq ans à la date de l'ouverture du concours, qui produiront les pièces visées à l'article 3 et justifieront des titres ou emplois ci-après : membre de l'institut des actuaires français, ancien élève de l'école polytechnique ou de l'école normale supérieure (sciences), licencié en droit, chef de bureau au ministère du commerce, au ministère des finances ou à la Caisse des dépôts et consignations, membre de la commission de surveillance des sociétés tontinières, ingénieur des arts et manufactures, ingénieur civil des mines, diplômé supérieur d'une école supérieure de commerce reconnue par l'Etat.

Art. 10. — La commission visée à l'article précédent arrêtera la liste des candidats reconnus admissibles et désignera ceux qui, d'après leurs études et leur carrière antérieure, pourraient être dispensés du stage de commissaire-contrôleur adjoint.

Le ministre statuera, suivant les besoins présumés du service, sans pouvoir nommer dans ces conditions exceptionnelles plus de trois commissaires-contrôleurs et de deux commissaires-contrôleurs adjoints, dans l'ordre de classement.

Paris, le 31 mars 1899.

PAUL DELOMBRE.

ANNEXE X

ARRÊTÉ du 29 avril 1899 fixant le cadre et les conditions d'avancement des commissaires-contrôleurs des sociétés d'assurances contre les accidents du travail (1).

Le ministre du commerce, de l'industrie, des postes et des télégraphes,

Vu la loi du 9 avril 1898, concernant les responsabilités des accidents dont les ouvriers sont victimes dans leur travail, spécialement le dernier alinéa de l'article 27 ;

Vu le décret du 28 février 1899, portant règlement d'administration publique pour l'exécution dudit article 27 ;

Vu l'arrêté ministériel du 31 mars 1899, déterminant les conditions de recrutement des commissaires-contrôleurs des sociétés d'assurances contre les accidents du travail ;

Sur la proposition du conseiller d'Etat, directeur du travail et de l'industrie,

Arrête :

Article premier. — Le cadre des commissaires-contrôleurs des sociétés d'assurances contre les accidents du travail est fixé par le ministre, suivant les besoins du service. Il comporte les classes et émoluments ci-après :

Commissaire-contrôleur adjoint, 4.500 fr. ;

Commissaire-contrôleur de 4ᵉ classe, 6.000 fr. ;

Commissaire-contrôleur de 3ᵉ classe, 7.000 fr. ;

Commissaire-contrôleur de 2ᵉ classe, 8.000 fr. ;

Commissaire-contrôleur de 1ʳᵉ classe, 10.000 fr.

(1) *J. off.* du 10 avril 1899.

Ces émoluments ne sont point soumis à retenues pour pensions civiles.

Art. 2. — A l'expiration de leur première année de service, les commissaires-contrôleurs adjoints sont l'objet d'un rapport adressé par leur chef de service au ministre. Ce rapport rend compte de leurs aptitudes, de leur conduite et de leur manière de servir ; il est accompagné de leurs principaux travaux.

Le ministre statue dans les conditions prévues par l'article 8 de l'arrêté du 31 mars 1899 susvisé.

Art. 3. — La nomination à l'emploi de commissaire-contrôleur se fait à la dernière classe de cet emploi.

Les avancements de classe ont lieu au choix et sont effectués d'une classe à la classe immédiatement supérieure.

Nul ne peut être promu s'il ne compte au moins trois ans d'exercice dans la classe qu'il occupe.

Art. 4. — Les avancements sont effectués d'après un tableau d'avancement arrêté à la fin de chaque année par le ministre après l'avis du conseil visé à l'article 6 ci-après.

Ce tableau n'est valable que pour les promotions à faire pendant l'année suivante.

Art. 5. — Les tournées d'inspection et les séances de service au ministère sont réglées par le ministre, sur la proposition du chef de service.

Un congé d'un mois, au maximum, avec émoluments, peut être accordé chaque année.

Art. 6. — Les mesures disciplinaires applicables aux commissaires-contrôleurs adjoints et aux commissaires-contrôleurs sont les suivantes :

La réprimande ministérielle ;

La retenue d'émoluments, sans que cette retenue puisse excéder la moitié desdits émoluments pendant deux mois au plus ;

La révocation.

La première de ces mesures est prononcée directement par le ministre, sur le rapport du chef de service.

Les deux autres sont prononcées par le ministre, après avis d'un conseil spécial composé du chef de service, d'un autre fonctionnaire de l'administration centrale du ministère du commerce, du chef du cabinet et du commissaire-contrôleur le plus ancien dans la classe la plus élevée. Le ministre préside ce conseil ou en désigne le président.

L'intéressé doit être entendu dans ses moyens de défense ou dûment appelé. Le procès-verbal de la séance dans laquelle l'intéressé a comparu, ou, s'il y a lieu, sa défense écrite accompagne le rapport soumis au ministre par le conseil.

Art. 7. — Les commissaires-contrôleurs et les commissaires-contrôleurs adjoints doivent avoir leur résidence dans le département de la Seine ou dans le département de Seine-et-Oise.

Ils ne peuvent remplir aucun autre emploi ni se livrer à aucun travail rémunéré sans l'agrément de l'administration.

Art. 8. — Les inspections à Paris, dans le département de la Seine ou dans le département de Seine-et-Oise ne comportent pas de frais de tournée.

Pour les inspections dans les autres départements, les frais de déplacement et de séjour sont déterminés par décision ministérielle et réglés sur états justificatifs.

Art. 9. — Par dérogation aux dispositions de l'article 3 du présent arrêté, les commissaires-contrôleurs nommés avant le 1er juin 1899 dans les conditions exceptionnelles visées à l'articles 10 de l'arrêté du 31 mars 1899 pourront être immédiatement nommés à l'une quelconque des classes ci-dessus prévues, en raison de leur situation et de leurs services antérieurs.

Paris, le 9 avril 1899.

Paul DELOMBRE.

ANNEXE XI

ARRÊTÉ du 5 mai 1899 complétant les arrêtés des 29 et 30 mars 1899, relatifs aux sociétés d'assurances contre les accidents du travail. (Exploitations agricoles, viticoles et forestières) (1).

Le ministre du commerce, de l'industrie, des postes et des télégraphes,

Vu la loi du 9 avril 1898, concernant les responsabilités des accidents dont les ouvriers sont victimes dans leur travail ;

Vu le décret du 28 février 1899, portant règlement d'administration publique pour l'exécution de l'article 27 de la loi, et spécialement les articles 2 et 6 dudit décret ;

Vu l'arrêté ministériel du 29 mars 1899, déterminant les bases des cautionnements que doivent constituer les sociétés d'assurances contre les accidents du travail ;

Vu l'arrêté ministériel du 30 mars 1899, déterminant les primes prévues à l'article 6 du décret du 28 février 1899 et à l'article 2 de l'arrêté du 29 mars 1899 susvisés ;

Vu l'avis du comité consultatif des assurances contre les accidents du travail ;

Sur la proposition du conseiller d'Etat, directeur du travail et de l'industrie,

Arrête :

Article premier. — Pour les sociétés d'assurances dont les statuts limitent les opérations aux exploitations agricoles, viti-

(1) *J. off.* du 7 mai 1899.

28

coles et forestières, ainsi qu'aux entreprises industrielles y annexées, sous condition que ces dernières ne soient point assujetties à la patente et fassent l'objet de polices spéciales, le cautionnement prévu par l'article 2 du décret du 28 février 1899 susvisé est fixé :

1° Pour la première année de fonctionnement sous le régime dudit décret, à 40.000 fr. ;

2° Pour les années ultérieures, à une somme correspondant à 10 centimes par hectare d'immeubles agricoles et à 2 p. 100 du total des salaires assurés dans les entreprises annexes, sans que ladite somme puisse toutefois être inférieure à 40.000 fr. ni supérieure à 200.000 fr.

Le cautionnement peut être réduit de la moitié dans le cas spécifié par l'article 3 de l'arrêté du 29 mars 1899, le minimum étant alors réduit à 20.000 fr. et le maximum à 100.000 fr.

Art. 2. — S'il est justifié que les primes provisoirement déterminées par l'arrêté ministériel du 30 mars 1899, en exécution de l'article 6 du décret du 28 février 1899 et de l'article 2 de l'arrêté du 29 mars suivant, sont supérieures au risque moyen réel majoré d'un chargement de 20 p. 100, des décisions ministérielles spéciales peuvent autoriser, jusqu'au 1er janvier 1900, pour les professions intéressées la substitution de la prime brute réelle à la prime déterminée par l'arrêté susvisé.

Ces décisions sont prises après avis d'une commission, qui apprécie la valeur des statistiques ou documents produits.

La commission est composée de cinq membres, choisis par le ministre parmi les membres du comité consultatif des assurances contre les accidents du travail.

Paris, le 5 mai 1899.

PAUL DELOMBRE.

ANNEXE XII

DÉCRET du 10 mai 1899 conférant au comité consultatif des assurances contre les accidents du travail la gestion de certaines caisses de secours constituées en vertu de l'article 6 de la loi du 9 avril 1898 (1).

Le Président de la République française,

Sur le rapport du ministre du commerce, de l'industrie, des postes et des télégraphes,

Vu l'avis du ministre des travaux publics, en date du 3 mai 1899 ;

Vu la loi du 9 avril 1898, concernant les responsabilités des accidents dont les ouvriers sont victimes dans leur travail ;

Vu spécialement l'article 6, prévoyant pour tous les industriels autres que les exploitants de mines, minières et carrières, la faculté de se décharger des frais et indemnités mentionnés à l'article 5 de la même loi sur des caisses particulières de secours constituées en conformité du titre III de la loi du 29 juin 1894, sous réserve de l'approbation du ministre du commerce et de l'industrie ;

Vu le décret du 28 février 1899, portant règlement d'administration publique pour l'exécution de l'article 27 de la loi, et notamment son article 16 ;

Vu l'avis du comité consultatif des assurances contre les accidents du travail,

Décrète :

Article premier. — Pour les caisses de secours constituées

(1) *J. off.* du 11 mai 1899.

dans les industries autres que les mines, minières et carrières, en vertu de l'article 6 de la loi du 9 avril 1898 susvisée et conformément à la loi du 29 juin 1894, les attributions conférées par le titre III de cette dernière loi au conseil général des mines et aux ingénieurs des mines sont respectivement exercées, sous l'autorité du ministre du commerce et de l'industrie, par le comité consultatif des assurances contre les accidents du travail et par des agents de surveillance spécialement délégués à cet effet.

Art. 2. — Le ministre du commerce, de l'industrie, des postes et des télégraphes est chargé de l'exécution du présent décret, qui sera publié au *Journal officiel* de la République française et inséré au *Bulletin des lois*.

Fait à Paris, le 10 mai 1899.

EMILE LOUBET.

Par le Président de la République :

Le ministre du commerce, de l'industrie, des postes et des télégraphes,

PAUL DELOMBRE.

ANNEXE XIII

ARRÊTÉ du 16 mai 1899 relatif aux statuts-types à insérer pour l'exécution de l'article 5 de la loi du 9 avril 1898, dans les statuts des sociétés de secours mutuels qui se proposent de contracter avec les chefs d'entreprise dans les conditions spécifiées par ledit article (1).

Le président du conseil, ministre de l'intérieur et des cultes,
Vu l'article 5 de la loi du 9 avril 1898 ;
Vu le décret du 2 mai 1899, instituant une commission chargée de la préparation des statuts-types prévus par cet article,

Arrête :

Article premier. — Les sociétés de secours mutuels peuvent dans les conditions prévues à l'article 5 de la loi du 9 avril 1898, passer avec des chefs d'entreprise des conventions à l'effet de prendre à forfait, en cas d'accidents entraînant une incapacité temporaire de travail, la charge de payer à ceux de leurs membres participants occupés par ces chefs d'entreprise les frais de maladie et l'indemnité journalière ou partie seulement de cette indemnité.

La convention peut également stipuler le payement des mêmes frais ou indemnités en cas d'accidents entraînant la mort ou une incapacité permanente.

Art. 2. — La convention prévue à l'article premier est passée par le conseil, sous réserve de l'approbation par l'assemblée

---

(1) *J. off.* du 17 mai 1899.

générale. Elle est conclue pour une durée de..... et se poursuit par tacite reconduction, sauf aux intéressés à la dénoncer dans le délai de.....

Art. 3. — Les chefs d'entreprise peuvent affilier aux sociétés, avec leur consentement et sans condition de durée de résidence, ceux de leurs ouvriers et employés qui n'en sont point encore membres participants.

Art. 4. — Les allocations des chefs d'entreprise sont calculées en vue de couvrir entièrement les charges supplémentaires qu'assument les sociétés en vertu de la convention prévue à l'article premier.

Elles ne peuvent être inférieures au tiers du montant des cotisations statutaires pour les secours en cas de maladie et pour les frais de gestion des sociétés.

Art. 5. — Les allocations prévues par la convention sont payables par les chefs d'entreprise toutes les... (quinzaines, mois, trimestres, etc.) et d'avance.

Art. 6. — Les sociétés, à partir du cinquième jour après l'accident et pendant la durée fixée par la convention (30, 60 ou 90 jours), fournissent à leurs membres participants blessés par le fait ou à l'occasion du travail les soins médicaux et pharmaceutiques et l'indemnité journalière prévus dans les statuts.

Dans le cas où l'indemnité journalière statutaire n'atteint pas 50 p. 100 du salaire journalier touché au moment de l'accident, le complément est payé aux victimes, soit directement par les chefs d'entreprise, soit par les sociétés moyennant remboursement par les chefs d'entreprise, soit directement par les sociétés, si elles ont consenti cette charge spéciale dans la convention.

Les frais et indemnités dus au delà du délai spécifié par la convention et jusqu'au moment de la guérison, de l'entrée en jouissance d'une pension ou du décès, sont payés soit directement par les chefs d'entreprise, soit par les sociétés, à charge de remboursement par les chefs d'entreprise.

Art. 7. — Les sociétés doivent fournir et les participants sont tenus d'accepter les secours médicaux et pharmaceutiques dans les conditions fixées aux statuts.

En cas d'accidents régis par la loi du 9 avril 1898, ces soins, ainsi que les indemnités convenues, sont fournis pendant toute la période pour laquelle les chefs d'entreprise ont payé l'allocation stipulée au contrat, même si les participants n'ont point payé leur cotisation personnelle statutaire.

Art. 8. — Les directeurs du cabinet et du personnel et du secrétariat sont chargés, chacun en ce qui le concerne, de l'exécution du présent arrêté.

Fait à Paris, le 16 mai 1899.

CHARLES DUPUY.

ANNEXE XIV

CAISSE NATIONALE DES RETRAITES POUR LA VIEILLESSE

(Exécution de la loi du 9 avril 1898)

La loi du 9 avril 1898, concernant les responsabilités des accidents dont les ouvriers sont victimes dans leur travail, a prévu dans son article 28, pour le versement à la Caisse nationale des retraites du capital représentatif des pensions dues par les chefs d'entreprise ou les assureurs, l'établissement d'un *tarif spécial tenant compte de la mortalité des victimes d'accidents et de leurs ayants droit.*

En conséquence, la Caisse nationale des retraites a élaboré le *tarif* ci-après, dont l'application se trouve précisée dans une *notice* annexe.

TABLE DE MORTALITÉ ET TARIFS établis par la Caisse nationale des retraites pour l'exécution de la loi du 9 avril 1898 concernant les responsabilités des accidents dont les ouvriers sont victimes dans leur travail.

TABLEAU 1. — *Table de mortalité et tarif applicables aux conjoints et ascendants de victimes d'accidents mortels.*

(*Table de mortalité C. R. — Taux 3 1/2 p. 100*).

AGE	TABLE C. R.	PRIX d'une rente viagère de 1 fr.	AGE	TABLE C. R.	PRIX d'une rente viagère de 1 fr.	AGE	TABLE C. R.	PRIX d'une rente viagère de 1 fr.
ans			ans			ans		
12	96.505	21 8284	43	77.382	16 1447	73	33.282	6 2826
13	96.176	21 6648	44	76.646	15 8597	74	30.799	5 9755
14	95.796	21 5069	45	75.894	15 5666	75	28.288	5 6782
15	95.361	21 3556	46	75.120	15 2662	76	25.769	5 3913
16	94.870	21 2115	47	74.316	14 9599	77	23.265	5 1152
17	94.326	21 0743	48	73.472	14 6490	78	20.802	4 8502
18	93.734	20 9430	49	72.579	14 3359	79	18.409	4 5955
19	93.096	20 8176	50	71.629	14 0212	80	16.109	4 3519
20	92.423	20 6959	51	70.618	13 7058	81	13.927	4 1191
21	91.724	20 5760	52	69.546	13 3895	82	11.883	3 8979
22	91.011	20 4554	53	68.417	13 0715	83	9.995	3 6891
23	90.297	20 3310	54	67.233	12 7512	84	8.275	3 4947
24	89.598	20 1991	55	65.999	12 4276	85	6.737	3 3151
25	88.918	20 0582	56	64.717	12 0999	86	5.388	3 1512
26	88.260	19 9074	57	63.387	11 7680	87	4.231	3 0026
27	87.623	19 7463	58	62.007	11 4319	88	3.261	2 8690
28	87.002	19 5756	59	60.577	11 0915	89	2.470	2 7456
29	86.388	19 3971	60	59.093	10 7472	90	1.838	2 6320
30	85.777	19 2112	61	57.552	10 3995	91	1.347	2 5197
31	85.165	19 0185	62	55.951	10 0486	92	972	2 4056
32	84.551	18 8190	63	54.285	9 6954	93	691	2 2833
33	83.935	18 6125	64	52.548	9 3410	94	482	2 1552
34	83.319	18 3980	65	50.736	8 9863	95	330	2 0115
35	82.701	18 1758	66	48.842	8 6328	96	220	1 8560
36	82.081	17 9455	67	46.861	8 2821	97	142	1 6842
37	81.454	17 7078	68	44.794	7 9348	98	88	1 4880
38	80.817	17 4630	69	42.642	7 5919	99	52	1 2412
39	80.165	17 2120	70	40.407	7 2545	100	28	0 9366
40	79.495	16 9551	71	38.096	6 9233	101	11	0 6673
41	78.807	16 6920	72	35.718	6 5990	102	2	0 4924
42	78.102	16 4221						

TABLEAU II. — *Table de mortalité et tarif applicables aux enfants et descendants de victimes d'accidents mortels* (Table de mortalité C. R. prolongée. — Taux 3 1/2 p. 100).

AGE	TABLE C. R. prolongée	PRIX d'une rente temporaire de 1 fr.	AGE	TABLE C. R. prolongée	PRIX d'une rente temporaire de 1 fr.
0 (naissance)	125.056	9 7252	8 ans	97.561	6 8727
1 an	105.767	10 8004	9	97.294	6 1213
2 ans	101.631	10 6046	10	97.045	5 3402
3	100.000	10 4382	11	96.790	4 5206
4 ans	99.285	9 5564	12 ans	96.505	3 6893
5	98.708	8 9370	13	96.476	2 8183
6	98.244	8 2820	14	95.786	1 9146
7	97.870	7 5933	15	95.361	9760

de travail (Table de mortalité C. R. I. (1). — Taux 3 1/2 p. 100.)

AGE AU MOMENT DE L'ACCIDENT

NATURE des tables et tarifs	TEMPS écoulé depuis l'accident	12 ans			13 ans			14 ans			15 ans		
		Age actuel	Table de mortalité	Prix d'une rente viagère de 1 fr.	Age actuel	Table de mortalité	Prix d'une rente viagère de 1 fr.	Age actuel	Table de mortalité	Prix d'une rente viagère de 1 fr.	Age actuel	Table de mortalité	Prix d'une rente viagère de 1 fr.
	ans	ans			ans			ans			ans		
	0	12	174.728	12f.9464	13	172.451	12f.9663	14	170.139	12f.9864	15	167.789	13f.0077
	1	13	142.681	15.2888	14	141.323	15.2578	15	139.903	15.2297	16	138.425	15.2048
	2	14	124.996	16.9854	15	124.014	16.9196	16	122.965	16.8586	17	121.860	16.8016
Table et tarif	3	15	114.266	18.1782	16	113.447	18.0908	17	112.567	18.0086	18	111.637	17.9306
applicables pen-	4	16	107.299	18.9987	17	106.550	18.8987	18	105.748	18.8036	19	104.898	18.7133
	5	17	102.529	19.5508	18	101.807	19.4436	19	101.034	19.3419	20	100.227	19.2430
dant les quinze	6	18	99.116	19.9104	19	98.395	19.8003	20	97.635	19.6940	21	96.851	19.5890
	7	19	96.572	20.1330	20	95.846	20.0210	21	95.092	19.9109	22	94.326	19.7998
premières années	8	20	94.608	20.2559	21	93.876	20.1421	22	93.129	20.0276	23	92.383	19.9092
	9	21	93.042	20.3055	22	92.310	20.1884	23	91.575	20.0679	24	90.858	19.9395
d'invalidité	10	22	91.759	20.2992	23	91.035	20.1767	24	90.324	20.0471	25	89.634	19.9083
	11	23	90.684	20.2490	24	89.981	20.1178	25	89.294	19.9784	26	88.631	19.8286
	12	24	89.771	20.1619	25	89.090	20.0212	26	88.428	19.8712	27	87.789	19.7106
	13	25	88.978	20.0452	26	88.320	19.8943	27	87.681	19.7337	28	87.059	19.5633
	14	26	88.272	19.9047	27	87.635	19.7436	28	87.013	19.5732	29	86.399	19.3947
Table C. R. (2) Tarif 3 1/2 % C. R.	15	27	87.623	19.7463	28	87.002	19.5756	29	86.388	19.3971	30	85.777	19.2112

(1) Table de mortalité de la (C) Caisse des (R) pour les (I) Invalides.
(2) A partir de la seizième année d'invalidité, la table C. R. et le tarif 3 1/2 p. 100 deviennent applicables (Tableau I).

AGE AU MOMENT DE L'ACCIDENT

NATURE des tables et tarifs	TEMPS écoulé depuis l'accident	16 ans			17 ans			18 ans			19 ans		
		Âge actuel	Table de mortalité	Prix d'une rente viagère de 1 fr.	Âge actuel	Table de mortalité	Prix d'une rente viagère de 1 fr.	Âge actuel	Table de mortalité	Prix d'une rente viagère de 1 fr.	Âge actuel	Table de mortalité	Prix d'une rente viagère de 1 fr.
	ans	ans			ans			ans			ans		
	0	16	165.387	13f 0311	17	162.947	13f 0563	18	160.472	13f 0833	19	157.970	13f 4120
	1	17	136.884	15 1835	18	135.296	15 1649	19	133.658	15 1495	20	131.992	15 1335
	2	18	120.697	16 7489	19	119.485	16 6999	20	118.234	16 6534	21	116.962	16 6075
	3	19	110.651	17 8579	20	109.630	17 7875	21	108.580	17 7186	22	107.520	17 6486
Table et tarif	4	20	104.007	18 6266	21	103.090	18 5411	22	102.158	18 4550	23	101.230	18 3650
applicables pen-	5	21	99.389	19 1464	22	98.538	19 0488	23	97.686	18 9478	24	96.854	18 8392
dant les quinze	6	22	96.040	19 4838	23	95.248	19 3748	24	94.463	19 2585	25	93.701	19 1334
premières années	7	23	93.356	19 6856	24	92.803	19 5638	25	92.070	19 4333	26	91.362	19 2928
d'invalidité	8	24	91.650	19 7838	25	90.937	19 6490	26	90.247	19 5054	27	89.581	19 3508
	9	25	90.158	19 8027	26	89.481	19 6559	27	88.825	19 4991	28	88.188	19 3323
	10	26	88.965	19 7599	27	88.318	19 6011	28	87.686	19 4330	29	87.064	19 2565
	11	27	87.989	19 6687	28	87.363	19 4993	29	86.743	19 3222	30	86.128	19 1373
	12	28	87.166	19 5405	29	86.550	19 3624	30	85.936	19 1773	31	85.323	18 9849
	13	29	86.445	19 3847	30	85.833	19 1991	31	85.220	19 0067	32	84.606	18 8073
	14	30	85.788	19 2038	31	85.176	19 0161	32	84.562	18 8167	33	83.946	18 6101
Table C. R. Tarif 3 1/2 % C. R.	15	31	85.165	19 0185	32	84.551	18 8190	33	83.935	18 6125	34	83.319	18 3080

AGE AU MOMENT DE L'ACCIDENT

NATURE des tables et tarifs	TEMPS écoulé depuis l'accident	20 ans			21 ans			22 ans			23 ans		
		Age actuel	Table de mortalité	Prix d'une rente viagère de 1 fr.	Age actuel	Table de mortalité	Prix d'une rente viagère de 1 fr.	Age actuel	Table de mortalité	Prix d'une rente viagère de 1 fr.	Age actuel	Table de mortalité	Prix d'une rente viagère de 1 fr.
Table et tarif applicables pendant les quinze premières années d'invalidité	ans 0	ans 20	155.459	13f 1412	ans 21	152.948	13f 1704	ans 22	150.465	13f 1973	ans 23	148.031	13f 2201
	1	21	130.310	15 1217	22	128.625	15 1066	23	126.962	15 0875	24	125.344	15 0611
	2	22	115.682	16 5602	23	114.408	16 5096	24	113.166	16 4517	25	111.960	16 3854
	3	23	106.465	17 5746	24	105.432	17 4938	25	104.428	17 4046	26	103.456	17 3059
	4	24	100.322	18 2677	25	99.438	18 1621	26	98.582	18 0471	27	97.753	17 9222
	5	25	96.045	18 7219	26	95.261	18 5953	27	94.502	18 4586	28	93.762	18 3127
	6	26	92.963	18 9985	27	92.248	18 8537	28	91.552	18 6995	29	90.863	18 5376
	7	27	90.676	19 1423	28	90.007	18 9825	29	89.347	18 8146	30	88.689	18 6398
	8	28	88.930	19 1871	29	88.287	19 0154	30	87.648	18 8364	31	87.007	18 6509
	9	29	87.556	19 1580	30	86.928	18 9764	31	86.300	18 7879	32	85.668	18 5930
	10	30	86.442	19 0733	31	85.821	18 8830	32	85.198	18 6860	33	84.572	18 4820
	11	31	85.510	18 9462	32	84.892	18 7478	33	84.271	18 5426	34	83.650	18 3295
	12	32	84.705	18 7864	33	84.088	18 5802	34	83.470	18 3663	35	82.849	18 1449
	13	33	83.988	18 6012	34	83.372	18 3868	35	82.753	18 1648	36	82.132	17 9347
	14	34	83.329	18 3959	35	82.711	18 1737	36	82.091	17 9433	37	81.464	17 7056
Table C. R. Tarif 3 1/2 % C. R.	15	35	82.701	18 1758	36	82.081	17 9455	37	81.454	17 7078	38	80.817	17 4630

NATURE des tables et tarifs	TEMPS écoulé depuis l'accident	AGE AU MOMENT DE L'ACCIDENT										
		24 ans			25 ans			26 ans			27 ans		
		Âge actuel	Table de mortalité	Prix d'une rente viagère de 1 fr.	Âge actuel	Table de mortalité	Prix d'une rente viagère de 1 fr.	Âge actuel	Table de mortalité	Prix d'une rente viagère de 1 fr.	Âge actuel	Table de mortalité	Prix d'une rente viagère de 1 fr.
	ans	ans			ans			ans			ans		
Table et tarif applicables pendant les quinze premières années d'invalidité	0	24	145.673	13 2364	25	143.393	13 2443	26	142.329	13 4513	27	141.303	13 0515
	1	25	123.775	15 0269	26	122.257	14 9836	27	121.376	14 8673	28	120.519	14 7438
	2	26	110.793	16 3100	27	109.662	16 2251	28	108.887	16 0885	29	108.122	15 9654
	3	27	102.546	17 4975	28	101.598	17 0803	29	100.883	16 9271	30	100.173	16 7674
	4	28	96.946	17 7880	29	96.148	17 6444	30	95.470	17 4590	31	94.792	17 3055
	5	29	93.032	18 4591	30	92.305	17 9984	31	91.648	17 8192	32	90.990	17 6334
	6	30	90.180	18 3484	31	89.494	17 4920	32	88.850	18 0029	33	88.205	17 8059
	7	31	88.032	18 4582	32	87.374	18 2702	33	86.736	18 0700	34	86.101	17 8622
	8	32	86.306	18 4584	33	85.721	18 2582	34	85.093	18 0400	35	84.443	17 8312
	9	33	85.037	18 3905	34	84.403	18 1808	35	83.778	17 9612	36	83.151	17 7337
	10	34	83.948	18 2699	35	83.319	18 0506	36	82.696	18 8216	37	82.065	17 5856
	11	35	83.028	18 4085	36	82.402	18 8598	37	81.774	17 6428	38	81.135	17 3989
	12	36	82.228	17 9150	37	81.598	17 6781	38	80.961	17 4435	39	80.308	17 1829
	13	37	81.505	17 6974	38	80.867	17 4326	39	80.215	17 2017	40	79.545	16 9349
	14	38	80.827	17 4409	39	80.175	17 2099	40	79.505	16 9530	41	78.817	16 6999
Table C. R. Tarif 3 1/2 % C. R.	15	39	80.165	17 2120	40	79.495	16 9551	41	78.807	16 6920	42	78.102	16 4221

AGE AU MOMENT DE L'ACCIDENT

NATURE des tables et tarifs	TEMPS écoulé depuis l'accident	28 ans			29 ans			30 ans			31 ans		
	ans	Âge actuel	Table de mortalité	Prix d'une rente viagère de 1 fr.	Âge actuel	Table de mortalité	Prix d'une rente viagère de 1 fr.	Âge actuel	Table de mortalité	Prix d'une rente viagère de 1 fr.	Âge actuel	Table de mortalité	Prix d'une rente viagère de 1 fr.
Table et tarif applicables pendant les quinze premières années d'invalidité	0	28 ans	140.299	12ᶠ9457	29 ans	139.311	12ᶠ8348	30 ans	138.336	12ᶠ7187	31 ans	137.355	12ᶠ5986
	1	29	119.667	14.6148	30	118.822	14.4804	31	117.982	14.3406	32	117.135	14.1961
	2	30	107.356	15.7968	31	106.591	15.6427	32	105.828	15.4827	33	105.060	15.3172
	3	31	99.456	16.6026	32	98.740	16.4316	33	98.025	16.2541	34	97.308	16.0701
	4	32	94.106	17.1265	33	93.421	16.9408	34	92.739	16.7476	35	92.053	16.5475
	5	33	90.324	17.4418	34	89.662	17.2424	35	89.000	17.0354	36	88.334	16.8211
	6	34	87.555	17.6022	35	86.906	17.3907	36	86.257	17.1710	37	85.599	16.9446
	7	35	85.460	17.6475	36	84.820	17.4245	37	84.174	17.1941	38	83.516	16.9572
	8	36	83.898	17.6059	37	83.188	17.3731	38	82.539	17.1332	39	81.873	16.8874
	9	37	82.514	17.4993	38	81.869	17.2576	39	81.210	17.0096	40	80.531	16.7560
	10	38	81.421	17.3430	39	80.765	17.0937	40	80.091	16.8385	41	79.397	16.5775
	11	39	80.478	17.1493	40	79.806	16.8933	41	79.117	16.6308	42	78.408	16.3623
	12	40	79.635	16.9268	41	78.946	16.6644	42	78.241	16.3945	43	77.519	16.1176
	13	41	78.835	16.6822	42	78.150	16.4424	43	77.430	16.1351	44	76.693	15.8504
	14	42	78.111	16.4203	43	77.391	16.1429	44	76.655	15.8579	45	75.903	15.5640
Table C.R. Tarif 31/2 % C. R.	15	43	77.382	16.1447	44	76.646	15.8597	45	75.894	15.5666	46	75.120	15.2662

AGE AU MOMENT DE L'ACCIDENT

NATURE des tables et tarifs	TEMPS écoulé depuis l'accident	32 ans			33 ans			34 ans			35 ans		
		Âge actuel	Table de mortalité	Prix d'une rente viagère de 1 fr.	Âge actuel	Table de mortalité	Prix d'une rente viagère de 1 fr.	Âge actuel	Table de mortalité	Prix d'une rente viagère de 1 fr.	Âge actuel	Table de mortalité	Prix d'une rente viagère de 1 fr.
	ans	ans			ans			ans			ans		
	0	32	136.373	12f4742	33	135.382	12f3457	34	134.402	12f2117	35	133.419	12f0727
	1	33	116.287	14 0464	34	115.435	13 8912	35	114.589	13 7297	36	113.740	13 5623
	2	34	104.293	15 1453	35	103.520	14 9675	36	102.752	14 7824	37	101.974	14 5915
	3	35	96.589	15 8794	36	95.865	15 6819	37	95.139	15 4775	38	94.400	15 2671
Table et tarif applicables pen-	4	36	91.365	16 3403	37	90.667	16 1265	38	89.963	15 9058	39	89.241	15 6791
dant les quinze	5	37	87.661	16 5999	38	86.975	16 3724	39	89.277	16 1386	40	85.559	15 8993
premières années	6	38	84.931	16 7115	39	84.245	16 4726	40	86.544	16 2276	41	82.823	15 9769
d'invalidité	7	39	82.844	16 7140	40	82.150	16 4656	41	81.442	16 2104	42	80.715	15 9490
	8	40	81.190	16 6357	41	80.486	16 3782	42	79.768	16 1136	43	79.034	15 8418
	9	41	79.835	16 4961	42	79.119	16 2300	43	78.392	15 9558	44	77.647	15 6743
	10	42	78.688	16 3094	43	77.961	16 0344	44	77.221	15 7512	45	76.464	15 4602
	11	43	77.686	16 0858	44	76.946	15 8021	45	76.192	15 5100	46	75.416	15 2106
	12	44	76.782	15 8332	45	76.028	15 5407	46	75.253	15 2408	47	74.449	14 9348
	13	45	75.941	15 5574	46	75.166	15 2573	47	74.362	14 9511	48	73.518	14 6405
	14	46	75.129	15 2645	47	74.325	14 9581	48	73.481	14 6476	49	72.588	14 3342
Table C. R. Tarif 3 1/2 % C. R.	15	47	74.316	14 9599	48	73.472	14 6493	49	72.579	14 3359	50	71.629	14 0212

AGE AU MOMENT DE L'ACCIDENT

NATURE des tables et tarifs	TEMPS écoulé depuis l'accident	36 ans			37 ans			38 ans			39 ans		
		Âge actuel	Table de mortalité	Prix d'une rente viagère de 1 fr.	Âge actuel	Table de mortalité	Prix d'une rente viagère de 1 fr.	Âge actuel	Table de mortalité	Prix d'une rente viagère de 1 fr.	Âge actuel	Table de mortalité	Prix d'une rente viagère de 1 fr.
	ans	ans			ans			ans			ans		
Table et tarif applicables pendant les quinze premières années d'invalidité	0	36	132.994	11 8850	37	132.560	11 6934	38	132.119	11 4978	39	131.648	11 2996
	1	37	113.168	13 3599	38	112.583	13 1528	39	111.982	12 9415	40	111.350	12 7271
	2	38	101.344	14 3754	39	100.690	14 1545	40	100.019	13 9290	41	99.321	13 6995
	3	39	93.734	15 0386	40	93.047	14 8052	41	92.341	14 5666	42	91.612	14 3229
	4	40	88.552	15 4401	41	87.843	15 1950	42	87.117	14 9439	43	86.372	14 0864
	5	41	84.853	15 6491	42	84.128	15 3929	43	83.390	15 1294	44	82.632	14 8592
	6	42	82.103	15 7166	43	81.367	15 4491	44	80.617	15 1741	45	79.847	14 8918
	7	43	79.983	15 6785	44	79.235	15 4005	45	78.473	15 1143	46	77.685	14 8217
	8	44	78.290	15 5614	45	77.529	15 2731	46	76.748	14 9774	47	75.934	14 6762
	9	45	76.890	15 3841	46	76.110	15 0869	47	75.301	14 7835	48	74.450	14 4762
	10	46	75.687	15 1615	47	74.879	14 8571	48	74.032	14 5482	49	73.134	14 2369
	11	47	74.610	14 9053	48	73.764	14 5956	49	72.869	14 2832	50	71.916	13 9696
	12	48	73.604	14 6246	49	72.710	14 3317	50	71.739	13 9974	51	70.746	13 6826
	13	49	72.625	14 3273	50	71.674	14 0129	51	70.663	13 6975	52	69.590	13 3815
	14	50	71.638	14 0195	51	70.627	13 7041	52	69.555	13 3879	53	68.426	13 0699
Table C. R. Tarif 3 1/2 % C. R.	15	51	70.618	13 7058	52	69.546	13 3895	53	68.417	13 0715	54	67.233	12 7512

AGE AU MOMENT DE L'ACCIDENT

NATURE des tables et tarifs	TEMPS écoulé depuis l'accident	40 ans			41 ans			42 ans			43 ans		
		Âge actuel	Table de mortalité	Prix d'une rente viagère de 1 fr.	Âge actuel	Table de mortalité	Prix d'une rente viagère de 1 fr.	Âge actuel	Table de mortalité	Prix d'une rente viagère de 1 fr.	Âge actuel	Table de mortalité	Prix d'une rente viagère de 1 fr.
	ans	ans			ans			ans			ans		
	0	40	131.445	14 0991	41	130.618	14 8957	42	130.059	14 8894	43	129.482	14 4794
	1	41	110.690	12 5091	42	110.010	12 5888	43	109.305	12 6090	44	108.583	11 8982
	2	42	98.804	13 4453	43	97.862	13 9253	44	97.101	12 9799	45	96.325	12 7281
	3	43	90.804	14 0732	44	90.100	13 8169	45	89.314	13 5543	46	88.508	13 2853
Table et tarif	4	44	85.608	14 4224	45	84.829	14 1510	46	84.022	13 8737	47	83.187	13 5905
applicables pen-	5	45	81.856	14 5818	46	81.059	14 2974	47	80.227	14 0479	48	79.356	13 7140
dant les quinze	6	46	79.054	14 6028	47	78.232	14 3077	48	77.365	14 0891	49	76.450	13 7075
premières années	7	47	76.867	14 5231	48	76.009	14 9203	49	75.088	13 9152	50	74.131	13 6084
d'invalidité	8	48	75.079	14 3709	49	74.175	14 0696	50	73.213	13 7333	51	72.189	13 4432
	9	49	73.549	14 1663	50	72.592	13 8547	51	71.572	13 5427	52	70.491	13 2297
	10	50	72.179	13 9242	51	71.463	13 6107	52	70.080	13 2062	53	68.951	12 9802
	11	51	70.902	13 6553	52	69.827	13 3400	53	68.695	13 0230	54	67.508	12 7037
	12	52	69.672	13 3369	53	68.542	13 0493	54	67.356	12 7296	55	66.421	12 4063
	13	53	68.460	13 0637	54	67.276	12 7435	55	66.041	12 4201	56	64.759	12 0925
	14	54	67.241	12 7498	55	66.007	12 4261	56	64.725	12 0684	57	63.385	11 7665
Table C. R. Tarif 3 1/2 % C. R.	15	55	65.999	12 4276	56	64.717	12 0999	57	63.387	11 7680	58	62.007	11.4319

AGE AU MOMENT DE L'ACCIDENT

NATURE des tables et tarifs	TEMPS écoulé depuis l'accident (ans)	44 ans Age actuel	44 ans Table de mortalité	44 ans Prix d'une rente viagère de 1 fr.	45 ans Age actuel	45 ans Table de mortalité	45 ans Prix d'une rente viagère de 1 fr.	46 ans Age actuel	46 ans Table de mortalité	46 ans Prix d'une rente viagère de 1 fr.	47 ans Age actuel	47 ans Table de mortalité	47 ans Prix d'une rente viagère de 1 fr.
Table et tarif applicables pendant les quinze premières années d'invalidité	0	44	128.876	10f 2659	45	128.253	10f 0482	46	127.597	9f 8270	47	126.886	9f 6034
	1	45	107.836	11 5913	46	107.063	11 3497	47	106.249	11 1044	48	105.370	10 8571
	2	46	95.519	12 4711	47	94.678	12 2096	48	93.786	11 9451	49	92.824	11 6795
	3	47	87.663	13 0117	48	86.774	12 7345	49	85.826	12 4354	50	84.803	12 1761
	4	48	82.304	13 3040	49	81.368	13 0151	50	80.367	12 7253	51	79.290	12 4358
	5	49	78.429	13 4180	50	77.442	13 1208	51	76.388	12 8232	52	75.261	12 5257
	6	50	75.472	13 4050	51	74.431	13 1019	52	73.325	12 7980	53	72.153	12 4934
	7	51	73.098	13 3014	52	72.003	12 9936	53	70.849	12 6840	54	69.633	12 3729
	8	52	71.101	13 1324	53	69.956	12 8199	54	68.754	12 5053	55	67.497	12 1878
	9	53	69.351	12 9152	54	68.157	12 5982	55	66.911	12 2781	56	65.613	11 9545
	10	54	67.760	12 6620	55	66.520	12 3403	56	65.231	12 0146	57	63.890	11 6853
	11	55	66.270	12 3812	56	64.985	12 0545	57	63.651	11 7237	58	62.264	11 3892
	12	56	64.837	12 0791	57	63.506	11 7476	58	62.124	11 4120	59	60.690	11 0725
	13	57	63.428	11 7608	58	62.048	11 4248	59	60.617	11 0846	60	59.131	10 7408
	14	58	62.015	11 4305	59	60.585	11 0901	60	59.101	10 7459	61	57.559	10 3983
Table C. R. Tarif 3 1/2 % C. R.	15	59	60.577	11 0915	60	59.093	10 7472	61	57.552	10 3995	62	55.951	10 0486

NATURE des tables et tarifs	TEMPS écoulé depuis l'accident	AGE AU MOMENT DE L'ACCIDENT											
		48 ans			49 ans			50 ans			51 ans		
		Âge actuel	Table de mortalité	Prix d'une rente viagère de 1 fr.	Âge actuel	Table de mortalité	Prix d'une rente viagère de 1 fr.	Âge actuel	Table de mortalité	Prix d'une rente viagère de 1 fr.	Âge actuel	Table de mortalité	Prix d'une rente viagère de 1 fr.
Table et tarif applicables pendant les quinze premières années d'invalidité	ans 0	ans 48	126.123	9.3778	ans 49	125.263	9.4524	ans 50	124.313	9.9272	ans 51	123.248	9.7032
	1	49	104.431	10.6083	50	103.397	10.6860	51	102.280	10.1120	52	101.066	9.8047
	2	50	91.797	11.4129	51	90.680	11.1471	52	89.489	10.8814	53	88.218	10.6147
	3	51	83.715	11.8861	52	82.545	11.8540	53	81.312	11.3315	54	80.008	11.0534
	4	52	78.153	12.1451	53	76.942	11.9249	54	75.675	11.3406	55	74.347	11.2648
	5	53	74.081	12.2258	54	72.833	11.8758	55	71.536	11.6205	56	70.483	11.3129
	6	54	70.931	12.1857	55	69.649	11.7397	56	68.321	11.5646	57	66.939	11.2438
	7	55	68.372	12.0578	56	67.055	11.5401	57	65.693	11.4169	58	64.276	11.0906
	8	56	66.197	11.8637	57	64.843	11.2940	58	63.441	11.2101	59	61.986	10.8761
	9	57	64.272	11.6260	58	62.876	11.0132	59	61.432	10.9573	60	59.932	10.6171
	10	58	62.504	11.3511	59	61.064	10.7068	60	59.572	10.6710	61	58.021	10.3257
	11	59	60.831	11.0497	60	59.341	10.3815	61	57.796	10.3604	62	56.190	10.0105
	12	60	59.205	10.7286	61	57.661	10.0424	62	56.058	10.1311	63	54.380	9.6784
	13	61	57.530	10.3931	62	55.988	9.6942	63	54.321	9.6894	64	52.584	9.3351
	14	62	55.958	10.0474	63	54.292	9.3410	64	52.555	9.3890	65	50.743	8.9851
Table C. R. Tarif 3 1/2 % C. R.	15	63	54.285	9.6954	64	52.548	9.3410	65	50.736	8.9863	66	48.842	8.6328

AGE AU MOMENT DE L'ACCIDENT

NATURE des tables et tarifs	TEMPS écoulé depuis l'accident	52 ans			53 ans			54 ans			55 ans		
		Âge actuel	Table de mortalité	Prix d'une rente viagère de 1 fr.	Âge actuel	Table de mortalité	Prix d'une rente viagère de 1 fr.	Âge actuel	Table de mortalité	Prix d'une rente viagère de 1 fr.	Âge actuel	Table de mortalité	Prix d'une rente viagère de 1 fr.
	ans	ans			ans			ans			ans		
Table et tarif applicables pendant les quinze premières années d'invalidité	0	52	122.067	8 4807	53	120.780	8 2587	54	119.384	8 0372	55	117.895	7 8153
	1	53	99.763	9 6175	54	98.376	9 3698	55	96.908	9 1209	56	95.368	8 8703
	2	54	86.873	10 3473	55	85.461	10 0780	56	83.982	9 8063	57	82.440	9 5380
	3	55	78.643	10 7689	56	77.220	10 4814	57	75.736	10 1909	58	74.192	9 8974
	4	56	72.964	10 9658	57	71.527	10 6631	58	70.030	10 3574	59	68.478	10 0478
	5	57	68.778	11 0015	58	67.319	10 6864	59	65.802	10 3678	60	64.229	10 0454
	6	58	65.505	10 9221	59	64.018	10 5964	60	62.471	10 2673	61	60.866	9 9350
	7	59	62.808	10 7600	60	61.284	10 4257	61	59.699	10 0884	62	58.053	9 7479
	8	60	60.476	10 5383	61	58.908	10 1971	62	57.277	9 8531	63	55.581	9 5066
	9	61	58.374	10 2734	62	56.735	9 9267	63	55.070	9 5777	64	53.313	9 2276
	10	62	56.410	9 9771	63	54.733	9 6264	64	52.984	9 2745	65	51.160	8 9223
	11	63	54.518	9 6586	64	52.775	9 3055	65	50.956	8 9521	66	49.054	8 5998
	12	64	52.650	9 3246	65	50.835	8 9705	66	48.938	8 6176	67	46.954	8 2674
	13	65	50.770	8 9807	66	48.875	8 6275	67	46.893	8 2769	68	44.825	7 9298
	14	66	48.848	8 6318	67	46.867	8 2811	68	44.800	7 9338	69	42.648	7 5909
Table C. R. Tarif 3 1/2 % C. R.	15	67	46.861	8 2821	68	44.794	7 9348	69	42.642	7 5919	70	40.407	7 2545

NATURE des tables et tarifs	TEMPS écoulé depuis l'accident	AGE AU MOMENT DE L'ACCIDENT										
		56 ans			57 ans			58 ans			59 ans		
		Âge actuel	Table de mortalité	Prix d'une rente viagère de 1 fr.	Âge actuel	Table de mortalité	Prix d'une rente viagère de 1 fr.	Âge actuel	Table de mortalité	Prix d'une rente viagère de 1 fr.	Âge actuel	Table de mortalité	Prix d'une rente viagère de 1 fr.
	ans	ans			ans			ans			ans		
Table et tarif applicables pendant les quinze premières années d'invalidité	0	56	116.314	7.5925	57	114.645	7.9680	58	112.867	7.1442	59	110.998	6.9185
	1	57	93.754	8.6177	58	92.657	8.3653	59	90.289	8.1057	60	88.433	7.8485
	2	58	80.882	9.2530	59	79.452	9.9755	60	77.405	8.6853	61	75.579	8.4091
	3	59	72.589	9.6004	60	70.916	9.3007	61	69.178	8.9882	62	67.365	8.6936
	4	60	66.865	9.7350	61	65.484	9.4194	62	63.438	9.1010	63	61.616	8.7810
	5	61	62.594	9.7200	62	60.800	9.3929	63	59.119	9.0618	64	57.939	8.7306
	6	62	59.498	9.5996	63	57.458	9.2623	64	55.646	8.9237	65	53.753	8.5850
	7	63	56.340	9.4052	64	54.551	9.0615	65	52.687	8.7153	66	50.736	8.3746
	8	64	53.812	9.1591	65	51.964	8.8414	66	50.035	8.4646	67	48.045	8.1208
	9	65	51.481	8.8770	66	49.563	8.5279	67	47.559	8.1814	68	45.467	7.8483
	10	66	49.254	8.5711	67	47.238	8.2230	68	45.177	7.8781	69	43.610	7.5376
	11	67	47.068	8.2504	68	44.992	7.9045	69	42.833	7.5628	70	40.590	7.2266
	12	68	44.884	7.9206	69	42.727	7.5785	70	40.489	7.2446	71	38.174	6.9140
	13	69	42.672	7.5870	70	40.435	7.2500	71	38.123	6.9189	72	35.744	6.5947
	14	70	40.413	7.2535	71	38.101	6.9225	72	35.723	6.5981	73	33.287	6.2817
Table C. R. Tarif 3 1/2 % C. R.	15	71	38.096	6.9233	72	35.748	6.5990	73	33.282	6.2826	74	30.799	5.9755

NATURE des tables et tarifs	TEMPS écoulé depuis l'accident	AGE AU MOMENT DE L'ACCIDENT										
		60 ans			61 ans			62 ans			63 ans		
		Âge actuel	Table de mortalité	Prix d'une rente viagère de 1 fr.	Âge actuel	Table de mortalité	Prix d'une rente viagère de 1 fr.	Âge actuel	Table de mortalité	Prix d'une rente viagère de 1 fr.	Âge actuel	Table de mortalité	Prix d'une rente viagère de 1 fr.
	ans	ans			ans			ans			ans		
Table et tarif applicables pendant les quinze premières années d'invalidité	0	60	109.022	6.6921	61	106.933	6.4649	62	104.735	6.2372	63	102.402	6.0094
	1	61	86.487	7.5888	62	84.446	7.3278	63	82.309	7.0658	64	80.055	6.8039
	2	62	73.671	8.1230	63	71.674	7.8557	64	69.586	7.5477	65	67.391	7.2601
	3	63	65.471	8.3875	64	63.489	8.0806	65	61.420	7.7734	66	59.245	7.4479
	4	64	59.712	8.4602	65	57.721	8.1341	66	55.639	7.8192	67	53.453	7.5022
	5	65	55.336	8.3394	66	53.312	8.0894	67	51.195	7.7419	68	48.980	7.4179
	6	66	51.773	8.2475	67	49.698	7.9129	68	47.535	7.5812	69	45.278	7.2541
	7	67	48.035	8.0344	68	46.562	7.6978	69	44.343	7.3652	70	42.035	7.0383
	8	68	45.908	7.7892	69	43.714	7.4442	70	41.431	7.1134	71	39.071	6.7888
	9	69	43.289	7.4494	70	41.025	7.1663	71	38.685	6.8391	72	36.276	6.5187
	10	70	40.759	7.2025	71	38.430	6.8738	72	36.035	6.5517	73	33.584	6.2374
	11	71	38.270	6.8966	72	35.882	6.5736	73	33.437	6.2683	74	30.944	5.9524
	12	72	35.792	6.5871	73	33.351	6.2714	74	30.864	5.9648	75	28.348	5.6680
	13	73	33.306	6.2785	74	30.821	5.9718	75	28.309	5.6745	76	25.788	5.3878
	14	74	30.803	5.9748	75	28.292	5.6775	76	25.773	5.3905	77	23.268	5.4146
Table C. R. Tarif 3 1/2 % C. R.	15	75	28.288	5.6782	76	25.769	5.3913	77	23.265	5.1152	78	20.802	4.8502

AGE AU MOMENT DE L'ACCIDENT

NATURE des tables et tarifs	TEMPS écoulé depuis l'accident	64 ans			65 ans			66 ans			67 ans		
		Âge actuel	Table de mortalité	Prix d'une rente viagère de 1 fr.	Âge actuel	Table de mortalité	Prix d'une rente viagère de 1 fr.	Âge actuel	Table de mortalité	Prix d'une rente viagère de 1 fr.	Âge actuel	Table de mortalité	Prix d'une rente viagère de 1 fr.
	ans	ans			ans			ans			ans		
Table et tarif applicables pendant les quinze premières années d'invalidité	0	64	99.928	5.7892	65	97.305	5.7559	66	94.505	5.7314	67	91.530	5.7097
	1	65	77.682	6.5426	66	75.178	6.2928	67	72.526	6.0258	68	69.738	5.7717
	2	66	65.085	6.9740	67	62.658	6.6965	68	60.107	6.4101	69	57.441	6.1334
	3	67	56.903	7.1650	68	54.574	6.8652	69	52.074	6.5494	70	49.473	6.2785
	4	68	51.468	7.1884	69	48.785	6.8785	70	46.300	6.5739	71	43.730	6.2747
	5	69	46.672	7.0980	70	44.272	6.7882	71	41.784	6.4744	72	39.224	6.1718
	6	70	42.933	6.9322	71	40.506	6.6162	72	38.004	6.3069	73	35.443	6.0049
	7	71	39.649	6.7471	72	37.192	6.4026	73	34.671	6.0961	74	32.104	5.7983
	8	72	36.643	6.4708	73	34.155	6.1606	74	31.616	5.8597	75	29.051	5.5680
	9	73	33.808	6.2062	74	31.283	5.9027	75	28.746	5.6092	76	26.194	5.3255
	10	74	31.079	5.9326	75	28.549	5.6373	76	26.009	5.3525	77	23.486	5.0782
	11	75	28.423	5.6562	76	25.894	5.3702	77	23.379	5.0952	78	20.906	4.8311
	12	76	25.825	5.3814	77	23.316	5.1039	78	20.848	4.8413	79	18.451	4.5870
	13	77	23.283	5.1118	78	20.818	4.8470	79	18.423	4.5925	80	16.122	4.3480
	14	78	20.805	4.8495	79	18.412	4.5948	80	16.111	4.3514	81	13.929	4.1186
Table C. R. Tarif 3 1/2 % C. R.	15	79	18.409	4.5955	80	16.109	4.3519	81	13.927	4.1191	82	11.883	3.8979

NATURE DES TABLES ET TARIFS	TEMPS écoulé depuis l'accident	AGE AU MOMENT DE L'ACCIDENT								
		68 ans			69 ans			70 ans		
		Âge actuel	Table de mortalité	Prix d'une rente viagère de 1 fr.	Âge actuel	Table de mortalité	Prix d'une rente viagère de 1 fr.	Âge actuel	Table de mortalité	Prix d'une rente viagère de 1 fr.
	ans	ans			ans			ans		
	0	68	88.353	4.8911	69	84.991	4.6761	70	81.415	4.4654
	1	69	66.794	5.5215	70	63.710	5.2757	71	60.476	5.3049
	2	70	54.646	5.8617	71	51.743	5.5931	72	48.728	5.3343
Table et tarif applicables	3	71	46.766	5.9332	72	43.974	5.7137	73	41.096	5.4413
	4	72	41.073	5.9820	73	38.348	5.6963	74	35.557	5.4193
	5	73	36.393	5.8768	74	33.909	5.5905	75	31.186	5.3133
pendant les quinze premières années	6	74	32.825	5.7120	75	30.477	5.4284	76	27.514	5.1548
	7	75	29.502	5.5102	76	26.892	5.2320	77	24.292	4.9647
	8	76	26.472	5.2871	77	23.910	5.0464	78	21.386	4.7568
d'invalidité	9	77	23.653	5.0530	78	21.155	4.7912	79	18.725	4.5398
	10	78	21.002	4.8151	79	18.589	4.5623	80	16.268	4.3205
	11	79	18.502	4.5775	80	16.192	4.3347	81	13.999	4.1030
	12	80	16.146	4.3438	81	13.950	4.1114	82	11.911	3.8907
	13	81	13.938	4.1464	82	11.883	3.8952	83	10.003	3.6866
	14	82	11.885	3.8974	83	9.997	3.6884	84	8.276	3.4943
Table C. R. — Tarif 3 1/2 p. 100 C. R.	15	83	9.995	3.6891	84	8.275	3.4947	85	6.737	3.3151

TABLEAU IV. — *Tarif auxiliaire pour l'évaluation d'une rente viagère reposant sur la tête d'une victime d'accident ayant entraîné l'incapacité absolue et permanente de travail et réversible sur la tête du conjoint. (Tables de mortalité C. R. et C. R. I. (1). — Taux 3 1/2 p. 100.)*

NATURE des tarifs	TEMPS écoulé depuis l'accident	AGE actuel de l'invalide	+10 ans		+5 ans		0		−5 ans	
			Age actuel du conjoint	Complément du prix d'une rente réversible de 1 fr.	Age actuel du conjoint	Complément du prix d'une rente réversible de 1 fr.	Age actuel du conjoint	Complément du prix d'une rente réversible de 1 fr.	Age actuel du conjoint	Complément du prix d'une rente réversible de 1 fr.
Tarif applicable pendant les quinze premières années d'invalidité	0 an	20 ans	»	»	15 ans	9f 7754	20 ans	9f 3122	25 ans	8f 8620
	1 an	21	»	»	16	7 9473	21	7 3228	26	7 0897
	2 ans	22	»	»	17	6 5946	22	6 1931	27	5 7680
	3	23	»	»	18	6 0698	23	5 9133	28	4 7987
	4	24	»	»	19	4 9042	24	4 5124	29	4 0924
	5	25	»	»	20	4 3856	25	4 0022	30	3 5795
	6	26	»	»	21	4 0383	26	3 6367	31	3 2096
	7	27	»	»	22	3 7930	27	3 5780	32	2 9447
	8	28	»	»	23	3 6273	28	3 4977	33	2 7565
	9	29	»	»	24	3 5497	29	3 1977	34	2 6239
	10	30	»	»	25	3 4548	30	3 0747	35	2 5318
	11	31	»	»	26	3 4208	31	2 9936	36	2 4690
	12	32	»	»	27	3 4093	32	2 9154	37	2 4277
	13	33	»	»	28	3 4143	33	2 9037	38	2 4019
	14	34	»	»	29	3 4313	34	2 9034	39	2 3870
Tarif 3 1/2 °/₀ C. R. (2)	15	35	»		30	3 4558	35	2 9099	40	2 3788

(1) Table de mortalité de la (C) Caisse des (R) retraites pour les (I) invalides.
(2) A partir de la seizième année d'invalidité, le tarif 3 1/2 p. 100 C. R. devient applicable (Tableau V).

AGE DE L'INVALIDE AU MOMENT DE L'ACCIDENT : 21 ANS

NATURE des tarifs	TEMPS écoulé depuis l'accident	AGE actuel de l'invalide	DIFFÉRENCES D'AGES							
			+ 10 ans		+ 5 ans		0		— 5 ans	
			Age actuel du conjoint	Complément du prix d'une rente reversible de 1 fr.	Age actuel du conjoint	Complément du prix d'une rente reversible de 1 fr.	Age actuel du conjoint	Complément du prix d'une rente reversible de 1 fr.	Age actuel du conjoint	Complément du prix d'une rente reversible de 1 fr.
Tarif applicable pendant les quinze premières années d'invalidité	0 an	21 ans	»	»	16 ans	9f 6273	21 ans	9f 1723	26 ans	8f 7041
	1 an	22	»	»	17	7 8419	22	7 4188	27	6 9658
	2 ans	23	»	»	18	6 5216	23	6 1158	28	5 6719
	3	24	»	»	19	5 5629	24	5 1629	29	4 7241
	4	25	»	»	20	4 8740	25	4 4722	30	4 0350
	5	26	»	»	21	4 3840	26	3 9749	31	3 5367
	6	27	»	»	22	4 0399	27	3 6198	32	3 1781
	7	28	»	»	23	3 8024	28	3 3689	33	2 9215
	8	29	»	»	24	3 6420	29	3 1940	34	2 7386
	9	30	»	»	25	3 5379	30	3 0746	35	2 6096
	10	31	»	»	26	3 4750	31	2 9961	36	2 5197
	11	32	»	»	27	3 4425	32	2 9476	37	2 4586
	12	33	»	»	28	3 4324	33	2 9212	38	2 4186
	13	34	»	»	29	3 4392	34	2 9110	39	2 3943
	14	35	»	»	30	3 4576	35	2 9117	40	2 3805
Tarif 3 1/2 % C. R.	15	36	»	»	31	3 4838	36	2 9195	41	2 3736

NATURE des tarifs	TEMPS écoulé depuis l'accident	AGE actuel de l'invalide	DIFFÉRENCES D'ÂGES							
			+ 10 ans		**+ 5 ans**		**0**		**− 5 ans**	
			Age actuel du conjoint	Complément du prix d'une rente reversible de 1 fr.	Age actuel du conjoint	Complément du prix d'une rente reversible de 1 fr.	Age actuel du conjoint	Complément du prix d'une rente reversible de 1 fr.	Age actuel du conjoint	Complément du prix d'une rente reversible de 1 fr.
Tarif applicable pendant les quinze premières années d'invalidité	0 an	22 ans	»	»	17 ans	9 4830	22 ans	9 0319	27 ans	8 5445
	1 an	23	»	»	18	7 7404	23	7 3143	28	6 8394
	2 ans	24	»	»	19	6 4544	24	6 0395	29	5 5758
	3	25	»	»	20	5 5214	25	5 1083	30	4 6516
	4	26	»	»	21	4 8524	26	4 4365	31	3 9811
	5	27	»	»	22	4 3776	27	3 9506	32	3 4973
	6	28	»	»	23	4 0446	28	3 6056	33	3 1473
	7	29	»	»	24	3 8139	29	3 3617	34	2 8999
	8	30	»	»	25	3 6579	30	3 1915	35	2 7217
	9	31	»	»	26	3 5567	31	3 0755	36	2 5957
	10	32	»	»	27	3 4956	32	2 9992	37	2 5080
	11	33	»	»	28	3 4647	33	2 9525	38	2 4485
	12	34	»	»	29	3 4367	34	2 9280	39	2 4405
	13	35	»	»	30	3 4652	35	2 9191	40	2 3856
	14	36	»	»	31	3 4856	36	2 9212	41	2 3732
Tarif 3 1/2 % C. R.	15	37	»	»	32	3 5128	37	2 9295	42	2 3487

AGE DE L'INVALIDE AU MOMENT DE L'ACCIDENT : 22 ANS

AGE DE L'INVALIDE AU MOMENT DE L'ACCIDENT : 23 ANS

NATURE des tarifs	TEMPS écoulé depuis l'accident	AGE actuel de l'invalide	DIFFÉRENCES D'AGES							
			+10 ans		+5 ans		0		− 5 ans	
			Age actuel du conjoint	Complément du prix d'une rente reversible de 1 fr.	Age actuel du conjoint	Complément du prix d'une rente reversible de 1 fr.	Age actuel du conjoint	Complément du prix d'une rente reversible de 1 fr.	Age actuel du conjoint	Complément du prix d'une rente reversible de 1 fr.
Tarif applicable pendant les quinze premières années d'invalidité	0 an	23 ans	»	»	18 ans	9ᶠ 3435	23 ans	8ᶠ 8911	28 ans	8ᶠ 3761
	1 an	24	»	»	19	7 6453	24	7 2105	29	6 7139
	2 ans	25	»	»	20	6 3031	25	5 9647	30	5 4817
	3	26	»	»	21	5 4858	26	5 0560	31	4 5821
	4	27	»	»	22	4 8361	27	4 3996	32	3 9306
	5	28	»	»	23	4 3752	28	3 9288	33	3 4607
	6	29	»	»	24	4 0509	29	3 5928	34	3 1221
	7	30	»	»	25	3 8262	30	3 3553	35	2 8789
	8	31	»	»	26	3 6740	31	3 1895	36	2 7049
	9	32	»	»	27	3 5753	32	3 0766	37	2 5819
	10	33	»	»	28	3 5107	33	3 0029	38	2 4966
	11	34	»	»	29	3 4883	34	2 9586	39	2 4396
	12	35	»	»	30	3 4823	35	2 9356	40	2 4033
	13	36	»	»	31	3 4930	36	2 9284	41	2 3820
	14	37	»	»	32	3 5146	37	2 9313	42	2 3704
Tarif 3 1/2 % C. R.	15	38	»	»	33	3 5422	38	2 9398	43	2 3638

AGE DE L'INVALIDE AU MOMENT DE L'ACCIDENT : 24 ANS

NATURE des tarifs	TEMPS écoulé depuis l'accident	AGE actuel de l'invalide	DIFFÉRENCES D'AGES							
			+ 10 ans		+ 5 ans		0		— 5 ans	
			Age actuel du conjoint	Complément du prix d'une rente réversible de 1 fr.	Age actuel du conjoint	Complément du prix d'une rente réversible de 1 fr.	Age actuel du conjoint	Complément du prix d'une rente réversible de 1 fr.	Age actuel du conjoint	Complément du prix d'une rente réversible de 1 fr.
	0	24 ans	»	»	19 ans	9ʳ 2109	24 ans	8ʳ 7504	29 ans	8ʳ 2110
	1 an	25	»	»	20	7 5561	25	7 1076	30	6 5898
	2 ans	26	»	»	21	6 3575	26	5 8917	31	5 3904
Tarif	3	27	»	»	22	5 4555	27	5 0063	32	4 5460
applicable pen-	4	28	»	»	23	4 8217	28	4 3670	33	3 8828
dant les quinze	5	29	»	»	24	4 3745	29	3 9084	34	3 4254
premières années	6	30	»	»	25	4 0583	30	3 5812	35	3 0956
d'invalidité	7	31	»	»	26	3 8589	31	3 3496	36	2 8583
	8	32	»	»	27	3 6905	32	3 1883	37	2 6887
	9	33	»	»	28	3 5450	33	3 0788	38	2 5690
	10	34	»	»	29	3 5394	34	3 0080	39	2 4867
	11	35	»	»	30	3 5145	35	2 9658	40	2 4319
	12	36	»	»	31	3 5100	36	2 9447	41	2 3976
	13	37	»	»	32	3 5219	37	2 9384	42	2 3774
	14	38	»	»	33	3 5440	38	2 9416	43	2 3655
Tarif 3 1/2 % C. R.	15	39	»	»	34	3 5713	39	2 9497	44	2 3582

AGE DE L'INVALIDE AU MOMENT DE L'ACCIDENT : 25 ANS

NATURE des tarifs	TEMPS écoulé depuis l'accident	AGE actuel de l'invalide	DIFFÉRENCES D'AGES							
			+10 ans		+5 ans		0		−5 ans	
			Age actuel du conjoint	Complément du prix d'une rente réversible de 1 fr.	Age actuel du conjoint	Complément du prix d'une rente réversible de 1 fr.	Age actuel du conjoint	Complément du prix d'une rente réversible de 1 fr.	Age actuel du conjoint	Complément du prix d'une rente réversible de 1 fr.
Tarif applicable pendant les quinze premières années d'invalidité	0 an	25 ans	15 ans	9f 5887	20 ans	9f 0847	25 ans	8f 6100	30 ans	8f 0473
	1 an	26	16	7 9969	21	7 4730	26	7 0060	31	6 4685
	2 ans	27	17	6 7253	22	6 2871	27	5 8207	32	5 3022
	3	28	18	5 8618	23	5 4287	28	4 9583	33	4 4522
	4	29	19	5 2491	24	4 8127	29	4 3356	34	3 8360
	5	30	20	4 8201	25	4 3745	30	3 8888	35	3 3906
	6	31	21	4 5250	26	4 0656	31	3 5699	36	3 0690
	7	32	22	4 3276	27	3 8514	32	3 3443	37	2 8376
	8	33	23	4 2024	28	3 7073	33	3 1875	38	2 6726
	9	34	24	4 1306	29	3 6156	34	3 0817	39	2 5568
	10	35	25	4 0484	30	3 5631	35	3 0136	40	2 4774
	11	36	26	4 0458	31	3 5401	36	2 9738	41	2 4251
	12	37	27	4 1144	32	3 5382	37	2 9540	42	2 3920
	13	38	28	4 1480	33	3 5511	38	2 9484	43	2 3719
	14	39	29	4 1912	34	3 5731	39	2 9514	44	2 3598
Tarif 3 1/2 % C. R.	15	40	30	4 2395	35	3 5995	40	2 9589	45	2 3513

AGE DE L'INVALIDE AU MOMENT DE L'ACCIDENT : 26 ANS

NATURE des tarifs	TEMPS écoulé depuis l'accident	AGE actuel de l'invalide	DIFFÉRENCES D'AGES							
			+ 10 ans		+ 5 ans		0		— 5 ans	
			Age actuel du conjoint	Complément du prix d'une rente réversible de 1 fr.	Age actuel du conjoint	Complément du prix d'une rente réversible de 1 fr.	Age actuel du conjoint	Complément du prix d'une rente réversible de 1 fr.	Age actuel du conjoint	Complément du prix d'une rente réversible de 1 fr.
Tarif applicable pendant les quinze premières années d'invalidité	0	26 ans	16 ans	9'5233	21 ans	9'0444	26 ans	8'5487	31 ans	7'9617
	1 an	27	17	7 9051	22	7 4498	27	6 9597	32	6 4018
	2 ans	28	18	6 7220	23	6 2771	28	5 7874	33	5 2509
	3	29	19	5 8725	24	5 4276	29	4 9352	34	4 4122
	4	30	20	5 2704	25	4 8163	30	4 3207	35	3 8047
	5	31	21	4 8491	26	4 3848	31	3 8798	36	3 3956
	6	32	22	4 5598	27	4 0796	32	3 5455	37	3 0489
	7	33	23	4 3570	28	3 8688	33	3 3438	38	2 8215
	8	34	24	4 2634	29	3 7281	34	3 1904	39	2 6602
	9	35	25	4 1763	30	3 6394	35	3 0872	40	2 5473
	10	36	26	4 1466	31	3 5897	36	3 0216	41	2 4705
	11	37	27	4 1453	32	3 5684	37	2 9831	42	2 4195
	12	38	28	4 1648	33	3 5675	38	2 9641	43	2 3868
	13	39	29	4 1984	34	3 5801	39	2 9582	44	2 3662
	14	40	30	4 2413	35	3 6013	40	2 9506	45	2 3529
Tarif 3 1/2 % C. R.	15	41	31	4 2896	36	3 6271	41	2 9674	46	2 3436

AGE DE L'INVALIDE AU MOMENT DE L'ACCIDENT : 27 ANS

NATURE des tarifs	TEMPS écoulé depuis l'accident	AGE actuel de l'invalide	DIFFÉRENCES D'AGES							
			+ 10 ans		+ 5 ans		0		— 5 ans	
			Age actuel du conjoint	Complément du prix d'une rente réversible de 1 fr.	Age actuel du conjoint	Complément du prix d'une rente réversible de 1 fr.	Age actuel du conjoint	Complément du prix d'une rente réversible de 1 fr.	Age actuel du conjoint	Complément du prix d'une rente réversible de 1 fr.
Tarif applicable pendant les quinze premières années d'invalidité	0	27 ans	17 ans	9ᶠ 4853	22 ans	9ᶠ 0073	27 ans	8ᶠ 4861	32 ans	7ᶠ 8763
	1 an	28	18	7 8896	23	7 4287	28	6 9132	33	6 3357
	2 ans	29	19	6 7239	24	6 2673	29	5 7564	34	5 1994
	3	30	20	5 8873	25	5 4284	30	4 9124	35	4 3722
	4	31	21	5 2947	26	4 8235	31	4 3658	36	3 7731
	5	32	22	4 8805	27	4 3949	32	3 8711	37	3 3406
	6	33	23	4 5965	28	4 0940	33	3 5648	38	3 0291
	7	34	24	4 4080	29	3 8873	34	3 3442	39	2 8064
	8	35	25	4 2896	30	3 7501	35	3 1941	40	2 6487
	9	36	26	4 2234	31	3 6647	36	3 0939	41	2 5389
	10	37	27	4 1953	32	3 6171	37	3 0300	42	2 4638
	11	38	28	4 1951	33	3 5970	38	2 9925	43	2 4136
	12	39	29	4 2149	34	3 5961	39	2 9735	44	2 3806
	13	40	30	4 2485	35	3 6083	40	2 9672	45	2 3592
	14	41	31	4 2914	36	3 6288	41	2 9691	46	2 3452
Tarif 3 1/2 % C.R.	15	42	32	4 3399	37	3 6344	42	2 9756	47	2 3355

AGE DE L'INVALIDE AU MOMENT DE L'ACCIDENT : 28 ANS

NATURE des tarifs	TEMPS écoulé depuis l'accident	AGE actuel de l'invalide	DIFFÉRENCES D'AGES							
			+10 ans		+5 ans		0		— 5 ans	
			Age actuel du conjoint	Complément du prix d'une rente reversible de 1 fr.	Age actuel du conjoint	Complément du prix d'une rente reversible de 1 fr.	Age actuel du conjoint	Complément du prix d'une rente reversible de 1 fr.	Age actuel du conjoint	Complément du prix d'une rente reversible de 1 fr.
Tarif applicable pendant les quinze premières années d'invalidité	0 an	28 ans	18 ans	9 4525	23 ans	8 9714	28 ans	8 4219	33 ans	7 7902
	1 an	29	19	7 8791	24	7 4068	29	6 8657	34	6 2684
	2 ans	30	20	6 7293	25	6 2565	30	5 7291	35	5 1470
	3	31	21	5 9044	26	5 4238	31	4 8887	36	4 3509
	4	32	22	5 3204	27	4 8924	32	4 2903	37	3 7406
	5	33	23	4 9128	28	4 4043	33	3 8620	38	3 3450
	6	34	24	4 6364	29	4 1088	34	3 5581	39	3 0096
	7	35	25	4 4496	30	3 9065	35	3 3449	40	2 7917
	8	36	26	4 3348	31	3 7734	36	3 1985	41	2 6379
	9	37	27	4 2706	32	3 6905	37	3 1005	42	2 5305
	10	38	28	4 2439	33	3 6445	38	3 0381	43	2 4566
	11	39	29	4 2463	34	3 6247	39	3 0010	44	2 4065
	12	40	30	4 2843	35	3 6236	40	2 9819	45	2 3730
	13	41	31	4 2984	36	3 6354	41	2 9753	46	2 3511
	14	42	32	4 3415	37	3 6559	42	2 9774	47	2 3309
Tarif 3 1/2 % C. R.	15	43	33	4 3910	38	3 6821	43	2 9838	48	2 3279

AGE DE L'INVALIDE AU MOMENT DE L'ACCIDENT : 29 ANS

NATURE des tarifs	TEMPS écoulé depuis l'accident	AGE actuel de l'invalide	DIFFÉRENCES D'ÂGES							
			+ 10 ans		+ 5 ans		0		— 5 ans	
			Age actuel du conjoint	Complément du prix d'une rente réversible de 1 fr.	Age actuel du conjoint	Complément du prix d'une rente réversible de 1 fr.	Age actuel du conjoint	Complément du prix d'une rente réversible de 1 fr.	Age actuel du conjoint	Complément du prix d'une rente réversible de 1 fr.
Tarif applicable pendant les quinze premières années d'invalidité	0 an	29 ans	19 ans	9f 4271	24 ans	8f 9341	29 ans	8f 3561	34 ans	7f 7024
	1 an	30	20	7 8794	25	7 3835	30	6 8172	35	6 1997
	2 ans	31	21	6 7374	26	6 2441	31	5 6854	36	5 0933
	3	32	22	5 9236	27	5 4203	32	4 8649	37	4 2891
	4	33	23	5 3479	28	4 8311	33	4 2750	38	3 7081
	5	34	24	4 9468	29	4 4149	34	3 8538	39	3 2904
	6	35	25	4 6730	30	4 1249	35	3 5554	40	2 9911
	7	36	26	4 4927	31	3 9275	36	3 3468	41	2 7789
	8	37	27	4 3805	32	3 7976	37	3 2034	42	2 6276
	9	38	28	4 3184	33	3 7170	38	3 1076	43	2 5521
	10	39	29	4 2928	34	3 6719	39	3 0461	44	2 4490
	11	40	30	4 2836	35	3 6521	40	3 0092	45	2 3986
	12	41	31	4 3139	36	3 6507	41	2 9900	46	2 3648
	13	42	32	4 3484	37	3 6626	42	2 9834	47	2 3429
	14	43	33	4 3926	38	3 6837	43	2 9853	48	2 3293
Tarif 3 1/2 % C. R.	15	44	34	4 4428	39	3 7105	44	2 9921	49	2 3211

AGE DE L'INVALIDE AU MOMENT DE L'ACCIDENT : 30 ANS

NATURE des tarifs	TEMPS écoulé depuis l'accident	AGE actuel de l'invalide	DIFFÉRENCES D'AGES							
			+10 ans		+5 ans		0		—5 ans	
			Age actuel du conjoint	Complément du prix d'une rente réversible de 1 fr.	Age actuel du conjoint	Complément du prix d'une rente réversible de 1 fr.	Age actuel du conjoint	Complément du prix d'une rente réversible de 1 fr.	Age actuel du conjoint	Complément du prix d'une rente réversible de 1 fr.
Tarif applicable pendant les quinze premières années d'invalidité	0 an	30 ans	20 ans	9.4048	25 ans	8.8946	30 ans	8.2888	35 ans	7.6126
	1 an	31	—	7.8688	—	7.3583	—	6.7678	—	6.1296
	2 ans	32	—	6.7477	—	6.2314	—	5.6503	—	5.0888
	3	33	—	5.9443	—	5.4163	—	4.8441	—	4.2471
	4	34	—	5.3767	—	4.8350	—	4.2603	—	3.6766
	5	35	—	4.9818	—	4.4297	—	3.8463	—	3.2907
	6	36	—	4.7132	—	4.1426	—	3.5537	—	2.9738
	7	37	—	4.5363	—	3.9494	—	3.3492	—	2.7651
	8	38	—	4.4257	—	3.8224	—	3.2086	—	2.6172
	9	39	—	4.3651	—	3.7432	—	3.1143	—	2.5131
	10	40	—	4.3413	—	3.6984	—	3.0535	—	2.4401
	11	41	—	4.3430	—	3.6789	—	3.0169	—	2.3900
	12	42	—	4.3644	—	3.6778	—	2.9979	—	2.3564
	13	43	—	4.3994	—	3.6902	—	2.9915	—	2.3354
	14	44	—	4.4444	—	3.7120	—	2.9936	—	2.3224
Tarif 3 1/2 % C.R.	15	45	—	4.4956	—	3.7399	—	3.0007	—	2.3155

AGE DE L'INVALIDE AU MOMENT DE L'ACCIDENT : 31 ANS

NATURE des tarifs	TEMPS écoulé depuis l'accident	AGE actuel de l'invalide	DIFFÉRENCES D'AGES							
			+ 10 ans		+ 5 ans		0		— 5 ans	
			Age actuel du conjoint	Complement du prix d'une rente reversible de 1 fr.	Age actuel du conjoint	Complement du prix d'une rente reversible de 1 fr.	Age actuel du conjoint	Complement du prix d'une rente reversible de 1 fr.	Age actuel du conjoint	Complement du prix d'une rente reversible de 1 fr.
Tarif applicable pendant les quinze premières années d'invalidité	0	31 ans	21 ans	9.3847	26 ans	8.8516	31 ans	8.2192	36 ans	7.5199
	1 an	32	22	7.8663	27	7.3303	32	6.7168	37	6.0574
	2 ans	33	23	6.7386	28	6.2152	33	5.6142	38	4.9833
	3	34	24	5.9655	29	5.4124	34	4.8470	39	4.2051
	4	35	25	5.4639	30	4.8410	35	4.2456	40	3.6450
	5	36	26	5.0174	31	4.4394	36	3.8392	41	3.2435
	6	37	27	4.7533	32	4.1607	37	3.5520	42	2.9563
	7	38	28	4.5798	33	3.9714	38	3.3513	43	2.7515
	8	39	29	4.4724	34	3.8484	39	3.2131	44	2.6058
	9	40	30	4.4132	35	3.7682	40	3.1201	45	2.5025
	10	41	31	4.3895	36	3.7239	41	3.0599	46	2.4302
	11	42	32	4.3922	37	3.7049	42	3.0238	47	2.3806
	12	43	33	4.4146	38	3.7050	43	3.0055	48	2.3482
	13	44	34	4.4510	39	3.7183	44	2.9996	49	2.3280
	14	45	35	4.4972	40	3.7414	45	3.0021	50	2.3108
Tarif 3 1 2 % C. R.	15	46	36	4.5484	41	3.7694	46	3.0090	51	2.3106

AGE DE L'INVALIDE AU MOMENT DE L'ACCIDENT : 32 ANS

NATURE des tarifs	TEMPS écoulé depuis l'accident	AGE actuel de l'invalide	DIFFÉRENCES D'ÂGES							
			+ 10 ans		+ 5 ans		0		— 5 ans	
			Age actuel du conjoint	Complément du prix d'une rente réversible de 1 fr.	Age actuel du conjoint	Complément du prix d'une rente réversible de 1 fr.	Age actuel du conjoint	Complément du prix d'une rente réversible de 1 fr.	Age actuel du conjoint	Complément du prix d'une rente réversible de 1 fr.
Tarif applicable pendant les quinze premières années d'invalidité	0 an	32 ans	22 ans	9.3658	27 ans	8.8051	32 ans	8.1475	37 ans	7.4248
	1 an	33	23	7.8663	28	7.3002	33	6.6644	38	5.9889
	2 ans	34	24	6.7696	29	6.1988	34	5.5775	39	4.9275
	3	35	25	5.9807	30	5.4086	35	4.7927	40	4.1632
	4	36	26	5.4353	31	4.8469	36	4.2312	41	3.6139
	5	37	28	5.0528	32	4.4524	37	3.8520	42	3.2202
	6	38	27	4.7983	33	4.1790	38	3.5502	43	2.9485
	7	39	29	4.6232	34	3.9928	39	3.3531	44	2.7371
	8	40	30	4.5178	35	3.8896	40	3.2169	45	2.5932
	9	41	31	4.4603	36	3.7925	41	3.1253	46	2.4912
	10	42	32	4.4382	37	3.7495	42	3.0662	47	2.4200
	11	43	33	4.4424	38	3.7318	43	3.0310	48	2.3749
	12	44	34	4.4460	39	3.7328	44	3.0133	49	2.3408
	13	45	35	4.5037	40	3.7476	45	3.0080	50	2.3223
	14	46	36	4.5500	41	3.7709	46	3.0104	51	2.3149
Tarif 3 1/2 % C. R.	15	47	37	4.6003	42	3.7978	47	3.0162	52	2.3054

AGE DE L'INVALIDE AU MOMENT DE L'ACCIDENT : 33 ANS

| NATURE des tarifs | TEMPS écoulé depuis l'accident | AGE actuel de l'invalide | DIFFÉRENCES D'AGES | | | | | | | |
| | | | + 10 ans | | + 5 ans | | 0 | | − 5 ans | |
			Age actuel du conjoint	Complément du prix d'une rente reversible de 1 fr.	Age actuel du conjoint	Complément du prix d'une rente reversible de 1 fr.	Age actuel du conjoint	Complément du prix d'une rente reversible de 1 fr.	Age actuel du conjoint	Complément du prix d'une rente reversible de 1 fr.
Tarif applicable pendant les quinze premières années d'invalidité	0	33 ans	23 ans	9.3464	28 ans	8.7551	33 ans	8.0733	38 ans	7.3973
	1 an	34	24	7.8613	29	7.2690	34	6.6105	39	5.9093
	2 ans	35	25	6.7798	30	6.1837	35	5.5399	40	4.8712
	3	36	26	6.0075	31	5.4051	36	4.7680	41	4.1212
	4	37	27	5.4444	32	4.8529	37	4.2163	42	3.5824
	5	38	28	5.0878	33	4.4653	38	3.8244	43	3.1962
	6	39	29	4.8327	34	4.1963	39	3.5475	44	2.9194
	7	40	30	4.6655	35	4.0128	40	3.3535	45	2.7209
	8	41	31	4.5627	36	3.8916	41	3.2196	46	2.5792
	9	42	32	4.5072	37	3.8162	42	3.1286	47	2.4791
	10	43	33	4.4871	38	3.7749	43	3.0720	48	2.4100
	11	44	34	4.4930	39	3.7589	44	3.0380	49	2.3637
	12	45	35	4.5182	40	3.7646	45	3.0213	50	2.3346
	13	46	36	4.5562	41	3.7769	46	3.0161	51	2.3171
	14	47	37	4.6018	42	3.7992	47	3.0175	52	2.3066
Tarif 31/2 % C. R.	15	48	38	4.6498	43	3.8234	48	3.0242	53	2.2984

AGE DE L'INVALIDE AU MOMENT DE L'ACCIDENT : 34 ANS

NATURE des tarifs	TEMPS écoulé depuis l'accident	AGE actuel de l'invalide	DIFFÉRENCES D'AGES							
			+10 ans		+5 ans		0		−5 ans	
			Age actuel du conjoint	Complément du prix d'une rente reversible de 1 fr.	Age actuel du conjoint	Complément du prix d'une rente reversible de 1 fr.	Age actuel du conjoint	Complément d'une rente reversible de 1 fr.	Age actuel du conjoint	Complément du prix d'une rente reversible de 1 fr.
Tarif applicable pendant les quinze premières années d'invalidité	0 an	34 ans	24 ans	9 3258	29 ans	8 7637	34 ans	7 9975	39 ans	7 2986
	1 an	35	25	7 8476	30	7 2373	35	6 5559	40	5 8344
	2 ans	36	26	6 7899	31	6 1683	36	5 5022	41	4 8152
	3	37	27	6 0284	32	5 4021	37	4 7434	42	4 0792
	4	38	28	5 4929	33	4 8591	38	4 2014	43	3 5506
	5	39	29	5 1225	34	4 4776	39	3 8163	44	3 1713
	6	40	30	4 8719	35	4 2128	40	3 5442	45	2 8901
	7	41	31	4 7082	36	4 0324	41	3 3537	46	2 7041
	8	42	32	4 6081	37	3 9137	42	3 2223	47	2 5652
	9	43	33	4 5554	38	3 8408	43	3 1465	48	2 4679
	10	44	34	4 5372	39	3 8015	44	3 0584	49	2 4010
	11	45	35	4 5449	40	3 7873	45	3 0456	50	2 3570
	12	46	36	4 5706	41	3 7906	46	3 0291	51	2 3291
	13	47	37	4 6080	42	3 8051	47	3 0231	52	2 3118
	14	48	38	4 6513	43	3 8248	48	3 0226	53	2 2907
Tarif 3 1/2 % C. R.	15	49	39	4 6956	44	3 8448	49	3 0232	54	2 2886

AGE DE L'INVALIDE AU MOMENT DE L'ACCIDENT : 35 ANS

NATURE des tarifs	TEMPS écoulé depuis l'accident	AGE actuel de l'invalide	DIFFÉRENCES D'AGES							
			+ 10 ans		+ 5 ans		0		− 5 ans	
			Age actuel du conjoint	Complément du prix d'une rente réversible de 1 fr.	Age actuel du conjoint	Complément du prix d'une rente réversible de 1 fr.	Age actuel du conjoint	Complément du prix d'une rente réversible de 1 fr.	Age actuel du conjoint	Complément du prix d'une rente réversible de 1 fr.
Tarif applicable pendant les quinze premières années d'invalidité	0 an	35 ans	25 ans	7f 3029	30 ans	8f 6705	35 ans	7f 9195	40 ans	7f 1284
	1 an	36	26	7 8523	31	7 2050	36	6 4999	41	5 7588
	2 ans	37	27	6 7984	32	6 1523	37	5 4635	42	4 7582
	3	38	28	6 0475	33	5 3984	38	4 7178	43	4 0360
	4	39	29	5 5207	34	4 8640	39	4 1854	44	3 5172
	5	40	30	5 1565	35	4 4886	40	3 8072	45	3 1448
	6	41	31	4 9105	36	4 2282	41	3 5399	46	2 8776
	7	42	32	4 7507	37	4 0514	42	3 3531	47	2 6867
	8	43	33	4 6541	38	3 9360	43	3 2248	48	2 5545
	9	44	34	4 6038	39	3 8656	44	3 1391	49	2 4572
	10	45	35	4 5880	40	3 8283	45	3 0848	50	2 3932
	11	46	36	4 5967	41	3 8158	46	3 0528	51	2 3510
	12	47	37	4 6222	42	3 8187	47	3 0359	52	2 3236
	13	48	38	4 6574	43	3 8307	48	3 0281	53	2 3048
	14	49	39	4 6971	44	3 8463	49	3 0246	54	2 2808
Tarif 3 1/2 % C. R.	15	50	40	4 7365	45	3 8608	50	3 0214	55	2 2746

AGE DE L'INVALIDE AU MOMENT DE L'ACCIDENT : 36 ANS

NATURE des tarifs	TEMPS écoulé depuis l'accident	AGE actuel de l'invalide	DIFFÉRENCES D'ÂGES							
			+ 10 ans		+ 5 ans		0		— 5 ans	
			Age actuel du conjoint	Complément du prix d'une rente reversible de 1 fr.	Age actuel du conjoint	Complément du prix d'une rente réversible de 1 fr.	Age actuel du conjoint	Complément du prix d'une rente reversible de 1 fr.	Age actuel du conjoint	Complément du prix d'une rente reversible de 1 fr.
Tarif applicable pendant les quinze premières années d'invalidité	0 an	36 ans	26 ans	9f 3455	31 ans	8f 6334	36 ans	7f 8754	41 ans	7f 0609
	1 an	37	27	7 8706	32	7 4969	37	6 4666	42	5 7046
	2 ans	38	28	6 8925	33	6 1519	38	5 4396	43	4 7147
	3	39	29	6 0970	34	5 4040	39	4 7014	44	4 0008
	4	40	30	5 5565	35	4 8743	40	4 1748	45	3 4882
	5	41	31	5 1943	36	4 5027	41	3 8011	46	3 4207
	6	42	32	4 9519	37	4 2457	42	3 5375	47	2 8578
	7	43	33	4 7953	38	4 0721	43	3 3538	48	2 6709
	8	44	34	4 7015	39	3 9597	44	3 2280	49	2 5383
	9	45	35	4 6538	40	3 8820	45	3 1445	50	2 4482
	10	46	36	4 6382	41	3 8566	46	3 0912	51	2 3864
	11	47	37	4 6477	42	3 8432	47	3 0589	52	2 3148
	12	48	38	4 6712	43	3 8439	48	3 0405	53	2 3162
	13	49	39	4 7031	44	3 8520	49	3 0300	54	2 2948
	14	50	40	4 7380	45	3 8622	50	3 0227	55	2 2758
Tarif 3 1/2 % C.R.	15	51	41	4 7720	46	3 8710	51	3 0153	56	2 2558

AGE DE L'INVALIDE AU MOMENT DE L'ACCIDENT : 37 ANS

NATURE des tarifs	TEMPS écoulé depuis l'accident	AGE actuel de l'invalide	DIFFÉRENCES D'AGES							
			+ 10 ans		+ 5 ans		0		— 5 ans	
			Age actuel du conjoint	Complément du prix d'une rente réversible de 1 fr.	Age actuel du conjoint	Complément du prix d'une rente réversible de 1 fr.	Age actuel du conjoint	Complément d'une rente réversible de 1 fr.	Age actuel du conjoint	Complément du prix d'une rente réversible de 1 fr.
Tarif applicable pendant les quinze premières années d'invalidité	0 an	37 ans	27 ans	9ᶠ3244	32 ans	8ᶠ6134	37 ans	7ᶠ8280	42 ans	6ᶠ9902
	1 an	38	28	7 8962	33	7 1866	38	6 4311	43	5 6477
	2 ans	39	29	6 8847	34	6 1494	39	5 4138	44	4 6687
	3	40	30	6 1049	35	5 4077	40	4 6833	45	3 9632
	4	41	31	5 5875	36	4 8830	41	4 1628	46	3 4575
	5	42	32	5 2317	37	4 5159	42	3 7940	47	3 0958
	6	43	33	4 9936	38	4 2632	43	3 5347	48	2 8382
	7	44	34	4 8404	39	4 0933	44	3 3544	49	2 6558
	8	45	35	4 7496	40	3 9841	45	3 2313	50	2 5282
	9	46	36	4 7036	41	3 9184	46	3 1494	51	2 4399
	10	47	37	4 6892	42	3 8830	47	3 0963	52	2 3791
	11	48	38	4 6962	43	3 8678	48	3 0630	53	2 3368
	12	49	39	4 7165	44	3 8649	49	3 0420	54	2 3058
	13	50	40	4 7438	45	3 8677	50	3 0279	55	2 2805
	14	51	41	4 7734	46	3 8724	51	3 0166	56	2 2570
Tarif 3 1/2 % C. R.	15	52	42	4 8018	47	3 8757	52	3 0051	57	2 2324

AGE DE L'INVALIDE AU MOMENT DE L'ACCIDENT : 38 ANS

NATURE des tarifs	TEMPS écoulé depuis l'accident	AGE actuel de l'invalide	+10 ans		+5 ans		0		−5 ans	
			Age actuel du conjoint	Complément du prix d'une rente réversible de 1 fr.	Age actuel du conjoint	Complément du prix d'une rente réversible de 1 fr.	Age actuel du conjoint	Complément du prix d'une rente réversible de 1 fr.	Age actuel du conjoint	Complément du prix d'une rente réversible de 1 fr.
Tarif applicable pendant les quinze premières années d'invalidité	0 an	38 ans	28 ans	9.3200	33 ans	8.5907	38 ans	7.7774	43 ans	6.9159
	1	39	29	7.8993	34	7.4786	39	6.3930	44	5.5876
	2	40	30	6.8650	35	6.1444	40	5.3858	45	4.6199
	3	41	31	6.4316	36	5.4094	41	4.6645	46	3.9236
	4	42	32	5.6200	37	4.8907	42	4.1437	47	3.4257
	5	43	33	5.2697	38	4.5292	43	3.7806	48	3.0711
	6	44	34	5.0588	39	4.2813	44	3.5319	49	2.8194
	7	45	35	4.9865	40	4.1456	45	3.3552	50	2.6424
	8	46	36	4.7980	41	4.0080	46	3.2345	51	2.5180
	9	47	37	4.7526	42	3.9428	47	3.1533	52	2.4314
	10	48	38	4.7370	43	3.9069	48	3.0945	53	2.3703
	11	49	39	4.7410	44	3.8873	49	3.0639	54	2.3259
	12	50	40	4.7571	45	3.8804	50	3.0397	55	2.2914
	13	51	41	4.7791	46	3.8778	51	3.0217	56	2.2617
	14	52	42	4.8032	47	3.8771	52	3.0064	57	2.2386
Tarif 3 1/2 % C. R.	15	53	43	4.8264	48	3.8792	53	2.9912	58	2.2051

AGE DE L'INVALIDE AU MOMENT DE L'ACCIDENT : 39 ANS

NATURE des tarifs	TEMPS écoulé depuis l'accident	AGE actuel de l'invalide	DIFFÉRENCES D'AGES							
			+10 ans		+5 ans		0		— 5 ans	
			Age actuel du conjoint	Complément du prix d'une rente réversible de 1 fr.	Age actuel du conjoint	Complément du prix d'une rente réversible de 1 fr.	Age actuel du conjoint	Complément du prix d'une rente réversible de 1 fr.	Age actuel du conjoint	Complément du prix d'une rente réversible de 1 fr.
Tarif applicable pendant les quinze premières années d'invalidité	0 an	39 ans	29 ans	9.3297	34 ans	8.5634	39 ans	7.7929	44 ans	6.8369
	1 —	40 —	30 —	7.9091	35 —	7.1567	40 —	6.3517	45 —	5.5233
	2 ans	41 —	31 —	6.8831	36 —	6.1364	41 —	5.3554	46 —	4.5684
	3 —	42 —	32 —	6.1571	37 —	5.4093	42 —	4.6419	47 —	3.8924
	4 —	43 —	33 —	5.6522	38 —	4.8978	43 —	4.1356	48 —	3.3936
	5 —	44 —	34 —	5.3073	39 —	4.5423	44 —	3.7784	49 —	3.0466
	6 —	45 —	35 —	5.0781	40 —	4.2995	45 —	3.5255	50 —	2.8013
	7 —	46 —	36 —	4.9319	41 —	4.1373	46 —	3.3534	51 —	2.6987
	8 —	47 —	37 —	4.8449	42 —	4.0321	47 —	3.2361	52 —	2.5072
	9 —	48 —	38 —	4.7989	43 —	3.9661	48 —	3.1549	53 —	2.4210
	10 —	49 —	39 —	4.7808	44 —	3.9263	49 —	3.0994	54 —	2.3584
	11 —	50 —	40 —	4.7810	45 —	3.9032	50 —	3.0610	55 —	2.3108
	12 —	51 —	41 —	4.7919	46 —	3.8900	51 —	3.0331	56 —	2.2720
	13 —	52 —	42 —	4.8087	47 —	3.8823	52 —	3.0112	57 —	2.2480
	14 —	53 —	43 —	4.8278	48 —	3.8775	53 —	2.9925	58 —	2.2062
Tarif 3 1/2 % C. R.	15 —	54 —	44 —	4.8462	49 —	3.8733	54 —	2.9739	59 —	2.1742

AGE DE L'INVALIDE AU MOMENT DE L'ACCIDENT : 40 ANS

NATURE des tarifs	TEMPS écoulé depuis l'accident	AGE actuel de l'invalide	DIFFÉRENCES D'AGES							
			+ 10 ans		+ 5 ans		0		− 5 ans	
			Age actuel du conjoint	Complément du prix d'une rente réversible de 1 fr.	Age actuel du conjoint	Complément du prix d'une rente réversible de 1 fr.	Age actuel du conjoint	Complément du prix d'une rente réversible de 1 fr.	Age actuel du conjoint	Complément du prix d'une rente réversible de 1 fr.
Tarif applicable pendant les quinze premières années d'invalidité	0 an	40 ans	30 ans	9ᶠ3962	35 ans	8ᶠ5314	40 ans	7ᶠ6444	45 ans	6ᶠ7527
	1 an	41	31	7 9462	36	7 1362	41	6 3073	46	5 4555
	2 ans	42	32	6 8994	37	6 1261	42	5 3925	47	4 5141
	3	43	33	6 4818	38	5 4081	43	4 6188	48	3 8404
	4	44	34	5 6838	39	4 9914	44	4 1264	49	3 3616
	5	45	35	5 3450	40	4 5557	45	3 7697	50	3 0229
	6	46	36	5 1201	41	4 3176	46	3 5244	51	2 7838
	7	47	37	4 9763	42	4 1578	47	3 3589	52	2 6150
	8	48	38	4 8892	43	4 0324	48	3 2355	53	2 4946
	9	49	39	4 8414	44	3 9841	49	3 1533	54	2 4076
	10	50	40	4 8199	45	3 9403	50	3 0956	55	2 3423
	11	51	41	4 8154	46	3 9123	51	3 0539	56	2 2910
	12	52	42	4 8212	47	3 8942	52	3 0223	57	2 2481
	13	53	43	4 8331	48	3 8825	53	2 9971	58	2 2105
	14	54	44	4 8475	49	3 8744	54	2 9750	59	2 1752
Tarif 3 1/2 % C.R.	15	55	45	4 8321	50	3 8882	55	2 9538	60	2 1406

AGE DE L'INVALIDE AU MOMENT DE L'ACCIDENT : 41 ANS

NATURE des tarifs	TEMPS écoulé depuis l'accident	AGE actuel de l'invalide	DIFFÉRENCES D'AGES							
			+10 ans		+5 ans		0		— 5 ans	
			Age actuel du conjoint	Complément du prix d'une rente réversible de 1 fr.	Age actuel du conjoint	Complément du prix d'une rente réversible de 1 fr.	Age actuel du conjoint	Complément du prix d'une rente réversible de 1 fr.	Age actuel du conjoint	Complément du prix d'une rente réversible de 1 fr.
Tarif applicable pendant les quinze premières années d'invalidité	0 an	41 ans	31 ans	9'3192	36 ans	8'4950	41 ans	7'6021	46 ans	6'6642
	1 an	42	32	7 9210	37	7 1129	42	6 2600	47	5 3851
	2 ans	43	33	6 9147	38	6 1145	43	5 2879	48	4 4533
	3	44	34	6 2059	39	5 4065	44	4 5946	49	3 7986
	4	45	35	5 7157	40	4 9114	45	4 1046	50	3 3306
	5	46	36	5 3823	41	4 5689	46	3 7603	51	2 9999
	6	47	37	5 1610	42	4 3345	47	3 5192	52	2 7661
	7	48	38	5 0182	43	4 1755	48	3 3505	53	2 5991
	8	49	39	4 9301	44	4 0686	49	3 2321	54	2 4793
	9	50	40	4 8793	45	3 9968	50	3 1481	55	2 3902
	10	51	41	4 8535	46	3 9485	51	3 0875	56	2 3216
	11	52	42	4 8442	47	3 9160	52	3 0426	57	2 2665
	12	53	43	4 8454	48	3 8942	53	3 0080	58	2 2203
	13	54	44	4 8529	49	3 8795	54	2 9797	59	2 1794
	14	55	45	4 8633	50	3 8694	55	2 9549	60	2 1416
Tarif 3 1/2 % C. R.	15	56	46	4 8748	51	3 8617	56	2 9313	61	2 1050

ÂGE DE L'INVALIDE AU MOMENT DE L'ACCIDENT : 42 ANS

DIFFÉRENCES D'AGES

NATURE des tarifs	TEMPS écoulé depuis l'accident	AGE actuel de l'invalide	+10 ans Age actuel du conjoint	+10 ans Complément du prix d'une rente réversible de 1 fr.	+5 ans Age actuel du conjoint	+5 ans Complément du prix d'une rente réversible de 1 fr.	0 Age actuel du conjoint	0 Complément du prix d'une rente réversible de 1 fr.	−5 ans Age actuel du conjoint	−5 ans Complément du prix d'une rente réversible de 1 fr.
Tarif applicable pendant les quinze premières années d'invalidité	0 an	42 ans	52 ans	9 3086	37 ans	8 4543	42 ans	7 3356	47 ans	6 5749
	1 an	43	53	7 9235	38	7 0871	43	6 2098	48	5 3129
	2 ans	44	54	6 9283	39	6 1014	44	5 2511	49	4 4039
	3	45	55	6 2292	40	5 4044	45	4 5688	50	3 7571
	4	46	56	5 7402	41	4 9174	46	4 0874	51	3 2996
	5	47	57	5 4179	42	4 5801	47	3 7491	52	2 9762
	6	48	58	5 1988	43	4 3479	48	3 5143	53	2 7463
	7	49	59	5 0560	44	4 1886	49	3 3437	54	2 5810
	8	50	60	4 9658	45	4 0791	50	3 2246	55	2 4597
	9	51	61	4 9115	46	4 0035	51	3 1386	56	2 3679
	10	52	62	4 8815	47	3 9543	52	3 0754	57	2 2962
	11	53	63	4 8578	48	3 9154	53	3 0277	58	2 2381
	12	54	64	4 8547	49	3 8908	54	2 9902	59	2 1889
	13	55	65	4 8685	50	3 8743	55	2 9594	60	2 1456
	14	56	66	4 8760	51	3 8629	56	2 9324	61	2 1059
Tarif 3 1/2 % C. R.	15	57	67	4 8849	52	3 8540	57	2 9065	62	2 0676

			AGE DE L'INVALIDE AU MOMENT DE L'ACCIDENT : 43 ANS							
			DIFFÉRENCES D'AGES							
			+ 10 ans		+ 5 ans		0		— 5 ans	
NATURE des tarifs	TEMPS écoulé depuis l'accident	AGE actuel de l'invalide	Age actuel du conjoint	Complément du prix d'une rente reversible de 1 fr.	Age actuel du conjoint	Complément du prix d'une rente reversible de 1 fr.	Age actuel du conjoint	Complément du prix d'une rente reversible de 1 fr.	Age actuel du conjoint	Complément du prix d'une rente reversible de 1 fr.
Tarif applicable pendant les quinze premières années d'invalidité	0 an	43 ans	33 ans	9.2949	38 ans	8.4403	43 ans	7.4652	48 ans	6.4771
	1 —	44 —	34 —	7.9238	39 —	7.0595	44 —	6.1569	49 —	5.2309
	2 ans	45 —	35 —	6.9410	40 —	6.0878	45 —	5.2127	50 —	4.3440
	3 —	46 —	36 —	6.2516	41 —	5.4016	46 —	4.5420	51 —	3.7161
	4 —	47 —	37 —	5.7735	42 —	4.9220	47 —	4.0690	52 —	3.2685
	5 —	48 —	38 —	5.4511	43 —	4.5896	48 —	3.7359	53 —	2.9510
	6 —	49 —	39 —	5.2432	44 —	4.3573	49 —	3.5007	54 —	2.7238
	7 —	50 —	40 —	5.0493	45 —	4.1904	50 —	3.3355	55 —	2.5585
	8 —	51 —	41 —	4.9902	46 —	4.0838	51 —	3.2131	56 —	2.4354
	9 —	52 —	42 —	4.9381	47 —	4.0049	52 —	3.1250	57 —	2.3411
	10 —	53 —	43 —	4.9042	48 —	3.9498	53 —	3.0595	58 —	2.2668
	11 —	54 —	44 —	4.8867	49 —	3.9115	54 —	3.0094	59 —	2.2061
	12 —	55 —	45 —	4.8802	50 —	3.8853	55 —	2.9697	60 —	2.1549
	13 —	56 —	46 —	4.8811	51 —	3.8677	56 —	2.9368	61 —	2.1099
	14 —	57 —	47 —	4.8861	52 —	3.8552	57 —	2.9075	62 —	2.0686
Tarif 3 1/2 % C. R.	15 —	58 —	48 —	4.8928	53 —	3.8447	58 —	2.8794	63 —	2.0288

31

AGE DE L'INVALIDE AU MOMENT DE L'ACCIDENT : 44 ANS

NATURE des tarifs	TEMPS écoulé depuis l'accident	AGE actuel de l'invalide	DIFFÉRENCES D'AGES							
			+ 10 ans		+ 5 ans		0		− 5 ans	
			Age actuel du conjoint	Complément du prix d'une rente réversible de 1 fr.	Age actuel du conjoint	Complément du prix d'une rente réversible de 1 fr.	Age actuel du conjoint	Complément du prix d'une rente réversible de 1 fr.	Age actuel du conjoint	Complément du prix d'une rente réversible de 1 fr.
Tarif applicable pendant les quinze premières années d'invalidité	0 an	44 ans	34 ans	9.2773	39 ans	8.3630	44 ans	7.3907	49 ans	6.3804
	1 an	45	35	7.9219	40	7.0300	45	6.1014	50	5.1666
	2 ans	46	36	6.9516	41	6.0725	46	5.1721	51	4.2939
	3	47	37	6.2745	42	5.3963	47	4.5128	52	3.6742
	4	48	38	5.8015	43	4.9229	48	4.0477	53	3.2332
	5	49	39	5.4800	44	4.5923	49	3.7193	54	2.9925
	6	50	40	5.2623	45	4.3608	50	3.4800	55	2.6969
	7	51	41	5.1166	46	4.1979	51	3.3188	56	2.5310
	8	52	42	5.0206	47	4.0829	52	3.1972	57	2.4063
	9	53	43	4.9593	48	4.0018	53	3.1076	58	2.3101
	10	54	44	4.9220	49	3.9948	54	3.0402	59	2.2338
	11	55	45	4.9015	50	3.9053	55	2.9882	60	2.1714
	12	56	46	4.8924	51	3.8783	56	2.9467	61	2.1187
	13	57	47	4.8909	52	3.8597	57	2.9118	62	2.0723
	14	58	48	4.8940	53	3.8458	58	2.8904	63	2.0297
Tarif 3 1/2 % C.R.	15	50	49	4.8994	54	3.8339	59	2.8502	64	1.9890

AGE DE L'INVALIDE AU MOMENT DE L'ACCIDENT : 45 ANS

NATURE des tarifs	TEMPS écoulé depuis l'accident	AGE actuel de l'invalide	DIFFÉRENCES D'AGES							
			+ 10 ans		+ 5 ans		0		— 5 ans	
			Age actuel du conjoint	Complément du prix d'une rente réversible de 1 fr.	Age actuel du conjoint	Complément du prix d'une rente réversible de 1 fr.	Age actuel du conjoint	Complément du prix d'une rente réversible de 1 fr.	Age actuel du conjoint	Complément du prix d'une rente réversible de 1 fr.
Tarif applicable pendant les quinze premières années d'invalidité	0 an	45 ans	35 ans	9.2567	40 ans	8.3132	45 ans	7.3124	50 ans	6.2832
	1 an	46	36	7.9173	41	6.9985	46	6.0426	51	5.0929
	2 ans	47	37	6.9596	42	6.0545	47	5.1291	52	4.2380
	3	48	38	6.2883	43	5.3875	48	4.4811	53	3.6305
	4	49	39	5.8234	44	4.9192	49	4.0233	54	3.1990
	5	50	40	5.5040	45	4.5902	50	3.6989	55	2.8899
	6	51	41	5.2858	46	4.3583	51	3.4673	56	2.6652
	7	52	42	5.1382	47	4.1941	52	3.3000	57	2.4989
	8	53	43	5.0399	48	4.0778	53	3.1779	58	2.3732
	9	54	44	4.9759	49	3.9955	54	3.0870	59	2.2757
	10	55	45	4.9360	50	3.9378	55	3.0182	60	2.1982
	11	56	46	4.9132	51	3.8979	56	2.9647	61	2.1348
	12	57	47	4.9021	52	3.8702	57	2.9215	62	2.0809
	13	58	48	4.8988	53	3.8504	58	2.8846	63	2.0334
	14	59	49	4.9006	54	3.8350	59	2.8512	64	1.9899
Tarif 3 1/2 % C. R.	15	60	50	4.9048	55	3.8209	60	2.8188	65	1.9483

AGE DE L'INVALIDE AU MOMENT DE L'ACCIDENT : 46 ANS

NATURE des tarifs	TEMPS écoulé depuis l'accident	AGE actuel de l'invalide	DIFFÉRENCES D'AGES							
			+ 10 ans		+ 5 ans		0		— 5 ans	
			Age actuel du conjoint	Complément du prix d'une rente réversible de 1 fr.	Age actuel du conjoint	Complément du prix d'une rente réversible de 1 fr.	Age actuel du conjoint	Complément du prix d'une rente réversible de 1 fr.	Age actuel du conjoint	Complément du prix d'une rente réversible de 1 fr.
Tarif applicable pendant les quinze premières années d'invalidité	0	46 ans	36 ans	9 2320	41 ans	8 2602	46 ans	7 2301	51 ans	6 1849
	1 an	47	37	7 9095	42	6 9636	47	5 9810	52	5 0182
	2 ans	48	38	6 9639	43	6 0324	48	5 0831	53	4 1798
	3	49	39	6 3007	44	5 3736	49	4 4461	54	3 5834
	4	50	40	5 8402	45	4 9015	50	3 9950	55	3 1583
	5	51	41	5 5221	46	4 5820	51	3 6744	56	2 8523
	6	52	42	5 3035	47	4 3503	52	3 4444	57	2 6288
	7	53	43	5 1546	48	4 1860	53	3 2776	58	2 4427
	8	54	44	5 0543	49	4 0693	54	3 1550	59	2 3365
	9	55	45	4 9883	50	3 9870	55	3 0635	60	2 2385
	10	56	46	4 9467	51	3 9294	56	2 9937	61	2 1605
	11	57	47	4 9222	52	3 8891	57	2 9388	62	2 0963
	12	58	48	4 9095	53	3 8604	58	2 8938	63	2 0416
	13	59	49	4 9052	54	3 8393	59	2 8552	64	1 9934
	14	60	50	4 9060	55	3 8220	60	2 8198	65	1 9492
Tarif 3 1/2 % C. R.	15	61	51	4 9089	56	3 8054	61	2 7853	66	1 9072

AGE DE L'INVALIDE AU MOMENT DE L'ACCIDENT : 47 ANS

NATURE des tarifs	TEMPS écoulé depuis l'accident	AGE actuel de l'invalide	DIFFÉRENCES D'AGES							
			+10 ans		+5 ans		0		— 5 ans	
			Age actuel du conjoint	Complément du prix d'une rente reversible de 1 fr.	Age actuel du conjoint	Complément du prix d'une rente reversible de 1 fr.	Age actuel du conjoint	Complément du prix d'une rente reversible de 1 fr.	Age actuel du conjoint	Complément du prix d'une rente reversible de 1 fr.
Tarif applicable pendant les quinze premières années d'invalidité	0 an	47 ans	37 ans	9f 2028	42 ans	8f 2026	47 ans	7f 1437	52 ans	6f 0849
	1 an	48	38	7 8968	43	6 9236	48	5 9158	53	4 9406
	2 ans	49	39	6 9631	44	6 0046	49	5 0334	54	4 1181
	3	50	40	6 3073	45	5 3531	50	4 4067	55	3 5316
	4	51	41	5 8504	46	4 8930	51	3 9622	56	3 1123
	5	52	42	5 5337	47	4 5677	52	3 6452	57	2 8095
	6	53	43	5 3153	48	4 3373	53	3 4173	58	2 5879
	7	54	44	5 1655	49	4 1739	54	3 2514	59	2 4225
	8	55	45	5 0641	50	4 0582	55	3 1290	60	2 2968
	9	56	46	4 9971	51	3 9766	56	3 0371	61	2 1990
	10	57	47	4 9543	52	3 9192	57	2 9664	62	2 1207
	11	58	48	4 9287	53	3 8784	58	2 9103	63	2 0564
	12	59	49	4 9154	54	3 8489	59	2 8639	64	2 0011
	13	60	50	4 9102	55	3 8260	60	2 8235	65	1 9524
	14	61	51	4 9099	56	3 8063	61	2 7861	66	1 9079
Tarif 3 1/2 % C.R.	15	62	52	4 9115	57	3 7870	62	2 7495	67	1 8658

AGE DE L'INVALIDE AU MOMENT DE L'ACCIDENT : 48 ANS

NATURE des tarifs	TEMPS écoulé depuis l'accident	AGE actuel de l'invalide	DIFFÉRENCES D'ÂGES							
			+ 10 ans		+ 5 ans		0		— 5 ans	
			Age actuel du conjoint	Complément du prix d'une rente réversible de 1 fr.	Age actuel du conjoint	Complément du prix d'une rente réversible de 1 fr.	Age actuel du conjoint	Complément du prix d'une rente réversible de 1 fr.	Age actuel du conjoint	Complément du prix d'une rente réversible de 1 fr.
Tarif applicable pendant les quinze premières années d'invalidité	0 an	48 ans	38 ans	9.4687	43 ans	8.4396	48 ans	7.0636	53 ans	5.0922
	1 an	49	39	7.8793	44	6.8778	49	5.8470	54	4.8596
	2 ans	50	40	6.9571	45	5.9705	50	4.9709	55	4.0519
	3	51	41	6.3081	46	5.3265	51	4.3655	56	3.4750
	4	52	42	5.8553	47	4.8713	52	3.9257	57	3.0619
	5	53	43	5.5405	48	4.5446	53	3.6129	58	2.7631
	6	54	44	5.3228	49	4.3216	54	3.3874	59	2.5438
	7	55	45	5.1730	50	4.1663	55	3.2228	60	2.3801
	8	56	46	5.0713	51	4.0462	56	3.1010	61	2.2554
	9	57	47	5.0038	52	3.9656	57	3.0089	62	2.1581
	10	58	48	4.9804	53	3.9081	58	2.9355	63	2.0799
	11	59	49	4.9344	54	3.8667	59	2.8802	64	2.0153
	12	60	50	4.9204	55	3.8356	60	2.8322	65	1.9600
	13	61	51	4.9143	56	3.8104	61	2.7899	66	1.9112
	14	62	52	4.9125	57	3.7879	62	2.7504	67	1.8665
Tarif 3 1/2 % C. R.	15	63	53	4.9117	58	3.7653	63	2.7115	68	1.8942

AGE DE L'INVALIDE AU MOMENT DE L'ACCIDENT : 49 ANS

NATURE des tarifs	TEMPS écoulé depuis l'accident	AGE actuel de l'invalide	DIFFÉRENCES D'AGES							
			+ 10 ans		+ 5 ans		0		− 5 ans	
			Age actuel du conjoint	Complément du prix d'une rente réversible de 1 fr.	Age actuel du conjoint	Complément du prix d'une rente réversible de 1 fr.	Age actuel du conjoint	Complément du prix d'une rente réversible de 1 fr.	Age actuel du conjoint	Complément du prix d'une rente réversible de 1 fr.
Tarif applicable pendant les quinze premières années d'invalidité	0 an	49 ans	39 ans	9f 1283	44 ans	8f 0695	49 ans	6f 9589	54 ans	5f 8753
	1 an	50	40	7 8553	45	6 8946	50	5 7737	55	4 7734
	2 ans	51	41	6 9441	46	5 9991	51	4 9218	56	3 9800
	3	52	42	6 3922	47	5 2935	52	4 3157	57	3 4130
	4	53	43	5 8337	48	4 8444	53	3 8848	58	3 0066
	5	54	44	5 5416	49	4 5272	54	3 5766	59	2 7123
	6	55	45	5 3253	50	4 3031	55	3 3540	60	2 4963
	7	56	46	5 1764	51	4 1447	56	3 1912	61	2 3350
	8	57	47	5 0753	52	4 0325	57	3 0701	62	2 2149
	9	58	48	5 0079	53	3 9526	58	2 9780	63	2 1154
	10	59	49	4 9647	54	3 8951	59	2 9060	64	2 0378
	11	60	50	4 9384	55	3 8524	60	2 8476	65	1 9734
	12	61	51	4 9239	56	3 8194	61	2 7980	66	1 9182
	13	62	52	4 9167	57	3 7918	62	2 7539	67	1 8696
	14	63	53	4 9126	58	3 7662	63	2 7123	68	1 8249
Tarif 3 1/2 % C. R.	15	64	54	4 9083	59	3 7395	64	2 6709	69	1 7822

AGE DE L'INVALIDE AU MOMENT DE L'ACCIDENT : 50 ANS

NATURE des tarifs	TEMPS écoulé depuis l'accident	AGE actuel de l'invalide	DIFFÉRENCES D'AGES							
			+10 ans		+5 ans		0		−5 ans	
			Age actuel du conjoint	Complément du prix d'une rente reversible de 1 fr.	Age actuel du conjoint	Complément du prix d'une rente reversible de 1 fr.	Age actuel du conjoint	Complément du prix d'une rente reversible de 1 fr.	Age actuel du conjoint	Complément du prix d'une rente reversible de 1 fr.
Tarif applicable pendant les quinze premières années d'invalidité	0 an	50 ans	40 ans	9 0815	45 ans	7 9918	50 ans	6 8863	55 ans	5 7633
	1 an	51	41	7 8248	46	6 7644	51	5 6965	56	4 6819
	2 ans	52	42	6 9948	47	5 8818	52	4 8598	57	3 9031
	3	53	43	6 2907	48	5 8144	53	4 2674	58	3 3407
	4	54	44	5 8473	49	4 8144	54	3 8408	59	2 9478
	5	55	45	5 5886	50	4 5052	55	3 5576	60	2 6530
	6	56	46	5 3247	51	4 2855	56	3 3183	61	2 4470
	7	57	47	5 1776	52	4 1282	57	3 1575	62	2 2885
	8	58	48	5 0774	53	4 0175	58	3 0372	63	2 1670
	9	59	49	5 0109	54	3 9482	59	2 9453	64	2 0719
	10	60	50	4 9680	55	3 8911	60	2 8796	65	1 9951
	11	61	51	4 9446	56	3 8559	61	2 8130	66	1 9311
	12	62	52	4 9260	57	3 8015	62	2 7618	67	1 8764
	13	63	53	4 9166	58	3 7899	63	2 7156	68	1 8278
	14	64	54	4 9093	59	3 7404	64	2 6717	69	1 7829
Tarif 3 1/2 % C. R.	15	65	55	4 9005	60	3 7093	65	2 6278	70	1 7399

AGE DE L'INVALIDE AU MOMENT DE L'ACCIDENT : 51 ANS

NATURE des tarifs	TEMPS écoulé depuis l'accident	AGE actuel de l'invalide	DIFFÉRENCES D'AGES							
			+ 10 ans		+ 5 ans		0		− 5 ans	
			Age actuel du conjoint	Complément du prix d'une rente réversible de 1 fr.	Age actuel du conjoint	Complément du prix d'une rente réversible de 1 fr.	Age actuel du conjoint	Complément du prix d'une rente réversible de 1 fr.	Age actuel du conjoint	Complément d'une rente réversible de 1 fr.
Tarif applicable pendant les quinze premières années d'invalidité	0 an	51 ans	41 ans	9ᶠ 0273	46 ans	7ᶠ 9061	51 ans	6ᶠ 7572	56 ans	5ᶠ 6452
	1 an	52	42	7 7871	47	6 6974	52	5 6148	57	4 5846
	2 ans	53	43	6 8989	48	5 8294	53	4 7935	58	3 8214
	3	54	44	6 2731	49	5 2146	54	4 2091	59	3 2762
	4	55	45	5 8359	50	4 7818	55	3 7933	60	2 8857
	5	56	46	5 5317	51	4 4772	56	3 4956	61	2 6032
	6	57	47	5 3210	52	4 2623	57	3 2799	62	2 3956
	7	58	48	5 1761	53	4 1097	58	3 1211	63	2 2401
	8	59	49	5 0778	54	4 0007	59	3 0020	64	2 1210
	9	60	50	5 0124	55	3 9215	60	2 9101	65	2 0274
	10	61	51	4 9699	56	3 8623	61	2 8368	66	1 9516
	11	62	52	4 9430	57	3 8164	62	2 7761	67	1 8886
	12	63	53	4 9257	58	3 7784	63	2 7233	68	1 8343
	13	64	54	4 9132	59	3 7440	64	2 6750	69	1 7857
	14	65	55	4 9015	60	3 7102	65	2 6286	70	1 7406
Tarif 3 1/2 % C. R.	15	66	56	4 8868	61	3 6738	66	2 5818	71	1 6970

AGE DE L'INVALIDE AU MOMENT DE L'ACCIDENT : 52 ANS

NATURE des tarifs	TEMPS écoulé depuis l'accident	AGE actuel de l'invalide	DIFFÉRENCES D'AGES							
			+10 ans		+5 ans		0		— 5 ans	
			Age actuel du conjoint	Complément du prix d'une rente réversible de 1 fr.	Age actuel du conjoint	Complément du prix d'une rente réversible de 1 fr.	Age actuel du conjoint	Complément du prix d'une rente réversible de 1 fr.	Age actuel du conjoint	Complément du prix d'une rente réversible de 1 fr.
Tarif applicable pen-dant les quinze premières années d'invalidité	0 an	52 ans	42 ans	8ʳ 9653	47 ans	7ʳ 8132	52 ans	6ʳ 6495	57 ans	5ʳ 5210
	1 an	53	43	7 7423	48	6 6250	53	5 5288	58	4 4822
	2 ans	54	44	6 8669	49	5 7729	54	4 7234	59	3 7352
	3	55	45	6 2506	50	5 1708	55	4 1505	60	3 2023
	4	56	46	5 8205	51	4 7476	56	3 7430	61	2 8211
	5	57	47	5 5218	52	4 4500	57	3 4511	62	2 5454
	6	58	48	5 3152	53	4 2395	58	3 2391	63	2 3427
	7	59	49	5 1734	54	4 0899	59	3 0827	64	2 1908
	8	60	50	5 0771	55	3 9818	60	2 9645	65	2 0742
	9	61	51	5 0128	56	3 9023	61	2 8728	66	1 9824
	10	62	52	4 9704	57	3 8418	62	2 7989	67	1 9081
	11	63	53	4 9420	58	3 7935	63	2 7368	68	1 8458
	12	64	54	4 9219	59	3 7521	64	2 6822	69	1 7918
	13	65	55	4 9051	60	3 7135	65	2 6316	70	1 7432
	14	66	56	4 8876	61	3 6746	66	2 5825	71	1 6976
Tarif 3 1/2 °/₀ C. R.	15	67	57	4 8659	62	3 6323	67	2 5327	72	1 6532

AGE DE L'INVALIDE AU MOMENT DE L'ACCIDENT : 53 ANS

DIFFÉRENCES D'AGES

NATURE des tarifs	TEMPS écoulé depuis l'accident	AGE actuel de l'invalide	+ 10 ans Age actuel du conjoint	+ 10 ans Complément du prix d'une rente réversible de 1 fr.	+ 5 ans Age actuel du conjoint	+ 5 ans Complément du prix d'une rente réversible de 1 fr.	0 Age actuel du conjoint	0 Complément du prix d'une rente réversible de 1 fr.	− 5 ans Age actuel du conjoint	− 5 ans Complément du prix d'une rente réversible de 1 fr.
Tarif applicable pendant les quinze premières années d'invalidité	0 an	53 ans	43 ans	8.8956	48 ans	7.7144	53 ans	6.5374	58 ans	5.3912
	1 an	54	44	7.6908	49	6.5484	54	5.4386	59	4.3750
	2 ans	55	45	6.8294	50	5.7138	55	4.6496	60	3.6455
	3	56	46	6.2239	51	5.1252	56	4.0898	61	3.1259
	4	57	47	5.8021	52	4.7119	57	3.6900	62	2.7545
	5	58	48	5.5006	53	4.4210	58	3.4040	63	2.4860
	6	59	49	5.3078	54	4.2151	59	3.1961	64	2.2887
	7	60	50	5.1693	55	4.0677	60	3.0420	65	2.1407
	8	61	51	5.0752	56	3.9603	61	2.9249	66	2.0269
	9	62	52	5.0115	57	3.8801	62	2.8332	67	1.9372
	10	63	53	4.9683	58	3.8179	63	2.7586	68	1.8643
	11	64	54	4.9375	59	3.7666	64	2.6951	69	1.8027
	12	65	55	4.9135	60	3.7213	65	2.6385	70	1.7490
	13	66	56	4.8912	61	3.6779	66	2.5854	71	1.7001
	14	67	57	4.8667	62	3.6390	67	2.5334	72	1.6537
Tarif 3 1/2 % C. R.	15	68	58	4.8375	63	3.5848	68	2.4808	73	1.6087

AGE DE L'INVALIDE AU MOMENT DE L'ACCIDENT : 54 ANS

NATURE des tarifs	TEMPS écoulé depuis l'accident	AGE actuel de l'invalide	DIFFÉRENCES D'ÂGES							
			+ 10 ans		+ 5 ans		0		— 5 ans	
			Age actuel du conjoint	Complément du prix d'une rente réversible de 1 fr.	Age actuel du conjoint	Complément du prix d'une rente réversible de 1 fr.	Age actuel du conjoint	Complément du prix d'une rente réversible de 1 fr.	Age actuel du conjoint	Complément d'une rente réversible de 1 fr.
Tarif applicable pendant les quinze premières années d'invalidité	0 an	54 ans	44 ans	8 8182	49 ans	7 6110	54 ans	6 4207	59 ans	5 2560
	1 an	55	45	7 6331	50	6 4487	55	5 3444	60	4 2637
	2 ans	56	46	6 7871	51	5 6528	56	4 5724	61	3 5527
	3	57	47	6 1936	52	5 0779	57	4 0241	62	3 0471
	4	58	48	5 7809	53	4 6742	58	3 6341	63	2 6860
	5	59	49	5 4954	54	4 3900	59	3 3543	64	2 4252
	6	60	50	5 2987	55	4 1881	60	3 1504	65	2 2336
	7	61	51	5 1638	56	4 0427	61	2 9988	66	2 0899
	8	62	52	5 0715	57	3 9357	62	2 8828	67	1 9793
	9	63	53	5 0079	58	3 8546	63	2 7912	68	1 8918
	10	64	54	4 9627	59	3 7898	64	2 7157	69	1 8201
	11	65	55	4 9285	60	3 7351	65	2 6507	70	1 7593
	12	66	56	4 8992	61	3 6853	66	2 5920	71	1 7056
	13	67	57	4 8701	62	3 6362	67	2 5382	72	1 6561
	14	68	58	4 8383	63	3 5855	68	2 4815	73	1 6083
Tarif 3 1/2 % C. R.	15	69	59	4 8009	64	3 5313	69	2 4261	74	1 5640

AGE DE L'INVALIDE AU MOMENT DE L'ACCIDENT : 55 ANS

NATURE des tarifs	TEMPS écoulé depuis l'accident	AGE actuel de l'invalide	DIFFÉRENCES D'AGES							
			+ 10 ans		+ 5 ans		0		— 5 ans	
			Age actuel du conjoint	Complément du prix d'une rente réversible de 1 fr.	Age actuel du conjoint	Complément du prix d'une rente réversible de 1 fr.	Age actuel du conjoint	Complément du prix d'une rente réversible de 1 fr.	Age actuel du conjoint	Complément du prix d'une rente réversible de 1 fr.
Tarif applicable pendant les quinze premières années d'invalidité	0 an	55 ans	45 ans	8f 7339	50 ans	7f 5043	55 ans	6f 2995	60 ans	5f 1163
	1 an	56	46	7 5701	51	6 3870	56	5 2464	61	4 1491
	2 ans	57	47	6 7409	52	5 5899	57	4 4918	62	3 4574
	3	58	48	6 1605	53	5 0286	58	3 9563	63	2 9663
	4	59	49	5 7381	54	4 6348	59	3 5758	64	2 6164
	5	60	50	5 4801	55	4 3568	60	3 3024	65	2 3638
	6	61	51	5 2886	56	4 1586	61	3 1026	66	2 1781
	7	62	52	5 1568	57	4 0148	62	2 9534	67	2 0390
	8	63	53	5 0655	58	3 9079	63	2 8386	68	1 9317
	9	64	54	5 0007	59	3 8249	64	2 7468	69	1 8461
	10	65	55	4 9526	60	3 7574	65	2 6704	70	1 7757
	11	66	56	4 9136	61	3 6986	66	2 6036	71	1 7154
	12	67	57	4 8778	62	3 6433	67	2 5424	72	1 6613
	13	68	58	4 8416	63	3 5885	68	2 4841	73	1 6615
	14	69	59	4 8017	64	3 5320	69	2 4267	74	1 5645
Tarif 3 1/2 % C. R.	15	70	60	4 7555	65	3 4717	70	2 3086	75	1 5188

AGE DE L'INVALIDE AU MOMENT DE L'ACCIDENT : 56 ANS

NATURE des tarifs	TEMPS écoulé depuis l'accident	AGE actuel de l'invalide	DIFFÉRENCES D'AGES							
			+ 10 ans		+ 5 ans		0		— 5 ans	
			Age actuel du conjoint	Complément du prix d'une rente reversible de 1 fr.	Age actuel du conjoint	Complément du prix d'une rente reversible de 1 fr.	Age actuel du conjoint	Complément du prix d'une rente reversible de 1 fr.	Age actuel du conjoint	Complément du prix d'une rente reversible de 1 fr.
Tarif applicable pendant les quinze premières années d'invalidité	0 an	56 ans	46 ans	8 6432	51 ans	7 3950	56 ans	6 1737	61 ans	4 9725
	1 an	57	47	7 5025	52	6 3082	57	5 1445	62	4 0345
	2 ans	58	48	6 6917	53	5 5249	58	4 4081	63	3 3600
	3	59	49	6 1256	54	4 9775	59	3 8960	64	2 8844
	4	60	50	5 7338	55	4 5928	60	3 5149	65	2 5458
	5	61	51	5 4635	56	4 3209	61	3 2480	66	2 3018
	6	62	52	5 2770	57	4 1261	62	3 0586	67	2 1927
	7	63	53	5 1475	58	3 9836	63	2 9057	68	1 9880
	8	64	54	5 0540	59	3 8759	64	2 7918	69	1 8837
	9	65	55	4 9892	60	3 7910	65	2 6999	70	1 8003
	10	66	56	4 9368	61	3 7198	66	2 6223	71	1 7308
	11	67	57	4 8916	62	3 6559	67	2 5535	72	1 6704
	12	68	58	4 8490	63	3 5953	68	2 4900	73	1 6164
	13	69	59	4 8048	64	3 5349	69	2 4292	74	1 5666
	14	70	60	4 7564	65	3 4724	70	2 3692	75	1 5193
Tarif 3 1/2 % C. R.	15	71	61	4 7014	66	3 4065	71	2 3086	76	1 4735

AGE DE L'INVALIDE AU MOMENT DE L'ACCIDENT : 57 ANS

NATURE des tarifs	TEMPS écoulé depuis l'accident	AGE actuel de l'invalide	DIFFÉRENCES D'AGES							
			+ 10 ans		+ 5 ans		0		− 5 ans	
			Age actuel du conjoint	Complément du prix d'une rente réversible de 1 fr.	Age actuel du conjoint	Complément du prix d'une rente réversible de 1 fr.	Age actuel du conjoint	Complément du prix d'une rente réversible de 1 fr.	Age actuel du conjoint	Complément du prix d'une rente réversible de 1 fr.
Tarif applicable pendant les quinze premières années d'invalidité	0 an	57 ans	47 ans	8 5473	52 ans	7 2832	57 ans	6 0436	62 ans	4 8252
	1 an	58	48	7 4313	53	6 2167	58	5 0389	63	3 9114
	2 ans	59	49	6 6401	54	5 4574	59	4 3211	64	3 2611
	3	60	50	6 0890	55	4 9234	60	3 8128	65	2 8014
	4	61	51	5 7081	56	4 5479	61	3 4514	66	2 4748
	5	62	52	5 4451	57	4 2817	62	3 1912	67	2 2397
	6	63	53	5 2627	58	4 0900	63	3 0000	68	2 0670
	7	64	54	5 1345	59	3 9482	64	2 8355	69	1 9367
	8	65	55	5 0419	60	3 8394	65	2 7424	70	1 8355
	9	66	56	4 9715	61	3 7516	66	2 6500	71	1 7538
	10	67	57	4 9136	62	3 6760	67	2 5710	72	1 6849
	11	68	58	4 8619	63	3 6071	68	2 5003	73	1 6249
	12	69	59	4 8117	64	3 5412	69	2 4347	74	1 5711
	13	70	60	4 7592	65	3 4751	70	2 3715	75	1 5212
	14	71	61	4 7020	66	3 4071	71	2 3092	76	1 4740
Tarif 3 1/2 % C. R.	15	72	62	4 6382	67	3 3363	72	2 2466	77	1 4284

AGE DE L'INVALIDE AU MOMENT DE L'ACCIDENT : 58 ANS

NATURE des tarifs	TEMPS écoulé depuis l'accident	AGE actuel de l'invalide	DIFFÉRENCES D'AGES							
			+ 10 ans		+ 5 ans		0		— 5 ans	
			Age actuel du conjoint	Complément du prix d'une rente réversible de 1 fr.	Age actuel du conjoint	Complément du prix d'une rente réversible de 1 fr.	Age actuel du conjoint	Complément du prix d'une rente réversible do 1 fr.	Age actuel du conjoint	Complément du prix d'une rente réversible de 1 fr.
Tarif applicable pendant les quinze premières années d'invalidité	0 an	58 ans	48 ans	8 4471	53 ans	7 1685	58 ans	5 9991	63 ans	4 6750
	2 ans	59	49	7 3576	54	6 1277	59	4 9288	64	3 7896
	3	60	50	6 3869	55	5 3872	60	4 2312	65	3 4611
	4	61	51	6 0510	56	4 8664	61	3 7369	66	2 7179
	5	62	52	5 6808	57	4 4999	62	3 3856	67	2 4038
	6	63	53	5 4244	58	4 2883	63	3 1321	68	2 1776
	7	64	54	5 2452	59	4 0500	64	2 9451	69	2 0112
	8	65	55	5 1172	60	4 0500	65	2 8029	70	1 8955
	9	66	56	5 0221	61	3 9085	66	2 6904	71	1 7869
	10	67	57	4 9468	62	3 7978	67	2 5973	72	1 7065
	11	68	58	4 8830	63	3 7063	68	2 5169	73	1 6985
	12	69	59	4 8243	64	3 6263	69	2 4445	74	1 5792
	13	70	60	4 7639	65	3 5526	70	2 3768	75	1 5255
	14	71	61	4 7049	66	3 4811	71	2 3114	76	1 4758
		72	62	4 6389	67	3 4097	72	2 2471	77	1 4289
Tarif 3 1/2 % C. R.	15	73	63	4 5659	68	3 2609	73	2 1825	78	1 3834

AGE DE L'INVALIDE AU MOMENT DE L'ACCIDENT : 59 ANS

DIFFÉRENCES D'AGES

NATURE des tarifs	TEMPS écoulé depuis l'accident	AGE actuel de l'invalide	+ 10 ans Age actuel du conjoint	Complément du prix d'une rente reversible de 1 fr.	+ 5 ans Age actuel du conjoint	Complément du prix d'une rente reversible de 1 fr.	0 Age actuel du conjoint	Complément du prix d'une rente reversible de 1 fr.	− 5 ans Age actuel du conjoint	Complément du prix d'une rente reversible de 1 fr.
Tarif applicable pendant les quinze premières années d'invalidité	0 an	59 ans	49 ans	8ᶠ 3436	54 ans	7ᶠ 0505	59 ans	5ᶠ 7703	64 ans	4ᶠ 5225
	1 an	60	50	7 2817	55	6 0353	60	4 8172	65	3 6664
	2 ans	61	51	6 5319	56	5 3135	61	4 1583	66	3 0665
	3	62	52	6 0112	57	4 8060	62	3 6585	67	2 6345
	4	63	53	5 6509	58	4 4483	63	3 3472	68	2 3327
	5	64	54	5 4002	59	4 1925	64	3 0705	69	2 1155
	6	65	55	5 2230	60	4 0054	65	2 8876	70	1 9555
	7	66	56	5 0959	61	3 8634	66	2 7474	71	1 8337
	8	67	57	4 9950	62	3 7501	67	2 6352	72	1 7374
	9	68	58	4 9147	63	3 6550	68	2 5447	73	1 6586
	10	69	59	4 8443	64	3 5707	69	2 4601	74	1 5918
	11	70	60	4 7779	65	3 4919	70	2 3800	75	1 5330
	12	71	61	4 7112	66	3 4455	71	2 3163	76	1 4798
	13	72	62	4 6417	67	3 3394	72	2 2492	77	1 4306
	14	73	63	4 5666	68	3 2616	73	2 1831	78	1 3839
Tarif 3 1/2 °/₀ C. R.	15	74	64	4 4843	69	3 1803	74	2 1167	79	1 3382

AGE DE L'INVALIDE AU MOMENT DE L'ACCIDENT : 60 ANS

NATURE des tarifs	TEMPS écoulé depuis l'accident	AGE actuel de l'invalide	DIFFÉRENCES D'ÂGES							
			+ 10 ans		+ 5 ans		0		− 5 ans	
			Age actuel du conjoint	Complément du prix d'une rente reversible de 1 fr.	Age actuel du conjoint	Complément du prix d'une rente reversible de 1 fr.	Age actuel du conjoint	Complément du prix d'une rente reversible de 1 fr.	Age actuel du conjoint	Complément un prix d'une rente reversible de 1 fr.
Tarif applicable pendant les quinze premières années d'invalidité	0 an	60 ans	50 ans	8.2376	55 ans	6.9286	60 ans	5.0274	65 ans	4.3884
	1 an	61	51	7.9038	56	5.9390	61	4.7011	66	3.5425
	2 ans	62	52	6.4750	57	5.2361	62	4.0496	67	2.9509
	3	63	53	5.9647	58	4.7418	63	3.5774	68	2.5511
	4	64	54	5.6174	59	4.3923	64	3.2463	69	2.2917
	5	65	55	5.3743	60	4.1413	65	3.0064	70	2.0534
	6	66	56	5.1950	61	3.9536	66	2.8275	71	1.8933
	7	67	57	5.0636	62	3.8124	67	2.6894	72	1.7813
	8	68	58	4.9607	63	3.6966	68	2.5775	73	1.6877
	9	69	59	4.8744	64	3.5979	69	2.4845	74	1.6107
	10	70	60	4.7949	65	3.5080	70	2.4007	75	1.5449
	11	71	61	4.7296	66	3.4256	71	2.3251	76	1.4809
	12	72	62	4.6477	67	3.3448	72	2.2539	77	1.4344
	13	73	63	4.5492	68	3.2638	73	2.1850	78	1.3855
	14	74	64	4.4848	69	3.1808	74	2.1171	79	1.3385
Tarif 3 1/2 % C. R.	15	75	65	4.3936	70	3.0951	75	2.0494	80	1.2930

AGE DE L'INVALIDE AU MOMENT DE L'ACCIDENT : 61 ANS

NATURE des tarifs	TEMPS écoulé depuis l'accident	AGE actuel de l'invalide	DIFFÉRENCES D'AGES							
			+ 10 ans		+ 5 ans		0		− 5 ans	
			Age actuel du conjoint	Complément du prix d'une rente réversible de 1 fr.	Age actuel du conjoint	Complément du prix d'une rente réversible de 1 fr.	Age actuel du conjoint	Complément du prix d'une rente réversible de 1 fr.	Age actuel du conjoint	Complément du prix d'une rente réversible de 1 fr.
Tarif applicable pendant les quinze premières années d'invalidité	0 an	61 ans	51 ans	8ᶠ1233	56 ans	6ᶠ8024	61 ans	5ᶠ4907	66 ans	4ᶠ2135
	1 an	62	52	7 1239	57	5 8387	62	4 5820	67	3 4188
	2 ans	63	53	6 4454	58	5 1548	63	3 9442	68	2 8597
	3	64	54	5 9926	59	4 6732	64	3 4938	69	2 4480
	4	65	55	5 5594	60	4 3349	65	3 1731	70	2 1911
	5	66	56	5 3367	61	4 0848	66	2 9397	71	1 9913
	6	67	57	5 1598	62	3 8998	67	2 7644	72	1 8426
	7	68	58	5 0257	63	3 7554	68	2 6279	73	1 7285
	8	69	59	4 9179	64	3 6370	69	2 5169	74	1 6376
	9	70	60	4 8254	65	3 5346	70	2 4224	75	1 5624
	10	71	61	4 7405	66	3 4417	71	2 3387	76	1 4978
	11	72	62	4 6583	67	3 3543	72	2 2619	77	1 4409
	12	73	63	4 5748	68	3 2689	73	2 1893	78	1 3890
	13	74	64	4 4873	69	3 1830	74	2 1190	79	1 3400
	14	75	65	4 3942	70	3 0956	75	2 0499	80	1 2934
Tarif 3 1/2 °/₀ C. R.	15	76	66	4 2948	71	3 0056	76	1 9841	81	1 2482

AGE DE L'INVALIDE AU MOMENT DE L'ACCIDENT : 62 ANS

NATURE des tarifs	TEMPS écoulé depuis l'accident	AGE actuel de l'invalide	DIFFÉRENCES D'AGES							
			+10 ans		+5 ans		0		— 5 ans	
			Age actuel du conjoint	Complément du prix d'une rente réversible de 1 fr.	Age actuel du conjoint	Complément du prix d'une rente réversible de 1 fr.	Age actuel du conjoint	Complément d'une rente réversible de 1 fr.	Age actuel du conjoint	Complément du prix d'une rente réversible de 1 fr.
Tarif applicable pendant les quinze premières années d'invalidité	0 an	62 ans	52 ans	8.0188	57 ans	0.6717	62 ans	5.3304	67 ans	4.0589
	1 an	63	53	7.0411	58	5.7343	63	4.4401	68	3.2956
	2 ans	64	54	6.3523	59	5.0691	64	3.8433	69	2.7600
	3	65	55	5.8722	60	4.6003	65	3.4081	70	2.3855
	4	66	56	5.5357	61	4.2664	66	3.0974	71	2.1206
	5	67	57	5.2951	62	4.0226	67	2.8704	72	1.9287
	6	68	58	5.1175	63	3.8383	68	2.6990	73	1.7838
	7	69	59	4.9798	64	3.6927	69	2.5644	74	1.6757
	8	70	60	4.8617	65	3.5716	70	2.4539	75	1.5875
	9	71	61	4.7676	66	3.4658	71	2.3591	76	1.5144
	10	72	62	4.6754	67	3.3695	72	2.2747	77	1.4511
	11	73	63	4.5850	68	3.2779	73	2.1970	78	1.3851
	12	74	64	4.4927	69	3.1878	74	2.1231	79	1.3433
	13	75	65	4.3966	70	3.0977	75	2.0516	80	1.2948
	14	76	66	4.2954	71	3.0061	76	1.9815	81	1.2485
Tarif 3 1/2 % C.R.	15	77	67	4.1884	72	2.9122	77	1.9119	82	1.2041

AGE DE L'INVALIDE AU MOMENT DE L'ACCIDENT : 63 ANS

NATURE des tarifs	TEMPS écoulé depuis l'accident	AGE actuel de l'invalide	DIFFÉRENCES D'AGES							
			+ 10 ans		+ 5 ans		0		— 5 ans	
			Age actuel du conjoint	Complément du prix d'une rente réversible de 1 fr.	Age actuel du conjoint	Complément du prix d'une rente réversible de 1 fr.	Age actuel du conjoint	Complément du prix d'une rente réversible de 1 fr.	Age actuel du conjoint	Complément du prix d'une rente réversible de 1 fr.
	0 an	63 ans	53 ans	7 9049	58 ans	6 5363	63 ans	5 1769	68 ans	3 9047
	1 an	64	54	6 9545	59	5 6251	64	4 3555	69	3 4731
	2 ans	65	55	6 2844	60	4 9787	65	3 7400	70	2 6610
	3	66	56	5 8157	61	4 5520	66	3 3198	71	2 3033
	4	67	57	5 4848	62	4 1948	67	3 0191	72	2 0498
Tarif	5	68	58	5 2460	63	3 9544	68	2 7984	73	1 8661
applicable pen-	6	69	59	5 0668	64	3 7709	69	2 6309	74	1 7291
dant les quinze	7	70	60	4 9252	65	3 6239	70	2 4982	75	1 6228
premières années	8	71	61	4 8066	66	3 5406	71	2 3884	76	1 5374
d'invalidité	9	72	62	4 7009	67	3 3921	72	2 2938	77	1 4662
	10	73	63	4 6011	68	3 2922	73	2 2090	78	1 4046
	11	74	64	4 5023	69	3 1463	74	2 1302	79	1 3490
	12	75	65	4 4046	70	3 1021	75	2 0554	80	1 2978
	13	76	66	4 2975	71	3 0080	76	1 9831	81	1 2498
	14	77	67	4 1888	72	2 9126	77	1 9123	82	1 2044
Tarif 3 1/2 % C. R.	15	78	68	4 0751	73	2 8159	78	1 8424	83	1 1614

AGE DE L'INVALIDE AU MOMENT DE L'ACCIDENT : 64 ANS

NATURE des tarifs	TEMPS écoulé depuis l'accident	AGE actuel de l'invalide	DIFFÉRENCES D'AGES							
			+ 10 ans		+ 5 ans		0		— 5 ans	
			Age actuel du conjoint	Complément du prix d'une rente reversible de 1 fr.	Age actuel du conjoint	Complément d'. prix d'une rente reversible de 1 fr.	Age actuel du conjoint	Complément du prix d'une rente reversible de 1 fr.	Age actuel du conjoint	Complément du prix d'une rente reversible de 1 fr.
Tarif applicable pendant les quinze premières années d'invalidité	0 an	64 ans	54 ans	7.7870	59 ans	6.3856	64 ans	5.0204	69 ans	3.7514
	1 ans	65	55	6.8631	60	5.5409	65	4.2084	70	3.0516
	2 ans	66	56	6.2106	61	4.8830	66	3.6345	71	2.5627
	3	67	57	5.7523	62	4.4478	67	3.2291	72	2.2212
	4	68	58	5.4267	63	4.1176	68	2.9384	73	1.9793
	5	69	59	5.1889	64	3.8805	69	2.7242	74	1.8039
	6	70	60	5.0077	65	3.6976	70	2.5605	75	1.6724
	7	71	61	4.8921	66	3.5499	71	2.4299	76	1.5703
	8	72	62	4.7378	67	3.4248	72	2.3211	77	1.4878
	9	73	63	4.6251	68	3.3134	73	2.2266	78	1.4185
	10	74	64	4.5175	69	3.2097	74	2.1413	79	1.3578
	11	75	65	4.4107	70	3.1401	75	2.0620	80	1.3031
	12	76	66	4.3024	71	3.0123	76	1.9857	81	1.2527
	13	77	67	4.1910	72	2.9145	77	1.9139	82	1.2057
	14	78	68	4.0756	73	2.8463	78	1.8428	83	1.1617
Tarif 3 1/2 % C.R.	15	79	69	3.9565	74	2.7182	79	1.7732	84	1.1217

AGE DE L'INVALIDE AU MOMENT DE L'ACCIDENT : 65 ANS

NATURE des tarifs	TEMPS écoulé depuis l'accident	AGE actuel de l'invalide	DIFFÉRENCES D'AGES							
			+10 ans		+5 ans		0		−5 ans	
			Age actuel du conjoint	Complement du prix d'une rente reversible de 1 fr.	Age actuel du conjoint	Complement du prix d'une rente reversible de 1 fr.	Age actuel du conjoint	Complement du prix d'une rente reversible de 1 fr.	Age actuel du conjoint	Complement du prix d'une rente reversible de 1 fr.
	0 an	65 ans	55 ans	7.0641	60 ans	6.2498	65 ans	4.8617	70 ans	3.5997
	1 —	66 —	56 —	6.7657	61 —	5.3915	66 —	4.0794	71 —	2.9312
	2 ans	67 —	57 —	6.4239	62 —	4.7815	67 —	3.5269	72 —	2.4649
	3 —	68 —	58 —	5.8817	63 —	4.3481	68 —	3.1314	73 —	2.1397
	4 —	69 —	59 —	5.3508	64 —	4.0349	69 —	2.8558	74 —	1.9095
Tarif	5 —	70 —	60 —	5.1225	65 —	3.8010	70 —	2.6479	75 —	1.7421
applicable pen-	6 —	71 —	61 —	4.9400	66 —	3.6191	71 —	2.4881	76 —	1.6162
dant les quinze	7 —	72 —	62 —	4.7901	67 —	3.4710	72 —	2.3598	77 —	1.5182
premières années	8 —	73 —	63 —	4.6399	68 —	3.3440	73 —	2.2521	78 —	1.4385
d'invalidité	9 —	74 —	64 —	4.5402	69 —	3.2296	74 —	2.1579	79 —	1.3708
	10 —	75 —	65 —	4.4250	70 —	3.1227	75 —	2.0725	80 —	1.3113
	11 —	76 —	66 —	4.3109	71 —	3.0197	76 —	1.9929	81 —	1.2576
	12 —	77 —	67 —	4.1935	72 —	2.9185	77 —	1.9172	82 —	1.2083
	13 —	78 —	68 —	4.0776	73 —	2.8180	78 —	1.8442	83 —	1.1629
	14 —	79 —	69 —	3.9570	74 —	2.7186	79 —	1.7736	84 —	1.1220
Tarif 31 2 % C. R.	15 —	80 —	70 —	3.8330	75 —	2.6194	80 —	1.7046	85 —	1.0851

AGE DE L'INVALIDE AU MOMENT DE L'ACCIDENT : 66 ANS

NATURE des tarifs	TEMPS écoulé depuis l'accident	AGE actuel de l'invalide	DIFFÉRENCES D'ÂGES							
			+ 10 ans		+ 5 ans		0		— 5 ans	
			Age actuel du conjoint	Complément du prix d'une rente reversible de 1 fr.	Age actuel du conjoint	Complément du prix d'une rente reversible de 1 fr.	Age actuel du conjoint	Complément du prix d'une rente reversible de 1 fr.	Age actuel du conjoint	Complément du prix d'une rente reversible de 1 fr.
Tarif applicable pendant les quinze premières années d'invalidité	0 an	66 ans	56 ans	7 5352	61 ans	6 0986	66 ans	4 7010	71 ans	3 4496
	1 an	67	57	6 6614	62	5 2663	67	3 9485	72	2 8119
	2 ans	68	58	6 0420	63	4 6745	68	3 4175	73	2 3683
	3	69	59	5 6032	64	4 2530	69	3 0420	74	2 0594
	4	70	60	5 2863	65	3 9445	70	2 7711	75	1 8404
	5	71	61	5 0404	66	3 7103	71	2 5698	76	1 6809
	6	72	62	4 8635	67	3 5338	72	2 4139	77	1 5608
	7	73	63	4 7091	68	3 3882	73	2 2880	78	1 4666
	8	74	64	4 5727	69	3 2581	74	2 1815	79	1 3891
	9	75	65	4 4462	70	3 1411	75	2 0877	80	1 3231
	10	76	66	4 3242	71	3 0313	76	2 0025	81	1 2650
	11	77	67	4 2035	72	2 9255	77	1 9229	82	1 2128
	12	78	68	4 0818	73	2 8218	78	1 8473	83	1 1653
	13	79	69	3 9588	74	2 7202	79	1 7748	84	1 1230
	14	80	70	3 8334	75	2 6197	80	1 7048	85	1 0854
Tarif 31,2 % C. R.	15	81	71	3 7057	76	2 5203	81	1 6372	86	1 0525

AGE DE L'INVALIDE AU MOMENT DE L'ACCIDENT : 67 ANS

| NATURE des tarifs | TEMPS écoulé depuis l'accident | AGE actuel de l'invalide | DIFFÉRENCES D'AGES | | | | | | | |
| | | | + 10 ans | | + 5 ans | | 0 | | − 5 ans | |
			Age actuel du conjoint	Complément du prix d'une rente reversible de 1 fr.	Age actuel du conjoint	Complément du prix d'une rente reversible de 1 fr.	Age actuel du conjoint	Complément du prix d'une rente reversible de 1 fr.	Age actuel du conjoint	Complément du prix d'une rente reversible de 1 fr.
	0	67 ans	57 ans	7 3993	62 ans	5 9447	67 ans	4 5389	72 ans	3 3013
	1 an	68	58	6 5501	63	5 1358	68	3 8164	73	2 6945
	2 ans	69	59	5 9465	64	4 5624	69	3 3068	74	2 2734
	3	70	60	5 5166	65	4 1525	70	2 9439	75	1 9802
Tarif	4	71	61	5 2037	66	3 8533	71	2 6850	76	1 7723
applicable pen-	5	72	62	4 9669	67	3 6271	72	2 4901	77	1 6207
	6	73	63	4 7784	68	3 4480	73	2 3384	78	1 5050
dant les quinze	7	74	64	4 6191	69	3 2986	74	2 2149	79	1 4151
	8	75	65	4 4770	70	3 1680	75	2 1098	80	1 3402
premières années	9	76	66	4 3443	71	3 0488	76	2 0168	81	1 2761
	10	77	67	4 2162	72	2 9364	77	1 9319	82	1 2197
d'invalidité	11	78	68	4 0894	73	2 8283	78	1 8527	83	1 1695
	12	79	69	3 9629	74	2 7238	79	1 7778	84	1 1254
	13	80	70	3 8353	75	2 6213	80	1 7062	85	1 0865
	14	81	71	3 7061	76	2 5207	81	1 6375	86	1 0527
Tarif 3 1/2 % C. R.	15	82	72	3 5749	77	2 4214	82	1 5715	87	1 0235

AGE DE L'INVALIDE AU MOMENT DE L'ACCIDENT : 68 ANS

NATURE des tarifs	TEMPS écoulé depuis l'accident	AGE actuel de l'invalide	+10 ans		+5 ans		0		— 5 ans	
			Age actuel du conjoint	Complément du prix d'une rente réversible de 1 fr.	Age actuel du conjoint	Complément du prix d'une rente réver-sible de 1 fr.	Age actuel du conjoint	Complément du prix d'une rente réversible de 1 fr.	Age actuel du conjoint	Complément du prix d'une rente réversible de 1 fr.
Tarif applicable pen-dant les quinze premières années d'invalidité	0 an	68 ans	58 ans	7 2564	63 ans	5 7795	68 ans	4 3759	73 ans	3 4555
	1 an	69	59	6 6341	64	5 0602	69	3 6831	74	2 5793
	2 ans	70	60	5 8429	65	4 4450	70	3 1948	75	2 1801
	3	71	61	5 4217	66	4 0473	71	2 8486	76	1 9024
	4	72	62	5 1124	67	3 7557	72	2 5976	77	1 7055
	5	73	63	4 8756	68	3 5334	73	2 4093	78	1 5615
	6	74	64	4 6840	69	3 3552	74	2 2646	79	1 4514
	7	75	65	4 5203	70	3 2055	75	2 1406	80	1 3641
	8	76	66	4 3729	71	3 0735	76	2 0369	81	1 2917
	9	77	67	4 2347	72	2 9524	77	1 9450	82	1 2298
	10	78	68	4 1042	73	2 8384	78	1 8610	83	1 1759
	11	79	69	3 9699	74	2 7248	79	1 7827	84	1 1292
	12	80	70	3 8390	75	2 6246	80	1 7080	85	1 0885
	13	81	71	3 7077	76	2 5221	81	1 6386	86	1 0537
	14	82	72	3 5733	77	2 4217	82	1 5719	87	1 0238
Tarif 3 1/2 °/₀ C. R.	15	83	73	3 4412	78	2 3225	83	1 5082	88	0 9978

AGE DE L'INVALIDE AU MOMENT DE L'ACCIDENT : 69 ANS

NATURE des tarifs	TEMPS écoulé depuis l'accident	AGE actuel de l'invalide	DIFFÉRENCES D'AGES							
			+ 10 ans		+ 5 ans		0		— 5 ans	
			Age actuel du conjoint	Complément du prix d'une rente reversible de 1 fr.	Age actuel du conjoint	Complément du prix d'une rente reversible de 1 fr.	Age actuel du conjoint	Complément du prix d'une rente reversible de 1 fr.	Age actuel du conjoint	Complément du prix d'une rente reversible de 1 fr.
	0 an	69 ans	59 ans	7.4061	64 ans	5.6426	69 ans	4.2125	74 ans	3.0130
	1 an	70 —	60 —	6.3044	65 —	4.8599	70 —	3.5494	75 —	2.4066
	2 ans	71 —	61 —	5.7314	66 —	4.3234	71 —	3.0822	76 —	2.0889
	3 —	72 —	62 —	5.3187	67 —	3.9382	72 —	2.7506	77 —	1.8264
Tarif	4 —	73 —	63 —	5.0129	68 —	3.6340	73 —	2.5095	78 —	1.6400
applicable pen-	5 —	74 —	64 —	4.7755	69 —	3.4351	74 —	2.3274	79 —	1.5027
dant les quinze	6 —	75 —	65 —	4.5812	70 —	3.2584	75 —	2.1839	80 —	1.3976
premières années	7 —	76 —	66 —	4.4135	71 —	3.1085	76 —	2.0656	81 —	1.3137
d'invalidité	8 —	77 —	67 —	4.2616	72 —	2.9755	77 —	1.9437	82 —	1.2442
	9 —	78 —	68 —	4.1186	73 —	2.8534	78 —	1.8731	83 —	1.1852
	10 —	79 —	69 —	3.9809	74 —	2.7392	79 —	1.7904	84 —	1.1351
	11 —	80 —	70 —	3.8456	75 —	2.6302	80 —	1.7134	85 —	1.0921
	12 —	81 —	71 —	3.7114	76 —	2.5252	81 —	1.6442	86 —	1.0557
	13 —	82 —	72 —	3.5769	77 —	2.4231	82 —	1.5730	87 —	1.0247
	14 —	83 —	73 —	3.4416	78 —	2.3229	83 —	1.5085	88 —	0.9981
Tarif 3 1/2 % C. R.	15 —	84 —	74 —	3.3044	79 —	2.9225	84 —	1.4474	89 —	0.9723

AGE DE L'INVALIDE AU MOMENT DE L'ACCIDENT : 70 ANS

NATURE des tarifs	TEMPS écoulé depuis l'accident	AGE actuel de l'invalide	DIFFÉRENCES D'AGES							
			+ 10 ans		+ 5 ans		0		— 5 ans	
			Age actuel du conjoint	Complément du prix d'une rente reversible de 1 fr.	Age actuel du conjoint	Complément du prix d'une rente reversible de 1 fr.	Age actuel du conjoint	Complément d'une rente reversible de 1 fr.	Age actuel du conjoint	Complément du prix d'une rente reversible de 1 fr.
Tarif applicable pendant les quinze premières années d'invalidité	0 an	70 ans	60 ans	6 9481	65 ans	5 4411	70 ans	4 0492	75 ans	2 8739
	1 an	71	61	6 4699	66	4 7457	71	3 4155	76	2 3568
	2 ans	72	62	5 6148	67	4 4982	72	2 9892	77	2 0001
	3	73	63	5 2074	68	3 8252	73	2 6521	78	1 7522
	4	74	64	4 9045	69	3 5478	74	2 4205	79	1 5753
	5	75	65	4 6670	70	3 3329	75	2 2449	80	1 4449
	6	76	66	4 4705	71	3 4578	76	2 1056	81	1 3446
	7	77	67	4 2894	72	3 0480	77	1 9901	82	1 2644
	8	78	68	4 1436	73	2 8747	78	1 8803	83	1 1984
	9	79	69	3 9971	74	2 7531	79	1 8016	84	1 1436
	10	80	70	3 8558	75	2 6389	80	1 7205	85	1 0975
	11	81	71	3 7174	76	2 5304	81	1 6454	86	1 0589
	12	82	72	3 5802	77	2 4259	82	1 5753	87	1 0265
	13	83	73	3 4430	78	2 3241	83	1 5095	88	0 9989
	14	84	74	3 3044	79	2 2228	84	1 4476	89	0 9725
Tarif 3 1/2 % C.R.	15	85	75	3 1642	80	2 1219	85	1 3894	90	0 9461

TABLEAU V. — Tarif d'assurance pour l'acquisition à une rente viagère au profit à un pensionnaire valide, reversible sur la tête du conjoint (Table de mortalité C. R. — Taux 3 1/2 p. 100).

AGE ACTUEL DU PENSIONNAIRE	DIFFÉRENCES D'AGES							
	+ 10 ans		+ 5 ans		0		− 5 ans	
	Age actuel du conjoint	Complément du prix d'une rente reversible de 1 fr.	Age actuel du conjoint	Complément du prix d'une rente reversible de 1 fr.	Age actuel du conjoint	Complément d'une rente reversible de 1 fr.	Age actuel du conjoint	Complément du prix d'une rente reversible de 1 fr.
20 ans	»	»	»	»	20 ans	2f 9347	25 ans	2f 6136
21	»	»	»	»	21	2 9247	26	2 5917
22	»	»	»	»	22	2 9118	27	2 5656
23	»	»	»	»	23	2 8982	28	2 5379
24	»	»	»	»	24	2 8865	29	2 5120
25	»	»	20 ans	3f 2512	25	2 8775	30	2 4889
26	»	»	21	3 2603	26	2 8720	31	2 4695
27	»	»	22	3 2747	27	2 8700	32	2 4539
28	»	»	23	3 2931	28	2 8710	33	2 4414
29	»	»	24	3 3140	29	2 8738	34	2 4304
30	20 ans	3f 7699	25	3 3340	30	2 8778	35	2 4204
31	21	3 8070	26	3 3584	31	2 8826	36	2 4107
32	22	3 8495	27	3 3811	32	2 8880	37	2 4015
33	23	3 8941	28	3 4045	33	2 8942	38	2 3928
34	24	3 9407	29	3 4294	34	2 9016	39	2 3853
35	25	3 9887	30	3 4558	35	2 9099	40	2 3788
36	26	4 0382	31	3 4838	36	2 9195	41	2 3736
37	27	4 0883	32	3 5128	37	2 9295	42	2 3687
38	28	4 1389	33	3 5422	38	2 9398	43	2 3638
39	29	4 1891	34	3 5713	39	2 9497	44	2 3582
40	30	4 2395	35	3 5995	40	2 9589	45	2 3513

AGE ACTUEL DU PENSIONNAIRE	DIFFÉRENCES D'AGES							
	+ 10 ans		+ 5 ans		0		− 5 ans	
	Age actuel du conjoint	Complément du prix d'une rente réversible de 1 fr.	Age actuel du conjoint	Complément du prix d'une rente réversible de 1 fr.	Age actuel du conjoint	Complément du prix d'une rente réversible de 1 fr.	Age actuel du conjoint	Complément du prix d'une rente réversible de 1 fr.
41 ans	31 ans	4.2895	36 ans	3.6271	41 ans	2.9674	46 ans	2.3436
42	32	4.3399	37	3.6544	42	2.9736	47	2.3355
43	33	4.3910	38	3.6821	43	2.9888	48	2.3279
44	34	4.4428	39	3.7105	44	2.9921	49	2.3211
45	35	4.4956	40	3.7399	45	3.0007	50	2.3155
46	36	4.5484	41	3.7694	46	3.0090	51	2.3106
47	37	4.6003	42	3.7978	47	3.0162	52	2.3054
48	38	4.6498	43	3.8234	48	3.0212	53	2.2984
49	39	4.6956	44	3.8448	49	3.0232	54	2.2886
50	40	4.7365	45	3.8608	50	3.0214	55	2.2746
51	41	4.7720	46	3.8710	51	3.0153	56	2.2558
52	42	4.8018	47	3.8757	52	3.0051	57	2.2324
53	43	4.8264	48	3.8762	53	2.9912	58	2.2051
54	44	4.8462	49	3.8733	54	2.9739	59	2.1742
55	45	4.8621	50	3.8682	55	2.9538	60	2.1406
56	46	4.8748	51	3.8617	56	2.9313	61	2.1050
57	47	4.8849	52	3.8540	57	2.9065	62	2.0676
58	48	4.8928	53	3.8447	58	2.8794	63	2.0288
59	49	4.8994	54	3.8339	59	2.8502	64	1.9890
60	50	4.9048	55	3.8209	60	2.8188	65	1.9483

AGE ACTUEL DU PENSIONNAIRE	DIFFÉRENCES D'AGES							
	+10 ans		+5 ans		0		−5 ans	
	Age actuel du conjoint	Complément du prix d'une rente réversible de 1 fr.	Age actuel du conjoint	Complément du prix d'une rente réversible de 1 fr.	Age actuel du conjoint	Complément du prix d'une rente réversible de 1 fr.	Age actuel du conjoint	Complément du prix d'une rente réversible de 1 fr.
61 ans	51 ans	4ᶠ9089	56 ans	3ᶠ8054	61 ans	2ᶠ7853	66 ans	1ᶠ9072
62	52	4 9115	57	3 7870	62	2 7495	67	1 8658
63	53	4 9117	58	3 7653	63	2 7115	68	1 8242
64	54	4 9083	59	3 7385	64	2 6709	69	1 7822
65	55	4 9005	60	3 7093	65	2 6278	70	1 7399
66	56	4 8898	61	3 6738	66	2 5818	71	1 6970
67	57	4 8659	62	3 6323	67	2 5327	72	1 6532
68	58	4 8375	63	3 5848	68	2 4808	73	1 6087
69	59	4 8009	64	3 5313	69	2 4261	74	1 5640
70	60	4 7555	65	3 4717	70	2 3686	75	1 5188
71	61	4 7014	66	3 4065	71	2 3086	76	1 4735
72	62	4 6382	67	3 3363	72	2 2446	77	1 4284
73	63	4 5659	68	3 2609	73	2 1825	78	1 3834
74	64	4 4843	69	3 1803	74	2 1167	79	1 3382
75	65	4 3936	70	3 0951	75	2 0494	80	1 2930
76	66	4 2948	71	3 0056	76	1 9811	81	1 2492
77	67	4 1884	72	2 9122	77	1 9119	82	1 2041
78	68	4 0751	73	2 8159	78	1 8424	83	1 1614
79	69	3 9565	74	2 7182	79	1 7732	84	1 1217
80	70	3 8330	75	2 6194	80	1 7046	85	1 0851

AGE ACTUEL DU PENSIONNAIRE	DIFFÉRENCES D'AGES							
	+ 10 ans		+ 5 ans		0		— 5 ans	
	Age actuel du conjoint	Complément du prix d'une rente réversible de 1 fr.	Age actuel du conjoint	Complément du prix d'une rente réversible de 1 fr.	Age actuel du conjoint	Complément du prix d'une rente réversible de 1 fr.	Age actuel du conjoint	Complément du prix d'une rente réversible de 1 fr.
81 ans	71 ans	3f 7057	76 ans	2f 5203	81 ans	1f 6372	86 ans	1f 0525
82	72	3 5749	77	2 4214	82	1 5715	87	1 0235
83	73	3 4412	78	2 3225	83	1 5082	88	0 9978
84	74	3 3044	79	2 2225	84	1 4474	89	0 9723
85	75	3 1642	80	2 1219	85	1 3894	90	0 9461
86	76	3 0214	81	2 0204	86	1 3342	91	0 9146
87	77	2 8764	82	1 9189	87	1 2817	92	0 8758
88	78	2 7295	83	1 8179	88	1 2311	93	0 8262
89	79	2 5836	84	1 7214	89	1 1815	94	0 7678
90	80	2 4389	85	1 6292	90	1 1313	95	0 6958
91	81	2 3009	86	1 5461	91	1 0791	96	0 6146
92	82	2 1716	87	1 4727	92	1 0236	97	0 5225
93	83	2 0556	88	1 4118	93	0 9641	98	0 4183
94	84	1 9522	89	1 3492	94	0 8989	99	0 2944
95	85	1 8677	90	1 3163	95	0 8274	100	0 1637
96	86	1 7999	91	1 2783	96	0 7481	101	0 0020
97	87	1 7514	92	1 2439	97	0 6577	102	»
98	88	1 7274	93	1 2137	98	0 5513		
99	89	1 7471	94	1 2084	99	0 4271		
100	90	1 8276	95	1 2386	100	0 2910		

NOTICE sur l'application des tarifs établis par la Caisse nationale des retraites pour l'exécution de la loi du 9 avril 1898, concernant les responsabilités des accidents dont les ouvriers sont victimes dans leur travail.

CONJOINTS OU ASCENDANTS D'OUVRIERS TUÉS

(Tableau I).

1ᵉʳ problème. — Évaluation du prix d'une rente viagère au profit du conjoint ou d'un ascendant de la victime d'un accident mortel.

Solution. — Déterminer, à un demi-trimestre près, l'âge trimestriel du titulaire de la rente à la date de l'évaluation ; lire, dans le tarif I, le prix d'une rente viagère de 1 fr. correspondant à l'âge déterminé, si cet âge est représenté par un nombre entier d'années, ou le calculer par interpolation entre les prix qui correspondent aux deux âges annuels précédant et suivant l'âge trimestriel, s'il est représenté par un nombre fractionnaire d'années ; multiplier par le prix, lu ou calculé, le montant annuel de la rente à évaluer ; dans le produit négliger les centimes, s'ils sont inférieurs à 50, ou augmenter d'une unité le chiffre des francs, si le produit présente 50 centimes ou plus.

Exemple. — Quel est le prix, à la date du 17 septembre 1899, d'une rente viagère de 184 fr. reposant sur la tête d'une personne née le 28 janvier 1875 ?

Le titulaire de la rente a atteint l'âge de vingt-quatre ans et deux trimestres et demi le 13 septembre 1899, et atteindra celui de vingt-quatre ans et trois trimestres le 28 octobre 1899. Il doit être considéré, à la date du 17 septembre 1899, comme âgé de vingt-quatre ans et trois trimestres.

33

Le prix d'une rente viagère de 1 fr. est :

A 24 ans, de	20f 1991
A 25 ans, de	20 0582
La différence est de........................	0f 1409
En ajoutant au chiffre de....................	20f 0582
le quart de cette différence, soit.................	0 0352
on a le prix d'une rente viagère de 1 fr. à l'âge dé-	
terminé	20 0934
Le produit de ce chiffre par le montant annuel de	
la rente	× 184
Soit...........................	3.697f 1856

ou en chiffres ronds, 3.697 fr., représente le prix cherché.

ENFANTS OU DESCENDANTS D'OUVRIERS TUÉS

1er cas. — Rentes individuelles

(Tableau II).

Les rentes temporaires prévues aux paragraphes B et C de l'article 3 de la loi du 9 avril 1898 sont nettement individuelles et s'éteignent entièrement en cas de décès des titulaires ou d'accomplissement de leur seizième année, lorsqu'il s'agit :

D'un orphelin unique de père ou de mère (15 p. 100 du salaire annuel de la victime) ;

D'un orphelin de père et de mère, dans une famille comptant trois orphelins au plus (20 p. 100 du salaire annuel de la victime par orphelin) ;

D'un descendant (10 p. 100 du salaire annuel de la victime, sauf réduction proportionnelle lorsque le total des rentes prévues par le paragraphe C dépasse 30 p. 100).

2e problème. — Evaluation du prix d'une rente temporaire au profit d'un orphelin unique de père ou de mère, d'un orphelin de père *et* de mère dans une famille comptant trois têtes au plus, ou d'un descendant.

Solution. — Comme dans le 1er problème, déterminer, à un demi-trimestre près, l'âge trimestriel du titulaire de la rente à la date de l'évaluation ; lire, dans le tarif II, le prix d'une rente temporaire de 1 fr. correspondant à l'âge déterminé, si cet âge est représenté par un nombre entier d'années, ou le calculer par interpolation entre les prix qui correspondent aux deux âges annuels précédant et suivant l'âge trimestriel, s'il est représenté par un nombre fractionnaire d'années ; multiplier par le prix, lu ou calculé, le montant annuel de la rente à évaluer ; dans le produit, négliger les centimes, s'ils sont inférieurs à 50, ou augmenter d'une unité le chiffre des francs, si le produit présente 50 centimes ou plus.

Exemple. — Quel est le prix à la date du 8 février 1900, d'une rente temporaire de 135 fr. reposant sur la tête d'une personne née le 4 octobre 1895 ?

Le titulaire de la rente a atteint l'âge de quatre ans et un trimestre le 4 janvier 1900 et atteindra celui de quatre ans et un trimestre et demi le 19 février 1900. Il doit être considéré à la date du 8 février 1900, comme âgé de quatre ans et un trimestre.

Le prix d'une rente temporaire de 1 fr. est :

A quatre ans, de..........................	9f 5564
A cinq ans, de...........................	8 9370
La différence est..........................	0f 6194
En retranchant du chiffre de.................	9f 5564
le quart de cette différence, soit.................	0 1548
on a le prix d'une rente temporaire de 1 fr. à l'âge déterminé....................................	9f 4016
Le produit de ce chiffre par le montant annuel de la rente....................................	× 135
soit...	1.269f 2160

ou, en chiffres ronds, 1.269 fr., représente le prix cherché.

2ᵉ cas. — Rentes collectives

Les rentes temporaires constituées au profit de plusieurs orphelins de père *ou* de mère sont collectives, en ce sens qu'elles restent égales à 40 p. 100 du salaire annuel de la victime tant que le nombre des orphelins âgés de moins de seize ans est supérieur ou égal à quatre, et qu'elles se réduisent successivement à 35 p. 100, à 25 p. 100 et à 15 p. 100 du salaire, lorsque le nombre des orphelins qui y ont droit se réduit à trois têtes, deux têtes et une tête.

Lorsqu'il s'agit de familles d'orphelins de père *et* de mère comptant quatre têtes ou davantage, les rentes temporaires sont également collectives : elles ne sont réductibles de 60 p. 100 du salaire annuel de la victime, à 40 p. 100 et à 20 p. 100, que lorsque le nombre des orphelins y ayant droit se réduit à deux têtes, puis à une tête.

3ᵉ problème. — Evaluation du prix d'une rente temporaire constituée au profit de plusieurs orphelins de père *ou* de mère, ou d'orphelins de père *et* de mère au nombre de quatre ou davantage, et réductible suivant les progressions indiquées à l'article 3, paragraphe B, de la loi du 9 avril 1898, au fur et à mesure de la diminution du nombre des orphelins ayant droit à la pension.

Solution. — Le nombre des combinaisons distinctes que l'on peut obtenir en faisant varier le nombre des enfants d'une même famille, âgés de seize ans au plus, et leurs âges respectifs, abstraction faite des combinaisons comprenant plusieurs enfants de même âge, dépasse 65.000. Le tarif nécessaire pour résoudre tous les problèmes particuliers correspondant à ces combinaisons devrait contenir plus de 65.000 termes. On ne saurait songer à publier, ni même à établir d'avance, un tel tarif, et on ne peut que se borner à l'établir terme par terme, au fur et à mesure des cas nouveaux du 3ᵉ problème qui se présenteront.

Pour obtenir la solution de ce problème, il y aura lieu de s'adresser à l'administration de la Caisse nationale des retraites pour la vieillesse (Direction générale de la Caisse des dépôts et consignations, à Paris, rue de Lille, nᵒ 56).

OUVRIERS FRAPPÉS D'INCAPACITÉ PERMANENTE DE TRAVAIL

4e problème. — Evaluation du prix d'une rente viagère au profit de la victime d'un accident ayant entraîné une incapacité permanente de travail.

1er cas. — Incapacité absolue.

(Tableau III).

Solution. — Déterminer, à une demi-année près, l'âge du pensionnaire au moment où il a été blessé et, à un demi-trimestre près, le temps écoulé depuis l'accident ; lire, dans le tarif III, dans la colonne correspondant à l'âge à l'époque de l'accident, le prix d'une rente viagère de 1 fr. correspondant au temps écoulé depuis l'accident, si l'ancienneté de l'invalidité est représentée par un nombre entier d'années, ou le calculer par interpolation entre les deux prix correspondant aux deux anciennetés, en nombres entiers d'années entre lesquelles se trouve comprise l'ancienneté déterminée, si elle est représentée par un nombre fractionnaire d'années ; multiplier par le prix, lu ou calculé, le montant annuel de la rente à évaluer ; dans le produit, négliger les centimes, s'ils sont inférieurs à 50, ou augmenter d'une unité le chiffre des francs, si le produit présente 50 centimes ou plus.

Exemple. — Un ouvrier, né le 25 novembre 1867, a été victime d'un accident survenu le 20 juin 1899, ayant entraîné une incapacité absolue et permanente de travail et à la suite duquel il a obtenu une pension de 660 fr. Quel est, à la date du 15 février 1903, le prix de cette pension ?

La différence entre la date de l'accident, 20 juin 1899, et celle du trente-deuxième anniversaire de la naissance, 25 novembre 1899, étant inférieure à six mois, le blessé peut être considéré comme âgé de trente-deux ans à l'époque de l'accident. D'autre part, le temps écoulé depuis le 20 juin 1899, date de l'accident, jusqu'au 15 février 1903, date de l'évaluation de la pension, étant supérieur à trois ans et deux trimestres et demi, délai qui a été atteint le 5 février 1903, et inférieur à trois ans et trois trimestres, délai qui sera atteint le 20 mars 1903, peut être compté pour trois ans et trois trimestres.

Le prix d'une rente viagère de 1 fr., sur la tête d'un invalide absolu, blessé à l'âge de trente-deux ans, est :

Trois après l'accident, de	15f 8794
Quatre ans après l'accident, de................	16 3403
La différence est	0f 4609
En ajoutant au chiffre de....................	15f 8794
les trois quarts de cette différence..............	0 3457
on trouve...................................	16f 2251
Le produit de ce chiffre par le montant de la pension	× 660
soit	10.708f 5660

ou, en chiffres ronds, 10.709 fr., représente le prix cherché.

2e Cas. — Incapacité partielle
(Tableaux I et III combinés).

Solution. — Déterminer d'abord, d'après le tarif III, comme si le pensionnaire était invalide absolu et soumis à la mortalité de la table C. R. I., le prix d'une rente viagère de 1 fr. correspondant à son âge au moment où il a été blessé (calculé à une demi-année près), et au temps écoulé depuis ce moment (calculé à un demi-trimestre près) ; déterminer ensuite, d'après le tarif I, comme s'il était valide et soumis à la mortalité de la table C. R., le prix d'une rente viagère de 1 fr., correspondant à l'âge de compte obtenu en ajoutant à son âge à l'époque de l'accident le temps écoulé depuis, âge et temps calculés comme il vient d'être dit ; retrancher de ce dernier prix une partie de son excédent sur le premier, proportionnelle à la réduction que l'accident a fait subir au salaire du blessé ; multiplier ce reste par le montant annuel de la rente à évaluer ; dans le produit négliger les centimes ou augmenter d'une unité le chiffre des francs, suivant que le produit présente moins de 50 centimes ou 50 centimes au moins.

Exemple. — Un ouvrier, né le 25 novembre 1867, a été victime d'un accident survenu le 20 juin 1899, ayant entraîné une incapacité partielle et permanente de travail et à la suite duquel il a obtenu une pension de 167 fr., représentant la moitié d'une réduction d'un tiers sur un salaire annuel de 1.000 fr. Quel est, à la date du 15 février 1903, le prix de cette pension ?

Les dates indiquées dans cet exemple étant les mêmes que celles de l'exemple donné sous le titre du 1er cas du 4e problème le prix d'une rente viagère de 1 fr. qu'il y aurait à appliquer si le pensionnaire en question était absolument invalide, est 16f 2251

D'autre part, l'âge de compte de ce pensionnaire étant trente-cinq ans et trois trimestres, le prix d'une rente viagère de 1 fr. obtenue par interpolation, comme à l'exemple donné sous le titre du 1er problème, entre 18 fr. 1758 et 17 fr. 9455 (prix correspondant à 35 ans et à 36 ans, d'après le tarif I) et qu'il y aurait à appliquer si le pensionnaire était valide, est 18 0031

L'excédent de ce dernier prix sur le premier est.   1f 7780

En retranchant du chiffre de..................   18f 0031
le tiers de cet excédent........................   0 5927

ou trouve un reste de..........................   . 17f 4104
Le produit de ce reste par le montant de la pension...   × 167

soit 2.907f 5368
ou, en chiffres ronds, 2.908 fr., représente le prix cherché.

RENTES RÉVERSIBLES

5e *problème.* — Détermination du montant de la rente viagère qui peut être constituée sur la tête de la victime d'un accident

ayant entraîné une incapacité permanente de travail, avec
réversibilité de la moitié au plus sur la tête de son conjoint,
pour un prix égal au capital représentant la pension entière du
blessé, lors du règlement définitif de la pension, ou à ce capital
réduit de la somme attribuée en espèces au blessé, jusqu'à concurrence du quart au plus.

1er cas. — Incapacité absolue

(Tableaux III et IV combinés).

Solution. — Calculer le prix d'une rente viagère de 1 fr., à
raison de l'âge du pensionnaire au moment où il a été blessé, et
du temps écoulé depuis ce moment, et le prix de sa pension
entière, conformément à la solution donnée pour le problème
concernant les rentes sur les têtes d'invalides absolus (1er cas du
4e problème) ; déterminer, à deux ans et demi près, la différence
existant entre l'âge du pensionnaire et celui du conjoint, en
d'autres termes, considérer l'âge du pensionnaire et l'âge de son
conjoint comme présentant un excédent conventionnel :

Du premier sur le second, de dix ans (+ 10 ans), lorsque l'excédent réel est inférieur à douze ans et demi et supérieur à sept
ans et demi ;

Du premier sur le second, de cinq ans (+ 5 ans), lorsque
l'excédent réel est inférieur à sept ans et demi et supérieur à
deux ans et demi ;

Nul (0 an), lorsque la différence réelle d'âge, en plus ou en
moins, ne dépasse pas deux ans et demi ;

Du second sur le premier, de cinq ans (— 5 ans) lorsque
l'excédent réel est compris entre deux ans et demi et sept ans
et demi.

Lire, dans le tarif IV, sous le titre de l'âge à attribuer au
blessé à l'époque de l'accident, dans la colonne afférente à la
différence conventionnelle entre les âges des deux époux, le
complément de prix d'une rente viagère et réversible d'un franc,
correspondant au temps écoulé depuis l'accident, si l'ancienneté

de l'invalidité est représentée par un nombre entier d'années ou le calculer par interpolation entre les deux compléments de prix correspondant aux deux anciennetés, en nombres entiers d'années, entre lesquelles se trouve l'ancienneté déterminée, si elle est représentée par un nombre fractionnaire d'années ; multiplier le complément, lu ou calculé, par la fraction exprimant la proportion dans laquelle la rente viagère à déterminer doit être réversible ; former le total du produit ainsi obtenu et du prix d'une rente viagère de 1 fr. calculé d'abord à raison de l'âge du pensionnaire au moment où il a été blessé, et du temps écoulé depuis ; diviser par ce total le capital représentant la pension entière du blessé ou ce capital réduit de la somme qui est attribuée en espèces au blessé ; dans le quotient, négliger les décimales ou augmenter d'une unité le chiffre des francs, suivant que le quotient présente moins de 50 centimes ou 50 centimes au moins.

Exemple. — L'ouvrier visé à l'exemple donné sous le titre du problème concernant les rentes sur les têtes d'invalides absolus (1er cas du 4e problème) a demandé et obtenu que le 5e du capital de sa pension lui soit attribué en espèces et qu'il soit constitué sur sa tête une rente réversible pour un tiers sur la tête de sa femme qui est née le 8 septembre 1874. Quels sont, à la date du 15 février 1903, la somme à verser à cet ouvrier et le montant de la rente à constituer sur sa tête, avec réversion du tiers au profit de sa femme ?

En se reportant au premier cas du quatrième problème, on constate qu'à la date du 15 février 1903 le prix d'une rente viagère de 1 fr., sur la tête seule du blessé, est de 16 fr. 2251, et que le capital de sa pension de 660 fr. est........ 10.709f »

La somme qui peut lui être versée est le cinquième de ce capital, soit..................... 2.142 »

Il reste pour constituer la pension réversible.... 8.567f »

La différence entre la date de naissance de l'invalide, 25 novembre 1867, et celle de la naissance de son conjoint, 8 septembre 1874, étant supérieure à cinq ans (25 novembre 1872) et inférieure à sept ans et demi (25 mai 1875), on peut admettre un excédent conventionnel de l'âge du mari sur celui de la femme, de cinq ans.

D'après le tarif IV, pour un pensionnaire blessé à l'âge de trente-deux ans et pour un conjoint plus jeune de cinq ans, le complément de prix d'une rente de 1 fr., viagère et réversible en totalité, est :

Trois ans après l'accident......................	5ᶠ 4086
Quatre ans après l'accident	4 8469
La différence est................	0ᶠ 5617
En ajoutant au chiffre de......................	4ᶠ 8469
le quart de cette différence, soit................	0 1404
on trouve.......................................	4ᶠ 9873

complément de prix d'une rente de 1 fr. viagère et réversible en totalité, lorsqu'il s'est écoulé trois ans et trois trimestres depuis l'accident, que le blessé était âgé de trente-deux ans à l'époque de l'accident et marié à une personne ayant cinq ans de moins que lui.

La réversion ne devant, dans l'espèce, s'exercer que pour un tiers, le complément de prix est égal au tiers de 4 fr. 9873, soit 1ᶠ 6624

Le total de ce prix et de celui d'une rente viagère de 1 fr. reposant sur la seule tête de l'invalide..... 16 2251

est... 17ᶠ 8875

Le quotient du capital restant applicable à la constitution de la rente viagère, 8.567 francs, par le chiffre de 17.8875, soit 478 fr. 93..., ou, en chiffres ronds, 479 fr., représente le montant annuel de la rente viagère et réversible pour un tiers, à déterminer.

2ᵐᵉ cas. — Incapacité partielle.

(Tableaux I, III, IV et V combinés).

Solution. — Calculer le prix d'une rente viagère de 1 fr., à raison de l'âge du pensionnaire, au moment où il a été blessé, et du temps écoulé depuis ce moment, et le prix de sa pension entière, conformément à la solution donnée par le problème concernant les rentes sur les têtes d'invalides partiels (2e cas du 4e problème) ; calculer ensuite, d'après le tarif IV, comme si le pensionnaire était invalide absolu, le complément de prix d'une rente de 1 fr., viagère et réversible en totalité, ainsi qu'il a été indiqué pour le premier cas du problème concernant les rentes réversibles ; calculer enfin, d'après le tarif V, comme si le pensionnaire était valide, le complément de prix d'une rente de 1 fr., viagère et réversible en totalité, correspondant à la différence conventionnelle entre les âges des conjoints et à l'âge obtenu, pour le blessé, en ajoutant à son âge à l'époque de l'accident (calculé à une demi-année près) le temps écoulé depuis (à un demi-trimestre près) ; ajouter à ce dernier complément une partie de la différence qu'il présente avec le premier, proportionnelle à la réduction que l'accident a fait subir au salaire du blessé ; multiplier le complément du prix ainsi interpolé par la fraction exprimant la proportion dans laquelle la rente viagère à déterminer doit être réversible ; former le total de ce produit et du prix d'une rente viagère de 1 fr., calculé d'abord conformément à la solution du 2e cas du 4e problème ; diviser par ce total le capital représentant la pension entière du blessé ou ce capital réduit de la somme qui lui est attribuée en espèces ; dans le quotient négliger les décimales ou augmenter d'une unité le chiffre des francs, suivant que le quotient présente moins de 50 centimes ou 50 centimes au moins.

Exemple. — L'ouvrier visé à l'exemple donné sous le titre du problème relatif aux rentes sur les têtes des invalides partiels (2e cas du 4e problème) a demandé et obtenu que les deux neuvièmes du capital de sa pension lui soient attribués en espèces et qu'il soit constitué sur sa tête une rente réversible pour trois septièmes sur la tête de sa femme qui est née le 8 septembre 1874. Quels sont, à la date du 15 février 1903, la somme à verser à cet ouvrier et le montant de la rente à constituer sur sa tête avec réversion des trois septièmes au profit de sa femme ?

En se reportant au 2e cas du 4e problème précité, on constate qu'à la date du 15 février 1903, le prix d'une rente viagère de 1 fr., sur la tête seule du blessé, est de 17 fr. 4104, et que le capital de sa pension de 167 fr. est de........... 2.908f »

La somme qui peut lui être versée est égale aux deux neuvièmes de ce capital, soit............... 646 »

Il reste................................. 2.262f »

pour constituer la pension réversible.

D'ailleurs, si le pensionnaire était invalide absolu, le complément de prix d'une rente de 1 fr., viagère et réversible en totalité serait 4 fr. 9873, d'après l'exemple du 1er cas du 5e problème.

D'autre part, si le pensionnaire était valide, la différence conventionnelle entre les âges des deux conjoints étant cinq ans et l'âge de compte du blessé étant trente-cinq ans et trois trimestres, le complément de prix d'une rente de 1 fr., viagère et réversible, serait, d'après le tarif V, égal à la différence entre................................. 3f 4838

complément de prix correspondant à la combinaison d'âges : 36 ans, 31 ans, et le quart de son excédent sur 3 fr. 4558, complément correspondant à la combinaison d'âges : 35 ans-30 ans................. 0 0070

soit............................... 3f 4768

la différence entre ce complément de prix et le premier............................. 4 9873

est.................................. 1f 5105

En ajoutant au chiffre de................. 3f 4768
le tiers de cette différence............... 0 5035

on trouve.............................. 3f 9803

complément de prix d'une rente de 1 fr., viagère et réversible en totalité, lorsque l'accident a causé une réduction de salaire d'un tiers, que l'âge du blessé à cette époque était de trente-deux ans, qu'il s'est écoulé depuis l'accident trois ans et trois trimestres et que le conjoint du blessé est plus jeune que lui de cinq ans,

La réversion ne devant, dans l'espèce, s'exercer que pour trois septièmes, le complément de prix dont il y a lieu de tenir compte est égal aux trois septièmes de 3 fr. 9803,

soit...................................... 1f 7058

Le total de ce complément et du prix d'une rente viagère de 1 fr. reposant sur la seule tête du blessé 17 4104

est...................................... 19f 1162

Le quotient du capital restant applicable à la constitution de la rente viagère, 2.262 fr., par le chiffre de 19 fr. 1162, soit 118 fr. 32..., ou, en chiffres ronds, 118 fr., représente le montant annuel de la rente viagère et réversible pour trois septièmes, à déterminer.

Nota. — L'application des tarifs IV et V aux problèmes de la nature des deux problèmes précédents ne conduit à une solution qui puisse être considérée comme suffisamment exacte que lorsque l'écart entre la différence réelle que présentent les âges des conjoints et la différence conventionnelle est inférieur à une demi-année. Lorsque cet écart dépasse cette limite et qu'il atteint deux ans et demi, la solution obtenue à l'aide des tarifs en question ne doit être considérée que comme approximative.

Pour atteindre, dans tous les cas, le degré d'exactitude que comporte la détermination des différences d'âges à une demi-année près, il est nécessaire d'employer des tarifs plus détaillés que les tarifs IV et V et dans lesquels la variation des différences conventionnelles est d'un an au lieu de cinq ans. Ces tarifs détaillés étant conservés à l'état manuscrit par l'administration de la Caisse nationale des retraites, il y aura lieu de s'adresser à cette administration. (Direction générale de la Caisse des dépôts et consignations de Paris, rue de Lille, no 56) pour obtenir la solution exacte des problèmes dont il s'agit.

APPENDICE

— → ʼ◦• (•• —

LOI DU 24 MAI 1899

étendant en vue de l'application de la loi
du 9 avril 1898, les opérations de la
Caisse nationale d'assurances
contre les accidents (1).

————

ARTICLE PREMIER. — Les opérations de la Caisse
nationale d'assurances en cas d'accidents, créée par la
loi du 11 juillet 1868, sont étendues aux risques prévus
par la loi du 9 avril 1898, pour les accidents ayant
entraîné la mort ou une incapacité permanente, absolue
ou partielle.

Les tarifs correspondants seront avant le 1ᵉʳ juin 1899,
établis par la Caisse nationale d'assurances en cas d'acci-

(1) *J. off.* du 25 mai 1899.

dents et approuvés par décret rendu sur le rapport du ministre du commerce, de l'industrie, des postes et télégraphes et du ministre des finances.

Les primes devront être calculées de manière que le risque et les frais généraux d'administration de la Caisse soient entièrement couverts sans qu'il soit nécessaire de recourir à la subvention prévue par la loi du 11 juillet 1868.

Art. 2. — La loi du 9 avril 1898 ne sera appliquée qu'un mois après le jour où la Caisse des accidents aura publié ses tarifs au *Journal officiel* et admis les industriels à contracter des polices, et où ces tarifs auront été approuvés par décret sur le rapport du ministre du commerce, de l'industrie, des postes et télégraphes, et du ministre des finances.

En aucun cas, cette prorogation ne pourra excéder le 1er juillet 1899.

LOI DU 29 JUIN 1899

relative à la résiliation des polices d'assurances souscrites par les chefs d'entreprise
soumis à l'application de la loi du
9 avril 1898 sur les accidents (1).

ARTICLE UNIQUE. — Pendant une période d'un an à partir
du jour de la promulgation de la présente loi, les polices
d'assurances-accidents concernant les entreprises prévues
à l'article 1er de la loi du 9 avril 1898, et antérieures à cette
loi, pourront être dénoncées par l'assureur ou par l'assuré
au moyen d'une déclaration au siège social ou chez l'agent
local dont il sera donné récépissé, soit par acte extrajudiciaire.

Les polices non dénoncées dans ce délai seront régies
par le droit commun.

(1) *J. off.* du 30 juin 1899.

34

LOI DU 30 JUIN 1899

concernant les accidents causés dans les exploitations agricoles par l'emploi de machines mues par des moteurs inanimés (1).

ARTICLE UNIQUE. — Les accidents occasionnés par l'emploi de machines agricoles mues par des moteurs inanimés et dont sont victimes, par le fait ou à l'occasion du travail, les personnes quelles qu'elles soient, occupées à la conduite ou au service de ces moteurs ou machines, sont à la charge de l'exploitant dudit moteur.

Est considéré comme exploitant l'individu ou la collectivité qui dirige le moteur ou le fait diriger par ses préposés.

Si la victime n'est pas salariée ou n'a pas un salaire fixe, l'indemnité due est calculée, selon les tarifs de la loi du 9 avril 1898, d'après le salaire moyen des ouvriers agricoles de la commune.

En dehors du cas ci-dessus déterminé, la loi du 9 avril 1898 n'est pas applicable à l'agriculture.

(1) *J. off.* du 1er juillet 1899.

CHAPITRE I

LOI DU 24 MAI 1899. — AJOURNEMENT DE L'APPLI-
CATION DE LA LOI DU 9 AVRIL 1898. — CAISSE
NATIONALE D'ASSURANCE CONTRE LES ACCIDENTS.

---

§ 1er. — Historique.

La loi du 9 avril 1898 devait entrer en vigueur le 1er juin 1899. Mais le Parlement a pensé que, depuis la publication des règlements d'administration publique, qui avait eu lieu le 28 février, l'industrie n'avait pas eu le temps suffisant pour se préparer à l'exécution de la nouvelle loi.

En effet, si les compagnies d'assurances à primes fixes étaient prêtes à assurer, il n'en était pas de même des sociétés mutuelles ni des syndicats de garantie. Enfin le Gouvernement ayant pris devant la Chambre des députés, le 2 mai, l'engagement de réorganiser la Caisse nationale d'assurances contre les accidents, les tarifs de cette institution ne se trouvaient pas encore établis, d'où impossibilité pour les intéressés de s'adresser à elle pour échapper aux exigences des sociétés d'assurances.

Dans ces conditions le Sénat adopta, le 15 mai, malgré l'opposition du ministre du commerce, une résolution invitant le Gouvernement à proroger l'application de la loi du 9 avril 1898 pendant le délai d'un mois à partir du jour où la Caisse nationale des accidents aurait publié ses tarifs au *Journal officiel* et admis les industriels à contracter des polices.

Le lendemain, la même question fut posée à la Chambre à propos du projet de loi relatif à la Caisse nationale d'assurances contre les accidents, et, sur un amendement de M. Trannoy, combattu par le Gouvernement, cette Assemblée vota, par 274 voix contre 261, une disposition analogue à celle qui avait été adoptée, la veille, par le Sénat.

Mais, dans la crainte que l'application de la loi ne pût être retardée trop longtemps en la subordonnant à la publication des tarifs, la Chambre accueillit aussitôt après une disposition additionnelle portant que, dans aucun cas, la prorogation ne pourrait excéder le 1er juillet 1899.

Cet ajournement ayant pour effet de priver les ouvriers du bénéfice de la nouvelle législation pendant la durée du sursis, M. Mirman déposa une proposition tendant à mettre à la charge de l'Etat, le paiement intégral des pensions et indemnités dues aux ouvriers qui seraient victimes d'accidents, du 1er juin au jour de l'application de la loi du 9 avril 1898.

M. Balsan ayant fait remarquer que l'adoption de cette proposition aurait pour effet de décharger de l'indemnité non seulement les patrons mais encore les compagnies d'assurances, la commission ajouta la formule suivante : « Sauf le recours de l'Etat, s'il y a lieu, contre les tiers responsables, soit en vertu du droit commun, soit en vertu d'un contrat. »

Mais pour ne pas alourdir le projet de loi par des dispositions complémentaires entraînant des conséquences complexes, et sur la demande du ministre du commerce, la disjonction fut prononcée.

Dans cette même séance la Chambre des députés adopta le projet de loi présenté par M. Delombre, ministre du commerce, autorisant la Caisse nationale d'assurances contre les accidents, créée par la loi du 11 juillet 1868, à assurer les risques prévus par la loi du 9 avril 1898, pour les accidents ayant entraîné la mort ou une incapacité permanente, absolue ou partielle.

Ce projet de loi fut voté par le Sénat sans aucune modification. Mais une disposition budgétaire ouvrant un crédit au Gouvernement pour le paiement des indemnités par l'Etat pendant la durée du sursis, fut rejetée sans discussion par la haute Assemblée.

Espérons que ces satisfactions accordées à l'industrie seront trouvées suffisantes, et que le risque professionnel si impatiemment attendu par les ouvriers pendant tant d'années, pourra enfin fonctionner à partir de la date fixée par le Parlement.

Il est vrai que la nouvelle législation bouleverse de fond en comble l'ancien droit, en matière d'accidents. A l'irresponsabilité patronale, elle substitue la responsabilité légale de tous les accidents. Elle a pour conséquence non pas l'assurance obligatoire, mais l'assurance obligée, suivant le mot de M. Thévenet, et impose par suite une charge des plus lourdes à l'industrie nationale. Elle touche donc à des intérêts énormes, et il est naturel qu'elle soulève des hésitations et des protestations.

Mais faut-il oublier que la France est la seule parmi la plupart des nations qui l'entourent, où le risque professionnel ne soit pas encore en vigueur? Ce droit nouveau n'est-il pas pratiqué depuis 1884 en Allemagne, depuis 1887 en Autriche et en Suisse, depuis 1897 en Angleterre, depuis 1898 en Italie et au Danemarck, sans qu'il ait nui au développement et à la prospérité de l'industrie? Pourquoi donc ce qui a été réalisé ailleurs serait-il impossible en France?

Assurément la loi de 1898 est loin d'être parfaite. Celle qui institua le risque professionnel dans l'empire allemand en 1884, cinq fois modifiée et complétée depuis, n'était sans doute pas non plus un modèle de perfection. Pourrait-il en être autrement dans une matière aussi vaste, aussi variée et aussi nouvelle où tout était à créer et à mettre sur pied? Notre loi a du moins cet avantage que ses auteurs ont pu s'inspirer de l'expérience faite chez nos voisins. Elle n'a pas été discutée et votée à la hâte sous la pression de l'approche des élections législatives, ainsi qu'on l'a dit à tort, puisque les travaux préparatoires se sont prolongés sans interruption pendant dix-huit ans. Elle a été élaborée, non par d'aveugles démagogues déchaînés contre le capital et la propriété, mais, avec la plus entière bonne foi, par des hommes de bonne volonté animés d'un égal désir de protéger les ouvriers et de ne pas surcharger les patrons, enfin avec le concours des représentants les plus considérables de l'industrie au Parlement. C'est vainement que les compagnies d'assurances ont déclaré qu'elles ne feraient pas de différence dans les primes soit entre les pères de famille et les célibataires, soit entre les Français et les

étrangers. Les adversaires du risque professionnel ne
désarment pas et vont répétant que le nouveau droit
favorise les célibataires et les étrangers. Il est vrai qu'ils
en sont réduits à dire que ce danger n'existera que chez les
patrons non assurés, comme s'ils ignoraient qu'il n'y aura
plus guère de patrons dans ce cas, pas plus qu'il ne se
rencontre beaucoup de gens qui ne soient pas assurés
contre l'incendie. Quant aux grands établissements qui
restent leurs propres assureurs, c'est bien peu les connaître
que de les croire susceptibles de descendre à d'aussi
misérables calculs.

Cette levée de boucliers n'est pas pour nous surprendre.
On la voit chaque fois qu'on touche aux intérêts privés.
Certes, il faut ménager ces intérêts, mais ils ne sauraient
faire reculer le progrès ni retarder une législation sortie,
suivant la belle expression de M. Maruéjouls, du cœur
même d'une démocrátie en marche vers la justice.

« Nous ferons comme les peuples voisins, a dit avec
beaucoup de raison M. Thévenet, nous apporterons à l'étude
des améliorations signalées tout le soin et toute l'impar-
tialité nécessaires, et lorsque, dans l'application de la loi, des
vices nous seront démontrés, nous chercherons le remède,
comme nous le faisons tous les jours en d'autres matières. »

L'honorable sénateur adjurait ensuite le Sénat d'attendre
du moins, pour examiner ces critiques, que l'application
de la loi fût commencée, afin de pouvoir se prononcer avec
certitude.

S'il nous était permis de joindre notre modeste voix à
celle de l'ancien et éminent garde des sceaux, nous dirions
qu'une précipitation excessive à réformer la loi de 1898

exposerait à des remaniements qui ne seraient peut-être pas meilleurs que la loi elle-même. Lorsque la nouvelle législation sera en pleine exécution, et que, les froissements d'intérêts qu'elle suscite étant apaisés, on pourra mieux se rendre compte de ses défauts, lorsque l'interprétation qui sera faite du texte par les tribunaux sera connue, alors seulement il sera possible de porter un jugement impartial sur l'œuvre du législateur et de se prononcer sur les réformes qu'elle comporte.

§ 2. — Loi du 24 mai 1899.

Caisse nationale d'assurances. — Dans le cours de la discussion de la loi du 9 avril 1898, le Parlement avait renoncé à adapter au risque professionnel la Caisse nationale d'assurances contre les accidents. Mais, en présence des protestations soulevées par les tarifs des compagnies d'assurances à primes fixes, et des difficultés éprouvées par les petits patrons à former des sociétés mutuelles ou à s'affilier à des syndicats de garantie, l'Etat s'est décidé à mettre entre les mains de l'industrie un nouvel instrument d'assurance.

La Caisse nationale d'assurances a été instituée par la loi du 11 juillet 1868. Elle a pour objet de servir des pensions viagères aux personnes assurées qui, dans l'exécution de travaux agricoles ou industriels, sont atteintes de blessures entraînant une incapacité permanente de travail; et de donner des secours aux veuves et aux enfants mineurs des personnes assurées ayant péri par suite d'accidents survenus dans l'exécution desdits travaux.

Les ressources de la Caisse se composent :

1° Du montant des cotisations versées par les assurés ;

2° D'une subvention de l'Etat à inscrire annuellement au budget du commerce.

L'assurance par l'Etat est loin d'avoir produit les résultats qu'on en attendait. Ainsi, pendant trente ans, la Caisse nationale n'a touché que 36,572 cotisations et n'a payé que 74 sinistres. Mais, quoique plongée dans ce profond sommeil, elle n'en a pas moins reçu une subvention de 2.100.000 francs.

La loi du 24 mai 1899 a pour but de donner le sang et la vie à ce corps presque inanimé, et nous souhaitons sincèrement que les espérances du législateur ne soient pas déçues.

A cet effet, le Parlement a exigé (art. 1er, § 2), que les tarifs fussent établis en tenant largement compte de tous les aléas de l'assurance et de tous les frais d'administration, de manière qu'aucune des charges de la Caisse ne retombe indirectement sur le budget.

Il fallait éviter aussi que, par l'abaissement immodéré des tarifs, l'Etat put arriver à écraser l'industrie privée de l'assurance.

La Caisse nationale devra donc se suffire à elle-même sans pouvoir recourir à la subvention de l'Etat.

« ARTICLE 1er. — *Les opérations de la Caisse nationale d'assurances en cas d'accidents, créée par la loi du 11 juillet 1868, sont étendues aux risques prévus par la loi du 9 avril 1898, pour les accidents ayant entrainé la mort ou une incapacité permanente, absolue ou partielle.*

« *Les tarifs correspondants seront avant le 1er juin 1899, établis par la Caisse nationale d'assurances en cas d'accidents et approuvés par décret rendu sur le rapport du ministre du commerce, de l'industrie, des postes et télégraphes et du ministre des finances.*

« *Les primes devront être calculées de manière que le risque et les frais généraux d'administration de la Caisse soient entièrement couverts sans qu'il soit nécessaire de recourir à la subvention prévue par la loi du 11 juillet 1868.* »

Aux termes du décret du 26 mai 1899, (voir ce décret annexé à l'Appendice), la Caisse nationale d'assurances contre les accidents est placée sous la garantie de l'Etat et gérée par la direction générale de la Caisse des dépôts et consignations.

Polices d'assurance. — Les chefs d'entreprise qui veulent contracter une assurance peuvent s'adresser, à partir du 1er juin 1899, à Paris, à la direction générale de la Caisse des dépôts et consignations, 56, rue de Lille, chez le receveur des finances de la Seine, 16, place Vendôme, les receveurs-percepteurs des contributions directes ou les receveurs des postes.

Dans les départements les souscriptions de polices sont reçues chez les trésoriers-payeurs-généraux, les receveurs particuliers des finances, les percepteurs ou les receveurs des postes

Le chef d'entreprise souscrit une demande et joint les renseignements nécessaires à la direction générale des dépôts et consignations pour l'évaluation du risque à assurer.

Toutefois le souscripteur et la Caisse ne sont engagés que par la signature de la police.

L'assurance porte, en principe, sur tout le personnel (employés, ouvriers et apprentis) à occuper soit par le souscripteur lui-même, soit par ses tâcherons ou sous-traitants pour l'exercice de la profession déclarée.

Lors de la signature de la police, l'assuré donnera la liste de son personnel, et devra, par la suite, faire connaître les changements qui surviendraient dans l'état de ce personnel. A cet effet, des imprimés seront fournis à l'assuré par la Caisse nationale.

La prime est fixée provisoirement dans la police d'après les déclarations acceptées du chef d'entreprise en ce qui concerne le montant des salaires.

Les polices sont faites pour une année seulement. Les primes sont payables par quarts et d'avance, de trois en trois mois aux caisses ci-dessus indiquées.

Il est versé, en outre, à titre de provision, une somme égale au quart de la prime provisoire. Dans le cas où le personnel employé viendrait, en cours d'assurance, à dépasser notablement les prévisions de l'assuré, un complément de provision pourrait lui être demandé.

En fin d'assurance, c'est-à-dire au bout de l'année, il est procédé au règlement définitif de la prime, qui donne lieu soit à un versement de l'assuré, soit à un rembour-sement de la Caisse.

Il était difficile de rendre l'assurance par la Caisse natio-nale plus commode et plus accessible. Toutes les caisses du Trésor sont ouvertes aux industriels pour s'assurer. Il n'est pas jusqu'aux bureaux de poste où les souscriptions ne soient reçues. Enfin les primes sont payables par trimestre afin de rendre aussi légère que possible la charge de l'assurance.

Le seul inconvénient à signaler est dans la faible durée des polices qui doivent être annuelles. Le renouvellement sera donc nécessaire à l'expiration de chaque année. Il était impossible de faire autrement pour que l'Etat put se rendre compte tous les ans, quand tous les risques seront liquidés, s'il est en gain ou en perte. De cette façon, si les primes sont insuffisantes, il pourra les relever à la fin de chaque exercice.

Nature des risques assurés. — Il résulte de l'article 1er que la Caisse nationale ne peut assurer que les risques provenant des accidents ayant entrainé la mort ou une incapacité permanente, absolue ou partielle.

MM. Aimond et Ferrand avaient demandé que la Caisse nationale put étendre ses opérations aux accidents ayant occasionné une incapacité temporaire de travail.

« Les syndicats de garantie, disait M. Ferrand, pas plus que les assurances mutuelles, n'assureront une partie du risque professionnel. Ces institutions pourront garantir le risque tout entier, tel qu'il est défini par la loi du 9 avril 1898, mais non une partie seulement de ces risques. L'incapacité temporaire n'a donc pas sa contre-partie dans le projet du Gouvernement. Elle ne pourra la trouver qu'auprès des compagnies à primes fixes, qui s'ingénieront à créer, pour ce risque, un type spécial d'assurance. Mais

alors vous livrez les petits industriels qui ne pourront constituer des mutuelles ou des syndicats, vous les livrez pieds
et poings liés aux tarifs exagérés de ces compagnies (1). »

M. Guieysse, rapporteur, répondit qu'il était impossible
d'accueillir la demande de M. Ferrand. Il faudrait, en effet,
que l'Etat organisât une surveillance analogue à celle des
sociétés de secours mutuels, pour suivre tous les blessés
dans la marche de leur guérison. Et si l'on songe qu'il y a
annuellement 100.000 accidents environ entraînant une
incapacité temporaire de travail, on voit quelle charge
l'Etat aurait à supporter pour se défendre contre les simulations et les fraudes.

Mais il en serait autrement, ajoutait l'honorable rapporteur, pour les indemnités temporaires applicables à cette
période transitoire qui précédera la constitution des
indemnités fixes prévues par la loi en cas d'accident ayant
entraîné la mort ou une incapacité permanente. D'un côté,
le nombre de ces victimes est bien moins grand (3.000
accidents mortels et 12.000 occasionnant une infirmité
permanente), et, de l'autre, les victimes seront elles-
mêmes très impatientes de voir fixer le plus tôt possible
leur situation. A la suite de ces explications les amende-
ments furent retirés.

La Caisse nationale assure donc :

1° Les indemnités en cas d'accidents ayant occasionné la
mort ;

2° Les indemnités en cas d'accidents ayant occasionné
une incapacité permanente, absolue ou partielle ;

(1) Ch. dép., 17 mai 1899; J. off., p. 1389.

3º A la demande du souscripteur, les indemnités temporaires, les frais médicaux, pharmaceutiques et funéraires dus à la suite d'accidents mortels ou d'accidents ayant entraîné une incapacité permanente.

Elle ne couvre en aucun cas les frais et indemnités résultant d'accidents ayant occasionné une incapacité temporaire.

§ 3. — Point de départ de l'application de la loi du 9 avril 1898.

« ART. 2. — *La loi du 9 avril 1898 ne sera appliquée qu'un mois après le jour où la Caisse des accidents aura publié ses tarifs au* Journal officiel *et admis les industriels à contracter des polices, et où ces tarifs auront été approuvés par décret sur le rapport du ministre du commerce, de l'industrie, des postes et télégraphes, et du ministre des finances.*

« *En aucun cas, cette prorogation ne pourra excéder le 1er juillet 1899.* »

Les tarifs de la Caisse nationale ont été approuvés par décret du 26 mai 1899 et publiés au *Journal officiel* du 27. (Voir ces tarifs annexés à l'Appendice). Mais les industriels n'ont été admis à contracter des polices qu'à partir du 1er juin. La loi du 9 avril 1898 sera donc applicable un mois après cette date, c'est-à-dire le 1er juillet 1899.

CHAPITRE II

LOI DU 29 JUIN 1899. — RÉSILIATION FACULTATIVE DES POLICES EN COURS.

Polices en cours. — Nous avons dit (n° 454), que les polices actuellement en cours nous paraissaient frappées de nullité par la loi du 9 avril 1898 comme étant contraires à ses dispositions.

Tel n'avait pas été l'avis du tribunal civil de la Seine qui, par un jugement du 18 mai 1899, avait proclamé la validité de ces contrats (1). Cette décision créait de sérieuses difficultés pour l'assurance du nouveau risque ; aussi un projet de loi tendant à la résiliation de. plein droit des polices souscrites sous l'empire du Code civil fut immédiatement déposé par M. Gervais, et, par un amendement de M. Rose, cette disposition fut étendue aux contrats d'assurance souscrits jusqu'à la publication de la loi du 24 mai 1899.

La Chambre vota cette double proposition, mais le Sénat éprouva des scrupules à l'adopter et se rallia à un système transactionnel présenté par M. Volland, rendant la résiliation des polices en cours facultative et non obligatoire.

---

(1) *Gaz. du Palais*, 20 mai 1899.

Toutefois la haute Assemblée ne voulut soumettre à cette mesure que les polices souscrites antérieurement à la loi du 9 avril 1898 et laissa de côté celles qui avaient été passées depuis la promulgation de cette loi.

La Chambre des députés se rallia à la résolution du Sénat, qui forme aujourd'hui l'article unique de la loi du 29 juin 1899, ainsi conçu :

« ARTICLE UNIQUE. — Pendant une période d'un an à partir du jour de la promulgation de la présente loi, les polices d'assurances-accidents concernant les entreprises prévues à l'article 1er de la loi du 9 avril 1898, et antérieures à cette loi, pourront être dénoncées par l'assureur ou par l'assuré au moyen d'une déclaration au siège social ou chez l'agent local dont il sera donné récépissé, soit par acte extrajudiciaire.

« Les polices non dénoncées dans ce délai seront régies par le droit commun (1). »

L'assurance, disait M. Volland, est un contrat successif. Il en résulte « qu'il y a, chaque année, comme une tacite reconduction du contrat entre les parties. Cela donne alors le droit au législateur d'intervenir au moment de la reconduction et de poser les règles du nouveau contrat, afin qu'elles ne soient pas plus longtemps contraires aux dispositions de la loi. » (2)

---

(1) M. Millerand, ministre du commerce, a fait remarquer à la Chambre des députés, le 27 juin 1899, que le texte semble indiquer que l'énumération des industries telle qu'elle y est mentionnée est limitative, alors qu'il n'en est rien ; cette énumération est énonciative. C'est l'opinion que nous avons soutenue dans le cours de l'ouvrage. (no 126).

(2) Sén., 22 juin 1899 ; *J. off.*, p. 752.

Mais s'il y a eu sinistre, avait dit l'honorable rapporteur, M. Théodore Girard, les compagnies ne sont-elles pas fondées à dire qu'elles ont un droit acquis sur les primes qui doivent s'échelonner pendant la durée des contrats en échange de ces indemnités ? N'est-il donc pas injuste de les en priver ? « Non, répondait M. Volland ; il n'y a là rien d'exorbitant. Le sinistre a été payé, mais il a eu sa représentation dans le versement de la prime, laquelle était payée dès le commencement de l'année d'assurance. Le remboursement du sinistre est dû par la compagnie, parce qu'au préalable l'assuré s'est exécuté et a payé d'avance dans les mains de la compagnie sa prime d'assurance. » (1).

Polices bénéficiant de la faculté de résiliation. — La loi accorde la résiliation facultative aux polices « concernant les entreprises prévues à l'art. 1er de la loi du 9 avril 1898, et antérieures à cette loi. » Mais faut-il en induire que cette faveur sera réservée aux polices souscrites avant le jour de la promulgation de la loi du 9 avril 1898, c'est-à-dire avant le 10 avril ?

Nous savons, en effet, que cette loi ne devait être applicable que trois mois après la publication des règlements d'administration publique qui ne furent promulgués que le 28 février 1899. C'est seulement à partir de cette date que l'on a su que la loi du 9 avril 1898 allait être enfin mise à exécution et que les compagnies d'assurances ont modifié leurs tarifs et leurs polices. Jusqu'alors les polices ont été souscrites sous l'empire du droit commun, c'est-à-dire en

(1) *Ibid.*

vue de la responsabilité résultant du Code civil, et celles qui ont été renouvelées jusqu'à cette date n'ont pu l'être que sur les anciennes bases d'assurance. Ne faudrait-il pas en conclure que tous les contrats souscrits jusqu'à la promulgation des règlements d'administration publique, ou plutôt ceux qui ont pour objet les risques résultant du droit antérieur, doivent profiter de la faculté de résiliation?

Le projet voté par la Chambre annulait d'abord les contrats « souscrits sous l'empire de la législation antérieure à la loi du 9 avril 1898. » Ce texte était un peu plus clair car il visait les contrats passés, non avant telle ou telle date, mais seulement ceux qui avaient pour objet la garantie des risques établis sur la législation ancienne. Néanmoins M. Sauzet interrogea la commission sur ce point, en ces termes :

« L'article unique sur lequel nous allons nous prononcer décide la résolution de plein droit des contrats d'assurances « souscrits sous l'empire de la législation antérieure à la loi du 9 avril 1898 ».

« D'après les explications qui nous ont déjà été données, et à cause surtout de l'amendement qui a été déposé par notre honorable collègue, M. Rose, je crois que l'intention des rédacteurs de cet article est de viser les contrats d'assurances conclus pour la garantie des risques d'après les lois antérieures au 9 avril 1898. Si c'est bien là ce que la commission veut dire, je suis prêt à voter la disposition qu'elle nous propose.

« Mais on parle des contrats d'assurance « souscrits sous l'empire de la législation antérieure à la loi du 9 avril 1898 ». Par ces termes, on paraît ne viser que les contrats qui ont été souscrits antérieurement à la date du 9 avril 1898.

« Sur ce point, il importe que le doute soit dissipé.

« Je précise la question : Ce n'est pas la date du 9 avril 1898 qui doit permettre de distinguer les contrats qui seront résolus de ceux qui ne le seront pas ; c'est l'objet même des contrats. Ils seront résolus ou non suivant qu'ils auront pour objet la garantie de risques d'après la législation ancienne, ou d'après la loi nouvelle. (*Marques d'approbation au banc de la commission.*)

« En un mot, votre article ne déclare résolus que les contrats qui ont eu pour but la garantie des risques anciens ; mais tous ces contrats, même ceux postérieurs à la date du 9 avril 1898...

« *Au banc de la commission.* — Parfaitement !

« *M. Marc Sauzet.* — Mais il est bien certain que l'article que nous allons voter ne s'applique pas aux contrats garantissant les risques nouveaux et qui ont pu être déjà conclus, à ceux qui sont visés par l'amendement de M. Rose. »

« — Nous sommes d'accord, » répondit le président de la commission.

La Chambre admettait donc qu'en prononçant la résolution des polices « souscrites sous l'empire de la législation antérieure à la loi du 9 avril 1898, » ce n'était pas la date du 9 avril 1898 qui devait faire reconnaître les contrats qui seraient résolus de ceux qui ne le seraient pas, mais l'objet du contrat.

Nous pensons qu'il doit en être de même du texte définitif. En effet, le législateur a voulu permettre au chef d'entreprise de se dégager des polices souscrites sous le régime du droit commun. Pourquoi ? Parce que ces contrats avaient été consentis uniquement en vue de la responsabilité résultant pour le patron de l'art. 1382 du Code civil.

Or, cet objet du contrat disparaissant par l'effet de la loi du 9 avril 1898, il s'ensuit que les polices qui les garantissent sont susceptibles de résiliation. Quant aux polices souscrites sous l'empire de la nouvelle législation, c'est-à-dire pour les risques résultant de la loi du 9 avril 1898, elles sont hors de cause et ne sauraient bénéficier de la résiliation facultative.

Il faut donc dire comme M. Sauzet, que ce n'est pas la date du 10 avril 1898 qui permettra de distinguer les contrats susceptibles d'être dénoncés, de ceux qui ne le sont pas ; le critérium sera dans l'objet de la police. Celles-là seules portant sur l'ancien risque du droit commun pourront être résiliées quand bien même elles seraient postérieures au 10 avril 1898. Les autres ne sont pas atteintes par la loi du 29 juin 1899 et continuent à avoir tout leur effet.

Faculté de résiliation. — L'assureur et l'assuré ont le droit de dénoncer les polices visées par la loi, c'est-à-dire de déclarer qu'ils entendent user de la faculté de résiliation.

Cette dénonciation sera faite soit au moyen d'une déclaration au siège social ou chez l'agent local de la société d'assurance, soit par acte extrajudiciaire.

La déclaration de dénonciation faite au siège social ou chez l'agent local s'applique à l'assuré. Il lui en est délivré récépissé. Quant aux compagnies d'assurances, elles doivent recourir au ministère d'un huissier. M. Thierry demanda à la Chambre d'autoriser la dénonciation au moyen d'une lettre recommandée ; mais il abandonna son amendement pour ne pas retarder le vote de la loi.

Délai de la faculté de résiliation. — La loi accorde aux parties un délai d'un an pour dénoncer les polices.

« Je viens d'établir, disait M. Volland, que nous nous trouvons en présence d'un contrat successif, se renouvelant automatiquement pour ainsi dire d'année en année. Pour être logique, il faut que le contrat signé aujourd'hui puisse produire son effet ; d'où la période d'une année absolument nécessaire pour ne faire violence ni aux choses ni au gens.

« Pendant un an, à mesure que les polices arriveront à leur expiration annuelle, l'assureur et l'assuré pourront, suivant leur intérêt, dénoncer leur contrat. S'ils n'ont pas usé du droit que nous leur conférons, les polices non dénoncées dans ce délai seront régies par le droit commun. »

Il s'agit d'un délai franc d'un an commençant le jour de la promulgation de la loi du 29 juin 1899, c'est-à-dire le 30 juin 1899, et finissant le 30 juin 1900.

En conséquence, les assureurs et les assurés peuvent, jusqu'au 30 juin 1900 à minuit, dénoncer les polices visées par la loi. Celles qui ne seront pas dénoncées dans ce délai « seront régies par le droit commun, » c'est-à-dire qu'elles produiront leur effet jusqu'à leur expiration normale.

CHAPITRE III

AGRICULTURE. — LOI DU 30 JUIN 1899.

—————

§ 1er. — Incidence de la loi du 9 avril 1898 sur l'agriculture.

Dans le cours de la discussion du projet de loi de M. Gervais, on se demanda si l'agriculture était soumise, comme l'industrie, à la loi du 9 avril 1898. Pour mettre fin à la division des esprits sur ce point, M. Mirman proposa une résolution qui est devenue la loi du 30 juin 1899 ainsi conçue :

« ARTICLE UNIQUE. — Les accidents occasionnés par l'emploi de machines agricoles mues par des moteurs inanimés et dont sont victimes, par le fait ou à l'occasion du travail, les personnes, quelles qu'elles soient, occupées à la conduite ou au service de ces moteurs ou machines, sont à la charge de l'exploitant dudit moteur.

« Est considéré comme exploitant l'individu ou la collectivité qui dirige le moteur ou le fait diriger par ses préposés.

« Si la victime n'est pas salariée ou n'a pas un salaire fixe, l'indemnité due est calculée, selon les tarifs de la loi du 9 avril 1898, d'après le salaire moyen des ouvriers agricoles de la commune.

« En dehors du cas ci-dessus déterminé, la loi du 9 avril 1898 n'est pas applicable à l'agriculture. »

Il n'est pas inutile de rappeler ici et de compléter ce que nous avons dit dans le cours de l'ouvrage (nos 133 et s.) relativement à l'agriculture.

En principe, loi du 9 avril 1898 ne s'applique pas à l'agriculture. Les travaux agricoles ne sont soumis à la nouvelle législation que dans le cas où ils sont exécutés soit avec une machine à vapeur ou tout autre moteur inanimé, soit à l'aide de matières explosives.

Ainsi, l'agriculteur qui bat son blé, fauche, moissonne avec une machine à vapeur, au gaz, au pétrole, mue, en un mot, par un moteur inanimé quelconque, celui qui puise l'eau ou la conduit dans ses propriétés au moyen d'une pompe à vapeur, à gaz, à vent, etc., le viticulteur qui distille ses récoltes avec un alambic à vapeur, de même le propriétaire qui moud son blé, ne fût-ce que pour sa consommation personnelle, dans un moulin à vent ou à eau, sont incontestablement régis quant à ces travaux, par la loi du 9 avril 1898.

Il en est de même du cultivateur qui exécute des travaux au moyen de matières explosives.

Cela résulte nettement des termes de l'article 1er de la loi du 9 avril 1898 qui vise « les accidents survenus dans toute exploitation ou partie d'exploitation dans laquelle sont fabriquées ou mises en œuvre des matières explosives, ou dans laquelle il est fait usage d'une machine mue par une force autre que celle de l'homme ou des animaux. »

Il importe peu que l'usage de la machine ou des explosifs soit habituel ou accidentel. Les travaux effectués même accidentellement dans les conditions prévues par la loi, sont compris dans le risque professionnel. Voici, par exemple, un propriétaire qui loue, pour une journée, un appareil à vapeur pour distiller lui-même une récolte avariée. Le jour où il se livre à cette opération un de ses ouvriers est victime d'un accident ; il n'est pas douteux que le risque professionnel est applicable.

Telle était la portée de la loi de 1898. Néanmoins le législateur a voulu fixer ces principes et en donner l'interprétation dans une loi spéciale qui est celle du 30 juin 1899.

Machines appartenant à l'agriculteur. — Lorsque le cultivateur est propriétaire de la machine à vapeur et qu'il l'actionne ou la fait actionner par ses propres ouvriers ou préposés, c'est le propriétaire qui est responsable des accidents et qui par conséquent doit supporter la charge de l'assurance.

Si le domaine est affermé, c'est le fermier seul qui exploite sous son unique responsabilité ; lorsqu'il emploie un moteur, c'est donc à ses risques et périls.

Il en est de même en cas de bail à colonage où la responsabilité du colon est toujours présumée parce qu'il a la direction de l'exploitation et que le propriétaire est généralement éloigné. Ainsi il a été jugé que le colon est responsable des conséquences d'un accident causé par un mulet dont le fermier avait la garde et au cours d'un travail à l'exécution duquel le bailleur était complètement étranger (1).

Il ne saurait en être autrement qu'autant que le bailleur aurait donné au colon une mission spéciale dans l'accomplissement de laquelle l'accident se serait produit.

Machines n'appartenant pas à l'agriculteur. —

Le législateur a eu en vue ces industriels ambulants qui conduisent, de ferme en ferme, des machines dont ils sont propriétaires ou locataires. Ces entrepreneurs sont les véritables chefs d'entreprise responsables des accidents occasionnés par les machines agricoles qu'ils exploitent. Tel est l'objet du 1er paragraphe de la loi du 30 juin 1899 qui met expressément ces accidents à la charge de « l'exploitant » du moteur.

En conséquence, lorsqu'on se trouvera en présence d'un accident occasionné par une machine agricole n'appartenant pas à l'agriculteur, il faudra rechercher quel est l'exploitant de la machine. Or, on doit entendre ici par exploitant celui qui a l'entreprise du travail, celui qui met le moteur en œuvre, le fait fonctionner, le dirige ou le fait diriger par ses préposés.

Par exemple, l'industriel qui va battre le blé chez les propriétaires, amenant avec sa machine à vapeur, mécanicien, chauffeur, personnel ou partie du personnel nécessaires pour faire travailler son moteur, est le véritable exploitant de la machine. Et il importe peu qu'il en soit propriétaire ou simple locataire. Relativement au risque

(1) Grenoble, 28 mai 1899; Rec. arr. Grenoble, 1889, I, 247.

professionnel, l'exploitant est celui qui s'est chargé du battage. Et il est évident que si celui qui conduit la machine n'est qu'un préposé du propriétaire de la machine, c'est ce propriétaire qui est responsable des risques.

Mais si un industriel louait un moteur inerte, à charge par l'agriculteur de le faire fonctionner, le prêt ou la location de la machine ne saurait engager la responsabilité de son propriétaire. Dans ce cas, ce serait l'agriculteur qui deviendrait responsable des accidents.

Les mêmes règles seront applicables lorsque le moteur sera la propriété d'une collectivité, syndicat, commune ou association quelconque. Si c'est la collectivité qui, par un préposé, fait marcher le moteur, elle assume la responsabilité des risques. Si, au contraire, elle prête ou loue le moteur que l'agriculteur met en action, elle échappe à toute responsabilité pour la laisser à l'agriculteur.

C'est ce que décide formellement le paragraphe 2 de l'article unique de notre loi : « Est considéré comme exploitant l'individu ou la collectivité qui dirige le moteur ou le fait diriger par ses préposés. »

Quid si l'exploitant du moteur n'est pas assuré ou est insolvable ? M. Félix Martin avait demandé que, dans ce cas, la victime eût un recours contre l'agriculteur ; mais son amendement fut rejeté avec raison, car il avait pour effet de faire retomber la responsabilité sur le cultivateur. (1).

Mais du moins, les ouvriers auraient-ils, dans ce cas, l'action du droit commun contre l'agriculteur ? Evidem-

(1) Sén., 29 juin 1899; *J. off.*, p. 795.

ment non. Les ouvriers occupés aux moteurs agricoles sont régis par la loi du 9 avril 1898 exclusive du droit commun. Il en serait ainsi quand même le propriétaire aurait commandé à ses ouvriers d'aller travailler à la machine à vapeur. Ces ouvriers sont garantis par la nouvelle législation et ne peuvent pas en invoquer d'autre.

Quelles sont les victimes qui bénéficieront de la loi ? — Le texte vise « les personnes quelles qu'elles soient, occupées à la conduite ou au service de ces moteurs ou machines. » Ces expressions ont été interprétées de la manière suivante par le rapporteur, M. Mirman : Elles signifient « d'abord que les bénéficiaires de la loi ne sont pas seulement les ouvriers peu nombreux tels que mécaniciens, chauffeurs, qui participent à la direction et à la conduite du moteur, mais tous les travailleurs qui, à des titres divers et parfois très variables au cours d'une même opération, contribuent à servir la machine lui offrant, dans le cas d'une batteuse, les matières à transformer, retirant les matières une fois cette transformation accomplie, en un mot tout le groupe de travailleurs collaborant de façon directe d'un commun effort à l'opération qui s'exécute.

« En second lieu, notre texte, par ces mots : « Les personnes, quelles qu'elles soient, occupées... » indique que ces personnes, travaillant en commun, seront au même titre bénéficiaires de la loi « quel que soit d'ailleurs leur état social ». Une telle extension nous paraît absolument nécessaire. En effet, quand l'opération dont il s'agit a lieu dans une exploitation agricole très importante, sur un riche domaine, chez un grand propriétaire, tous les travailleurs qui y prennent part sont au sens exact de ce terme des ouvriers, des salariés agricoles. Il n'en va pas de même dans le cas de beaucoup le plus général et peut-on dire le plus intéressant où la machine sert par exemple à battre la récolte d'un petit propriétaire.

« Comment les choses ici se passent-elles ? L'entrepreneur de battage vient avec sa machine, accompagné d'un petit nombre d'aides qui sont ses propres salariés ; le cultivateur intéressé fait appel au concours de quelques amis et voisins ; ceux-ci le lui accordent gracieusement et à charge de revanche ; parmi les personnes occupées à l'opération se trouvent donc le plus souvent de petits propriétaires, non salariés au sens exact de ce mot, mais indiscutablement travailleurs, de ressources infiniment modestes, gagnant leur vie par l'effort quotidien de leurs bras.

« Quand la batteuse est en activité, quand la cour de la ferme ou la petite place voisine est emplie de bruit et de poussière, les quinze ou vingt personnes, hommes ou femmes, qui servent la machine, vont, viennent, s'agitent, obéissent au même signal, supportent les mêmes fatigues, chantant les mêmes refrains joyeux, sans qu'il soit possible de distinguer à leurs efforts, à leurs fatigues ou à leurs dangers ceux qui sont salariés et ceux qui ne le sont point.

« Il serait souverainement injuste en droit et funeste au point de vue social d'établir une différence entre les uns et les autres, de n'accorder les bénéfices de la loi qu'à une partie seulement de ce groupe d'hommes, camarades de labeur, besognant en commun, et d'en priver arbitrairement les autres. »

Nous savons que dans l'industrie, tous les ouvriers et employés de l'exploitation sont protégés par la loi de 1898 ; (nos 140 et s.). Mais il en est autrement pour l'agriculture. Ici, en effet, l'exploitation tout entière n'est pas soumise au risque professionnel, mais seulement la partie de l'exploitation où il est fait usage d'un moteur. Il en résulte que les seules personnes occupées au service ou à la conduite des moteurs ou machines doivent bénéficier du nouveau droit. Pour toutes les autres, le droit commun subsiste. Ainsi un ouvrier appartenant à la ferme mais étranger au service de la batteuse, vient se mêler aux ouvriers occupés à la machine et est victime d'une explosion : c'est le droit commun qui lui est applicable, c'est-à-dire que l'exploitant et le propriétaire ne pourront être déclarés responsables qu'en cas de faute de leur part.

La situation sera exactement la même pour les travaux agricoles effectués à l'aide de matières explosibles.

Cela ressort nettement des termes mêmes du paragraphe 1er de la loi du 30 juin 1899, et de l'interprétation qui en fut donnée, le 8 juin, devant la Chambre des députés, par M. le ministre du commerce. « Au lieu d'admettre à ce bénéfice, disait M. Delombre, comme en matière industrielle, tout le personnel attaché à l'exploitation, vous ne retenez, en matière agricole, que les personnes occupées à la conduite ou au service des moteurs. Cette restriction se conçoit puisqu'il s'agit de l'agriculture pour laquelle des lois ultérieures pourront intervenir. »

Calcul de l'indemnité due aux aides non salariés. — Dans l'industrie, les ouvriers salariés sont seuls admis au bénéfice de la loi de 1898. Si une personne venue accidentellement pour aider des ouvriers, est victime d'un accident, le risque professionnel n'est pas applicable mais seulement le droit commun. Aux termes de la loi du 30 juin 1899, il n'en est pas ainsi pour les accidents agricoles. En cette matière, les aides volontaires et non salariés qui sont venus aider un ami ou un voisin, sont protégés par la nouvelle législation. Mais, dans ce cas, comment sera calculée l'indemnité due à ces personnes?

Cette question est réglée par le 3e paragraphe : « Si la victime n'est pas salariée ou n'a pas un salaire fixe, l'indemnité due est calculée selon les tarifs de la loi du 9 avril 1898, d'après le salaire moyen des ouvriers agricoles de la commune. »

Il n'y a pas de difficultés pour les ouvriers qui ne touchent aucun salaire ; mais que faut-il entendre par ceux qui ne reçoivent pas un salaire fixe? Nous pensons que le législateur a voulu viser ceux qui ne sont pas payés à l'année. Ceux-là, en effet, étant embauchés accidentellement à un travail plus pénible que les travaux ordinaires, gagnent un salaire plus élevé que leur salaire habituel. L'indemnité qui leur sera due ne sera donc pas calculée sur le salaire qu'ils gagnent pendant qu'ils sont occupés à la machine à vapeur, et qui est supérieur à leur gain ordinaire, mais d'après le salaire moyen des ouvriers agricoles de la commune.

Quant aux ouvriers qui touchent un salaire fixe, leur indemnité sera basée sur ce salaire.

Polices d'assurance pour un personnel et une

durée variables. — L'exploitant pourra s'assurer non seulement pour son personnel fixe (mécaniciens, chauffeurs, etc.), mais encore pour celui qui se renouvelle chaque jour en changeant de ferme. A cet effet, la Caisse nationale d'assurances est autorisée à contracter des polices flottantes pour un personnel et une durée variables.

Voici comment s'est exprimé sur ce point M. le ministre du commerce devant la Chambre des députés, le 1er juin 1899 :

« La question s'est posée de savoir sur quelles bases serait établie une assurance s'appliquant à une période limitée de risque.

« J'ai donc demandé à la Caisse des dépôts et consignations quelques indications sur la façon dont, en ce qui la concerne, elle entendait assurer l'application de la loi.

« Les rentes allouées aux victimes d'accidents étant calculées d'après le gain annuel défini à l'article 10 de la loi, les tarifs s'appliquent à ce gain annuel » ; — ainsi c'est le gain annuel de l'ouvrier agricole ou industriel qui détermine la base du calcul de la prime. — « Mais la prime n'est due que pour le temps pendant lequel le risque est couru, et si l'ouvrier n'est employé que pendant un mois aux machines... » — C'est l'exemple que je prenais tout à l'heure ; le délai peut être différent, le principe n'en reste pas moins posé d'une façon générale — « ...si donc l'ouvrier n'est employé que pendant un mois, il n'est dû qu'un douzième de la prime annuelle ».

« Voici d'ailleurs un exemple qui rendra l'explication plus claire : Soit une industrie agricole pour laquelle la prime est de 5 % du salaire : l'ouvrier assuré n'est employé aux machines que pendant un mois, à raison de 150 fr., et le reste de l'année il est occupé à la ferme.

« Supposons que pendant ces onze derniers mois il touche 90 fr. par mois. Le salaire annuel de cet ouvrier, en combinant le temps qu'il passe aux machines avec le temps employé à la ferme, sera de 1.140 fr.

« Dans le système adopté par la Caisse des dépôts et consignations et auquel il est impossible de ne point souscrire, la prime à payer est calculée sur ce salaire, mais seulement pour la période pendant laquelle dure le risque prévu par la loi nouvelle, soit, en l'espèce, pour un mois seulement; dans ces conditions, la prime s'élèvera à 4 fr. 75, et si le travail n'a duré qu'un jour, ce sera le trentième de 4 fr. 75. »

Les accidents causés par des moteurs ou des matières explosives sont seuls garantis par le risque professionnel. — Nous avons vu que, dans les industries comprises dans la loi du 9 avril 1898, les ouvriers sont admis à bénéficier de la nouvelle législation, quelque soit l'accident dont ils sont victimes par le fait ou à l'occasion de leur travail. Il en est autrement pour les ouvriers agricoles. Ici le travail ne donnant naissance au risque professionnel que par l'emploi de moteurs ou d'explosifs, les accidents occasionnés par ce genre de travail sont seuls couverts par la loi de 1898. Ainsi l'ouvrier employé à une batteuse à vapeur est victime d'un accident absolument étranger à la machine : par exemple, il tombe du haut d'une meule de blé et se casse une jambe, la loi n'est pas applicable.

C'était l'objet d'un amendement qui avait été déposé au Sénat, par M. de Blois, et que nous avons analysé sous le n° 135. Cet amendement fut retiré à la suite des explications suivantes qui furent échangées, à la séance du 20 mars 1896. Si, dans une exploitation agricole, demandait M. Buffet, il y a une machine à vapeur, bien que cette machine soit étrangère à l'accident, la loi sera-t-elle applicable ? — Non ! répondait la commission. « Il faut, ajoutait le président, que l'accident soit le fait du travail qui donne lieu à l'application du risque professionnel... C'est clair comme le jour. » (1).

Plus tard, M. Darbot exprimait la même pensée, devant le Sénat, en ces termes :

« L'article 1er, après avoir affirmé le droit à une indemnité au profit de tout ouvrier victime d'un accident survenu dans le travail, formule cette réserve que ce droit n'est pas applicable à l'agriculture, hors le cas où elle emploie une machine à moteur inanimé et seulement à l'occasion *des accidents qui pourraient être causés par ce moteur ou cette machine.* » (2).

C'est aussi ce que proclamait M. Mirman, rapporteur à la Chambre de son propre projet de loi, lorsqu'il précisait que le législateur avait voulu atteindre « *seulement et expressément les accidents occasionnés par l'emploi de machines agricoles mues par des moteurs inanimés.* » (3).

Enfin la proposition primitive de M. Mirman était ainsi

---

(1) Sén., 20 mars 1896 ; *J. off.*, p. 281.
(2) Sén., 3 mars 1898 ; *J. off.*, p. 236.
(3) Ch. dép., 2 juin 1899; *J. off.*, p. 1536.

conçue : « *Tous les accidents dus au fait de machines agricoles* mues par des moteurs inanimés... sont à la charge du chef d'entreprise... » (1).

Tel est aussi le sens du paragraphe 1er de la loi du 30 juin 1899 visant uniquement « les accidents occasionnés par l'emploi de machines agricoles mues par des moteurs inanimés. »

§ 2. — Combinaison de la loi du 30 juin 1899 avec celle du 9 avril 1898.

Portée de la loi du 30 juin 1899. — L'agriculture sera-t-elle exclusivement régie par le nouveau texte, quant aux accidents auxquels elle donne lieu, ou bien l'art. 1er de la loi de 1898 lui sera-t-il aussi applicable ?

M. Sauzet posa cette question à la Chambre le 8 juin 1899, et proposa un certain nombre d'exemples sur lesquels il réclamait l'avis de la commission. Ainsi les chantiers, disait cet honorable député, rentrent dans l'énumération de l'art. 1er de la loi du 9 avril 1898. « Or des chantiers agricoles sont souvent organisés dans nos campagnes. Dans tous les pays de bois, on voit à certaines époques des chantiers s'établir, en avril ou mai par exemple, pour l'exploitation des taillis.

« La loi de 1898 s'applique-t-elle aux accidents survenus sur ces chantiers où n'est employé aucun moteur mû par

(1) Ch. dép., 2 juin 1899; *J. off.*, p. 1536.

une force inanimée ? On se sert de scies, de haches ; les accidents y sont néanmoins assez fréquents ; ils ne résultent que de l'usage d'outils conduits à la main, mais ils sont survenus, par le fait du travail, à des ouvriers occupés dans des chantiers.

« On peut très bien soutenir que ces chantiers d'exploitations agricoles tombent sous le coup du texte que je viens de lire. Il y a peu de jours, je posais la question à quelques-uns de nos collègues de la commission ; l'un d'eux au moins m'a répondu : Les exploitations forestières sont des exploitations industrielles et non des exploitations agricoles ; la loi s'applique à elles. Je crois plutôt que ce sont là des travaux agricoles au premier chef. Mais en vertu de l'article 1er de la loi de 1898, quoique ces travaux soient agricoles, comme ils ne comportent pas l'usage de moteurs mus par une force inanimée, on peut soutenir que, exécutés sur des chantiers, ils donnent lieu aux risques de la loi de 1898. En tout cas, il importerait de le savoir au juste.

« Ecartons l'hypothèse des chantiers ; M. Julien Goujon remarque, avec raison, qu'on peut en citer d'autres également intéressantes.

« L'article 1er de la loi de 1898 vise les accidents survenus dans les entreprises de transport par terre ou par eau, dans les entreprises de chargement ou de déchargement.

« Dans tous les pays forestiers que voit-on ? Un petit cultivateur acheter une coupe de bois et se charger en même temps de l'abatage et du transport jusqu'à la gare voisine : Entrepreneur de transport, peut-on dire. Un accident se produit ; l'exploitant — qui sera peut-être le propriétaire lui-même abattant ses bois et les transportant à la station de chemin de fer où ils sont livrables — sera-t-il exposé aux risques de la loi de 1898 pour les ouvriers qu'il a employés? C'est là une exploitation assurément agricole, dans laquelle on ne se sert d'aucun moteur mû par une force inanimée. Eh bien! est-ce que, dans ce cas, vous allez soumettre l'agriculteur à la responsabilité de l'article 1er?

« Irons-nous plus loin encore? Je suis d'une région où il y a beaucoup de châtaigniers; l'élagage de ces arbres est souvent des plus périlleux, or il ne comporte pas l'usage de moteurs mécaniques.

« Le propriétaire qui fait élaguer ses bois par trois ou quatre ouvriers est-il responsable dans les termes de l'article 1er de la loi de 1898? S'il est prudent et prévoyant, doit-il songer à contracter une assurance?

« Voilà un certain nombre d'exemples, et je ne veux pas insister davantage, qui suffisent, je crois, à montrer à la Chambre qu'en dehors de l'hypothèse de la machine mue par une force autre que celle de l'homme, — hypothèse seule visée dans le rapport si intéressant de notre honorable collègue M. Mirman, — il y a, au point de vue agricole, d'autres possibilités d'accidents en face desquelles nous devons nous placer pour savoir si, ou non, l'article 1er de la loi de 1898 est applicable.

« Eh bien! je demande à la Chambre de trancher ce point, qui est d'un intérêt capital pour notre agriculture et qui est, à l'heure présente, une source de préoccupations très vives, pour tous les cultivateurs, surtout dans les pays de petite propriété et de petite culture. » (1).

(1) Ch. dép., 8 juin 1899; J. off., p. 1597.

L'honorable rapporteur se refusa à donner l'avis qui lui était demandé, parce que son interprétation ne pouvait pas lier les tribunaux.

En ce qui nous concerne, nous ne croyons pas que le risque professionnel embrasse les faits cités par M. Sauzet.

Nous mettrons de côté tout d'abord l'opinion tendant à considérer les exploitations forestières comme des exploitations industrielles et à leur appliquer la loi de 1898. Il nous paraît impossible d'attribuer un tel caractère à ces exploitations, et de transformer en industriel le propriétaire d'une forêt ou d'un bois.

Les exploitations forestières ont, au contraire, un caractère essentiellement agricole. Elles font incontestablement partie de l'agriculture et non de l'industrie. A ce titre, elles ont toujours été assimilées, dans le cours des travaux préparatoires et notamment dans le rapport de M. Ricard et dans celui de M. Poirrier, aux exploitations agricoles.

C'est donc autrement qu'il faut rechercher si les ouvriers employés dans les chantiers forestiers dont parlait M. Sauzet, sont protégés par la loi du 9 avril 1898. Nous nous prononçons pour la négative, parce qu'il s'agit d'ouvriers agricoles et qu'aux termes de la loi de 1898 confirmée par celle du 30 juin 1899, les travaux de l'agriculture ne sont atteints par la nouvelle législation que lorsqu'ils sont exécutés à l'aide de moteurs inanimés. Hors de là, tout travail agricole reste dans le domaine du droit commun.

Cependant, dit M. Sauzet, ces travaux étant effectués dans des chantiers, doivent, à ce titre, rentrer dans les termes de la loi de 1898. Mais, à ce compte, tous les travaux agricoles seraient englobés dans le risque professionnel.

Les ouvriers qui plantent la vigne, la taillent, ceux qui fouillent un terrain, labourent, fauchent, moissonnent, travaillent également sur des chantiers. Il faudrait donc les comprendre aussi dans le risque professionnel.

Non; en principe, le législateur a entendu exclure du risque professionnel les travaux agricoles et forestiers. Il n'a voulu y admettre, par exception, que ceux qui acquièrent un caractère industriel par ce fait qu'ils sont exécutés au moyen de machines. Il est indifférent qu'ils s'effectuent sur de véritables chantiers, attendu que les chantiers agricoles ou forestiers ne sauraient rentrer dans la nouvelle législation qu'autant qu'il y serait fait usage de moteurs.

Ainsi le propriétaire d'une forêt qui l'exploite au moyen d'une scierie à vapeur, tombe sous l'application de la loi du 9 avril 1898 quant aux accidents occasionnés par ces travaux spéciaux.

Il faut résoudre de la même manière la question posée par M. Sauzet relativement au cultivateur qui achète une coupe de bois et se charge du transport jusqu'à la gare voisine. L'art. 1er de la loi de 1898 visant les entreprises de transport, dit M. Sauzet, celui qui transporte la coupe de bois dont il est propriétaire ou qu'il a achetée, est soumis aux risques de la loi de 1898.

Cette opinion ne nous paraît pas conforme aux principes de la nouvelle législation. L'art. 1er de la loi du 9 avril 1898 vise, en effet, non pas tout travail de transport par terre ou par eau, mais seulement *les entreprises* de transport, c'est-à-dire les industries spéciales qui ont en vue de transporter des objets soit par terre, soit par eau, (nos 101 et s.), ce qui n'est pas du tout notre cas.

Il en est de même des travaux de chargement et de déchargement. On ne pourrait donc pas dire qu'un ouvrier agricole occupé, par exemple, à charger ou décharger une voiture de fourrage, doit bénéficier du risque professionnel, la loi de 1898 ne visant que les entreprises de chargement et de déchargement, c'est-à-dire les professions spécialement consacrées aux travaux de ce genre.

Quant à l'élagage, travail essentiellement agricole, le risque professionnel ne saurait lui être applicable, y eut-il des centaines ou des milliers d'arbres à élaguer.

Nous concluons que la loi du 30 juin 1899 n'a en rien modifié celle du 9 avril 1898 relativement à l'agriculture. Elle l'a seulement interprétée en ce qui concerne l'emploi des moteurs. Ainsi la loi du 30 juin 1899 ne parle pas des travaux agricoles exécutés à l'aide d'explosifs. Il reste cependant bien certain qu'en vertu de l'art. 1er de la loi de 1898, ces travaux sont compris dans le risque professionnel.

Par exemple, l'agriculteur ou le propriétaire d'une forêt qui feraient sauter des rochers à la dynamite, seraient responsables des accidents suivant la nouvelle législation.

Il est vrai que le dernier paragraphe de la loi du 30 juin 1899 décide que la loi du 9 avril 1898 n'est pas applicable à l'agriculture en dehors de l'emploi de moteurs inanimés.

Mais cette disposition ne saurait abroger les termes de l'art. 1er de la loi du 9 avril 1898 visant « toute exploitation ou partie d'exploitation dans laquelle sont mises en œuvre des matières explosives. » Les auteurs de la loi du 30 juin 1899 ont pensé que si des travaux de ce genre s'exécutaient dans une exploitation agricole, ils auraient plutôt un caractère industriel et rentreraient comme tels dans le risque professionnel. Ils sont, du reste, très rares en agriculture, et lorsqu'on doit y procéder, le propriétaire a, le plus souvent, recours à un carrier, chef d'entreprise incontestablement soumis aux nouveaux risques.

Dans le savant ouvrage qu'il a publié sur les accidents du travail, M. Sachet (1) s'est demandé si l'emploi des explosifs comme insecticides agricoles (sulfure de carbone, pétrole, etc.) rentre dans les dispositions de la loi de 1898. Il s'est prononcé négativement et avec beaucoup de raison, parce que la loi ne vise que la mise en œuvre et non le seul emploi de l'explosif ; (n° 118).

§ 3. — Dispositions transitoires.

Accidents survenus du 1ᵉʳ juin au 1ᵉʳ juillet 1899. — Nous avons vu que la Chambre des députés avait disjoint de la loi du 24 mai 1899 la proposition de M. Mirman tendant à faire indemniser par l'Etat les ouvriers victimes d'accidents, durant la période qui s'écoulera du 1ᵉʳ juin au 1ᵉʳ juillet, dans les conditions prévues par la loi du 9 avril 1898.

M. Ch. Dupuy, président du conseil, entendu par la commission d'assurance et de prévoyance sociales de la Chambre, avait déclaré que, tout en reconnaissant

(1) Sachet. *Traité historique et pratique de la législation sur les accidents du travail,* n° 92.

l'intérêt qui s'attache à la proposition de M. Mirman, elle offrait l'inconvénient d'introduire dans la législation un principe nouveau qu'il ne saurait accepter.

Il avait ajouté que le gouvernement avait envisagé une autre combinaison permettant de placer les ouvriers blessés du 1er juin au 1er juillet, dans une situation de fait équivalente à la situation de droit où ils se seraient trouvés, si la loi était entrée en application dès le 1er juin.

En conséquence, le gouvernement fera dresser l'état de tous les ouvriers blessés durant le mois de juin et des indemnités qui leur auraient été allouées en vertu de la loi nouvelle.

Après avoir défalqué les indemnités que les ouvriers auraient dû recevoir en vertu du droit commun, de celles qu'ils auraient reçues si le sursis n'avait pas été voté, il demandera une ouverture de crédit en vue de les indemniser dans la mesure du préjudice qui leur aura été causé.

Ces déclarations ayant été renouvelées devant la Chambre, le 8 juin 1899, la résolution suivante fut votée : « La Chambre, approuvant les déclarations par lesquelles le Gouvernement s'est engagé à demander les crédits nécessaires pour faire bénéficier les ouvriers des avantages qui leur sont conférés par la loi du 8 avril 1898 sur les accidents, pendant le délai du 1er juin au 1er juillet, prend acte desdites déclarations et passe à l'ordre du jour. »

Les victimes d'accidents ne souffriront donc pas du retard apporté à la mise en exécution de la loi de 1898. L'Etat leur paiera les indemnités auxquelles ils auraient eu droit en vertu de cette loi.

Après avoir indemnisé la victime, l'Etat aura un recours soit contre le patron soit contre la compagnie d'assurances si l'ouvrier était assuré. Mais, bien entendu, ce recours ne pourra s'exercer que dans les limites du Code civil, c'est-à-dire dans le cas de faute du patron.

L'indemnité reçue de l'Etat ne privera pas la victime du droit d'actionner le patron en responsabilité suivant le droit commun. L'ouvrier a, en effet, intérêt à user de ce droit, en cas de faute du chef d'entreprise, l'indemnité due dans ce cas pouvant être plus élevée que l'indemnité forfaitaire allouée par la loi de 1898.

L'Etat pourra intervenir dans l'instance engagée par la victime contre le patron ou contre l'assureur.

De même la victime indemnisée par l'Etat, pourra intervenir dans l'action récursoire par lui exercée.

ANNEXES A L'APPENDICE

ANNEXE I

DÉCRET du 26 mai 1899 approuvant les tarifs établis par la Caisse nationale d'assurances en cas d'accidents, en conformité de la loi du 24 mai 1899 (1).

Le Président de la République française,

Sur le rapport du ministre du commerce, de l'industrie, des postes et des télégraphes, et du ministre des finances ;

Vu la loi du 11 juillet 1868, portant création de deux caisses d'assurances, l'une en cas de décès, l'autre en cas d'accidents résultant de travaux agricoles et industriels ;

Vu la loi du 9 avril 1898, concernant les responsabilités des accidents dont les ouvriers sont victimes dans leur travail ;

Vu la loi du 24 mai 1899, étendant les opérations de la Caisse nationale d'assurances en cas d'accidents aux risques prévus par la loi du 9 avril 1898, et spécialement l'article 1er, deuxième alinéa, de ladite loi, ainsi conçu :

« Les tarifs correspondants seront, avant le 1er juin 1899, établis par la Caisse nationale d'assurances en cas d'accidents

---

(1) *J. off.* du 27 mai 1899.

et approuvés par décret rendu sur le rapport du ministre du commerce, de l'industrie, des postes et des télégraphes, et du ministre des finances »,

Décrète :

Art. 1er. — Sont approuvés, en conformité de la loi du 24 mai 1899, les tarifs établis par la Caisse nationale d'assurances en cas d'accidents, tels qu'ils sont annexés au présent décret.

Art. 2. — Le ministre du commerce, de l'industrie, des postes et des télégraphes, et le ministre des finances sont chargés chacun en ce qui le concerne, de l'exécution du présent décret, qui sera publié au *Journal officiel* de la République française et inséré au *Bulletin des lois*.

Fait à Paris, le 26 mai 1899.

ÉMILE LOUBET.

Par le Président de la République :

Le ministre du commerce, de l'industrie, des postes et des télégraphes,

PAUL DELOMBRE.

Le ministre des finances,

P. PEYTRAL.

ANNEXE II

TARIF maximum des primes à payer par 100 francs de salaires pour assurer les risques prévus par la loi du 9 avril 1898, pour les accidents ayant entraîné la mort ou une incapacité permanente, absolue ou particlle.

NUMÉROS DES GROUPES	DÉSIGNATION DES INDUSTRIES	PRIME concernant uniquement la constitution des rentes	PRIME concernant : la constitution des rentes, les frais funéraires, les indemnités journalières et les frais médicaux et pharmaceutiques dus jusqu'à la constitution des rentes
I *a*	**Exploitations agricoles et forestières avec emploi de moteurs**...................	6 10	6 48
	En particulier :		
	Machines à battre........	5 09	5 43
I *b*	**Moulins....**	3 51	3 79
	En particulier :		
	Minoteries mécaniques...........	2 37	2 57
	Moulins ordinaires........	4 59	4 95
II	**Chemins de fer..**	0 98	1 03
	En particulier :		
	Chemins de fer avec locomotion à vapeur.....................	1 38	1 45
	Tramways à traction animale.....	1 79	1 97
III	**Usines métallurgiques et installations accessoires.**	2 98	3 26
	En particulier :		
	Aciéries, hauts fourneaux, forges et laminoirs.................	3 18	3 51

NUMÉROS DES GROUPES	DÉSIGNATION DES INDUSTRIES	PRIME concernant uniquement la constitution des rentes	PRIME concernant : la constitution des rentes, les frais funéraires, les indemnités journalières et les frais médicaux et pharmaceutiques dus jusqu'à la constitution des rentes
IV a	**Carrières**......................	5 75	6 20
	En particulier :		
	Carrières souterraines...........	4 65	5 03
IV b	**Extraction de terres et de minéraux divers.........**	4 50	4 82
IV c	**Travail des pierres...........**	1 94	2 15
	En particulier :		
	Tailleurs de pierres (dans les ateliers et les chantiers de construction)............	2 67	2 96
IV d	**Travail des terres............**	1 35	1 45
	En particulier :		
	Fabriques de porcelaine.........	0 29	0 32
	Tuileries et briqueteries (y compris l'extraction de l'argile) :		
	1° Mécaniques....................	2 60	2 81
	2° Non mécaniques..............	1 34	1 45
IV e	**Fabrication et travail du verre......................**	0 57	0 63
	En particulier :		
	Verreries ordinaires.............	0 51	0 56
	Polisseries de verre.............	0 32	0 35
	Fabriques de verres à vitres......	1 57	1 71
V a	**Travail des métaux nobles..**	0 67	0 76
V b	**Fer et acier...................**	1 81	2 »
	En particulier :		
	Fonderies (avec emploi de moteurs)........................	2 77	3 05
	Bijouterie et bimbeloterie de fer et d'acier....................	1 08	1 23
	Maréchalerie et tôlerie...........	2 91	3 22
	Serrurerie avec moteurs.........	2 58	2 88
	Serrurerie sans moteurs.........	1 95	2 20
	Taillanderie	1 56	1 67

NUMÉROS DES GROUPES	DÉSIGNATION DES INDUSTRIES	PRIME concernant uniquement la constitution des rentes	PRIME concernant : la constitution des rentes, les frais funéraires, les indemnités journalières et les frais médicaux et pharmaceutiques dus jusqu'à la constitution des rentes
V c	**Métaux ordinaires et alliages**	1 37	1 53
	En particulier :		
	Impression, découpage et estampage de métaux (avec moteurs)	1 17	1 31
	Polissage de métaux (avec moteurs)	1 88	2 16
	Fabriques d'objets métalliques en général..........................	1 20	1 36
VI a	**Machines, outils, instruments et appareils**...............	2 89	3 21
	En particulier :		
	Fabriques de machines agricoles..	2 56	2 83
	Fabriques de locomotives........	5 08	5 68
	Fabriques de machines en général.	3 50	3 87
	Atelier d'ajustage et de réparations (avec moteurs)...............	2 46	2 69
	Fabriques d'outils.............	2 54	2 82
VI b	**Engins de transport**.........	2 49	2 73
	En particulier :		
	Ateliers de constructions navales .	3 15	3 46
	Fabrique de wagons.............	3 34	3 72
VI c	**Armes à feu**...............	1 59	1 75
	En particulier :		
	Fabrique de canons de fusils (avec emploi de moteurs)..........	1 54	1 70
VI d	**Instruments de physique et de chirurgie, d'horlogerie et d'éclairage**.............	1 63	1 81
VI e	**Instruments de musique**.....	1 08	1 19
VI f	**Emploi de moteurs pour transports et autres usages. Location de force motrice**..................	2 69	2 91

NUMÉROS DES GROUPES	DÉSIGNATION DES INDUSTRIES	PRIME concernant uniquement la constitution des rentes	PRIME concernant : la constitution des rentes, les frais funéraires, les indemnités journalières et les frais médicaux et pharmaceutiques dus jusqu'à la constitution des rentes
VII a	**Fabrication de produits chimiques et pharmaceutiques...**	1 66	1 80
	En particulier :		
	Fabriques de produits chimiques..	1 97	2 15
VII b	**Couleurs et matières colorantes...**	0 90	1 00
VII c	**Goudrons et résines...**	1 47	1 63
VII d	**Matières explosives et allumettes...**	1 10	1 19
	En particulier :		
	Fabriques d'allumettes...	0 47	0 52
VII e	**Déchets et engrais...**	1 64	1 80
	En particulier :		
	Fabriques d'engrais artificiels (avec moteurs)...	1 16	1 29
VIII a	**Produits pour le chauffage et l'éclairage...**	1 48	1 65
	En particulier :		
	Usines à gaz...	1 76	1 93
	Raffineries de pétrole...	1 12	1 25
VIII b	**Huiles et graisses...**	1 44	1 58
	En particulier :		
	Fabriques d'huiles minérales, de produits lubrifiants, de paraffine (sans la fabrication des bougies)	1 11	1 23
VIII c	**Eclairage et chauffage...**	1 35	1 47
IX a	**Soie...**	0 23	0 25

NUMÉROS DES GROUPES	DÉSIGNATION DES INDUSTRIES	PRIME concernant uniquement la constitution des rentes	PRIME concernant : la constitution des rentes, les frais funéraires, les indemnités journalières et les frais médicaux et pharmaceutiques dus jusqu'à la constitution des rentes
IX b	**Laine et autres fibres animales**......................	0 72	0 79
	En particulier :		
	Fabriques de lainages............	0 56	0 62
	Fabriques de draps (avec moteurs)	0 74	0 82
IX c	**Lin, étoupe, chanvre, jute...**	0 89	0 98
	En particulier :		
	Filatures de lin et d'étoupe.......	0 91	0 99
	Filatures de jute................	2 05	2 27
	Tissage de jute..................	1 87	2 06
IX d	**Coton et mi-laine..**	0 74	0 82
	En particulier :		
	Filature de coton.................	1 81	1 97
	Tissage de coton (avec moteurs) (exploitations sans filage ni apprêts).....................	0 33	0 36
	Fabrique de coton et mi-laine (filage, tissage et apprêt)......	0 41	0 45
	Retorderies (sans filature) avec moteurs)...................	0 47	0 53
IX e	**Blanchiment, teinture, impression et apprêt**........	0 91	0 99
	En particulier :		
	Blanchisseries avec moteurs......	2 33	2 54
	Teintureries avec moteurs........	0 97	1 06
	Imprimeries et teintureries avec moteurs.	0 87	0 96
IX f	**Broderies, dentelles, tricots, lacets, etc**................	0 26	0 28
X a	**Fabrication du papier et du carton**.....................	1 98	2 16
	En particulier :		
	Fabriques de cellulose...........	2 28	2 52
	Fabriques de pâte à papier et à carton......................	3 80	4 14
	Papeteries et cartonneries........	1 94	2 12

37

NUMÉROS DES GROUPES	DÉSIGNATION DES INDUSTRIES	PRIME concernant uniquement la constitution des rentes	PRIME concernant : la constitution des rentes, les frais funéraires, les indemnités journalières et les frais médicaux et pharmaceutiques dus jusqu'à la constitution des rentes
X b	**Travail du papier** (avec exclusion de la fabrication du papier)....................	0 89	0 98
X c	**Fabrication du cuir et des succédanés**................	1 34	1 46
	En particulier :		
	Tanneries	1 41	1 55
X d	**Travail du cuir et des succédanés**	0 49	0 55
X e	**Caoutchouc, gutta-percha et celluloïd**...................	0 90	0 97
XI a	**Travail du bois**...............	4 63	5 05
	En particulier :		
	Scieries à vapeur................	4 63	5 02
	Scieries hydrauliques............	6 03	6 60
	Découpage des bois (parquets, douves, etc.)...............	5 56	6 20
	Ebénisterie (fabrication de meubles en bois tourné).........	0 93	1 02
	Ebénisterie (fabrication de meubles pour l'agencement des habitations)...................	2 41	2 73
	Menuiserie (sans moteurs)........	0 92	1 02
XI b	**Vannerie et brosserie**........	0 50	0 56
XI c	**Travail de la corne, de l'écume, etc.**...................	0 47	0 52
XII a	**Produits alimentaires**........	1 60	1 74
	En particulier :		
	Sucreries......................	1 46	1 60
	Raffineries....................	2 73	2 99
XII b	**Boissons**....................	2 18	2 38
	En particulier :		
	Distilleries avec moteurs........	1 96	2 08
	Brasseries et malteries attenantes.	2 61	2 87

NUMÉROS DES GROUPES	DÉSIGNATION DES INDUSTRIES	PRIME concernant uniquement la constitution des rentes	PRIME concernant : la constitution des rentes, les frais funéraires, les indemnités journalières et les frais médicaux et pharmaceutiques dus jusqu'à la constitution des rentes
XII c	**Tabac**......	0 06	0 07
XIII a	**Vêtement**...................	0 40	0 44
	En particulier :		
	Fabriques de chapeaux..........	0 41	0 46
	Fabriques de chaussures (avec moteurs)....................	0 72	0 79
	Fabriques de chaussures (sans moteurs)....................	0 13	0 15
XIII b	**Nettoyage**....................	0 76	0 85
XIV a	**Entreprises de constructions**	3 71	4 03
	En particulier :		
	Constructions en élévation........	4 »	4 39
	Constructions hydrauliques.......	3 81	4 20
XIV b	**Industrie du bâtiment**........	5 16	5 61
	En particulier :		
	Maçons.................	3 97	4 32
	Charpentiers...................	8 96	9 75
XIV c	**Industries accessoires du bâtiment**...................	4 14	4 52
	En particulier :		
	Badigeonneurs	4 15	4 58
	Serruriers......................	3 72	4 13
	Peintres.......................	3 60	3 94
XV	**Industries polygraphiques**..	0 41	0 45
	En particulier :		
	Imprimeries et lithographies (avec moteurs)	0 46	0 52
	Imprimeries et lithographies (sans moteurs)	0 18	0 21
XVI	**Mines**............	3 63	3 92

NUMÉROS DES GROUPES	DÉSIGNATION DES INDUSTRIES	PRIME concernant uniquement la constitution des rentes	PRIME concernant : la constitution des rentes, les frais funéraires, les indemnités journalières et les frais médicaux et pharmaceutiques dus jusqu'à la constitution des rentes
INDUSTRIES DIVERSES	**I. Entreprises de transports par terre**................	3 71	4 07
	En particulier :		
	Fiacres, voitures de louage........	1 38	1 52
	Omnibus................	3 32	3 65
	Lourd camionnage................	8 57	9 38
	II. Entreprises de transports par eau................	3 14	3 38
	En particulier :		
	Bateaux à vapeur................	3 03	3 28
	Radeaux flottants,................	4 66	4 97
	III. Entretien des bâtiments.	3 03	3 28
	En particulier :		
	Ramonage des cheminées........	1 56	1 65
	IV. Théâtres................	0 27	0 30
	V. Magasins et entrepôts....	3 50	3 86

NOTE sur le fonctionnement de la Caisse nationale d'assurances en cas d'accidents, en ce qui concerne l'application de la loi du 24 mai 1899.

La Caisse nationale d'assurances en cas d'accidents, créée par la loi du 11 juillet 1868, est autorisée, par la loi du 24 mai 1899, à étendre ses opérations aux risques prévus par la loi du 9 avril 1898 pour les accidents ayant entraîné la mort ou une incapacité de travail permanente, absolue ou partielle.

La Caisse nationale d'assurances, en cas d'accidents, est

placée sous la garantie de l'Etat et gérée par la direction générale de la Caisse des dépôts et consignations.

Tout chef d'entreprise qui veut contracter une assurance peut s'adresser : à partir du 1er juin, à Paris à la direction générale de la Caisse des dépôts et consignations, 56, rue de Lille ; chez le receveur central des finances de la Seine, 16, place Vendôme ; les receveurs percepteurs des contributions directes ou les receveurs des postes ; — dans les départements, chez les trésoriers-payeurs généraux, les receveurs particuliers des finances, les percepteurs des contributions directes ou les receveurs des postes.

Le chef d'entreprise souscrit une demande et y joint les renseignements nécessaires à la direction générale de la Caisse des dépôts et consignations pour l'évaluation des risques à assurer.

Toutefois, le souscripteur de la demande et la Caisse nationale d'assurances ne sont engagés que par la signature de la police définitive.

L'assurance porte, en principe, sur tout le personnel (employés, ouvriers et apprentis) à occuper soit par le souscripteur lui-même, soit par ses tâcherons ou sous-traitants pour l'exercice de la profession déclarée.

Elle garantit le payement des rentes et pensions à accorder aux victimes d'accidents ou à leurs ayants droit. Elle garantit, en outre, à la demande du souscripteur, le payement des frais funéraires, des indemnités journalières et des frais médicaux et pharmaceutiques dus à la suite d'accidents mortels ou d'accidents ayant entraîné une incapacité permanente. Elle ne couvre, en aucun cas, les frais et indemnités résultant de l'incapacité temporaire.

Aucune clause de déchéance ne sera opposée aux ouvriers par la Caisse nationale.

Lors de la signature de la police, l'assuré aura à donner la liste de son personnel et, par la suite, à faire connaître les changements qui surviendront dans l'état de ce personnel. A cet effet, des imprimés seront fournis à l'assuré par la Caisse nationale d'assurances.

La prime est fixée provisoirement dans la police d'après les déclarations acceptées du chef de l'entreprise en ce qui concerne le montant des salaires.

La police est annuelle ; la prime est payable par quart et d'avance, de trois mois en trois mois, à toutes les caisses désignées ci-dessus.

Il est versé, en outre, à titre de provision, une somme égale au quart de la prime provisoire. Dans le cas où le personnel employé viendrait, en cours d'assurance, à dépasser notablement les prévisions du chef d'entreprise, un complément de provision pourrait lui être demandé.

En fin d'assurance, il est procédé au règlement définitif de la prime qui donne lieu soit à un versement de l'assuré, soit à un remboursement de la Caisse d'assurances.

ANNEXE III

***

Circulaire de M. le Garde des Sceaux sur l'application de la loi du 9 avril 1898.

Paris, le 10 juin 1899.

MONSIEUR LE PROCUREUR GÉNÉRAL,

Les responsabilités encourues à l'occasion des accidents du travail étaient réglées, jusqu'à ce jour, par les articles 1382 et suivants du Code civil. L'ouvrier victime de l'accident ou ses ayants droit, en cas de décès, n'obtenaient une indemnité qu'à la condition de prouver qu'il y avait eu faute du chef d'entreprise ou de ses préposés. Dans le cas où cette preuve était administrée, la réparation devait être intégrale, à moins qu'il n'y eût, à la fois, faute du patron et faute de la victime, entraînant un partage de responsabilité et, par voie de suite, une atténuation de l'indemnité.

Cet état de choses avait pour conséquence de subordonner fréquemment la réparation du préjudice aux résultats, toujours incertains, d'un procès long et difficile pendant lequel la victime restait dénuée de ressources. A un autre point de vue, il plaçait la victime dans une situation encore plus douloureuse et contraire à l'équité. Un grand nombre d'accidents sont dus, en effet, à des causes qui déjouent toutes les prévisions ; elles tiennent aux forces mises en œuvre par l'industrie moderne, et que l'homme ne peut pas toujours maîtriser. Il n'était pas juste que ce risque fût entièrement supporté par l'ouvrier.

La statistique a permis d'établir que, sur cent accidents, vingt-cinq peuvent être attribués à la faute de l'ouvrier, vingt à la faute du patron, huit à la faute combinée du patron et de l'ouvrier, quarante-sept à des cas fortuits ou de force majeure ou à des causes indéterminées. L'ouvrier subissait non seulement la charge de sa faute, faute souvent bien excusable, mais encore celle des cas fortuits ou de force majeure, ou encore des accidents dans lesquels la faute du patron ne pouvait pas être établie. Dans les deux tiers des cas, il était donc déchu de tout droit à une indemnité.

Cette constatation suffit pour démontrer que l'application du droit commun ne répondait plus aux conditions du travail et aux risques résultant de la transformation de l'industrie et du développement de l'outillage. A une situation nouvelle, il fallait un droit nouveau. Brisant avec les formules anciennes le législateur y a pourvu en introduisant dans cette matière le principe du risque professionnel et de l'indemnité forfaitaire.

En vertu du risque professionnel, le chef d'industrie est de plein droit responsable de l'accident, en dehors de toute idée de faute. Mais par une juste compensation qu'il fallait admettre sous peine de faire supporter à l'industrie une charge trop lourde, l'indemnité n'est que partielle ; elle est établie à forfait, d'après un tarif qui a pour base le salaire de la victime.

Toutes les infortunes résultant du travail seront désormais secourues dans la mesure compatible avec le souci de ménager les forces des chefs d'entreprise. Les rapports entre le capital et le travail deviennent ainsi plus équitables ; et on a pu dire avec raison que la loi, qui les établit sur ces bases nouvelles, a fait œuvre d'humanité et réalisé, au point de vue social, un progrès considérable.

Cette loi a été promulguée le 9 avril 1898 et publiée au *Journal officiel* du lendemain. Elle est complétée par quatre décrets des 28 février et 5 mars 1899 dont l'un porte établissement d'un tarif applicable aux greffiers des justices de paix et par plusieurs arrêtés ministériels.

Elle devait être mise à exécution à partir du 1er juin 1899, mais le point de départ de son application s'est trouvé reporté au 1er juillet prochain en vertu de la loi du 24 mai 1899 édictée en vue de permettre aux chefs d'industrie de s'assurer à une caisse d'Etat contre les risques encourus à l'occasion des accidents entraînant la mort ou une incapacité permanente. L'article 2 de cette dernière loi porte, en effet, que la loi du 9 avril 1898 ne sera appliquée qu'un mois après le jour où la caisse des accidents aura publié ses tarifs au *Journal officiel* et admis les industriels à contracter des assurances ; le même article ajoute qu'en aucun cas la prorogation ne pourra excéder le 1er juillet 1899. Or, les tarifs susvisés ont été publiés au *Journal officiel* du 27 mai, et une note qui y est annexée, porte que les demandes des chefs d'entreprise qui veulent contracter une assurance, sont reçues à partir du 1er juin.

Je n'entreprendrai pas de donner un commentaire, même abrégé de la loi nouvelle. Ce travail exigerait de longs développements et ne serait pas ici à sa place. Je dois me borner à signaler les dispositions qui intéressent plus spécialement les tribunaux et, en particulier, les magistrats cantonaux. Ceux-ci ont à jouer un rôle important ; la bonne exécution de la loi dépend, en partie, du zèle éclairé qu'ils apporteront dans l'accomplissement de leurs fonctions.

Dans un premier chapitre, je m'efforcerai de délimiter le champ d'application de la loi. Les chapitres suivants seront consacrés à la fixation des indemnités, à la compétence et à la procédure, à l'assistance judiciaire et aux dispositions exceptionnelles qui ont pour objet d'alléger les frais de justice. Enfin, je rechercherai si la loi nouvelle peut exercer quelque influence sur les instances déjà nées ou à naître à l'occasion d'accidents survenus avant le 1er juillet 1899.

CHAPITRE Ier

DOMAINE D'APPLICATION DE LA LOI

La loi ne s'étend pas indistinctement à toute la classe des travailleurs, non plus qu'à tous les accidents d'une nature quelconque, dont les ouvriers ou les employés peuvent être victimes. Son champ d'application est circonscrit dans des limites qui apparaissent par la détermination de trois éléments relatifs : 1° aux industries assujetties au régime du risque professionnel ; 2° aux conditions dans lesquelles doit se produire l'accident ; aux personnes responsables et à celles qui peuvent se prévaloir du principe de la responsabilité légale.

§ Ier

INDUSTRIES ASSUJETTIES

(Article premier)

L'article 1er de la loi du 9 avril 1898 fait une distinction : il énumère limitativement les établissements auxquels la loi s'applique toujours et sans condition ; viennent ensuite les autres exploitations, en général, dans lesquelles l'application de la loi est subordonnée soit à la fabrication ou à la mise en œuvre de matières explosives, soit à l'usage d'une machine mue par une force autre que celle de l'homme ou des animaux.

Les établissements de la première catégorie comprennent :

1° *L'industrie du bâtiment.* — C'est-à-dire toutes les industries qui se rattachent à la construction des édifices, taille de pierre, maçonnerie, charpenterie, menuiserie, couverture, peinture, vitrerie, serrurerie... ;

2° *Les usines et manufactures.* — La différence entre ces deux sortes d'établissements est assez difficile à fixer. D'une manière générale, la manufacture est l'établissement où la main-d'œuvre domine et dans lequel s'opère la fabrication d'objets déterminés. Les usines servent à la préparation des matières premières en vue de leur application à des usages industriels.

La loi s'applique-t-elle aux ateliers, par exemple, aux ateliers de tailleurs d'habits, de cordonniers, de chapeliers, d'emballeurs..., où le patron participe généralement au travail manuel des ouvriers qu'il emploie ?

Sur ce point, il s'est produit, au cours de l'élaboration de la loi, des opinions contradictoires. La question est donc douteuse, et il appartiendra aux tribunaux de la trancher ;

3º *Les chantiers.* — Il s'agit ici du groupement, dans un emplacement déterminé, d'un certain nombre d'ouvriers employés à la préparation des matériaux, à des terrassements ou à des travaux quelconques, en vue de la construction d'édifices, de ponts, de canaux, de routes... ;

4º *Les entreprises de transport par terre et par eau, de chargement ou de déchargement.* — Il faut qu'il s'agisse d'une entreprise, c'est-à-dire d'opérations spécialisées par un industriel dans un but de lucre. Ainsi, le chef d'une exploitation non assujettie ne tomberait pas sous l'empire de la loi pour le transport, le chargement et le déchargement de ses produits ou des matières qui lui sont nécessaires, à moins qu'il n'employât des voitures ou des appareils mus par une force élémentaire, c'est-à-dire par une force autre que celle de l'homme ou des animaux.

L'expression *entreprise de transport par terre et par eau,* quelque générale qu'elle soit, ne s'étend pas aux transports maritimes. Les conséquences des accidents dont les marins sont victimes dans l'exercice de leur profession, sont réglées par la loi du 21 avril 1898 qui a créé, dans ce but, une caisse de prévoyance ;

5º *Les magasins publics.* — La loi a assujetti les docks, magasins généraux, monts-de-piété, les salles de vente publiques et les entrepôts de douane ;

6º *Les mines, minières, carrières.* — Leur définition se trouve dans les articles 1 à 4 de la loi du 21 avril 1810.

Les établissements non compris dans la nomenclature de la première partie de l'article 1ᵉʳ de la loi, notamment les exploitations agricoles, ne sont pas soumis, en principe, au régime du risque professionnel. Ils ne sont assujettis que lorsqu'il y est fabriqué ou mis en œuvre des matières explosives, ou encore lorsqu'il y est fait usage d'une machine mue par une autre force que celle de l'homme ou des animaux.

Le simple usage de matières explosives ne suffirait pas. Par exemple, la loi ne s'appliquerait pas à un établissement par cela seul qu'on y ferait usage du gaz ou de l'acétylène comme mode d'éclairage ; il faut qu'il y ait manipulation, mise en œuvre.

Ajoutons que les exploitations qui sont susceptibles d'être soumises, sous certaines conditions, aux dispositions de la loi, ne doivent s'entendre que des établissements ayant un caractère commercial ou industriel. Aussi, un laboratoire de chimie, annexé à une faculté, échappe au régime du risque professionnel.

Il semble également que la loi ne doive pas s'appliquer au travail des détenus dans les prisons, ou des personnes internées dans les asiles d'aliénés.

Lorsque la fabrication ou la mise en œuvre de substances explosives, ou l'usage d'une machine mue par une force élémentaire, a lieu dans une partie de l'exploitation bien délimitée, cette partie de l'exploitation est seule soumise au risque professionnel. Mais les ouvriers qui y sont attachés peuvent se prévaloir des dispositions de la loi nouvelle pour tous les accidents dont ils sont victimes par le fait ou à l'occasion du travail, alors même que la cause en serait étrangère à la manipulation des substances explosives ou au fonctionnement de la machine.

§ II

ACCIDENTS

(Articles 1er et 20)

L'accident, tel qu'il faut l'entendre dans notre matière, consiste dans une lésion corporelle provenant de l'action soudaine d'une cause extérieure.

La loi ne s'applique pas aux maladies professionnelles, provenant d'une cause lente et durable, telle que l'air vicié des locaux où s'effectue le travail, la manipulation de substances vénéneuses, l'absorption de poussières nuisibles à la santé.

L'accident n'entraîne l'application du risque professionnel que lorsqu'il est survenu par le fait ou à l'occasion du travail, c'est-à-dire lorsque la lésion subie par la victime a une cause inhérente au travail, ou qu'elle s'y rattache par un lien plus ou moins étroit.

Cette condition étant remplie, il importe peu que l'accident se produise hors de l'établissement et même en dehors des heures de travail. Il convient, sans doute, de se garder d'un abus d'interprétation qui donnerait à la loi une trop grande extension. Ainsi, l'ouvrier qui fait une chute et se blesse en se rendant à son travail ne saurait certainement se prévaloir du risque professionnel. Mais la loi reprendrait son empire si le même accident survenait, en dehors de l'usine, à un ouvrier chargé d'une mission extérieure.

D'autre part, l'accident n'est pas à la charge du patron par cela seul qu'il s'est produit sur le lieu et aux heures de travail. La responsabilité du chef d'entreprise est dégagée si la cause de l'accident est complètement étrangère au travail.

Il semble, qu'à ce point de vue, il y ait lieu de faire une distinction entre les cas de force majeure et les cas fortuits.

L'évènement de force majeure est étranger à l'exploitation ; on peut citer comme exemples, la foudre, l'inondation, un tremblement de terre. Le dommage qui en résulte ne me paraît pas garanti par le risque professionnel, à moins que les effets de l'évènement de force majeure n'aient été aggravés, pour les ouvriers et employés, par l'exercice de l'industrie dans laquelle ils sont occupés.

De même que la force majeure, le cas fortuit déjoue les prévisions humaines, mais il a sa cause dans le fonctionnement même de l'exploitation. Ici, la responsabilité du chef d'entreprise est engagée. Le principal objet de la loi est de soustraire l'ouvrier aux conséquences de ces risques et des dangers inévitables qu'entraîne l'exercice d'une industrie.

Lorsque l'accident est survenu par le fait ou à l'occasion du travail, la victime a droit à une indemnité, et cette indemnité est fixée d'après un tarif qui ne tient aucun compte des circonstances de l'événement. Ce tarif invariable s'applique même lorsque l'accident résulte d'une faute du patron ou d'une faute de l'ouvrier.

Toutefois, cette règle fléchit lorsque la victime a intentionnellement provoqué l'accident ou lorsqu'il y a eu faute inexcusable, soit de l'ouvrier, soit du patron ou de ceux qu'il s'est substitués dans la direction.

Dans le premier cas, aucune indemnité ne peut être allouée à la victime. Dans le deuxième et le troisième cas, les tribunaux ont la faculté de diminuer le chiffre de la pension résultant de l'application du tarif, ou de l'augmenter en restant dans la limite fixée par l'article 20.

§ III

DES PERSONNES RESPONSABLES ET DE CELLES QUI PEUVENT SE PRÉVALOIR DU RISQUE PROFESSIONNEL

(Articles 1er, 2, 3, 32)

Les personnes responsables sont celles qui dirigent l'exploitation ou l'industrie et qui en recueillent les bénéfices, depuis les grandes sociétés qui ont dans leur dépendance un personnel considérable, jusqu'au petit patron qui n'emploie qu'un nombre restreint d'ouvriers.

La loi ne fait d'exception que pour l'ouvrier qui, travaillant seul d'ordinaire, s'adjoint accidentellement un ou plusieurs de ses camarades. Cette collaboration accidentelle ne suffit pas pour lui conférer la qualité de patron, qui suppose des rapports durables de direction d'un côté et de subordination de l'autre.

Il est à peine besoin d'ajouter que le bénéfice de la loi ne peut pas être invoqué par un ouvrier qui loue son travail à un particulier. L'ouvrier est alors son propre patron, personne ne le commande dans son travail et il lui appartient de prendre lui-même toutes les précautions nécessaires pour se préserver d'un accident.

Les chefs des industries visées dans l'article 1er sont assujettis quelle que soit leur qualité. La loi s'applique non seulement aux entreprises privées, mais aussi aux entreprises similaires de l'Etat, des départements, des communes et des établissements publics. L'assimilation est complète même en ce qui touche les dispositions relatives à la compétence, qui échappe dans tous les cas aux tribunaux administratifs.

Toutefois, aux termes de l'article 32, il est fait exception à l'égard de deux catégories d'ouvriers, savoir :

1o Les ouvriers, apprentis et journaliers appartenant aux ateliers de la Marine ;

2o Les ouvriers immatriculés des manufactures d'armes dépendant du Ministère de la Guerre.

En plaçant ce personnel sous le régime de la loi concernant les accidents, on lui aurait fait une situation moins avantageuse que celle dont il jouissait déjà.

Les personnes admises à se prévaloir du risque professionnel sont tous les ouvriers et employés occupés dans les établissements visés à l'article 1er, depuis l'ingénieur jusqu'au simple apprenti, sans distinction de sexe ni de nationalité, à la condition que l'ouvrier ou l'employé relève de la direction du chef d'industrie. Ainsi, l'ouvrier qui exécute chez lui les travaux à la tâche, en dehors de la surveillance de celui qui l'emploie, n'a aucune action contre ce dernier.

Toutefois, l'importance du salaire et la nationalité de la victime ne sont pas toujours sans influence sur le mode de règlement de l'indemnité.

Lorsque le salaire annuel dépasse 2.400 francs, le tarif établi par la loi ne fonctionne pleinement que jusqu'à concurrence de cette somme. Au delà, l'ouvrier n'a droit, à moins de convention contraire, qu'au quart des rentes et indemnités allouées par l'article 3. Cette disposition a pour objet d'alléger les charges de l'industrie, tout en fournissant à la victime ce qui lui est indispensable pour assurer sa subsistance et celle de sa famille.

L'ouvrier étranger, victime d'un accident, qui cesse de résider sur le territoire français, reçoit, à ce moment, pour toute indemnité, un capital égal à trois fois la rente qui lui avait été allouée. En cas de décès, ses représentants ne reçoivent aucune indemnité s'ils ne résidaient pas en France au moment de l'accident.

CHAPITRE II

DES INDEMNITÉS

(Articles 3 à 10 et 23 à 27)

Les accidents peuvent avoir des conséquences plus ou moins graves. La loi les a classés dans quatre catégories, selon qu'ils entraînent : 1º une incapacité absolue et permanente ; 2º une incapacité partielle et permanente ; 3º la mort de la victime ; 4º une incapacité temporaire.

Tout d'abord, le chef d'entreprise supporte les frais médicaux et pharmaceutiques, et, le cas échéant, les frais funéraires.

Les frais médicaux et pharmaceutiques sont payés, en entier, par le patron, lorsque ce dernier a désigné le médecin ou que la victime est soignée dans un hôpital. Rien ne s'oppose d'ailleurs à ce que l'ouvrier blessé choisisse lui-même son médecin ; mais, pour éviter des abus, la loi a décidé que, dans ce cas, le chef d'entreprise ne serait plus tenu que jusqu'à concurrence de la somme fixée par le juge de paix, conformément aux tarifs adoptés dans chaque département en exécution de la loi du 15 juillet 1893, sur l'assistance médicale gratuite.

Les frais funéraires sont évalués à une somme de cent francs, au maximum.

A ce premier élément de réparation vient s'en joindre un autre, de beaucoup le plus important, qui consiste dans l'allocation de pensions ou d'indemnités, fixées d'après un tarif réglé par les articles 3, 8 et 10 de la loi.

L'article 3 fixe le taux de la pension ou de l'indemnité eu égard au salaire et en tenant compte des conséquences de l'accident. Les articles 8 et 10 sont relatifs à la détermination du salaire, qui sert de base à la pension ou à l'indemnité.

§ I

TAUX DES PENSIONS OU INDEMNITÉS

(Articles 3, 5 et 6)

Il convient de distinguer selon que l'accident est classé, en raison de sa gravité, dans une des quatre catégories que nous avons indiquées au début de ce chapitre.

Incapacité absolue et permanente. — C'est l'incapacité qui rend l'ouvrier impotent et l'empêche de se livrer à tout jamais à un travail utile. C'est par exemple, la perte de la vue.

La victime reçoit une pension viagère égale aux deux tiers de son salaire annuel.

Incapacité partielle et permanente. — Dans ce cas, la capacité de la victime ne disparaît pas complètement ; elle est seulement diminuée.

La pension allouée est égale à la moitié de la réduction que l'accident aura fait subir au salaire.

Décès de la victime. — La mort de l'ouvrier laisse généralement sa famille sans ressources. La loi vient à son secours en distinguant trois catégories d'ayants droit :

1º Le conjoint ;

2º Les enfants ;

3º Les ascendants et les descendants autres que les enfants.

Le conjoint survivant, non divorcé ni séparé de corps, reçoit une pension viagère égale à 20 % du salaire annuel de la victime, à la condition que le mariage ait été contracté avant l'accident. Un nouveau mariage lui fait perdre le droit à la pension ; mais il lui est alloué, à titre d'indemnité totale, une somme égale au triple de cette pension.

En ce qui concerne les enfants, la loi donne les mêmes droits aux enfants légitimes et aux enfants naturels reconnus avant l'accident. A tous ceux qui sont mineurs de 16 ans, elle assure une pension qui leur est servie jusqu'à ce qu'ils aient atteint cet âge.

Cette pension varie selon que les ayants droit restent orphelins de père et de mère ou qu'ils ont encore un de leurs auteurs.

Dans le premier cas, chacun des enfants reçoit une rente calculée sur le salaire de la victime, à raison de 20 %. L'ensemble de ces rentes ne saurait dépasser 60 % du salaire.

Dans le second cas, la rente est de 15 % du salaire s'il n'y a qu'un enfant, de 25 % s'il y en a deux, de 35 % s'il y en a trois et de 40 % s'il y en a quatre ou un plus grand nombre. Cette rente s'ajoute à celle allouée au conjoint survivant ; on peut donc arriver à une allocation totale représentant 60 % du salaire. Ce chiffre n'est jamais dépassé.

Si la victime laisse des enfants d'un premier lit concourant avec le conjoint survivant, il semble que les pensions leur revenant doivent être, s'il y a lieu, réduites à 40 %, de telle sorte que le conjoint conserve sa rente sans diminution et que la charge du débiteur ne dépasse pas le chiffre maximum de 60 % du salaire.

Dans l'hypothèse où il y aurait à la fois des enfants nés les uns d'un premier et les autres d'un second mariage de la victime, la pension du conjoint survivant serait encore respectée ; la pension allouée à chaque groupe d'enfants en conformité des dispositions de la loi, subirait une réduction proportionnelle destinée à ramener l'allocation totale dans la limite du maximum ci-dessus indiqué.

Les ascendants et les descendants n'ont droit à une pension qu'à une double condition. Il faut :

1º Qu'il n'y ait pas de conjoint survivant, ni d'enfants mineurs de seize ans ;

2º Que les réclamants aient été à la charge de la victime au moment de l'accident. Il faut de plus que les descendants n'aient pas atteint l'âge de seize ans.

Il est alloué à chacun des ayants droit une rente égale à 10 % du salaire annuel de la victime, sans que le total puisse être supérieur à 30 %. Si ce chiffre était dépassé, chaque rente subirait une réduction proportionnelle.

La présence d'un conjoint divorcé ou séparé de corps n'enlèverait pas aux ascendants ou aux descendants leur droit à une indemnité. Il en serait de même dans le cas où la victime ne laisserait que des enfants tous majeurs de seize ans.

La question de savoir si les ascendants ou les descendants étaient à la charge de la victime relève de l'appréciation des tribunaux, c'est une pure question de fait.

Je rappelle que les représentants de l'ouvrier étranger n'ont rien à réclamer s'ils ne résidaient pas en France au moment où l'accident s'est produit. Mais, cette condition étant remplie, le service de la pension leur serait continué même s'ils retournaient plus tard dans leur pays.

Incapacité temporaire. — La loi ne distingue pas entre l'incapacité partielle et l'incapacité absolue. L'indemnité à allouer à la victime pendant le temps que dure son état d'invalidité est toujours de la moitié du salaire touché au moment de l'accident.

L'indemnité n'est due que si l'incapacité de travail a duré plus de quatre jours seulement à partir du cinquième jour. On a voulu éviter ainsi des simulations qui sont toujours plus faciles en matière d'accidents légers.

J'ai déjà indiqué qu'il n'est rien alloué à la victime qui a intentionnellement provoqué l'accident, mais la faute inexcusable du patron ou de l'ouvrier est ici sans influence sur le chiffre de l'indemnité. C'est seulement lorsqu'il s'agit de fixer la pension, due en cas de décès ou d'incapacité permanente, absolue ou partielle, que les tribunaux sont autorisés à prendre en considération la faute inexcusable du patron ou de l'ouvrier pour majorer ou diminuer le chiffre de la pension.

Aucune convention ne peut soustraire le chef d'industrie à la stricte exécution des obligations que la loi lui impose (art. 30). Toutefois les articles 5 et 6 dérogent à ce principe.

L'article 5 permet au chef d'entreprise de se décharger, pendant les trente, soixante ou quatre-vingt-dix premiers jours de l'accident, de l'obligation de payer aux victimes les frais de maladie et l'indemnité temporaire, à la condition de justifier :

1° Qu'il a affilié ses ouvriers à une société de secours mutuels dont les statuts renferment les clauses spéciales comprises dans un statut type approuvé par le Ministre de l'intérieur ;

2° Qu'il a pris à sa charge une quote-part de la cotisation fixée d'un commun accord entre lui et ses ouvriers, mais qui ne doit jamais être inférieure au tiers de cette cotisation ;

3° Que la Société assure à ses membres, en cas de blessures, pendant trente, soixante ou quatre-vingt-dix jours, les soins médicaux et pharmaceutiques et une indemnité journalière.

Si l'indemnité journalière servie par la Société est inférieure à la moitié du salaire quotidien de la victime, le chef d'entreprise est tenu de lui verser la différence.

L'article 6 de la loi, répondant au même ordre d'idée, vise plus spécialement les exploitants de mines, minières ou carrières.

Une loi du 29 juin 1894 a prévu et réglé, pour les entreprises d'exploitation de mines, minières ou carrières, la constitution de caisses ou de sociétés de secours. Les chefs d'entreprise sont tenus de contribuer par une quote-part égale à la moitié des cotisations des ouvriers. Il leur suffira, pour se décharger des frais et indemnités mentionnés dans l'article 5 de la loi du 9 avril 1898, de verser à ces caisses une subvention annuelle. Le montant et les conditions de la subvention devront être acceptés par les sociétés et approuvés par le Ministre des travaux publics.

Dans un dernier paragraphe, l'article 6 décide que les dispositions que nous venons d'analyser et qui sont relatives aux exploitants de mines, minières ou carrières, s'appliqueront à tous autres chefs d'industrie, lorsque ceux-ci auront créé, en faveur de leurs ouvriers, des caisses particulières de secours en conformité du titre III de la loi du 29 juin 1894. Dans ce cas, le montant et les conditions de la subvention annuelle destinée à les exonérer, seront soumis à l'approbation du Ministre du commerce et de l'industrie.

§ II

SALAIRE DE BASE

(Art. 3, 8 et 10)

La détermination du salaire qui sert de base à l'indemnité, varie selon que l'accident a entraîné la mort de l'ouvrier ou une incapacité permanente, ou qu'il a seulement pour effet d'infliger à la victime une incapacité temporaire. J'envisagerai successivement ces deux hypothèsés.

A. *Accident suivi de mort ou d'une incapacité permanente.* — L'indemnité est alors accordée sous la forme d'une pension annuelle ; elle doit donc avoir pour base le salaire annuel.

Le salaire s'entend de tout ce qui est alloué à l'ouvrier en représentation de son travail, soit en argent, soit en nature. La partie du salaire payée en nature est évaluée selon l'usage du lieu.

a. Lorsque l'ouvrier a été employé dans l'industrie pendant les douze mois qui ont précédé l'accident, le salaire comprend, aux termes de l'article 10, « la rémunération effective qui lui a été allouée pendant ce temps. »

L'emploi des mots « rémunération effective » soulève une difficulté. Doit-on en conclure qu'en cas de chômage de l'ouvrier, par exemple pour cause de maladie, il n'y aurait pas à tenir compte du salaire que la victime aurait pu gagner pendant la durée du chômage ? Cette solution, rigoureusement conforme au texte, peut être combattue par des arguments tirés des travaux préparatoires. Dans son rapport au Sénat, M. Thévenet a exprimé l'opinion qu'on remplacera le salaire qui a manqué pendant l'interruption du travail, par une appréciation qui aura pour base le salaire gagné pendant le reste de l'année.

Quoi qu'il en soit, les juges de paix devront avoir soin, en procédant à l'enquête prévue par les articles 12 et 13, de recueillir des renseignements sur la durée et les causes des chômages éprouvés par l'ouvrier pendant les douze derniers mois.

b. Lorsque l'ouvrier est occupé depuis moins de douze mois dans une industrie fonctionnant régulièrement toute l'année, le salaire annuel s'entend de la rémunération effective qu'il a reçue depuis son entrée dans l'établissement, augmentée de la rémunération moyenne qu'ont reçue, pendant la période nécessaire pour compléter les douze mois, les ouvriers de la même catégorie.

c. Certaines industries, comme les fabriques de sucre, ne travaillent qu'une partie de l'année. Il en est d'autres qui, ouvertes toute l'année, ne fonctionnent pas pendant tous les jours de la semaine. Dans ces divers cas, on obtient le salaire de base en ajoutant au salaire alloué à l'ouvrier le gain qu'il a réalisé pendant le temps du chômage. Ce gain comprend non seulement ce que l'ouvrier a pu gagner en travaillant pour autrui, mais encore les bénéfices qu'il a réalisés en travaillant pour son propre compte, par exemple en cultivant son champ s'il est propriétaire.

d. La loi renferme des dispositions spéciales applicables au cas où la victime est un ouvrier mineur de 16 ans, dont la rémunération est généralement minime, ou un apprenti qui ne touche pas de salaire. Le chiffre de la pension est alors établi en prenant pour base le salaire le plus bas des ouvriers valides de la même catégorie occupés dans l'entreprise.

B. *Accident suivi d'une incapacité temporaire.* — L'ouvrier atteint d'une incapacité temporaire a droit à une indemnité quotidienne pendant la durée du chômage qui lui est imposé. C'est le salaire touché au moment de l'accident qui sert de base à cette indemnité.

Lorsque le salaire varie d'un jour à l'autre, ce qui peut se produire fréquemment, notamment lorsque le travail est payé à la tâche, le salaire de base sera une moyenne établie sur un nombre de jours suffisant pour que le résultat représente, aussi exactement que possible, les ressources dont l'ouvrier disposait quotidiennement au moment de l'accident.

En ce qui concerne l'ouvrier mineur de 16 ans et l'apprenti, le salaire de base ne doit pas être inférieur au salaire le plus bas des ouvriers valides de la même catégorie employés dans l'industrie.

Toutefois, l'indemnité de l'ouvrier âgé de moins de 16 ans ne peut pas dépasser le montant de son salaire. L'apprenti ne saurait être soumis à cette limitation puisqu'il n'est pas payé ; il touchera donc quelquefois une indemnité supérieure à celle de l'ouvrier mineur de 16 ans.

Au surplus, la détermination du salaire de base pourra donner lieu dans certains cas à des difficultés d'interprétation qu'il appartiendra aux tribunaux de trancher.

§ III

A. — Forme de l'indemnité.

(Articles 3, 9 et 21)

Le législateur a voulu que la réparation due, en cas d'accident, à la victime ou à ses ayants droit leur fut allouée sous la forme d'une pension qu'il déclare incessible et insaisissable. Il a craint qu'un capital versé à des personnes généralement peu expérimentées ne fut aisément dissipé, tandis qu'une pension fournit à celui qui la reçoit une ressource assurée.

Il y a lieu de remarquer que les dispositions de la loi sont d'ordre public ; l'article 30 frappe de nullité toute convention dérogatoire.

Toutefois, les articles 21 et 9 apportent quelques exceptions à ces règles.

1º Les parties peuvent, après détermination du chiffre de l'indemnité, décider que le service de la pension sera suspendu et remplacé, tant que l'accord subsistera, par un autre mode de réparation.

Cette convention ne crée d'ailleurs qu'un état de choses essentiellement provisoire, susceptible de cesser, à tout instant, par la volonté d'une seule des parties ;

2º Le conjoint survivant, bénéficiaire d'une pension, est libre de s'entendre avec le débiteur pour substituer à la rente qui lui est allouée, le payement d'un capital ;

3' La même faculté est accordée à tout titulaire d'une pension, sans distinction, lorsque cette pension n'est pas supérieure à cent francs ;

4º Enfin, l'article 9 § 1er décide que lors du règlement définitif de la rente viagère, après le délai de révision prévu à l'art. 19, la victime peut demander que le quart au plus du capital nécessaire à l'établissement de cette rente, calculé d'après les tarifs dressés pour les victimes d'accidents par la Caisse de retraites pour la vieillesse, lui soit attribué en espèces.

Les parties intéressées ne peuvent pas s'entendre à l'amiable au sujet de cette conversion. Elle doit être demandée au tribunal qui apprécie souverainement si elle est conforme à l'intérêt sagement entendu de la victime. Il statue en chambre du Conseil.

La même procédure s'applique dans une autre hypothèse dont il me reste à parler.

L'article 9 § 2 autorise la victime à demander, toujours après l'expiration du délai de révision, que le capital nécessaire à l'établissement de la rente, ou ce capital réduit du quart au plus comme il est dit dans le premier paragraphe du même article, serve à constituer sur sa tête une rente viagère réversible, pour moitié au plus, sur la tête de son conjoint. La charge incombant au débiteur ne doit pas être aggravée ; la rente viagère sera donc, en pareil cas, diminuée.

B. — Garanties de payement.

(Articles 23 à 27)

L'examen du titre IV de la loi, relatif à cet objet, me ferait sortir du cadre que je me suis tracé. Je signalerai seulement ce qui me parait essentiel.

En matière d'accidents, l'hypothèque judiciaire disparait en principe. Les seules décisions emportant hypothèque sont celles rendues au profit de la Caisse nationale des retraites pour la vieillesse, lorsqu'elle exerce son recours contre les chefs d'entreprise ou les compagnies d'assurances et les syndicats de garantie, dans l'hypothèse qui sera ci-après indiquée.

Les garanties organisées par la loi sont les suivantes : .

1o Les créances pour pensions ou indemnités sont tout d'abord privilégiées sur le cautionnement ou la réserve dont la constitution est imposée aux sociétés d'assurances mutuelles ou à primes fixes, auxquelles le chef d'industrie a pu s'adresser pour se couvrir du risque professionnel.

La réserve se distingue du cautionnement en ce qu'elle a pour objet de faire face aux risques déjà liquidés, alors que le cautionnement a trait aux risques non encore réalisés. La réserve peut donc être calculée d'une façon en quelque sorte mathématique puisqu'elle répond à des charges connues ; les titulaires des pensions ou des indemnités temporaires sont sûrs d'y trouver, à tout événement, une somme suffisante pour les désintéresser. Le cautionnement ne peut être établi qu'approximativement, d'après un calcul de probabilités ;

2° Les créances relatives aux frais médicaux, pharmaceutiques ou funéraires ainsi qu'aux indemnités allouées en cas d'incapacité temporaire, jouissent du privilège de l'article 2101 du Code civil sur la généralité des biens du chef d'industrie. Ce privilège est inscrit sous le n° 6, après celui accordé pour les fournitures de subsistances au débiteur et à sa famille ;

3° En ce qui concerne les pensions, c'est-à-dire les indemnités allouées en cas de décès ou d'incapacité absolue, la loi met les créanciers à l'abri de tout danger.

Elle a constitué un fonds de garantie qui est géré par la caisse nationale des retraites pour la vieillesse et qui est alimenté par les industries assujetties au moyen de centimes additionnels à la contribution des patentes et d'une taxe spéciale sur les mines. Lorsque les chefs d'industrie et les compagnies avec lesquelles ils ont contracté, ou les syndicats de garantie auxquels ils se sont affiliés, ne payent pas les arrérages de la pension, ce payement est effectué par la Caisse des retraites pour la vieillesse sur le fonds de garantie. La Caisse exerce ensuite son recours contre qui de droit.

Les conditions de payement et les formes du recours sont déterminées par le premier décret du 28 février 1899, rendu en exécution de l'article 26 de la loi. Les juges de paix ont à intervenir. La lecture du décret précité suffira d'ailleurs pour les renseigner complètement sur le rôle qu'ils ont à remplir.

C. — Action contre les tiers.

(Art. 2 et 7)

L'article 2 de la loi du 9 avril 1898 porte que « les ouvriers ou « employés désignés à l'article précédent ne peuvent se préva-

« loir, à raison des accidents dont ils sont victimes dans leur
« travail, d'aucunes dispositions autres que celles de la pré-
« sente loi. »

Le législateur a réglé d'une façon exclusive les rapports entre
patrons et ouvriers à l'occasion des accidents du travail. Il ne
leur permet pas de sortir du cadre qu'il a tracé : c'est ainsi que
l'ouvrier ne pourrait pas renoncer à se prévaloir des dispositions
de la loi et réclamer, en vertu de l'article 1382 du code civil,
une plus forte indemnité que celle résultant du tarif dont les
éléments ont été précédemment exposés.

Mais cette règle ne s'applique pas aux rapports entre la victime et les personnes autres que les chefs d'industrie, leurs
préposés ou leurs ouvriers, qui seraient responsables de l'accident dans les termes du droit commun.

Dans ce cas, l'article 7 de la loi, permet à la victime ou à ses
représentants et, à leur défaut, au patron subrogé dans leurs
droits, d'exercer contre les tiers responsables l'action du droit
commun. Si l'indemnité mise à la charge des tiers est égale ou
supérieure au montant de l'indemnité forfaitaire, le chef d'entreprise n'a rien à payer ; dans le cas où elle est inférieure, il
est seulement tenu de parfaire la différence.

CHAPITRE III

PRESCRIPTION, COMPÉTENCE, PROCÉDURE, REVISION DES INDEMNITÉS

§ I

PRESCRIPTION

(Art. 18)

L'action découlant du risque professionnel se prescrit par un
an à partir du jour de l'accident.

On a voulu, au point de vue de la paix sociale, que les questions qui naissent des accidents industriels fussent résolues
dans un bref délai. Il était également nécessaire de ne pas

laisser les chefs d'industrie sous le coup de réclamations tardives et par cela même suspectes. La présomption de responsabilité qui pèse sur eux trouve sa contre-partie dans une courte prescription.

§ II

COMPÉTENCE

(Art. 15, 16 et 17)

Les articles 15 et 16 de la loi attribuent la connaissance des litiges au juge du lieu de l'accident. Cette compétence *ratione loci* qui déroge au droit commun se justifie par les facilités qu'elle donne pour l'instruction et l'accélération des procès.

Les actions sont portées, selon la nature de l'indemnité réclamée, devant le juge de paix ou devant le tribunal civil.

Le juge de paix connaît de toutes les demandes relatives aux frais de maladie, aux frais funéraires et aux indemnités temporaires. Par une seconde dérogation au droit commun, ses décisions sont rendues en dernier ressort à quelque chiffre que la demande puisse s'élever. Elles sont seulement susceptibles d'opposition lorsqu'elles ont été rendues par défaut. Elles peuvent aussi être attaquées par la voie de recours en cassation pour excès de pouvoir.

Les demandes tendant à l'allocation de pensions, c'est-à-dire toutes les demandes autres que celles relatives aux frais de maladie, aux frais funéraires et aux indemnités temporaires, sont soumises au tribunal civil du lieu de l'accident. Les jugements sont susceptibles d'appels, conformément au droit commun. La voie de l'opposition et celle du recours en cassation restent également ouvertes comme en toute autre matière.

§ III

PROCÉDURE

Avant de m'occuper de la procédure proprement dite soit devant les justices de paix, soit devant les tribunaux civils, j'ai à fournir quelques explications sur les dispositions contenues dans les articles 11, 12, 13 et 14 de la loi.

Dans tous les cas où l'accident est de nature à entraîner la mort ou une incapacité permanente, le législateur a prescrit une enquête d'office destinée à réunir tous les éléments propres à éclairer la religion du président, chargé, ainsi que nous le verrons bientôt, d'une mission de conciliation, ou du tribunal, lorsque les parties n'ont pu se mettre d'accord. Cette innovation a le double avantage d'entraîner une économie de frais et de permettre une solution plus rapide des différents nés des accidents du travail.

A. — Déclaration des accidents et enquête.

(Art. 11 à 14)

Dans les quarante-huit heures qui suivent tout accident de nature à entraîner une incapacité quelconque de travail, le chef d'industrie ou ses préposés sont tenus de le déclarer au maire de la commune, sous peine d'encourir l'amende édictée par l'article 14.

Le maire dresse procès-verbal de cette déclaration qui doit contenir les noms et adresses des témoins de l'accident. Le déclarant produit en même temps un certificat médical indiquant l'état de la victime, les suites probables de l'accident et l'époque à laquelle il sera possible d'en connaître le résultat définitif.

Lorsque le chef d'industrie omet de faire sa déclaration, la victime ou ses représentants peuvent y suppléer.

Le maire donne toujours avis de l'accident à l'inspecteur divisionnaire ou départemental du travail ou à l'ingénieur des mines chargés de la surveillance de l'entreprise. Dans le cas où il y a eu mort d'homme ou lorsque l'accident paraît devoir entraîner la mort ou une incapacité permanente, la loi l'oblige aussi à avertir, sans délai, le juge de paix ; il lui transmet une copie de la déclaration et le certificat du médecin.

Le juge de paix saisi d'une déclaration d'accident est tenu de procéder à une enquête. On ne saurait, toutefois, ne pas lui laisser une faculté d'appréciation. Il est possible que la déclaration lui ait été transmise à tort, soit que le certificat médical n'annonce qu'une incapacité temporaire, soit que les renseignements renfermés dans la déclaration démontrent que l'accident n'entraîne certainement pas l'application du risque professionnel. En pareil cas, le juge de paix s'abstiendra ; mais s'il y a un doute, s'il n'est pas péremptoirement démontré que l'accident échappe aux prévisions de la loi du 9 avril 1898, le magistrat cantonal doit, sans hésitation, se mettre à l'œuvre.

L'enquête est commencée dans les vingt-quatre heures de la réception des pièces transmises par le maire. La loi a prescrit ce court délai afin que les constatations soient faites avant qu'il se soit produit dans l'état des lieux des modifications qui rendraient les recherches plus laborieuses. Au lendemain de l'accident, les témoignages seront également plus précis.

But de l'enquête. — L'enquête prévue par les articles 12 et 13 de la loi a une grande importance. Elle servira de base au réglement amiable ou judiciaire qui interviendra ultérieurement entre le chef d'industrie et la victime.

Envisagée dans ses grandes lignes, elle a pour objet de fournir une réponse aux questions ci-après : L'accident est-il régi par la loi du 9 avril 1898 ? Quelles suites aura-t-il pour la victime ? Quelle sera la base des pensions ou indemnités et quels sont les ayants droit ?

Au surplus, le législateur a pris soin d'indiquer lui-même au magistrat instructeur tous les points sur lesquels doivent porter ses investigations. Aux termes de l'article 12, le juge de paix a pour mission de rechercher : 1° la cause, la nature et les circonstances de l'accident ; 2° les personnes victimes et le lieu où elles se trouvent ; 3° la nature des lésions ; 4° les ayants droit pouvant, le cas échéant, prétendre à une indemnité ; 5° le salaire quotidien et le salaire annuel des victimes.

Reprenons, l'une après l'autre, chacune de ces dispositions.

1° *Cause, nature et circonstances de l'accident.* — Le risque professionnel n'est encouru que si l'accident est survenu par le fait du travail ou à l'occasion du travail. La détermination de la cause et de la nature de l'accident est donc essentielle.

Il conviendra aussi de rechercher s'il y a eu faute de l'ouvrier, soit du chef d'industrie ou de ses préposés et de mettre en lumière toutes les circonstances qui sont de nature à permettre d'apprécier la gravité de cette faute. On sait, en effet, que la faute inexcusable de l'ouvrier ou du chef d'industrie peut entraîner une majoration ou une diminution du chiffre de la pension et que la faute intentionnelle de la victime la prive de tout droit à une indemnité.

Les faits susceptibles de constituer des fautes sont trop nombreux et trop variables pour qu'il soit possible de les préciser. Ils consisteront fréquemment dans l'inobservation des règlements, l'absence de précautions, un vice de construction ou la défectuosité de l'outillage.

Enfin, il ne sera pas inutile de rechercher si l'accident ne se rattache pas à une faute commise par un tiers contre lequel l'ouvrier ou le chef d'industrie, subrogé aux droits de la victime, pourrait exercer, le cas échéant, une action en dommages-intérêts en vertu de l'article 1382 du Code civil.

La détermination des circonstances de l'accident (circonstances de temps et de lieu) a son importance, toujours pour permettre de savoir si le risque professionnel est encouru. L'heure et le lieu où l'accident s'est produit et l'occupation de l'ouvrier à ce moment, feront ressortir s'il existe ou non une relation entre le fonctionnement de l'industrie et l'accident.

Après avoir établi en quel lieu (dans l'établissement ou en dehors de l'établissement) l'ouvrier ou l'employé a été blessé, le juge enquêteur recherchera donc si la victime était dans ce lieu, soit pour son travail normal, soit pour l'exécution d'un ordre qui lui aurait été donné ou d'une mission qui lui aurait été confiée.

2° Les personnes victimes et le lieu où elles se trouvent.— Cette recherche doit être la première préoccupation du juge de paix. La victime et, en cas de décès, ses représentants sont, en effet, appelés à l'enquête.

Lorsque la victime est dans l'impossibilité de se déplacer, le juge de paix est tenu de se rendre auprès d'elle pour recevoir sa déclaration et constater son état.

Cette prescription ne pourra pas être remplie par le magistrat instructeur en personne, lorsque la victime aura été transportée dans un autre canton. Dans ce cas, le juge chargé de l'enquête adressera à son collègue compétent une commission rogatoire dans laquelle il lui donnera toutes les indications nécessaires pour que ce dernier puisse remplir utilement son mandat. Il y joindra le certificat médical : la lecture de cette pièce, rapprochée de la constatation de l'état actuel du blessé, permettra au juge commis de savoir s'il convient de procéder à une expertise médicale. Il ne lui serait d'ailleurs possible d'ordonner cette mesure que si la commission rogatoire l'y autorisait.

3o La nature des lésions. — Le magistrat instructeur constatera dans son procès-verbal les lésions subies par le blessé. l vérifiera si le certificat médical, qui lui a été transmis par le maire, rend suffisamment compte de l'état de la victime et des suites probables de l'accident. Dans le cas où il le jugerait insuffisant, la loi l'autorise à désigner un médecin qui procédera à un nouvel examen, après avoir prêté serment.

Le médecin sera invité à décrire les lésions, à indiquer la date probable à laquelle la blessure sera consolidée, à dire s'il en résultera une incapacité permanente ou seulement une incapacité temporaire.

Dans le cas d'incapacité permanente partielle, le rapport s'expliquera sur la diminution d'aptitude au travail qui sera éprouvée par la victime ; en cas d'incapacité temporaire, il indiquera la date probable de la guérison.

Le juge de paix n'usera qu'avec une grande réserve de la faculté qui lui est laissée de faire appel à un médecin. Le plus souvent, l'expertise n'aura aucune utilité et il conviendra de s'en tenir au certificat initial. La commission d'un médecin ne sera vraiment nécessaire que dans le cas où ce certificat n'aurait pas été dressé. On est encore trop près de l'accident pour que l'homme de l'art puisse se prononcer en connaissance de cause sur ses conséquences.

4o Les ayants droit pouvant, le cas échéant, prétendre à une indemnité. — Cette recherche s'impose en toute hypothèse, même lorsque la victime ne paraît pas en danger de mort. L'événement peut, en effet, tromper les premières prévisions.

Je rappelle que les ayants droit sont : 1° le conjoint, survivant, non divorcé ou séparé de corps, les enfants légitimes et les enfants naturels reconnus avant l'accident, lorsque ces enfants ont moins de seize ans; 2° à défaut des personnes ayant les qualités qui viennent d'être indiquées, les ascendants et les descendants mineurs de seize ans, qui étaient à la charge de la victime.

Le juge de paix devra donc rechercher la date de naissance des enfants et petits-enfants et se renseigner sur les circonstances établissant que la victime avait charge d'ascendants ou de descendants.

5° Le salaire quotidien et le salaire annuel de la victime. — Sur ce point, je n'ai rien à ajouter aux explications que j'ai données en m'occupant de la détermination du salaire qui sert de base aux pensions ou à l'indemnité temporaire.

Forme de l'enquête. — L'enquête a lieu contradictoirement dans les formes prescrites par les articles 35, 36, 37, 38 et 39 du code de procédure civile, en présence des parties intéressées ou celles-ci convoquées par lettres recommandées.

Lorsque le chef d'industrie, la victime ou ses ayants droit, régulièrement convoqués, ne se rendent pas à cette convocation, ou ne se font pas représenter, il est passé outre à l'enquête.

La loi fait un devoir au juge de paix de se rendre auprès de la victime lorsque celle-ci est dans l'impossibilité de se déplacer. Dans le cas contraire, elle s'en remet au magistrat enquêteur en ce qui touche l'opportunité d'un transport. Cette faculté résulte de l'application à notre matière de l'article 38 du Code de procédure civile, ainsi conçu : « Dans tous les cas, où la vue du lieu « peut être utile pour l'intelligence des dépositions, ...le « juge de paix se transportera, s'il le croit nécessaire, sur le « lieu, et ordonnera que les témoins y seront entendus ». L'utilité du transport apparaîtra principalement lorsqu'il y aura à faire des constatations matérielles.

Les témoins seront convoqués par les procédés les plus simples afin d'éviter des frais inutiles. Un avertissement transmis verbalement ou une simple lettre suffira. Le juge de paix n'aura recours à une citation par huissier que dans le cas où il serait indispensable d'entendre une personne qui ne se serait pas rendue à une simple convocation.

Les articles 35, 36, 37 et 39 du Code de procédure civile seront observés pour l'audition des témoins.

Le juge de paix peut commettre un expert qui l'assistera dans l'enquête. Le rôle de l'expert consistera, en principe, à fournir les explications techniques nécessaires pour rendre plus intelligibles les déclarations des témoins. Rien ne s'oppose d'ailleurs, à ce que le magistrat lui donne une mission plus étendue et le charge de dresser un procès-verbal renfermant un plan des lieux, toutes constatations utiles et des conclusions sur des questions spéciales. Toutefois je recommande aux juges de paix de ne recourir à l'intervention d'un expert, que s'il y a utilité manifeste. Il leur est facile de dresser un plan sommaire qui sera le plus souvent très suffisant et de recueillir en personne les renseignements techniques indispensables.

L'article 12 de la loi prévoit trois hypothèses dans lesquelles cette recommandation d'ordre général se transforme en une interdiction absolue. Il n'y a pas lieu à nomination d'expert lorsque l'accident s'est produit :

1o Dans les entreprises privées administrativement surveillées, qui comprennent les mines, minières ou carrières, les chemins de fer privés et les appareils à vapeur ;

2o Dans les entreprises de l'Etat placées sous le contrôle d'un service distinct du service de gestion. L'Administration des chemins de fer de l'Etat rentre seule dans cette catégorie ;

3o Dans les établissements nationaux où s'effectuent des travaux que la sécurité publique oblige à tenir secrets. Les établissements de la guerre et de la marine affectés à la fabrication de la poudre, des canons ou des armes de guerre entrent dans cette catégorie.

Le juge de paix recevra et annexera à son procès-verbal un exemplaire du rapport dressé soit par les fonctionnaires chargés de la surveillance et du contrôle des établissements susvisés, soit, en matière d'exploitations minières, par les délégués à la sécurité des ouvriers mineurs. Il aura soin de réclamer cet exemplaire s'il se produit un retard dans sa transmission.

Les circonstances de l'accident seront très variables ; il peut se faire qu'il y ait présomption de crime ou de délit et que le ministère public ait requis l'ouverture d'une information. Il ne faut pas que les deux enquêtes, qui sont alors menées parallèlement, puissent se gêner et s'entraver. Le juge de paix devra restreindre son enquête : tout ce qui a trait à la cause de l'accident, aux personnes victimes et à la nature des lésions, sera complètement élucidé par le juge d'instruction ; le juge de paix n'aura, par suite, à se préoccuper que de la détermination des ayants droit et du calcul du salaire quotidien et du salaire annuel de la victime.

L'enquête, commencée dans les vingt-quatre heures qui suivent la réception de la déclaration, doit être close, au plus tard, dans les dix jours à partir de l'accident, sous réserve des cas d'impossibilité matérielle dûment constatés dans le procès-verbal.

Après la clôture des opérations, le procès-verbal dressé par le juge de paix est déposé au greffe de la justice de paix. Les parties intéressées, averties de ce dépôt par lettre recommandée, peuvent, pendant un délai de cinq jours, venir prendre connaissance de l'enquête et se faire délivrer des extraits ou même des expéditions.

Le dossier est ensuite transmis au président du tribunal civil.

B. Procédure devant les justices de paix.

(Art. 15)

J'ai déjà indiqué que les juges de paix sont compétents pour statuer sur les demandes relatives aux frais funéraires, aux frais de maladies et aux indemnités allouées à l'occasion des accidents entraînant une incapacité temporaire.

L'intention du législateur est de hâter la solution des litiges. Toutefois, il n'est pas douteux qu'à défaut d'une dérogation expresse sur ce point, l'instance doive être précédée de la tentative de conciliation prescrite par l'article 17 de la loi du

25 mai 1838. C'est surtout dans la matière qui nous occupe qu'il convient de ne rien négliger pour amener entre les parties un arrangement amiable.

Aucune des indemnités déterminées par la loi ne peut être attribuée à la victime qui a intentionnellement provoqué l'accident. Mais le juge de paix n'a pas à rechercher s'il y a eu faute, même inexcusable, du chef d'industrie ou de l'ouvrier ; cette circonstance est sans influence sur le chiffre de la condamnation.

La procédure est suivie conformément aux règles du droit commun, renfermées dans le livre premier du Code de procédure civile.

Les décisions du juge de paix ne sont pas susceptibles d'appel. Il n'est rien innové en ce qui concerne les jugements par défaut et les oppositions.

C. Procédure devant les tribunaux de première instance.

(Art. 16 et 17)

Les demandes relatives à l'allocation des pensions dues en cas de décès et d'incapacité permanente sont portées devant les tribunaux de première instance. L'affaire est jugée en suivant la procédure des matières sommaires.

Je n'ai à signaler de dispositions spéciales qu'en ce qui concerne la tentative de conciliation et les voies de recours.

Le préliminaire de conciliation est confié au président du tribunal. Dans les cinq jours à partir de la transmission du dossier de l'enquête, ce magistrat convoque les parties intéressées. Cette convocation est faite soit par lettre recommandée, soit par l'intermédiaire du maire ou du commissaire de police. La forme importe peu ; il suffit que les intéressés soient prévenus en temps utile.

Chacune des parties peut se faire représenter si elle le juge convenable. Cette faculté n'est pas, à la vérité, expressément accordée par la loi aux chefs d'industrie, mais on ne saurait, dans le silence du texte, la refuser à la victime, d'autant que celle-ci sera quelquefois dans l'impossibilité de se présenter.

Il est vraisemblable qu'un accord interviendra fréquemment, grâce à la haute autorité du président du tribunal et à sa connaissance des faits, puisée dans l'examen des pièces de l'enquête. Lorsque ce résultat est obtenu, le président rend une ordonnance qui donne acte aux parties de leur accord. Dans le cas contraire, l'affaire est renvoyée à l'audience, et le tribunal est saisi au moyen d'une assignation délivrée par huissier.

Les jugements sont susceptibles d'opposition et d'appel.

L'opposition n'est recevable, en cas de défaut, faute de constituer avoué, que dans le délai de quinzaine à partir de la signification du jugement à personne. Lorsque le jugement est rendu par défaut, faute de conclure, l'opposition continue à être régie par l'article 157 du Code de procédure civile.

Le délai pour interjeter appel est réduit à quinze jours ; il part de la date du jugement si la décision est contradictoire, et du jour où l'opposition n'est plus recevable, si elle a été rendue par défaut.

§ IV

DE LA REVISION DES INDEMNITÉS

(Art. 19)

Les tribunaux de première instance ont encore à connaître des demandes en revision formées en vertu de l'article 19 de la loi.

Le législateur a prévu le cas où l'état de la victime, d'après lequel l'indemnité a été fixée, viendrait à se modifier. Il a décidé qu'il serait alors loisible au chef d'industrie ou à la victime, selon l'évènement, de remettre en question le chiffre de l'indemnité. L'exercice de ce droit est d'ailleurs limité à un laps de trois années à partir de l'accord intervenu entre les parties ou de la décision judiciaire.

Jusqu'à l'expiration de ce délai, rien n'est définitif. Lorsque cette période transitoire a pris fin, la victime reçoit son titre de pension, et, désormais, quoi qu'il advienne, aucune réclamation n'est plus admise.

Le chef d'industrie peut demander la révision de la convention ou de la décision fixant l'indemnité, lorsque l'état de la victime se modifie de telle sorte qu'une infirmité, qu'on aurait cru permanente, disparait, ou qu'une incapacité, qui paraissait devoir être absolue, fait place à une invalidité partielle.

La révision peut être provoquée par la victime dont l'incapacité s'est aggravée, ou par ses représentants, si elle succombe à ses blessures. La demande n'est fondée que dans le cas où l'aggravation ou le décès est une conséquence directe de l'accident.

CHAPITRE IV

ASSISTANCE JUDICIAIRE. DISPENSE DES DROITS DE TIMBRE ET D'ENREGISTREMENT ET DÉLIVRANCE GRATUITE DES ACTES ET JUGEMENTS.

(Art. 22 et 29)

Le législateur de 1898 a voulu faciliter l'accès des tribunaux à la victime de l'accident ou à ses représentants, en leur accordant l'assistance judiciaire sans qu'ils aient à la solliciter et à produire les pièces et les justifications exigées par la loi du 22 janvier 1851. De plus, il a prononcé des dispenses de droits qui profitent, indépendamment des personnes, à tous les actes ou jugements faits ou rendus en vertu ou pour l'exécution de la loi nouvelle ; ce bénéfice vient s'ajouter, pour l'ouvrier ou l'employé, à celui qui résulte de l'assistance judiciaire, sans se confondre avec lui.

Je m'occuperai de ces deux ordres de dispositions dans des paragraphes distincts.

§ 1er

ASSISTANCE JUDICIAIRE

La loi du 22 janvier 1851 réserve l'assistance judiciaire à nos nationaux lorsqu'il est établi que leurs ressources sont insuffisantes pour leur permettre d'exercer leurs droits en justice. Par dérogation à ces règles, dans la matière régie par la loi du 9 avril 1898, l'assistance judiciaire est accordée toujours et de plein droit à la victime de l'accident ou à ses ayants droit ; il n'y a pas lieu de se préoccuper de leur nationalité, non plus que de leur situation pécuniaire, qui sera, d'ailleurs, généralement fort précaire.

Ce bénéfice s'applique aux instances devant la justice de paix ou le tribunal civil, ainsi qu'à tous les actes d'exécution et aux contestations incidentes à toutes les décisions judiciaires.

Arrêtons-nous un instant sur les divers cas visés dans l'article 22.

Assistance judiciaire devant les justices de paix. — Il suffira que la victime de l'accident s'adresse au juge de paix pour exercer son droit à l'assistance. Après s'être assuré que l'on est bien sous l'empire de la loi du 9 avril 1898, ce magistrat invitera le syndic des huissiers à désigner l'huissier qui prêtera son ministère à l'assisté (art. 13, § 4 de la loi du 22 janvier 1851). Il devra faire parvenir au receveur de l'enregistrement un avis destiné à suppléer à l'envoi d'un extrait de la décision du bureau, prescrit, en matière ordinaire, par le dernier alinéa de l'article 13 de la loi de 1851.

Assistance judiciaire devant les tribunaux civils. — La règle est formulée comme suit dans le premier alinéa de l'article 22 : « Le bénéfice de l'assistance judiciaire est accordé, de plein droit, sur le visa du procureur de la République, à la victime de l'accident ou à ses ayants droit, devant le tribunal. »

Le second paragraphe du même article fait une application particulière de cette règle à l'instance tendant à l'allocation de l'indemnité.

L'assistance judiciaire s'applique donc à toutes les demandes soumises au tribunal et qui ont pour objet soit le règlement des indemnités (art. 16), soit leur révision (art. 19), soit l'attribution en espèces à la victime du quart, au plus, du capital nécessaire à l'établissement de la rente qui lui est allouée (art. 9, § 1), soit enfin la constitution d'une rente réversible sur la tête du conjoint (art. 9, § 2).

Dans tous les cas, l'assistance est subordonnée au visa du procureur de la République ; ce magistrat vérifie si la demande est formée en vertu de la loi du 9 avril 1898. Il est, de plus, chargé de remplir la mission conférée au président du tribunal par l'article 13 de la loi du 22 janvier 1851. C'est à lui qu'incombe le soin de faire désigner l'avocat, l'avoué et l'huissier qui prêteront leur ministère à l'assisté. Il doit aussi transmettre un avis au receveur de l'enregistrement.

L'assistance judiciaire ne s'applique pas seulement aux procédures suivies devant le tribunal ; elle s'étend à l'enquête faite par le juge de paix, saisi d'une déclaration d'accident. Cette solution est certainement conforme, sinon à la lettre, du moins à l'esprit de la loi de 1898. Alors, en effet, que dans les autres matières, l'instruction nécessaire pour l'évacuation des litiges se fait, en général, après l'introduction de l'instance, cette instruction précède l'instance dans le cas qui nous occupe ; mais, en toute hypothèse, elle s'y rattache de la façon la plus intime, et on ne peut concevoir que le bénéfice de l'assistance judiciaire ne s'applique pas à la fois à l'une et à l'autre.

J'ajoute que l'enquête étant faite d'office par l'autorité judiciaire, les frais qu'elle nécessite doivent être nécessairement avancés par le Trésor. Il ne saurait en être autrement sous peine d'aboutir à une impossibilité d'exécution.

L'article 14, § 8 de la loi du 22 janvier 1851, relatif aux frais avancés par le Trésor et applicable à l'enquête du juge de paix pour les raisons que je viens d'exposer, vise les frais de transport des juges, des officiers ministériels et des experts, les honoraires de ces derniers et les taxes des témoins. Or, l'enquête du juge de paix entraînera d'autres dépenses pour la convocation des témoins et l'envoi de lettres recommandées aux parties intéressées. Par extension des dispositions de l'article 14 prérappelé, ces dépenses seront également supportées par le Trésor, sauf son recours en cas de condamnation prononcée contre l'adversaire de l'assisté.

Ce recours, qui s'exercera conformément aux dispositions des articles 17 et 18 de la loi de 1851, comprendra également les émoluments dus aux officiers ministériels. A cet effet, les frais de l'enquête entreront dans les dépens de l'instance en règlement d'indemnité suivie devant le tribunal.

Actes d'exécution. — En étendant le bénéfice de l'assistance judiciaire aux actes d'exécution, la loi du 9 avril 1898 a comblé, dans la matière spéciale qu'elle a pour objet de régler, une lacune qui est signalée depuis longtemps. Il arrive fréquemment que le jugement ou l'arrêt de condamnation obtenu par l'assisté est inutile entre ses mains parce que ses ressources ne lui permettent pas d'en poursuivre l'exécution et que tout crédit lui est refusé. Ces difficultés sont évitées à l'ouvrier victime d'un accident industriel ou à ses ayants droit. Le procureur de la République visera leur titre après s'être assuré qu'il est régulier et que la matière est régie par la loi du 9 avril 1898 ; il procédera ensuite, au lieu et place du président du tribunal, ainsi qu'il est prescrit par l'article 13 de la loi du 22 janvier 1851.

L'article 22 de la loi de 1898 ne parle ni des instances d'appel ni des pourvois devant la Cour de cassation. Ici, le droit commun reprend son empire (art. 9, §§ 2 et 3 de la loi du 22 janvier 1851).

L'ouvrier ou l'employé, victime d'un accident, continue à jouir du bénéfice de l'assistance judiciaire sur l'appel interjeté contre lui, dans le cas même où il se rendrait incidemment appelant. Il continue pareillement à en jouir sur le pourvoi en cassation formé contre lui.

Lorsque les rôles sont renversés, l'ouvrier ou l'employé ne jouit de l'assistance, sur l'appel qu'il a émis ou sur le pourvoi qu'il a formé, qu'autant qu'il est admis par le bureau établi près de la Cour d'appel ou de la Cour de cassation.

§ II

DISPENSES DES DROITS DE TIMBRE ET D'ENREGISTREMENT ET DÉLIVRANCE GRATUITE DES ACTES ET JUGEMENTS.

L'article 29 impose au Trésor l'abandon complet et définitif de tous les droits de timbre et d'enregistrement auxquels pourraient donner ouverture les actes et les jugements faits ou rendus en vertu ou pour l'exécution de la loi du 9 avril 1898. Ces actes et ces jugements sont visés pour timbre et enregistrés gratis lorsqu'il y a lieu à la formalité de l'enregistrement.

J'extrais de l'instruction préparée par l'administration générale de l'Enregistrement les passages suivants qui renferment le commentaire de cette disposition :

« L'article 29, conçu dans les termes les plus larges, vise par l'expression *jugement*, toutes les décisions judiciaires de quelque autorité qu'elles émanent, et embrasse sous la dénomination d'*actes*, notamment toutes les pièces relatives à la constatation de l'accident (art. 11 et suivants), le pouvoir donné par le chef d'entreprise pour se faire représenter en conciliation devant le Président du Tribunal (art. 16), la convention constatant la transformation de la pension en un autre mode de réparation dans les termes de l'article 21, enfin les expéditions des actes de toute nature et les décisions judiciaires.

« L'immunité s'étend aussi aux actes, procès-verbaux, quittances et pièces de toute nature rédigées en exécution des décrets du 28 février 1899, et aux instances relatives au recours exercé contre le débiteur de l'indemnité par la Caisse des dépôts et consignations, chargée de la gestion de la Caisse nationale des retraites.

« Les actes d'exécution signifiés à la requête de la victime de l'accident, aussi bien que les oppositions qui y seraient faites par le chef d'entreprise, doivent également bénéficier de la dispense des droits de timbre et d'enregistrement inscrite dans l'article 29. »

L'application de l'article 29 ne saurait soulever de difficultés dans la partie relative aux immunités fiscales. Il n'en est pas de même en ce qui touche la gratuité de la délivrance des actes et des jugements.

Après avoir édicté le principe de la gratuité, cet article prescrit, dans un deuxième alinéa, à l'occasion des mêmes actes, l'établissement d'un tarif destiné à fixer les émoluments des greffiers des justices de paix.

A la vérité, cette contradiction est plus apparente que réelle. Il est manifeste que le législateur a entendu faire une distinction entre la rédaction des minutes, d'une part, et la délivrance, c'est-à-dire l'opération qui consiste à préparer et à remettre aux intéressés un extrait ou une expédition de cette minute, d'autre part. Mais la difficulté provient de ce que le deuxième alinéa énumère certains actes qui paraissent devoir jouir de l'immunité édictée dans la première partie de l'article 29.

Le Conseil d'Etat a eu à se prononcer lorsqu'il s'est occupé de l'établissement du tarif. Il a estimé que l'article 29 n'avait pu avoir pour effet de déroger dans son deuxième alinéa, à la règle générale de la gratuité en matière de délivrance d'actes. Il a donc écarté du tarif, les certificats, extraits et jugements.

Les certificats ne sont pas dressés en minute. C'est l'acte même, préparé par l'officier public compétent qui est remis ou délivré à la partie, et on ne saurait refuser à celle-ci le bénéfice de la disposition de l'article 29, paragraphe 1er.

La même solution s'impose pour les extraits qui sont également délivrés aux parties.

En ce qui concerne les jugements, leur rédaction est exclusivement l'œuvre du juge. Le greffier est, il est vrai, chargé de les expédier, s'il y a lieu, mais on retombe alors sous l'empire de la règle qui a prescrit la gratuité des délivrances.

L'article 29, § 1er, s'applique aux greffiers de toutes les juridictions. Il leur interdit de réclamer un émolument pour les délivrances qu'ils ont à effectuer, lorsqu'il s'agit d'actes ou de jugements faits ou rendus en vertu ou pour l'exécution de la loi du 9 avril 1898. Il est permis de penser que ce sacrifice leur est imposé en leur qualité de fonctionnaires publics, recevant un traitement de l'Etat.

On peut se demander si le législateur a entendu viser les officiers ministériels autres que les greffiers. Les travaux préparatoires ne renferment aucune indication à ce sujet, et il est douteux, dans ces conditions, que le texte de l'article 29, malgré sa généralité, comporte une pareille extension.

CHAPITRE V

APPLICATION DE LA RÈGLE DE NON-RÉTROACTIVITÉ DES LOIS

La loi du 9 avril 1898 édicte des principes nouveaux en ce qui touche la responsabilité des accidents survenus, par le fait ou à l'occasion du travail, aux ouvriers et aux employés occupés dans les établissements visés à l'article 1er. Elle renferme, en outre, ainsi que nous l'avons vu, des règles relatives à la compétence, à la procédure, à la prescription de l'action, à l'assistance judiciaire et enfin à des indemnités fiscales ainsi qu'à la gratuité de la délivrance des actes et jugements.

Bien que cette loi ait été inspirée par des considérations d'ordre public, on ne saurait douter qu'elle ne modifiera pas les rapports juridiques entre chefs d'industrie et ouvriers, résultant d'accidents antérieurs au 1er juillet 1899, date de son application. Les droits des parties, fixés, au moment où ils ont pris naissance, par la législation encore actuellement en vigueur, constituent des droits acquis qui continueront de subsister en vertu de l'article 2 du Code civil.

Les instances formées à l'occasion d'accidents survenus avant le 1er juillet prochain seront donc régies, quant au fond du droit, par les articles 1382 et suivants du Code civil, alors même qu'elles seraient introduites après la date ci-dessus indiquée. Le double principe du risque professionnel et de l'indemnité forfaitaire ne leur sera pas applicable.

Cette solution paraît devoir être étendue à toutes les dispositions de la loi de 1898.

Il est vrai qu'en général les lois de compétence s'appliquent au jugement des contestations portant sur des faits antérieurs, et il en est de même des lois de procédure étrangères au fond du droit et visant uniquement la forme de l'instruction. Mais, dans notre matière, cette règle doit être écartée. La loi du 9 avril 1898 n'a pas eu, en effet, pour objet de modifier, d'une manière générale, la compétence et la procédure dans les litiges résultant des accidents du travail ; elle a créé un droit nouveau applicable seulement à certaines catégories d'accidents, et les règles relatives à la mise en œuvre de ce droit sont trop intimement liées aux fondements sur lesquels il repose, pour qu'on puisse les adapter à des actions qui restent régies par des principes absolument différents.

C'est ainsi, par exemple, que la connaissance des demandes tendant à l'allocation des indemnités appartient au tribunal de première instance ou au juge de paix, selon la nature de l'incapacité, permanente ou temporaire, éprouvée par la victime. Cette disposition, qui est en parfaite harmonie avec le principe du risque professionnel et de l'indemnité forfaitaire, est inapplicable à l'action qui repose sur une faute démontrée du chef d'entreprise et tend à la réparation intégrale du préjudice éprouvé par l'ouvrier.

La procédure instituée par la loi de 1898 hâte la solution des litiges. L'enquête préalable confiée au juge de paix par les articles 12 et 13, et qui est le préliminaire essentiel de cette procédure, constitue un mode d'information rapide et, en même temps, très suffisant si l'on observe que le juge perd, dans une grande mesure, sa faculté d'appréciation et que son œuvre se réduit, presque toujours, à la constatation de faits matériels et à l'application d'un tarif. Elle serait insuffisante en matière de droit commun, dans des procès dont la solution comporte la détermination d'une faute et de l'importance du préjudice. Au surplus, la déclaration prévue par l'article 11 et qui précède l'enquête du juge de paix, n'est certainement prescrite qu'à l'occasion des accidents survenus à partir de la mise à exécution de la loi.

La courte prescription d'un an, édictée par l'article 18, constitue au profit du chef d'industrie, une compensation de la responsabilité que la loi fait peser sur lui. Elle n'a plus sa raison d'être lorsque sa victime fonde son droit à une indemnité sur l'article 1382 du Code civil.

En résumé, les dispositions de la loi nouvelle, de quelque nature qu'elles soient, se rattachent au fond du droit par un lien si intime qu'il est impossible de les en séparer pour les rattacher à l'action du droit commun. La non-rétroactivité, qui s'impose en ce qui touche le fond, s'étend donc à tout le reste.

Il doit en être ainsi même des dispositions relatives à l'assistance judiciaire, aux immunités fiscales et à la gratuité de la délivrance des actes et jugements. Après examen de la question par mon département et au ministère des finances, il a été reconnu que les articles 22 et 29 ne sauraient être détachés de la loi du 9 avril 1898 pour être appliqués aux instances déjà nées ou à naître à l'occasion d'accidents survenus avant le 1er juillet 1899. L'assistance judiciaire est accordée assez libéralement en vertu de la loi du 22 janvier 1851 pour qu'il n'en résulte aucun inconvénient sérieux pour les victimes de ces accidents.

Je vous prie, Monsieur le Procureur général, de vouloir bien remettre à M. le Premier Président un exemplaire de cette circulaire, d'en faire parvenir deux à chacun de vos substituts et d'en adresser un à tous les juges de paix de votre ressort.

Recevez, Monsieur le Procureur général, l'assurance de ma considération très distinguée.

Le Garde des sceaux, Ministre de la justice,

GEORGES LEBRET.

Le Conseiller d'Etat,
Directeur des affaires civiles et du sceau,

L. LA BORDE.

ERRATA

Page 52, *lisez :* « par le fait du travail. » Le fait du travail
est-ce... etc.

Page 76, *lisez :* au chapitre VIII qui lui est... etc.

Page 77, *lisez :* (voir chapitre VIII).

Page 187, *lisez :* pourvu que la durée de l'interruption de
travail ait été de plus de quatre jours.

Page 372, *lisez :* formellement interdites.

TABLE ANALYTIQUE

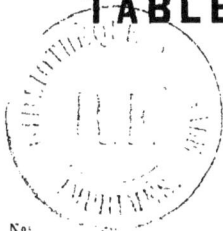

———×‹———

40

CHAPITRE IV

Des industries comprises dans le risque professionnel.

CHAPITRE V

Des personnes pouvant invoquer le risque professionnel.

CHAPITRE VI

Des indemnités.

CHAPITRE VII

Modes de paiement des rentes et indemnités.

CHAPITRE VIII

De la faute inexcusable et de l'accident intentionnel.

CHAPITRE IX

Déclaration des accidents. — Devoirs des Maires.

CHAPITRE X

Enquête du Juge de Paix.

CHAPITRE XI

Actions relatives à l'indemnité temporaire, aux frais de maladie et aux frais funéraires.

CHAPITRE XII

Action en rentes ou pensions.

CHAPITRE XIII

Action contre les tiers.

CHAPITRE XIV

De l'action en revision.

CHAPITRE XV

Assistance judiciaire et gratuité des actes.

CHAPITRE XVI

Des garanties.

CHAPITRE XVII

Compagnies d'assurances.

CHAPITRE XVIII

Syndicats de garantie.

CHAPITRE XIX

Dispositions générales.

ANNEXES

APPENDICE

CHAPITRE I

Loi du 24 mai 1899. — Ajournement de l'application de la loi du 9 avril 1898. — Caisse nationale d'assurances contre les accidents.

CHAPITRE II

Loi du 29 juin 1899. — Résiliation facultative des polices en cours.

CHAPITRE III

Agriculture. — Loi du 30 juin 1899.

ANNEXES A L'APPENDICE

FIN

TABLE ALPHABÉTIQUE

(LES CHIFFRES INDIQUENT LES NUMÉROS DE L'OUVRAGE)

A

B

C

D

E

G

H

I

R

S

T

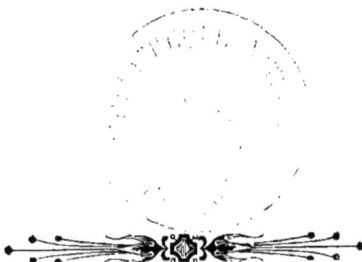

SAINT-ÉTIENNE

SOCIÉTÉ DE L'IMPRIMERIE DE « LA LOIRE RÉPUBLICAINE »

26, RUE DE LA BOURSE, 26

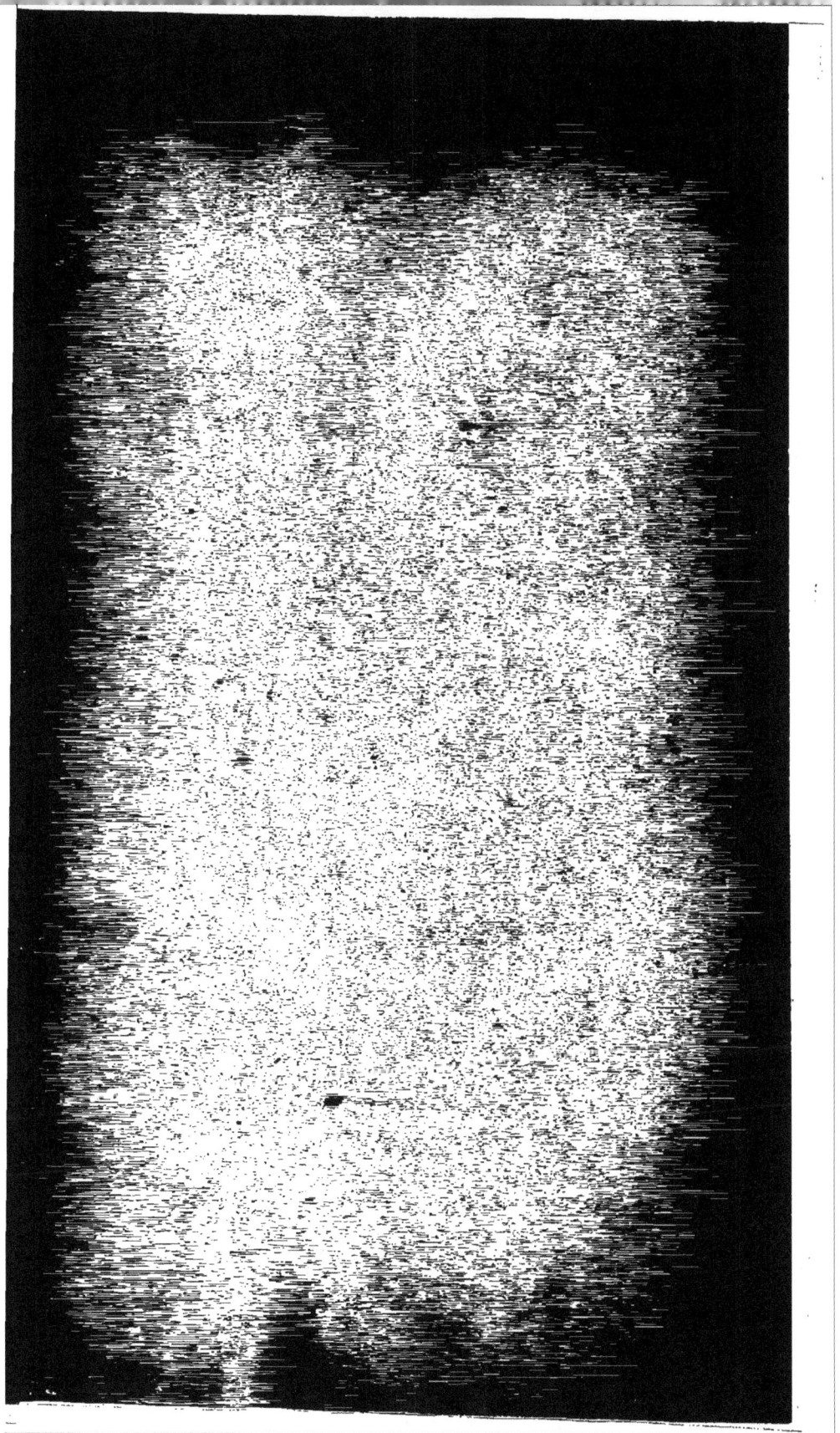

www.ingramcontent.com/pod-product-compliance
Lightning Source LLC
Chambersburg PA
CBHW031453210326
41599CB00016B/2203